高等院校小学教育专业
融媒体教材

潘海燕◎主编

小学教育概论

第2版

北京师范大学出版集团
BEIJING NORMAL UNIVERSITY PUBLISHING GROUP
北京师范大学出版社

图书在版编目(CIP)数据

小学教育概论(第2版)/潘海燕主编. —北京：北京师范大学出版社，2021.1(2024.11重印)
(高等院校小学教育专业融媒体教材)
ISBN 978-7-303-26260-1

Ⅰ.①小… Ⅱ.①潘… Ⅲ.①小学教育—高等学校—教材 Ⅳ.①G62

中国版本图书馆CIP数据核字(2020)第158216号

图书意见反馈：gaozhifk@bnupg.com 010-58805079
营销中心电话：010-58802755 58800035
编 辑 部 电 话：010-58807068

出版发行：北京师范大学出版社 www.bnupg.com
北京市西城区新街口外大街12-3号
邮政编码：100088
印　　刷：北京溢漾印刷有限公司
经　　销：全国新华书店
开　　本：787 mm×1092 mm 1/16
印　　张：20.25
字　　数：386千字
版　　次：2021年1月第2版
印　　次：2024年11月第7次印刷
定　　价：48.00元

策划编辑：王建虹　　责任编辑：马力敏　李灵燕
美术编辑：李向昕　　装帧设计：李向昕
责任校对：康　悦　　责任印制：马　洁

目　录
CONTENTS

导　论

内容提要 ▶

- 小学教育概论的研究概况
- 小学教育概论课程的性质与功能
- 小学教育概论研究的对象与主要内容
- 小学教育概论的学科属性
- 教授与研究小学教育概论的方法

一、小学教育概论的研究概况

小学教育概论主要是对小学教育的基本概念、基础知识、初等教育学的理论体系进行梳理，认识小学教育的特定内涵、特殊属性和特有价值的一门课程，是整个初等教育学体系中的一门导论课程。从教育史上看，人们关于小学教育概论方面的研究是很早的，如夸美纽斯的《大教学论》、洛克的《教育漫话》、卢梭的《爱弥儿》、赫尔巴特的《普通教育学》、第斯多惠的《德国教师培养指南》、乌申斯基的《师范教育章程》等都有丰富的初等教育思想。特别是卢梭、杜威、皮亚杰、陶行知、苏霍姆林斯基等人提出的现代儿童发展观，为初等教育的现代化奠定了重要理论基础，也积累了大量初等教育的实践经验。

我国面向小学教育的师范教育历史悠久，规模宏大，在我国社会发展中曾发挥过重要作用，但纳入大学教育体系的历史并不长。1999年，国家教育部正式批准杭州师范学院、南京师范大学、上海师范大学、东北师范大学4所本科高等院校作为全国首批正式设置“小学教育本科”专业的高校。从此，我国小学教师的培养不仅在培养层次上，而且在培养机构上都真正纳入了高等教育体系与本科教育专业范畴。在2001年教育部批准设置、调整的62个本科专业目录中，就含有小学教育专业，2002年，小学教育本科专业被正式列入国家教育部设置的本科专业目录，小学教师培养正式纳入高等教育体系中。2002年12月，中国教育学会设立初等教育学专业委员会，2004年6月，中国高等教育学会设立小学教师教育专业委员会，开展初等教育学学科建设以及小学教师专业发展研究，使我国的初等教育学研究进入一个新阶段。同时，关于在小学教育专业中开设小学教育概论课程的事情顺理成章地被正式提出来，相关教材也得以正式出版。其中，最有代表性的教材有：2007年8月由高等教育出版社出版的黄甫全主编的《小学教育学》，2011年12月由华东师范大学出版社出版的阮成武主编的《小学教育概论》。

但到目前为止，小学教育概论的教材仍然不能满足培养工作的需求，主要表现为：教材品种少，选择余地少；面向小学教育的特色还不鲜明，有关小学教育概论的学科性质、研究对象、概念体系、逻辑体系、学科结构、研究方法等基本问题都还有待深入研究。

关于我国小学教育概论的研究正进入一个新的阶段，现阶段主要是根据高等学校课程建设的一般规范，全面探讨小学教育概论课程的性质、教学理念、内容结构、目标与大纲、教材与教学参考资料、教学与考试方法、教学手段与师资队伍、见习与实习等问题。

二、小学教育概论课程的性质与功能

(一)小学教育概论课程的性质

最早的初等教育、中等教育、高等教育甚至成人教育都是混为一体的，关于它们的教育理论学说也主要是综合性的。由于多种原因，后来在分化过程中，最先进入专业化阶段的理论是高等教育，其次是中等教育，最后才是初等教育，即小学教育和幼儿教育。这样，与中等教育和高等教育相比，人们对初等教育这一重要研究领域的系统、深入和专门的研究就相对滞后。

但人们对初等教育独特性的关注一直没有间断。联合国教科文组织 1996 年出版的《教育——财富蕴藏其中》一书就认为，儿童的基础教育(包括学前教育和初等教育)可以确定为(正规或非正规的)启蒙教育。它提供了一种普遍的适合所有人的教育，是必不可少的“走向社会的通行证”。初等教育这种启蒙性、全民性、普遍性，是它与中等教育、高等教育最根本的区别。在我国，随着 21 世纪初小学教育专业大学化的实现和发展壮大，初等教育学就更迫切需要从普通教育学中分化出来，形成独立的学科和专业，建立具有自身独特价值的学科体系。一般而言，学科可以分为两类：一类是指数学、物理、化学、生物等自身具有一整套概念、范畴、原理和逻辑体系的学科；另一类是以现实生活中某一领域作为其学科基础，不同类型的知识运用于该领域，并形成稳定的联系，具有核心价值、核心信念和核心理论的学科，如环境、教育、生命、海洋等学科。初等教育学就属于第二类。

根据高等教育学科建设的基本规范，我们必须在现行的普通教育学基础上进行初等教育学的学科建设和专门研究，厘清初等教育学的心理学、生理学、社会学、人类学和哲学基础，准确把握初等教育学的性质特点、职能意义、发展线索和任务目标。

当前，普通教育学的研究内容已非常丰富，教育学已由一门独立的学科衍化成了一个庞大的教育科学体系，它的门类越来越多，分化越来越细。国内外学者对教育科学体系的划分见仁见智，各有不同的视角。以下例为证，王伟廉教授曾用“教育科学的学科结构图”对当代教育科学体系做了如下的归类(见图 0-1)。

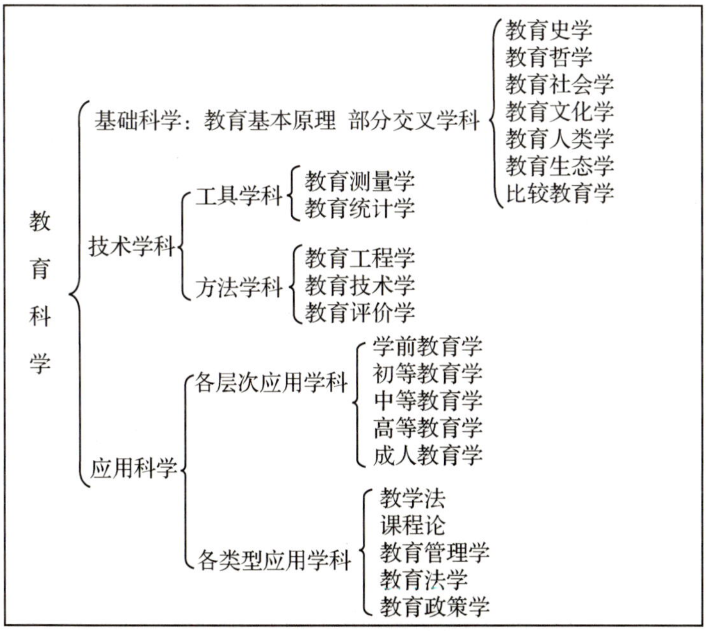

图 0-1 教育科学的学科结构图

今天的教育学已分化出了诸多的二级学科，而这些二级学科已经或者正在分化出更多的三级学科，它们共同构成了庞大的教育科学体系。初等教育学就是其中一个三级学科。

初等教育学同样也是一个系统，初等教育学科群由初等教育原理、初等教育实务等构成。以学制系统中的小学教育为主要研究对象的小学教育学，应建立与小学生生命成长相匹配的教育教学理论，可由小学教育心理学、小学教育社会学、小学课程与教学论、小学体育学、小学艺术教育学、小学管理学等学科构成。小学教育概论就是初等教育学关于小学教育实践原理的研究，它主要立足小学教育实践，了解当代小学，直面小学教育的现实问题，以“问题研究”为一个主要向度，研究现实的小学及小学教育，总结、提炼小学教育的经验，揭示小学教育的深层次规律，为后续课程的学习奠定知识基础，提供方向引领与方法指导。

阅读链接

现代小学的发展要比大学和中学晚得多。在文艺复兴以前，欧洲的许多国家存在一类学校，叫行会学校和基尔特学校，主要是学习本族语的读写、计算和宗教，这是欧洲城市最早的初等学校。文艺复兴时期，当时的教会又办起了许多类似的学校，这些教育机构可视为现代小学的前身。到 19 世纪后半叶，英、德、法、美等国都先后通过了普及初等教育的义务教育法，小学由此得到了广泛发展。在小学逐步普及的基础上，从 19 世纪到 20 世纪中叶的近一百年时间里，由于科学技术的进一步发展，对国民素质提出了更高的要求。这一要求促进了普及教育的延长。在许多发达国家，义务教育先后延长到八九年。延长的这部分教育统称初中教育，实施初中教育的学校一般叫初级中学。在欧洲各国，这类学校都只是小学的延伸，并不能与高等学校相衔接。与大学相衔接的高级中学是由古典文科中学演变而来的。上述这两种学校系统在办学形式、教育对象、教育内容、教育水平等方面是完全不同的，这就是典型的双轨学制。在美国，并没有发生类似欧洲的发展过程，群众性学校由初级中学继续上延到高中，形成了所谓的单轨学制。

资料来源：黄济、劳凯声、檀传宝，《小学教育学》，23 页，北京，人民教育出版社，2007。

(二)小学教育概论课程的功能

1. 为小学教育专业的确立与发展壮大提供重要学科理论支撑

目前，我国大部分高校中的小学专业虽然形式上完成了向大学的转化，但在文化层面上还主要是中师文化，如注重教学技法、教学操作、缺乏学术意识、科研意识与能力，学术氛围淡薄，等等。这种状况难以胜任培养本科层次小学教师的需要，因而需要进行文化的改造，使之大学化。

小学教育专业文化的大学化是一项长期而艰巨的任务，需要有正确的理念、有效的措施与长期的努力。在文化改造的过程中，既要传承中师文化的精髓，又要突破中师文化的限制，其重点是培育大学精神。大学文化精神集中体现在人才培养、科学研究、服务社会三个方面，而学科建设又是大学文化精神集中而具体的体现，是高校履行人才培养、科学研究、社会服务职能的载体。因而加强初等教育学科建设，开发“小学教育概论”等课程，对明确小学教育专业的特质、培养目标和规格，构建课程体系、教学内容和人才培养模式，为后续的课程学习奠定理论基础，进而为促进小学教师教育专业化起着理论基础与价值导向的作用，也必将促进初等教育学科建设与小学教育专业的大学化进程。

2. 致力于解决小学教育实践中的问题

小学教育概论不是教育学理论在小学教育中的简单应用，而是依据教育学的基本原理，借助儿童发展心理学等基础学科的研究成果，针对小学生特点、小学教师专业特性、小学教育实践等探讨形成自身的基本理论，以小学教育的现象、问题和规律为研究内容，并致力于解决小学教育实践中的问题。

三、小学教育概论的研究对象与主要内容

（一）小学教育概论的研究对象

研究对象是学科建设的基本问题，独特的研究对象是学科建立的标志之一。小学教育概论是否有自己独特的研究对象，是能否成为一门独立学科课程的关键所在。小学教育概论独特的研究对象是小学教育的基本概念、基础知识、初等教育学的理论体系。通过对小学教育概论的研究梳理，揭示小学教育的特定内涵、特殊属性和特有价值。

（二）小学教育概论研究的主要内容

初等教育学从普通教育学的母体中分化剥离后，应逐步建立自己的研究范式、形成自己的概念和范畴体系，对国内外初等教育的思想与制度、事实与价值、理论与实践进行科学的分析研究和提炼，必须加强对初等教育学基础理论问题的研究，加大自身体系与其他学科的开放、交叉和整合力度。为此，应加强与不同阶段和类别的教育学如学前教育学、中等教育学、家庭教育学等的联系，以凸显初等教育学的特质和功能；加强与宏观教育学以及其他相关学科如教育哲学、教育社会学、教育史、比较教育学等的联系，使初等教育学研究有更深厚的理论基础和更广阔的学术视野；加强与微观教育学如课程与教学论、德育论、教育技术学、教师学等学科的联系，以开辟初等教育学广泛的研究领域和空间；还应当吸收生理学、心理学、人类学、伦理学等学科的学术营养，开辟更有发展前景的研究领域。在此基础上，逐步建立初等教育学的学科体系，如初等教育原理、初等教育课程与教学论、比较初等教育、初等教育思想史、初等教育制度研究、初等教育管理、初等教育改革与发展、初等教育教师研究等。随着教育部《小学教师专业标准（试行）》《教师

教育课程标准(试行)》的颁布，应进一步从专业建设和本地小学教育改革与发展需要的角度出发，搞好相关内容的科学研究，努力提高学术水平，促进各项工作的顺利开展。

我国台湾新近出版的师范院校《初等教育——理论与实务》教材，对于国内小学教育教材的编写有一定的启发和借鉴作用。该书包括十章：初等教育的重要性，认识儿童，认识小学，成为小学教师，小学的课程与教材，有效的教学，班级经营，帮助儿童成长，做好小学行政工作，初等教育的展望。每章的标题都隐含一个省略主语，从体系到具体内容都是以教育实践者为主体的。整个体系引领实践主体对自己固有的教育知识、技能、信念、态度和价值体系进行反思、批判，从而实现教育理论与教育实践的融合和教育主体的建构。

我国目前已出版了不少小学教育学教材，在内容框架上也已做了有益的探索，开阔了人们的思路。我们认为，作为小学教育概论导论课程，有入门性质与原理性质，面宜宽不宜窄，程度宜浅不宜深，概念宜通俗不宜专。有些专深问题宜在后续课程与专题中解决。小学教育应当加强与学前教育的衔接，关注有特殊需要的儿童及其教育，这是由小学教育的性质和地位所决定的。小学教育、小学儿童、小学教师、小学教育目标与内容、小学教学与德育、小学教育的活动与管理是其基本点。其中，小学儿童是小学教育的主体，小学儿童的生命成长有其自身规律，小学教育要遵循小学儿童生命成长规律，并实施他们可接受的教育，确保他们成长的方向性，这是小学教育的特殊性所在，应建立与小学儿童生命成长相匹配的教育教学理论。小学教师是小学教育的另一主体，是小学儿童生命成长的直接影响者，也是要特别关注的。对小学教育、小学教学与德育的认识是重点，应对其有较深入与系统的认识。本书重点介绍了小学教育学的基础知识和基本原理。在结构上，突出小学教育的一般问题和基本范畴，以小学教育的结构要素和小学教育的活动过程为基本线索，形成了新颖的内容体系；在选材上，突出小学教育原理的最新研究成果，注意联系小学教育与课程改革的新情况，有显著的基础性、前沿性和实用性。

四、小学教育概论的学科属性

学科性质是对学科本质属性及功能分类的界定，是学科建设的首要问题。它决定着学科体系的结构、层次和构建学科体系的方法，对该学科理论体系的构建具有重要的、决定性的影响，它同时也是一门学科及课程独立和成熟的一个重要标志。理论上讲，一门学科及课程的学科性质可以从纵横两个维度来定位。所谓纵向定位是指将这门学科及课程作为其上位学科的分支之一，横向定位是指在本门学科及课程所在学科群中所处的位置。据此，小学教育概论的学科属性也可以从这两个维度来定位。

从纵向看，小学教育概论的学科建设具有丰厚的学术资源和遗产。从教育史上看，近代以来许多中外著名教育学家大都始于对小学教育的研究，并在此基础上构建普通教育学理论。建立初等教育学科必须以教育学为基础，初等教育学科大部分基础理论来自教育学，但还必须要认清小学教育的特点。朱小蔓教授指出，小学教育是以问题为本，以工作对象为基础。因此，小学教育概论不是教育学理论在小学教育中的简单应用，而是依据教育学的基本原理，借助儿童发展心理学等基础学科的研究成果，针对小学儿童特点、小学教师专业特性、小学教育实践等问题形成自身的基本理论，以小学教育的现象、问题和规律为研究对象，并致力于解决小学教育实践中的问题。

从横向看，小学教育概论在初等教育学科群中起着导向作用，是小学教育专业的基础课。它是确立小学教育的专业性质、培养目标和规格、构建课程体系、教学内容和人才培养模式，进而促进小学教师专业发展的关键。

五、小学教育概论教学方法的建议

《小学教育概论》是一本兼具理论性与实践性的综合性教材，其理论性要求学生掌握小学教育的基本概念与原理，学会用专业的思维方式来思考小学教育问题；其实践性要求学生将所学的基本知识与思维方式有效运用于其他课程学习和小学教育实践活动中，即具备较强的小学教育实践能力。教师在教授及研究这门课程时，应该采用多样化教学方法。提倡"以案例为依托的案例教学法""以问题为导向的探究教学法""以小课题为支撑的研究性教学法""以见习为核心的体验教学法""以合作为基础的团队教学法"和"以阅读为载体的读书研讨法"。通过多样化教学方法的创用，让学生不仅充分理解小学教育学的基本理论，还在大量了解小学教育实践的基础上，发现理论与实践的区别与联系，提高分析和解决小学教育实际问题的能力。既可以请"一线教师"进课堂协助进行专题教学，也可以选一些专题，依托教师专业发展学校，与在职小学教师、见习学生一起开展"习明纳"活动。

阅读链接

所谓习明纳，即 Seminar 的音译。它的基本意思是研讨班、研讨会。它是指在教授的指导下，由高年级学生和优秀学生组成研究小组，定期集中在一起，共同探讨新的知识领域，研究科研课题。它是德国大学一种重要的教学研究制度，后被世界许多国家和地区的大学所引用。《牛津现代高级英汉双解词典》将其解释为"学生为研究某问题而与教师共同讨论之班级"，即人们常说的大学研究班、研究讨论会或讨论室。另有英文解释为：研究班学院或研究生院中在教授的指导下，从事开创性研究或深入学习的一小群先进的学生，教授定期与他们讨论他们的报告和发现。美国等国在教师专业发展学校中更是常采用此方法，又称核心研讨课程，是一门采用团队教学、跨学科的课程。

具体方法是：该课程的教学是由大学教师、专业发展学校的教师组成的教学小组担任，在内容方面实现了两个重要的整合。一是课程内容本身的整合，由于课程讨论的主题源于学校情境，这些主题所涉及的内容涵盖各门教师教育课程(而不仅仅是某一门课程的知识)，要求师范生以一种综合的、问题解决式的方式学习(这就改变了师范生的学习内容零散、相互之间缺乏联系的状况)；二是理论学习与实践经验的整合，这种整合一方面是由于研讨课程本身就是由大学教师(理论研究者)与中小学教师(实践者)共同备课、合作教学的，另一方面是由于该课程的理论教学建立在实践体验的基础上，而实践体验反过来作为理论学习的基础，两者相互补充和交叉。

泽克纳(Zeichner，2006)在总结美国专业发展学校时也将这一点作为专业发展学校的特点之一。他说："专业发展学校的一个特点是，在培养师范生和学校教师的过程中采取一些不同于传统教师教育计划的方式。它充分利用学校教师的专长，比如，原来通常在大学校园中开设的职前教师教育习明纳课程，现在常常被放到教师专业发展学校中举办，使中小学教师参与到教学过程中。"

资料来源：王艳玲、刘军、苟顺明，《美国专业发展学校：教师教育制度创新的范例》，载《教师教育研究》，2009(5)。

阅读链接

湖北第二师范学院《初等教育学》习明纳教学实践情况

近年来，美国、澳大利亚等国家在教师专业发展学校中经常采用习明纳教学方式。其教学是由大学教师、专业发展学校的教师组成的教学小组担任，由大学教师(理论研究者)与中小学教师(实践者)共同备课、合作教学，实现理论教学建立在实践体验的基础上，而实践体验反过来作为理论学习的基础，两者相互补充和交叉。湖北第二师范学院于2009年9月就建立了8所教师专业发展学校。在过去的几年中，除了开展学生下校进行"专业观察"与见习、实习，一线教师进校开展"一线讲堂"外，每学期都要就"如何备课与写教案""小学教师的职业特点"等开展1～2次有主题的习明纳活动，教师与学生方面已积累不少经验，也撰写有一些理论文章。

《初等教育学》是湖北第二师范学院小学教育本科专业的专业核心课，32课时，2学分；安排在小学教育专业二年级第1学期，目的是为了让对小学教育形成整体性的认识，为进一步学习"小学课程与教学论""小学德育原理与实务""小学班主任工作""小学教育心理学""小学综合实践活动""小学教育研究方法"等专业主干课程奠定坚实的知识基础，提供方向引领与方法指导。

本课程自2009年开始开设，从以往几年的教学实践来看，部分理论抽象，不好理解，尤其是学生理论联系实践的能力难以培养出来。鉴于此状况，2013年下半年，在给2012级小学教育本科专业的授课中，该课程主讲教师潘海燕决定改用习明纳方式进行授课。教育科学学院依托先期建立的8所教师专业发展学校从中遴选了4所，即武汉鲁巷实验小学、武汉光谷第四小学、武汉光谷第八小学、湖北第二师范学院附属小学，将师范生的培养与在职教师专业水准的提高等问题一并考虑，其目标是：(1)让理论与实践建立即时联系，实施情境化教学，实现理论性知识与实践性知识协调发展，让专业意识与情感在基于现场经验的反思中形成；(2)改变学生学习方式，实现自主、合作、探究学习；(3)实现在职教师与师范生的共同成长。

现将具体做法与效果介绍如下。

一、具体实施思路与做法

人员配置环节。习明纳教学模式强调学生的自主性，课堂的主体是学生。以2012级小学教育本科班为例。班级共有学生43名，将学生分成4组，每组设组长1名。从教育科学学院选派4名责任心强的教师为主讲教师，在4所教师专业发展学校各建立一个辅导教师组，并集体研讨形成了“教科院《初等教育学》习明纳教学方式改革方案”。

模块划分环节。结合课程教学实际，将《初等教育学》分成8个模块(见表0-1)。

表0-1 《初等教育学》习明纳教学方式内容模块表

课次	学时	教学内容与目标	教学形式	活动建议
1	4	导论，习明纳安排与辅导，安全教育，小组组建等	校内讲授	
2	4	第一章小学教育的产生与发展	校内讲授	
3	4	进一步建立一些新的小学教育理念；从而把握当代小学教育的实施方向、要求和方法原则	习明纳	从分析现实生活中种种不尊重小学教育基本特性的现象入手
4	4	明白在教学活动中，要遵循儿童身心发展规律而不是违背这些规律，这样才能取得好的教学效果	习明纳	从分析学校里的真实案例入手
5	4	明了教师角色和地位的演变无疑将导致其素质构成的变化，为了满足这种变化的需要，所有教师都要增强自我认识与自主发展的意识、角色、素质与专业发展	习明纳	从分析现代教师的角色与传统教师的角色相比有何变化入手
6	4	增强在课程开发、课堂教学过程中的目的性，提高教育目的的引领作用，掌握基本的目标表述方法。了解小学教育内容的含义、特点，掌握小学教育内容的基本构成，把握小学教育内容改革的趋势	习明纳	1. 让教师现身说法 2. 分析两个版本的教材

续表

课次	学时	教学内容与目标	教学形式	活动建议
7	4	了解小学教育的教与学的理念，增强教书育人的责任感和使命感。形成对小学德育工作的整体认识，增加德育工作的自觉性	习明纳	1. 让教师现身说法 2. 典型案例分析
8	4	掌握小学教育活动的时代发展新特点，关注学生身心发展的特点；提高鉴别、分析、解决教育活动中的问题的能力。认识小学教育管理明确其重要性，掌握基本的管理方法，形成一定的管理能力	习明纳	1. 典型案例分析 2. 现场(实物)考察

课堂讨论环节。习明纳教学过程中，坚持“问题导引”。每次开展前，参与学生与教师都自学教材与参考资料，各小组召开一次小组研讨会，把需要进一步研讨的关键问题选出来，发送给主讲教师与辅导教师。习明纳活动一般由主讲教师主持，简要介绍章节内容，概括说明主题所涉及的基本问题，但不做任何学理的界定与评价，以免观念先行。学生代表与辅导教师组的组长教师陈述自学情况，然后逐一围绕“问题”展开研讨。主讲教师可以发言，主要是旁敲侧击或以非权威的方式发表自己的看法和建议，重点是鼓励学生展示自己的学术积累与思维才智。

教师评论环节。主讲教师为学生学习提供理论支持与引导，并及时点评。辅导教师组为学生学习提供一线典型生动案例与实践思考。学生的理解往往有片面或不妥之处，老师及时指出，促使学生更深入思考。

课程小结环节。模块研讨后，学习内容以Word文档、PPT、视频文件等形式保存。每个小组形成学习简报。

课程考核环节。“初等教育学”课程的平时成绩以课堂参与程度、发言表现为依据；期末考试采取开卷考试的方式，主要是撰写小论文，把大家的收获充分反映出来；还鼓励同学们参加课题研究。学生们重点参与“习明纳背景下的学习方式研究”课题研究，也可以参与有关老师的“借助教师专业发展学校促进理论类课程的教学”“《初等教育学》的习明纳方式研究”等课题的研究。

二、效果与问题分析

1. 学生方面：从学生撰写的小论文、学习体会、小组研讨记录等来看，教师专业发展学校的真实情境使师范生有更多的机会接触到实际的教育教学，通过提出问题、讨论问题、协同解决问题，拉近了师范生与未来职场的距离，使他们深刻体会到了教育对象与当下教育环境的多样性与复杂性，从而引发了他们的理性思考，他们理解文本和理论联系实践的能力明显增强。小组学习、合作学习能力有较大提高、预习的习惯开始形成。随着对小学及小学教育的理解加深，小学教育的专业意识与情感、专业态度与动机、专业信念与价值观也在提升。正如参与学生王雅芝说："'初等教育学'课程开始采用了习明纳活动。对于我们这些在小学里见习的大二学生来说，这完全是一种新颖的、具有突破性的教学模式。第一次习明纳活动的时候，我们在大学老师的带领下，与鲁巷实验小学的教导主任以及两位中年教师与两位青年教师围坐在一起，讨论了书本第二章内容，这种平起平坐的形式，让我充分感受到了自由的气息。书本上的理论知识枯燥而繁多，我们往往找不到重点。针对我们提出的疑惑，鲁巷实验小学的教导主任总能结合她的实践经验，加上书本上的理论知识给我们解答。这不仅加深了我对课本的理解，也让我产生了成为一名优秀小学教师的向往。"

2. 教师方面：湖北第二师范学院的授课教师对小学一线的情况更加了解，"初等教育学"教学团队正在形成，大家一致认为，"初等教育学"的习明纳活动安排有目标、有任务、与《小学教育概论》教材结合紧密，具有很强的操作性，教学设计更有针对性，教研更有实效。4 所学校参与的一线教师的激情被激发，参与的年轻教师获益不少。

3. 教师发展学校方面：几所学校的校长书记都非常看好此项改革，认为这是一个很好的高校与小学的联结方式，校长在每组辅导教师中都有任命负责人，为了让更多的年轻教师参加，学校还专门为年轻教师调课、购书。

同时，初次尝试也暴露了一些需进一步改进的问题。一是主讲教师要考虑研制统一的"教学指导书"；来自湖北第二师范学院的理论教师与来自一线的在职教师的角色要进一步明确，做到分工合理，配合默契；各小组的主持者要提高控制课堂进程的艺术。二是要加强对学生课前预习的指导，每次活动前，学生的小组研讨要高效提出最关键的问题；要提高学生追问的质量，建议就某一个问题的追问不能超过 2 个问题。

（湖北第二师范学院 李菁、潘海燕）

复习与思考

1. 谈谈学习小学教育概论课程的重要性。

2. 谈谈自己对小学教育概论内容的构想。

3. 收集反映小学教育研究新进展的资料。

推荐阅读

1. 曾文婕、黄甫全：《小学教育学(第 3 版)》，北京，高等教育出版社，2017。

2. 刘慧：《初等教育学学科：高师小学教育专业的学科基础》，载《课程·教材·教法》，2011(5).

3. 刘立德、阮成武：《高师小学教育专业的学科建设及其发展趋势——中国教育学会教育学分会初等教育学专业委员会第七届学术年会综述》，载《课程·教材·教法》，2008(12)。

4. 惠中：《高等教育体系中小学教育专业建设的思考》，载《高等师范教育研究》，2003(2)。

5. 李志厚：《关于师范大学小学教育专业本科课程设置的几点思考》，载《高等师范教育研究》，2001(6)。

6. 潘海燕：《关于"小学教育概论"课程建设的若干思考》，载《湖北第二师范学院学报》，2016(11)。

7. 邓运林：《成人教学与自我导向学习》，台北，五南图书出版公司，1995。

8. 陈晓新：《论自我导向学习与教师专业发展》，载《中小学教师培训》，2011(1)。

第一章 小学教育的产生与发展

内容提要▶

- 古代小学教育的产生、发展与特点
- 近代小学教育的产生、发展与特点
- 现代小学教育的形成与改革发展趋势

第一节　古代小学教育

一、古代小学教育的产生与发展

(一)我国古代小学教育的概况

1. 古代小学教育的产生

我国作为文明古国，教育的发展也是很早、很辉煌的。古代小学教育经历了产生、发展、兴盛三个阶段。

考古发现西安半坡仰韶文化遗址就有老人与小孩合住的大房屋，这说明了人类早期的教育已生活化地存在于生产活动与原始宗教活动中。传说中，中国古代的小学在虞舜时代就有了。不过那时称作“下庠”。《礼记・王制》云：“有虞氏养国老于上庠，养庶老于下庠。”根据汉代学者的注释，这里的“下庠”，就是所谓“小学”。据宋代理学家、教育家朱熹推测，“校”“序”“庠”都是当时的小学，“学”是当时的大学。据1973年从安阳小屯村南出土的甲骨片中，第60号甲骨上有“于大学别”的字句。由此可见，我国的小学在殷商时代就可能已经产生。

西周时期，文化水平较殷商有所提高。据周代金文及今文《尚书》记载：周天子建立小学，太子、国子年幼时入此小学，由少傅、钟师等进行教导。相传《史籀篇》就是周代史官教儿童的蒙书。这种小学设在官府的现象，我们统称为“学在官府”。

春秋战国时期，奴隶社会瓦解，新兴地主阶级登上统治舞台。原为宫廷统治者服务的知识阶层开始走出宫廷，出现了学术、文化下移现象，为私学的发展提供了教师、文化条件，于是“私学兴起”“学在官府”的局面崩溃。此时，孔子所办的私学规模最大，影响最为深远。此后各朝代都有官办和私办的小学。《孟子・滕文公上》一书谈道：“夏(公元前2070—前1600)曰校，殷(公元前1600—前1046)曰序，周(公元前1046—前256)曰庠。学则三代共之，皆所以明人伦也。”在青铜铭文《大盂鼎》中有曰：“女妹辰又大服，余隹即朕小学……”这里的“小学”通常认为是教育儿童的专门场所，也指“小艺”“小节”“语言文字”的学习。

2. 古代小学教育的发展

秦代时期出现了许多专门的蒙学教材，在各种史籍中也可见到以儿童教育为对象的“小学”或类似的机构。

汉代小学教育显然较以往有了重大的发展。出现了大量教育儿童的专门场所——“小学”和蒙馆，教学内容上也开始趋于规范，如有识字、经学等。东汉的小学教育较西汉又有了较大的进步，有了具体的多元化组织形式，如小学、书舍、私学、书馆、官邸学等，而且这种教育也朝着规范化方向发展。

魏晋六朝时期也是中国古代小学教育发展的重要时期，这一时期，中国古代的小学教育开始向制度化的方向迈进。

南朝宋、齐、梁、陈四代，小学教育的发展均不甚理想。史料中记载关于四朝设立小学的概况也非常少。相反，北朝的小学教育反倒发达一些。北魏孝文帝时设立“黄宗学”，这是一个以皇室子弟为教育对象的学校，即便不完全属于小学教育的性质，但至少包含了小学教育的内容。太和二十年(496 年)，孝文帝又下令设“四门小学”，但未实施。宣武帝正始四年(507 年)重设。依记载，北魏在地方设立小学情况比中央要好。总体说小学教育较汉代有进步，至少将小学教育提到了制度化的层面上。

自隋唐开始，中国古代小学教育的制度化开始由过去的限于中央而逐步扩大到民间。到了宋代，以普通民众的子弟为教育对象的小学，不仅在国家教育决策中占有重要地位，而且小学本身在内部管理中也开始朝制度化和系统化方向发展。隋唐五代时，统治者的诏令中就出现了设立乡村小学的命令，这扩大了古代小学教育的范围，并且在教育程度实践上也有了突破发展，为后代的乡村小学教育的进一步制度化积累了积极的实践经验。

宋代的小学教育已有了良好的发展基础，中央政府设立的小学，情形较为复杂，除诸王宫学和宗学中包含小学教育外，在国子监内也设有小学。其中诸王宫学和宗学都是大小学混在一起的，并且都是以王室子弟为教育对象。国子监小学的设立，标志着小学教育已经纳入国家整体的教育部署当中。此外，官办小学还有州学和县学，官府也比较重视地方学校建设，且比唐代更加稳定。宋代的小学教育理论较各朝相比也有了巨大的进步。朱熹(1130—1200 年)与其学生共同编成的《小学》一书，成为儿童教育的样本。在《仪礼经传通解》中朱熹系统阐述了小学、大学连续的教育体系的构筑，也对小学教育的目的、内容、方法进行了探讨，此外，他还根据儿童的心理发展，较为深入地探讨了儿童和小学的教育方法。

3. 古代小学教育的兴盛

元代将宋代的小学教育制度进一步推向民间，1286 年，明文规定各地设立社学。社学尽管在设置目的、教学内容和学习期限等方面有很多局限，但具有重大意义，不仅在国家制度上有保障，而且逐步普及化，使更广大的农村贫民子弟接受了小学教育。官方不反对私人建学，也给私人办学提供了发展的机会，义塾、义学、家塾、私人建立的社学等应运而生。

明代的小学教育发展趋于鼎盛，仅就兴办学校而言，除了宗室教育外，明代的小学教育在乡村民众子弟教育方面取得了巨大成绩。除国家设置的小学外，还有一部分小学是民间大户自筹资金开办的。小学设立的区域很广，几乎遍及全国各地，一般乡村较城市为密。明代几乎各朝皇帝都对社学的设置发布过政令，并将它纳入了提学官的管理范围，表明了统治者对社学教育的重视，但是明代“小学”同社学等等并没有什么行政隶属上的区分。

清代不仅保持了明代的势头，而且分布面也远大于明代。中央政府颁布设置小学教育程度学校的命令始于顺治九年(1652年)。《清会典》卷三九六记载：“顺治九年题准：每乡置社学一所，则其文义通晓、行谊谨厚者补充设师，免其差役，量给廪七饩养膳。提学按临日，造姓名册申报查考。”由此可知，清政府立国不久就把对一般民众子弟的教育提上了议程。康熙四十一年以后，屡颁布设立“义学”的命令，“义学”开始比较多地出现在各级政府设立的小学命令中。与社学较多地设于乡村不同，义学多设于府州县卫一级，因此其性质与宋元地方儒学中的“小学”相近。清政府颁布了非常多的学规，对小学的具体管理有比较多的规定。这些对清代小学的有序发展及中国古代小学教育的规范化，都有重要的作用，也促进了我国古代小学的兴盛。

(二)他国古代小学教育概况

世界各地其他国家的小学教育也精彩纷呈。

世界上最早的小学是产生于古埃及古王国时期的宫廷学校，建于公元前2500年左右，专门接受皇家子孙和朝臣子弟。到了古埃及中王朝时期，建立起了三种典型的初等教育或初等学校，并在新王朝时期普遍开设。第一种是寺庙学校，由祭司执教，为执行宗教职责而训练学生熟练的书写技能；第二种是宫廷学校，为皇室子弟和少数权势人物的孩子提供学习书写、阅读、宫廷习俗和仪式的教育教学；第三种是书吏学校，由政府部分掌管，训练儿童将来从事国家行政管理工作的相关技能。

古希腊时期，有斯巴达的军营式学校，儿童从小过集体的军事生活。还有雅典的琴弦学校与体操学校，儿童在琴弦学校中先识字、书写，再阅读，之后进行音乐教育。

在东方的印度，也出现了古儒学校。“古儒”是指对婆罗门教义有较深研究而又愿意致力于教育工作的人。这种学校一般设立在“古儒”的家中，学生入学年龄一般为七八岁，学习内容主要有识字、阅读、书写以及计算等基本知识和技能。这种初等教育思想与实践对农业生产力的发展和社会变迁曾产生过基础性的作用。

到了中世纪，出现了教区学校、城市学校、拉丁学校，这些均属初等教育性质。在文艺复兴以前，欧洲的许多国家存在着一类学校，叫行会学校和基尔特学校，主要学习本族语的读写、计算和宗教，这是欧洲城市最早的初等学校。

二、古代小学教育的特点

我国与其他各国的小学教育虽然各有特色，但也有共同的特点。

1. 具有鲜明的阶级性与等级性

教育是统治阶级或教会的特权，象征性的形式目的占据着主导地位，而功用性的实用目的不被重视。在统治阶级内部，学校与权力等级又往往直接相连，以增强学校的社会分层功能。

2. 培养目标与内容单一

主要是学习一些统治术、外交术与军事训练。教材大多是经过精心编排和组织的典籍等，渗透着封建伦理的道德与宗教教义。

3. 教育方法简单刻板

强调师道尊严，格外重视识记和背诵，看重纪律与体罚，具有刻板性和专制性。

4. 教学组织形式灵活

在教学组织形式上，小学教育与中等、高等教育及成人教育混为一体，以个别教学为主。

第二节　近代小学教育

一、近代小学教育的产生与发展

(一)他国近代小学教育的形成与发展

近代初等教育机构最早产生于16世纪的德国，由城镇主办，教习实用知识和新教教义。随后，各国设立小学、初等学校、基础学校、国民学校等，都实施初等教育。各国小学年限大都是4～6年，个别的为3年或4年(苏联)、7年(泰国)或8年(美国的部分州等)。17世纪初，这种学校逐渐增多，成为实施义务教育的机构。欧洲各国在资产阶级革命以后，也相继成立这类机构。他国近代小学教育大致经历初步发展和快速发展两个阶段。

1. 小学教育的初步发展阶段

进入封建社会以后，初等教育发展仍然比较缓慢，并且发展不均衡。一般只有上层社会子女才有权接受教育，下层民众很少有受教育的机会。在英国，直到16世纪，才出现有教堂附设的读经班或唱诗班，招收贫苦儿童，由僧侣教授一些初步的阅读和唱歌的知识。1534年，英国国教建立以后，各教区的国教教会才逐步举办了一些简陋的教区学校，接受贫穷儿童入学。在日本，这一时期初等教育主要有三种类型，即乡学、寺子屋和私塾。乡学又分为两类：一是大藩领主的支系或家臣为子弟开设的乡学，二是平民子弟开设的乡学，相对较为简陋。寺子屋是一种世俗性的平民初等教育机构，因最初设于寺院，就读的孩子被称为寺子(即寺庙的孩子)而得名，多由僧侣主持，教授阅读、书写和诵经，后又有商人、武士在寺庙外办学，也称寺子屋。私塾则由学者个人开设，有的相当出名。

2. 小学教育的快速发展阶段

1640年，英国首先爆发了资产阶级革命，掀开了世界历史的新篇章。初等教育的发展也进入了一个新时期。在资本主义发展的最初阶段，初等教育并没有得到过多关注，初等教育学校大多由教会、其他团体或个人开办，学校条件也很简陋。这一时期初等学校包括教会学校、星期日学校以及招收上层社会子女的私立学校和为贫民举办的慈善学校等，没有统一的学校体制，地区之间发展也很不均衡。初等学校往往条件比较简陋，学习内容也很简单，而且具有很强的宗教色彩；教师多由僧侣、手工业者、退伍军人和老年人担任，专业化程度很低；教育对象主要是下层人民子女，上层家庭子弟更多的是聘请家庭教师接受家庭教育。

对 6～12 岁儿童教育的理论探索自古有之，但把小学教育作为科学，则是随着欧洲近代初等学校教育的产生才开始萌芽的。夸美纽斯在《大教学论》中，首次系统地论述了初等学校教育的特性、原理、原则、学制、组织及方法等。

18 世纪 60 年代开始的产业革命，极大地促进了资本主义经济的腾飞，资本主义进入飞速发展阶段。19 世纪以后，资本主义开始向垄断资本主义过渡，资本主义社会的阶级矛盾也开始激化，劳动人民争取教育权的斗争此起彼伏。但当时初等教育仍主要是各种慈善性质的初等学校形式，教育内容脱离实际，经费没有保障，师资严重不足，数量和质量都难以满足社会发展的要求。为此，初等教育开始作为国家职责，普及初等教育开始作为国家政策被提出，国民教育制度逐渐建立起来。

1833 年，英国国会通过了《教育补助金法案》。这是英国教育从只作为宗教或民间行为向国家化发展的开始，也是英国建立国民教育制度的开始。1870 年，英国国会正式颁布《初等教育法》(也称《福斯特法案》)。该法案规定由国家设立公立学校，拨款补助教育，并要求实施 5～12 岁儿童的强迫教育，这是英国国民教育制度正式形成的标志。一系列法案的颁布极大地促进了英国初等教育的发展，到 1900 年，英国公立和民办初等学校招生人数已经超过 425 万，基本上普及了初等教育。

在美国，19 世纪 30 年代，出现了“公立学校运动”。其主要措施包括：建立地方税收制度，开办公立小学，实施强迫入学和免费义务教育。19 世纪中期开始，美国各州先后颁布了义务教育法案。1852 年，马萨诸塞州第一个通过义务教育法，要求所有的 8～12 岁适龄儿童每年必须入学学习 12 周。到 19 世纪末，已有三分之二的州颁布了义务教育法，到 1918 年、1919 年，密西西比州和亚拉巴马州最后通过了义务教育法，美国用 60 多年的时间基本普及了初等义务教育。

19 世纪中叶，日本也开始走上资本主义道路。日本对初等教育极为重视。1872 年，日本颁布了近代第一个教育改革法令《学制令》，其中把大力发展小学教育作为首要任务。随后又经过一系列的调整，日本的初等教育迅速发展。据有关统计，1873 年，日本的义务教育入学率只有 28%，而到 1981 年，就已经达到 50.3%。19 世纪末，日本开始实施免费义务教育，在 1907 年入学率提高到了 97.3%，基本普及了四年制初等义务教育。这一时期，还有很多国家沦为帝国主义的殖民地或半殖民地，这些国家原有的初等教育体系遭到了彻底破坏，沦为殖民国家的附庸，其初等教育基本处于停滞状态。

19 世纪末到 20 世纪初，现代资本主义教育制度基本形成，各主要资本主义国家都根据现代资本主义的发展要求对本国教育进行了调整与改革。初等教育得到了进一步普及，初等教育的质量也得到了关注。

这一时期，英国先后颁布了《巴尔福教育法》和《费舍教育法》，要求对初等教育的管理体制和课程进行改革，提高初等教育质量。同时，以美国为源头的进步主义教育也得到了广泛传播，在世界范围内都产生了深远影响。

1917 年，十月革命的胜利，使苏俄成为世界上第一个无产阶级专政的国家，社会主义教育体制在人类历史上第一次建立起来。苏维埃政府高度重视教育工作，1918 年 10 月，正式公布了《统一劳动学校规程》和《统一劳动学校基本原则》(又称《统一劳动学校宣言》)，对原有学校进行改革。随后发布了《关于普及初等义务教育的决定》，并采取了各种措施增加投入。1934 年，苏联基本上完成了小学(四年)的普及义务教育工作，在工业城市、工厂区和工人居住区则完成了七年制的普及义务教育。

(二)我国近代小学教育的产生与确立

我国在近代史上是比较封闭、落后与被动的，近代的小学教育发生在清末，是由西方传教士和中国留日学生引入的。其过程可以分为小学教育转换阶段与近代小学教育的确立阶段。

1. 小学教育的转换阶段

1842 年《南京条约》签订后，教会学校在香港、广州、厦门、福州、宁波、上海得到了很大的发展。据统计，上述六个地方开设学校不下 90 所，其中绝大部分属于小学教育程度的学校。

我国自办的近代小学开端于 1878 年(清光绪四年)，其标志是张焕纶在上海创办正蒙书院内附设的小班。其课程有算术、礼仪、游戏、技艺等，教学法以俗话译文言。公立小学正式成立于 1897 年，是盛宣怀创办的南洋公学。该小学堂已初具规模，分四班，每班学生 40 人左右，共 160 余人。课程有国文、算学、英文、舆地、史学、体操六科。每周上课 42 学时。教师由在南洋公学师范院校的学生担任，且由师范院校自编课本，这开创了小学教科书的先河。后来许多地方也跟从效仿，其中具有代表性的是北京的八旗奉直小学堂和天津的蒙养东塾。此外，还有无锡俞复等设立的三等学堂(1897 年)。小学教育计划被正式纳入公文是在戊戌变法以后，即 1898 年 5 月 20 日，清政府下谕，命各省、府、州、县设学堂，将各地旧书院、义学、社学等一律改为中西兼备的学堂。并按照地域特征及规模将省会的大书院改为高等学堂，郡城的书院改为中等学堂，州、县的书院改为小学堂。中、小学堂应读的书籍，由官设书局编印发行。

2. 近代小学教育的确立阶段

我国近代小学教育章程的开端是在 1902 年，标志性文件是清政府颁布的《钦定蒙学堂章程》和《钦定小学堂章程》，它们又被称为“壬寅学制”。该章程规定，将初等教育分为三级：一为 4 年的蒙学堂(包括公立、私立两类)；二为 3 年的寻常小学堂；

三为3年的高等小学堂。其中蒙学的教育宗旨在于“培养儿童使有浅近之知识，并调护其身体”。小学堂的教育宗旨是“授以道德知识及一切有益身心之事”，这是我国近代小学教育的开端。但该学制实际上并未施行。此后，清政府又进行了一些关于小学教育的制度变革，促进了小学教育在近代初期有一定程度的发展。

二、近代小学教育的特点

1. 公立化与培养国民意识

近代小学的出现与民族、国家意识的增强有关，教育举办权逐步由教会转移到国家手中，强调以民族、国家利益为重，培养国民、公民所必需的各种素养，重视对本民族文化与国家制度的学习，以及爱国主义精神的培养。

2. 法制化与指向普及

借助法律的强制性来普及和实施。

3. 内容世俗化

基本的读、写、算能力的训练与世俗知识越来越多地取代宗教知识。

4. 教学科学化

在实践上越来越注重采用建立在儿童心理发展特点之上的教育教学方法，逐步确立和形成了以心理学为基础的小学教育理论。

第三节　现代小学教育

一、现代小学教育的形成

(一)西方国家的现代小学教育的形成

19世纪末到20世纪初，欧美开始了第二次工业革命，人类进入电气化时代，对劳动者素质的要求进一步提高，迫切要求小学教育制度化。在英国，1944年的《巴特勒法案》正式将小学教育、中等教育、继续教育构成连续的普通教育学校体系。只是儿童在接受小学教育之后，要参加国家组织的“十一岁考试”，以决定上不同的中学。法国到1946年基本实现了“单一学校”，即在全国设立一种性质和类型的小学，各阶级的子女进同一类学校，统一招收适龄儿童；德国在第一次世界大战后也设立了统一的小学教育学校，即“基础学校”；美国在南北战争之后形成了由幼儿教育、小学教育、中学教育、高等教育构成的完备的教育机构与制度体系。同时，以蒙台梭利等人为代表的欧洲“新教育运动”，以杜威为代表的“进步教育运动”，继承了卢梭对“儿童的发现”(儿童是具有固定法则的自然存在)，经过艰难的实践探索，形成了划时代的新儿童教育观，他们于1921年提出了初等教育七项原则。(1)一切教育的根本目的是保持与增进儿童内在的精神力量。(2)教育应该尊重儿童的个性。(3)教育应使儿童的天赋兴趣自由施展。(4)鼓励儿童自制，培养儿童为社会服务的合作精神。(5)发展男女儿童教育间的协作。(6)要求儿童尊重他人，并保持个人尊严。“新教育运动”与“进步教育运动”，促使小学教育在目标、内容和方法上发生深刻变革。从此，小学教育进入以现代儿童观为指导的轨道，现代小学教育才得以正式出现。

(二)我国现代小学教育的建立

1912 年，中华民国成立之后，小学教育有了较大的变更。除了小学名称改变之外，“允许初等小学男女同学；废止小学校读经科……废除学校出身奖励”。这些变更可以看出其中反封建的成分。但反封建并不彻底，如允许男女同学只限于初等小学。五四运动以后，小学教育的现代雏形基本奠定，俞子夷、李廉方等人的开创性改革实验推进了我国小学教育现代化的进程。1922 年，新政府公布《学校系统改革案》，又被称为“新学制”。以往的蒙学改名为幼儿园，招收 6 岁以下儿童，废止国民学校及高等小学校，统称为小学校，小学实施六年，四二制。“新学制”还具体规定了 7 条教育宗旨。(1)适应社会进化之需要。(2)发挥平民教育精神。(3)谋个性之发展。(4)注意国民经济力。(5)注意生活教育。(6)使教育易普及。(7)多留意各地方伸缩余地。由新学制的教育宗旨可见这一时期教育思想趋于民主化、科学化、系统化、全面化。但这种“现代化”是外界压力与外部舶来的，根基薄弱，一直到中华人民共和国成立前夕，小学教育普及非常有限，管理非常落后，实际上是有现代之名，无现代之实。

中华人民共和国成立之后，党和政府非常重视小学教育的普及与提高。1949 年 9 月中国人民政治协商会议第一次全体会议通过的《全国人民政治协商会议共同纲领》规定：“要有计划有步骤地实行普及教育。”1951 年 8 月教育部召开的第一次全国初等教育及师范教育会议明确提出，1952—1957 年，争取全国平均有 80%的学龄儿童入学；从 1952 年开始，争取 10 年内基本上普及小学教育，并提出五年内培养百万名小学教师的计划。1956 年最高国务会议通过的《1956—1967 年全国农业发展纲要(草案)》中规定：“从 1956 年开始，按照各地情况，分别在 7 年或者 12 年内普及小学义务教育。”根据党和政府的一系列指示，这期间的小学教育有了较大的发展。但后来由于各种政治运动的干扰，教育科学研究处于停滞状态，小学教育的实际质量较低。

1978 年改革开放以来，党和政府大力推动小学教育的普及与质量提高工作。1980 年 12 月 3 日，中共中央国务院《关于普及小学教育若干问题的决定》，提出 20 世纪 80 年代在全国基本实现普及小学教育的历史任务。1986 年 7 月 1 日公布的《中华人民共和国义务教育法》，明确规定实行九年义务教育。

20 世纪 90 年代以来，我国小学教育目标也发生了深刻变化。1992 年 9 月，《九年制义务教育全日制小学、初级中学课程计划》中规定:“依照国家对义务教育的要求,小学对儿童实施全面的基础教育,使他们在德智体诸方面得到发展,为提高全民族素质,培养社会主义现代化建设的各级各类人才奠定基础。”

1993 年颁布的《中国教育改革和发展纲要》中指出:“中小学要由‘应试教育’转向全面提高国民素质的轨道上,面向全体学生,全面提高学生的思想道德、文化科学、劳动技能和身心素质,促进学生生动活泼地发展。”

1999 年颁布实施的《关于深化教育改革全面推进素质教育的决定》中更为明确地指出:“全面推进素质教育,培养适应 21 世纪现代化建设需要的社会主义新人。实施素质教育,就是全面贯彻党的教育方针,以提高国民素质为根本宗旨,以培养学生的创新精神和实践能力为重点,造就‘有理想、有道德、有文化、有纪律’的、德智体全面发展的社会主义事业的建设者和接班人。全面推进素质教育,要面向现代化、面向世界、面向未来,使受教育者坚持学习科学文化与加强思想修养的统一,坚持学习书本知识与投身社会实践的统一,坚持实现自身价值与服务祖国人民的统一,坚持树立远大理想与进行艰苦奋斗的统一。”

20 世纪末,我国的小学教育基本上实现全面普及。2008 年全面实施免费教育。到 2010 年,从入学指标等来看,我国教育已达到世界中等水平。《国家中长期教育改革与发展规划纲要(2010—2020 年)》明确提出了教育现代化的目标,其中自然包括小学教育的现代化。

二、世界现代小学教育的改革发展趋势

小学教育自产生以来,就处于不断改革和发展的状态。小学教育进入现代形态后,其改革的频率与力度大大提升。一方面是受到来自社会政治、经济、文化等变迁的影响;另一方面是受到对人、对儿童身心发展规律研究的不断深入的影响。进入 21 世纪以来,人类社会发生了广泛而深刻的变化,其范围之大、速度之快、影响之深超出了以往任何一个时代,给教育带来的影响也是巨大而深远的。当前,世界各国的竞争主要表现为综合国力的竞争,教育也被作为提升综合国力的重要手段之一。各国对小学教育的重视程度不断提高,教育改革此起彼伏,小学教育的发展进入了一个新阶段,其改革表现出了以下趋势。

(一)从战略高度与教育事业的整体格局出发来思考改革与发展问题

政治的多极化使得各国纷纷把教育发展与国家利益紧密结合在一起,教育也成为各国政治战略的重要组成部分。经济的全球化一方面加强了世界各国之间的联系;另一方面也刺激了各国之间的经济竞争,教育的一个重要任务就是为国家经济竞争服务。改革方案突出体现国家意志,将小学教育置于国家安全与发展、国际竞争与合作的基础地位上来考虑。如 1993 年,英国教育委员会发表了长达 458 页的报告《学会成功——今日教育之根本观点和未来战略》。报告中指出,知识革命时代已经

到来，要求学校必须培养能运用知识的知识工人和知识工作者。教育目标不能仅限于知识发展，还必须指向学生和社会的精神、道德、文化、智力和身体发展，教育应该致力于把儿童培养成为民主社会的公民，使他们知道自己的责任，了解自己的权利和义务。21 世纪英国教育最重要的任务就是从小培养儿童具有成功的能力。

(二)把面向全体学生，重视学生全面和谐的发展作为小学教育的主要目标

世界各国小学教育改革由重数量向重质量转型，小学教育不是终结性教育或一次性教育，而是基础教育，全面和谐发展是其主要评价指标。这一根本性变化反映在许多国家的教育政策和法律法规上。

(三)把课程改革作为改革的核心与重点

从适应社会对人才素质要求的角度来重点抓课程教学的改革，其中，课程的基础性得到了广泛重视，世界各国几乎是不约而同地采取措施加强了小学的基础学科，如美国强调了 5 门新基础课；英国统一了 10 门基础课程；法国在小学恢复了分科教学，其目的就在于加强基础知识的学习；日本的新教学大纲也强调加强基础知识、基本技能的学习。

随着人文主义思潮的兴起，各国对片面重视学生智力发展和能力培养的教育思想进行了反思，增强课程的人文性也被纳入了课程改革的范围。课程改革的目的是积极适应社会变化中的个人的整体发展，而不是只局限于知识与智力。相应地，在课程设置中，人文课程的比重也有所增加。

(四)复兴道德教育

20 世纪 80 年代以来，各国都将加强青少年道德教育作为教育改革的一个主要目标并加以高度重视。如英国强调要教育儿童尊重他人、公正、诚实、守信；日本提出要加强道德教育，消除“教育荒废现象”等。各国在道德教育方面也存在着一些共同特点，如加强传统的道德价值观的教育，注重弘扬本民族的文化和历史优良传统，根据新形势更新德育内容，通过多种途径进行道德教育等。

(五)把教师的专业发展和提高教师的质量作为改革的优先项目

由于国际政治、经济形势的深刻变化以及科学技术的迅速发展，在小学教师的培养方面，其培养要求和规格都有了很大提高。许多国家都提出了小学教师也要接受高等教育，法国、美国等国家先后将小学教师培养机构升格为高等教育，中小学教师的培养逐渐被纳入同一轨道；教师培养课程的现代化过程也在加快，专业教师教育课程、心理学课程以及繁多的选修课构成了现代教师教育课程的体系。俄罗斯小学教师培养目标已从原来的单纯培养教育技师，转变为培养具有较高的文化水平和教育理论知识与技能，并且具有良好个性品质、高度敬业精神以及创造性掌握与运用人类积累的经验的专业人才。法国也提出了小学教师要掌握设计、控制和更新学与教的情境所必需的知识和技能，了解学校和学生以及学生所处的经济、社会与

文化环境，具备交流和信息技术方面的能力。

在小学教育教师的继续教育方面，从 20 世纪 70 年代开始，各国陆续建立了教师继续教育制度，并充分利用各种机构和各种形式进行教师继续教育。

阅读链接

对美国初等教育的观察与思考

——中华人民共和国驻芝加哥总领事馆教育组调研报告

谈及美国的初等教育，我国教育界有个比较普遍的看法，认为其教材内容浅显，教学水平不高，教育管理松懈，总体质量难与我国相比，可供借鉴之处有限。我国许多留美人员也反映，他们的子女来美后，学业压力骤减，虽然学习成绩名列前茅，但学得太少，玩得太多，其所学知识无法与国内同龄孩子竞争。连美国本身也对其初等教育屡有批评。但与此并存的是，美国的科学技术在世界上居于领先地位，高等教育十分发达，源源不断地向社会各界，尤其是向科技、产业、工商界输送大量人才，推动美国高科技水平不断发展。美国以其优越的工作和生活条件吸引了大批国外培养的优秀人才，但在美国科技人才中，他们毕竟只占少数，大部分人才仍为其本国高校培养的美国人。

于是，人们在美国看到一种奇特的现象：低水平的初等教育续接发达的高等教育，顺连高科技的社会。这种现象值得认真分析，如能借鉴其合理的成分，对我国初等教育的发展将大有裨益。

美国初等教育的主要特点

知识传授水平低、时间迟。以算术为例：美国小学三年级教授 100 以内的四则运算，只相当于我国小学一年级下学期水平，六年级小学生作文长度及表达能力大体相当于我国小学四年级水准。

课程、教材虽浅，但涉及的面宽。如“科学”课较我国“自然”课内容多，涉及当代科技基础知识。另有介绍政府、政治等内容的课程。

日授课课时比例小。美国小学生每日在校约 8 小时(包括午餐时间)，课堂教学仅占约一半时间。

校内活动丰富、生动。除算术、英语、科学等课程外，其他课程均以活动形式进行，用孩子和家长的话说，就是“玩”，如游戏、绘画、手工制作、植物栽培、表演等。

教学管理气氛轻松。众多教学科目教师只负责组织，具体的由孩子凭想象去干。例如手工制作，孩子可利用各种工具、材料“为所欲为”，教师不多干预，作品五花八门，别出心裁。

课外作业量少，但有趣。作业形式大都符合孩子的心理，使其乐于完成。如观察某一现象(像种子在水中如何发芽等)、制作一手工制品、画一张画、编个故事等。孩子完成的作业虽然幼稚，有的甚至很荒诞，但毫无思想制约，体现并开启了孩子们的想象力、创造力。

注重培养组织、演说、社交能力。不少活动教师布置后即由孩子自己独立完成。我国驻美机构时常收到美国小学生来信索要有关中国的材料，他们要用这些材料办“展览”，做报告，既令人好笑，又发人深省，但从中不难体会到美国小学生的勇气和自信。

广泛接触自然和社会。针对孩子爱玩的天性，学校经常组织学生外出参观、旅游，使他们接触自然、认识自然、了解自然。美国的风景区、历史和文化设施均对学生参观优惠。

发展个性。美国是政治、文化多元化社会，注重人的个性，学校不以统一模式“铸造”学生，教师对学生“管”得不多，评语多是鼓励性的，以国内观点看，未免有些“放任自流”。

爱国主义教育潜移默化。美国小学不开设与我国对应的思想品德教育课程，他们的爱国主义教育是通过组织学生参加各种社会活动，参观、访问、了解重大历史事件来进行的，不讲很多道理，却直观、形象地从小培养孩子的民族自豪感。

教师负担相对较轻。由于教材内容不深，作业量少，注重学生个性发展，学校并不包揽学生一切事务，“放”多于“管”，故美国小学教师与我国小学教师相比，负担轻得多，师生关系平等和缓。教师收入属中等水平。

中美初等教育的比较

上述分析表明，美国初等教育就其传授的知识水平而言的确低于我国。但人才培养和人才构成要素包括多方面，除知识传授外，还包括能力培养与潜力开发。我国初等教育侧重于知识传授，形成教材深、课时多、作业量大，学生、教师负担重，课余时间有限，课外活动面窄，社会活动单一，学生主要在课堂上靠书本获取知识，共性培养重于个性培养，对孩子以管为主，学校几乎包揽一切这样一种格局。事实表明，这种格局在知识传授上有其可取之处，但在能力培养，尤其是潜力开发上则显得不足。

美国的初等教育不过分侧重知识传授(实际上重视不够)，而注重能力培养和潜力开发。根据孩子心理发育特点，适应他们爱玩、好动、好奇的天性，寓教于乐，寓教于玩，使孩子们在玩耍中锻炼观察、思考和动手能力，充分发展想象力、创造力和个性。如此培养的学生知识量不及我国的小学生，但实际能力强，后劲足，潜力大，对今后发展、深造明显有利。

对发展我国初等教育的建议

总体而言，我国小学生知识水平高，美国小学生思维活跃，潜力大。两者相结合，应成为培养人才的最佳途径。为此，建议我国初等教育。

(1)“还孩子以童年。”控制课程门数及课时量，削减书面作业，让孩子从沉重的课业中解放出来，有更多的时间、空间按其年龄、心理、兴趣、爱好自然发展。

(2)因地制宜开展更多有益智力、能力、潜力开发的活动，列入教学计划，做到智力、能力、潜力并重，学习、娱乐结合，使以往单一枯燥的教学过程变得丰富多彩，充满情趣。

(3)鼓励教师创新教法，破除统一教学模式的传统观念，开创生动灵活、百花齐放的局面。

(4)缓解升学压力。目前的重点、非重点学校划分及社会传统观念对教学过程仍有影响，教师、学生承受着很重的心理压力，不利于教学双方主动发展。

(5)思想教育不可偏废，但应从实际效果出发，形式多样，潜移默化。

(6)加速扩充、更新教学设备，特别是计算机教学。美国孩子计算机能力强，这与美国计算机普及，孩子从小接触有关。对此问题，我们应从培养人才的战略眼光予以重视。

资料来源：中国驻美国芝加哥总领馆教育组，《对美国初等教育的观察与思考》，中小学语文教学论坛，2002(1)。

三、我国小学教育的改革发展趋势

目前，世界的不同国家、地区，社会发展正呈现出空前复杂的局面，公平与效率、道德与利益、科技与人文、现代与传统等一系列重大矛盾与冲突呈现在我们面前，小学教育也不例外。

据统计，2019年我国有小学16.01万所，小学教职工585.26万人，小学净入学率为99.94%。成绩很大，但问题也不少，社会、家庭、学生各方面的满意度还不高。改革与发展仍是我们的主流，但我们可以预测，下一个阶段，我国小学教育的发展趋势主要表现在以下几个方面。

(一)更高水平的普及与发展

我国的义务教育与全民教育已取得举世公认的成就，但与联合国教科文等国际组织制定的《2000年全民教育大纲》《2000年全民教育评估技术指南》所确立的毛入学率、净入学率、师生比、复读率、小学五年保留率等18项核心指标相比，我国目前的小学普及水平还只是初步的，特殊教育、优良师资等许多深层次问题有待解决。这就需要我们增加投入，使小学教育有更高水平的普及与发展。

(二)更全面的素质教育

我国素质教育的口号已经提出 20 多年，并开展了声势浩大的基础教育课程改革，但素质教育的水平并没达到应有的水平。特别是在某些应试教育下的课堂中，不少课都是少数优生在表演，在唱主角，变成了老师和优生的互动。我们还应更全面地面向全体学生，促进学生全面发展，着力提高学生服务国家与人民的社会责任感，培养用于探索的创新精神和善于解决问题的实践能力。尤其是在终身教育体系下，把开发每个学生的潜能，培养学生终身学习的态度、能力和方法，养成学生健康和谐的个性，促进学生发展等核心素养作为第一要务。

(三)更加个性化的教育方式

现行的小学教育方式是在工业化基础上建立起来的以班级集体教学为基本组织形式的学校教育制度，存在着划一性、标准化的特点，加之刻板单一、刚性的教育评价、考试、选拔与文凭制度，严重阻碍了个体个性充分自由的发展。个性，是指个体在一定生理与心理素质基础上，在一定的社会历史条件下，通过社会实践活动形成和发展起来的，表现为个体在社会实践中所持的态度和行为的综合特征，包括个体的主体性、独特性、创造性等。这就要求我们要加强个别化教学，尊重学习者的多样性与选择权。

复习与思考

1. 熟记小学教育发展历程中的代表性事件。

2. 阅读文献与考察博物馆，收集古代儿童学习的故事，谈谈感悟。

3. 试预测我国小学教育未来的可能走向，描绘你心中理想的小学。

4. 搜集和阅读有关资料，了解一下我国历史上俞子夷、李廉方等人的开创性改革实验。

5. 通过下校进行专业观察，发掘典型案例。

推荐阅读

1. 吴洪成：《中国小学教育史》，太原，山西教育出版社，2006。

2. 潘仲茗：《当代中小学教育改革实验概说》，成都，四川教育出版社，1998。

3. 国家教育委员会师范教育司组：《小学教育改革与发展简介》，北京，首都师范大学出版社，1997。

4. 聂运伟：《试论原始社会中的教育问题》，载《湖北大学学报(哲学社会科学版)》，1995(3)。

5. 罗裕详：《从考古发掘试探中国教育的起源》，载《社会科学(兰州)》，1987(3)。

6. 厉以贤：《关于“教育起源于劳动”问题》，载《北京师范大学学报(人文社会科学版)》，1981(4)。

7. 上海师范大学中国教育史话编写组:《我国教育的起源》,载《人民教育》,1979(10)。

8. 项家庆、潘海燕:《小学课堂教学问题诊断》,长春,东北师范大学出版社,2011。

第二章　小学教育

内容提要 ▶

- 小学教育的内涵与相关概念
- 小学教育的基础性、全体性、全面性等基本特性的含义与要求
- 小学教育在社会发展、教育发展中、人的发展中的功能

第一节 什么是小学教育

一、小学教育内涵的形成

我国西周奴隶社会已出现“小学”之称谓，主要指“小艺”“小节”“语言文字”的学习。

“小学”初见于《大戴礼记·保傅篇》：“小学者所学之宫也。……古者八岁而就外舍，学小艺焉，履小节焉。”在青铜铭文《大盂鼎》中有曰：“女妹辰又大服，余隹即朕小学……”《周礼·保氏》上说：“保氏掌谏王恶而养国子之道，乃教六艺：一曰五礼，二曰六乐，三曰五射，四曰五驭，五曰六书，六曰九数。”又“乃教之六仪：一曰祭祀之容，二曰宾客之容，三曰朝廷之容，四曰丧纪之容，五曰军旅之容，六曰车马之容。”可见在周代教育中，小学通常认为是教育儿童的专门场所，或指学习六艺(小艺)和六仪(小节)，后来小学含义逐渐缩小，仅指六艺之一的“书”了，即专指关于语言文字的学习。

随着学校教育体系的完善，当代的小学教育，是指整个国家教育体系的基础阶段，是一个儿童成长为一名合格社会公民的奠基工程。

小学教育对象一般为6～12岁的儿童。它是在学前教育基础上对儿童实施初级人文素养和科学知识的学校教育，注重儿童的心智开发和培养，为儿童(未来的社会公民)的终身发展提供全面的、初步的基础教育。这其中最重要的特性是基础性与全面性。

二、小学教育相关概念

作为小学教育专业的学生，我们还应该明确以下几个在日常学习、生活中经常看到或使用的一些相关概念。

(1)普通教育。普通教育与“专业教育”相对，是指实施普通科学文化知识的教育，使学生掌握人文科学、社会科学和自然科学的普通知识，使他们具有基本文化修养和处理社会问题的能力。其目的是为未来生活而非职业做准备。

(2)公民教育。公民教育一般指国家或社会根据有关的法律和要求，培养其所属成员具有忠诚地履行公民权利和义务的品格与能力等方面的教育。公民教育在不同时代和不同国家有不同的具体内涵。最早提出实施公民教育的是古希腊。

(3)国民教育。国民教育也称“公共教育”，是国家为本国国民(或公民)实施的学校教育。一般为国家规定的每个公民必须接受的基础教育，即小学和初中教育，有的国家还包括幼儿教育和高等教育。我国在1915年把初等小学改为国民学校，实施国民教育，1922年仍改为初等小学，1940年又将初等小学改为保国民学校。中华人民共和国成立后，不再沿用国民教育名称。

(4)基础教育。广义的基础教育是指各级各类教育中的基础教育阶段的教育，既包括普通中小学教育，又包括职业技术教育、高等教育和成人教育中的普通文化科学知识的教育。

(5)普及教育。普及教育指国家对学龄儿童不分种族、肤色、宗教信仰、性别和能力所普遍实施的一定程度的基础教育，教育年限根据国力而变化。

(6)义务教育。义务教育是指根据国家法律规定对适龄儿童实施一定年限的、普及的、强迫的、免费的学校教育，这种教育要求社会、学校予以保证，义务教育是儿童应享受的权利，也是国家应履行的义务。

(7)初等教育。初等教育接近启蒙教育，包括正规的国民小学教育与有特殊需要的儿童特殊教育。

阅读链接

30多年前，在美国内华达州发生了一桩奇特的诉讼案：一位母亲仅仅因为自己3岁的女儿伊迪丝认识了字母"O"而把女儿所在的幼儿园告上了法庭。案件以幼儿园败诉而结束，这位母亲获得1000万美元的赔偿。伊迪丝的母亲认为，幼儿园的老师薇拉提前进行的字母教学剥夺了她女儿的想象力，使伊迪丝成为被剪掉翅膀的"天鹅"，而且被早早地投进了一片只有ABC的小水塘。薇拉字母案所折射出的美国家长的教育理念就是保护幼儿的想象力比学习字母重要，孩子的未来比早教早知重要。

资料来源：刘燕敏，《一桩奇特的诉讼案》，载《政府法制》，2003(10)。

第二节　小学教育的基本特性

对当代小学教育主要特点的分析可以从三个方面来进行：第一，从小学教育对小学生发展和文化发展关系的综合角度考虑，孕育出了小学教育的基础性；第二，从文化以及社会发展角度考虑，特别是从社会民主化进程考虑，孕育出了小学教育的全体性；第三，从小学生发展角度考虑，延伸出了小学教育的全面性。所有这三个特性的表现都与其他类型的教育存在重大的区别。

一、基础性

(一)含义

基础性有三层含义：国家学制的基础阶段；人生的启蒙教育——人生、知识、习惯、思维等一切的基础；小学教育中的内容是最基本的基础知识与技能。

然而长期以来，我们对基础性的理解，一是强调它是整个教育制度的基础，小学教育是为学生升入中学做准备的；二是强调培养目标上的“双基”，即基础知识、基本技能。近些年，日益激烈的“应试教育”，已经从中学蔓延到小学。众多的家长把小学作为竞争的起跑线，提前演绎升学竞争。这种状况使小学生过早地承受着升学的压力，使儿童失去本该欢乐的童年，结果导致他们学习热情明显降低，对学习日益厌恶和逃避。中国少年先锋队全国工作委员会和中国青少年研究中心提供的《当代少年儿童报告》蓝皮书中表明，近14%的小学生感到“学习已成为一种沉重的负担，希望自己能快点离开学校”。

基础的“基”字，其本义就是指房基、地基，也可作根基、起点讲。小学教育就是一个人接受教育的根基和起点，所以也有人称小学教育为“入门教育”。所谓“入门教育”，就是根据小学教育的培养目标，在德育、智育、体育、美育、劳动教育诸方面都为小学生入门打下根基。

教育的入门、打基础，主要有两个标准：一是各项教育任务的要求是基本的、初步的、浅近的，是小学生可接受的；二是凡要求学生掌握的，必须是扎实、牢固的，这样的基础才是坚实的。如果各项教育任务要求标准高，超越了儿童的接受能力，而学起来又掌握不牢，这样的基础就是沙滩，盖楼就容易倒塌。因此小学基础教育必须体现出符合儿童年龄特点的实践性。

小学教育不是升学教育的基础，而是素质教育的基础，在人类倡导构建学习化社会的时代，它是终身教育的奠基阶段，是为人生的发展奠定基础。作为基础教育，而不是高等教育、职业教育，它是以提高国民素质为目标而进行的非定向、非专门的教育，它不是为某一行业，而是为社会所有行业培养人才打基础的。所以，它的知识、技能不是为了选拔、升学、择业，而是尽可能地为人的身心全面发展提供最有利的条件。今天，仅有“双基”是不够的，我们还要激发儿童积极的学习情感和态度，以促使他们保持终身热爱学习的欲望。从一定意义上说，这种起动力作用的情感态度比“双基”更为基本，更为重要。

小学教育“基础性”的定位表明，每个学生潜能的开发，健康个性的发展，为适应未来社会发展变化所必需的能力的初步形成，以及终身学习的意愿，将逐渐取代文化基础知识的灌输，成为小学教育的重要任务。

(二)要求

1. 依据儿童身心特点确定基础的指向

谢维和教授认为，教育是让孩子转变：从一个不成熟的孩子转变成成熟的人、适应社会的人。但要把握好转变的方向。在中学、大学阶段，方向性体现在转变过程中，而小学阶段的转变性体现在方向性上。

具体要求主要体现在以下几个方面。

(1)人文素养的基础教育。人文素养，是新一轮基础教育课程改革明确提出的培养目标之一，是新时代对基础教育提出的新要求，它体现了人们对教育价值的一种新理解和新认识。人文素养的灵魂，是以人为对象、以人为中心的精神，其核心内容是对人类生存意义和价值的关怀。这其实是一种为人处世的基本的“德性”“价值观”和“人生哲学”，是科学精神、艺术精神和道德精神均包含其中的人的内在质量。它追求人生和社会的美好境界，推崇人的感性和情感，它以人的价值、人的感受、人的尊严为万物的尺度。人文素养主要表现在以下几个方面。

第一，对人的命运，人存在的意义、价值和尊严，人的自由与解放，人的发展与幸福有着深切的关注。

第二，尊重个人的价值，追求自我实现，重视人的超越性向度；对个体与人类之间的关联有相当的体认，从而形成人类意识。

第三，重视德性修养，心地向善。

第四，具有超功利的价值取向，乐于用审美的眼光看待事物；

第五，具有理想主义的倾向，追求完美。

第六，承认并尊重文化的多样性，对于差异、不同、另类，甚至异端，能够抱以宽容的态度。

第七，能够自觉地守护和践履社会的核心价值，诸如公平与正义等。

如此美好的素养是人类所有成员都应该具备的高尚品质，只有人人具备这种高尚品质才能使社会、民族、国家，包括人类个体成员发展得更文明、更和谐、更有价值。那么，这种素养从何而来，显然不是先天遗传的结果，它只能靠后天的教育和环境影响才能够形成。教育在培植人文素养方面承担着首要的重任，而且这种培养应该从一个人小的时候就开始。因此，小学教育责无旁贷要为培养学生优秀的人文素养发挥应有的教育功效。

小学阶段应该突出培养的人文素质有：关爱他人、尊重自我、和谐共处、心地向善、待人宽容、讲求公平、追求正义、爱护环境、珍爱生命等。这些品德和人文素质是一个人一生为人处世最基本的内在尺度，也是维系人与人和谐相处，人与自然和谐相处最基本的行为准则。

(2)智慧品质的基础教育。一个人促进个人发展和对社会贡献的大小，一个民族促进自身发展和对人类做出贡献的大小，既要靠其做贡献的精神动力，靠其知识能力，也要靠其智慧。智慧，是人对事物认识、辨析、判断处理和发明创造的能力。智慧不是一种单一的能力，而是一种综合性的整体结构，它包括观察力、注意力、记忆力、想象力、思维力等诸方面，其中尤以思维力为核心。一个人思维能力的强弱主要体现在思维的敏捷性、思维的深刻性、思维的灵活性、思维的多样性和思维的创造性等几个方面。

第一，思维的敏捷性。它是检验和衡量一个人思维速度水平的依据。人的思维速度可以粗略地分为三种类型：敏捷型思维、普通型思维和迟缓型思维。思维敏捷是一种高智商、高智慧的表现，需要早期训练和长期训练。就儿童而言，小学教育时期，应该根据学龄初期、学龄中期、学龄后期等不同年龄段的能力特点和智慧水平开展多种形式、内容逐步加深的各种训练。如各种层次问题的快速回答训练、选择性问题训练、比较性问题训练、智力竞赛、逆向思维训练、查错问题训练等。小学生思维活跃，求知欲强，敢于发表自己的意见，有易于激发的探索精神，他们是最没有束缚、最没有现成模式的人群，因此小学教育阶段是培养和训练学生思维敏捷最佳的时期。

第二，思维的深刻性。它是检验和衡量一个人思维深度水平的依据。思维深刻是一种趋向事物本质或揭示事物本质的认识活动，是人们认识事物对象达到较深程度的一种表现。与思维敏捷性相比，思维深刻性是一种反向要求。思维敏捷要求的是速度，而思维深刻要求的是质量，追求思维深刻既是一种能力训练，更是一种意识的培养，培养和训练小学生思维的深刻程度可以通过多种方式进行，如细节问题认识训练、关键环节问题认识训练、概括事物能力训练、比较事物能力训练、逻辑思维能力训练、推理能力训练等。这些训练应该和课堂教学、班级活动、社会活动、各种评价活动等有机地结合起来，也可以设立专题训练活动，如“比一比，看谁说得对(或看谁说得好)”“比一比，看谁做得对(或看谁做得好)”发现问题专题竞赛、比较问题专题竞赛等。

第三，思维的多样性。它是检验和衡量一个人思维广度水平的依据。思维多样是思维开阔、思路丰富的表现，它常常能够从多方面、多角度认识问题和分析问题；同时它也包括思维方式的多样化，如常规思维、发散思维、逆向思维、形象思维、抽象思维等。多样思维的能力有助于全面深刻地认识问题，也是具有较高思维质量的表现。训练小学生思维多样性的能力应该多进行一题多解的训练、语言置换的训练、不同作文思路比较的训练、全面分析问题的训练、发散思维的训练、逆向思维的训练等，通过这些学习活动培养学生思维多样性的意识和能力，初步掌握一些多样思维的方法和规律。

第四，思维的灵活性。它是检验和衡量一个人思维变通水平的依据。变通，是根据变化了的情况和实际需要不拘常规而灵活地处置，是有智慧的重要表现。灵活的思维是需要长期培养和训练才能形成的，但是需要在小学阶段打基础。对小学生来讲，应该就让他们从小懂得没有一成不变的事理，不能用固定不变的眼光看人、看事物，很多事情需要灵活地思考、灵活地处理，只有这样才有助于培养小学生思维的灵活性。上述训练思维多样性的途径也可以作为培养小学生思维灵活性的方法。

第五，思维的创造性。它是检验和衡量一个人思维创新水平的依据，也是检验和衡量一个人智慧能力的核心所在。我国基础教育新一轮课程改革中一个重要的培养目标，就是强调要培养学生的创新精神和实践能力。就小学教育而言，培养小学生的创新精神和实践能力，就应该多开展有利于培养学生创造性思维和动手操作能力的教育教学活动。如发散思维的训练、逆向思维的训练、社会调查等活动都是培养学生创造性思维、创新精神和创新意识的有效途径。

(3)个性品质的基础教育。每个人都有独特的个性，正像世界上没有两片完全相同的树叶一样，世界上也没有个性完全相同的人。个性使人各具特色。个性就是人性在个体上的表现或反映，它是足以使某一个体成为该个体的一系列稳定心理特征的综合。个性是由世界观及其所支配的个性特征所构成的，或者说个性是以世界观为核心的一系列稳定心理特点的结合。它包括世界观、需要、兴趣、智力、能力、气质和性格。简而言之，个性＝世界观＋个性特征。理论界对个性的意见虽尚未统一，但以下几点是基本一致的：①个性是独特的；②个性是一种稳定的心理特征；③个性的结构至少包括兴趣、习惯、观念、气质、能力、性格。小学阶段应着力抓好以下几个方面：兴趣、习惯、性格、自我意识和品德等。

第一，兴趣，是个性中重要的意识倾向性，它是人们力求认识某种事物或爱好某种活动的倾向。小学教育注意学生兴趣爱好的发展和培养，学校和教师要通过组织各种兴趣小组发现、激发和培养学生的个人兴趣。

第二，习惯，是一种长期养成的、比较固定的、机械的、自动化了的行为或动作的特殊倾向。小学教师要注意培养和发展小学生良好的习惯，如良好的卫生习惯、礼仪习惯、交际习惯、学习习惯、思维习惯、质疑习惯等。

第三，性格，是个性质量中最本质、最核心的心理特征，是个体在对现实的态度(做什么)和习惯化了的行为方式(怎么做)中所表现出来的比较稳固的、独特的心理现象。研究表明，小学儿童的性格发展水平是随年龄的增长而逐渐升高的，但其发展速率表现出不均衡、不等速的特点。

第四，自我意识，是个体对自己和周围事物关系的一种认识，也是个体对自身的认识。它包括自我观察、自我评价、自我概念、自我控制、自我监督和自我教育以及自爱心、自尊心、自卑感、自信心、自制力、独立性等形式。除此以外，还需要注意小学生在发展自我意识的过程中，加强集体意识、社会意识、人际意识的教育。

(4)科学文化的基础教育。其任务总的来说是为儿童德、智、体、美、劳全面发展打下基础和为初步生活做好准备。具体来说是让儿童掌握人类积累起来的最基本、最起码的科学文化知识，具备最基本的读、写、算、画、做的技能，学会最初步的生活规范和行为准则。

(5)身体素质的基础教育。通常人们把人体在活动中所表现出来的力量、速度、耐力、灵敏及柔韧等统称为身体素质。体育是以促进学生身体的正常发育，结构与机能健康发展，不断增强体质为目的的教育。它是身体素质教育提出和形成的基础。身体素质教育则是以发展与提高学生身体素质为目的的教育。

身体素质不仅包括了体育所要培养的一切素质，同时还充实了许多新的内容，它是体育适应时代需要的一种新发展，它既是一种身体锻炼教育，也是一种心理训练教育。实践中要正确处理好“育体”与“育心”的关系，小学教育既要培养学生身体的力量、速度、耐力、灵敏及柔韧等身体机能，更要培养自尊、自信、自立、自强的心理品质，二者是相互促进、和谐统一的关系。

通过体育与健康课程的学习，使学生增强体能，初步掌握和应用基本的体育与健康的知识和运动技能；培养运动的兴趣和爱好，初步形成坚持锻炼的习惯；具有良好的心理素养，形成基本的积极进取、乐观开朗的生活态度。在小学毕业年龄段的学生可以初步掌握田径、球类、体操运动中的多种动作技能；能够知道青春期男女生身体特征的变化，正确对待第二性征的出现；了解心理健康对身体健康的作用；了解体育活动对产生良好情绪的作用。

阅读链接

试论基础教育的本质

一、基础教育是为培养合格公民打基础的教育，不是直接培养政治上、管理上接班人的教育。但是，我国目前基础教育的价值取向主要是“精英主义”的，表现为对学生身心发展“高标准”“高质量”的追求上，在课程设置上偏重于政治和管理素养的培养，而不是偏重于一个合格公民所具有的基础素质的养成。

二、基础教育是为培养合格劳动者打基础的教育，不是直接培养消费者、享受者的教育。基础教育应尽快回到培养合格劳动者的本质规定上，加强学生自食其力意识、劳动意识的培养，加强学生劳动习性、劳动技能的训练，加强学生热爱劳动、艰苦奋斗和养成热爱劳动人民感情的教育。

三、基础教育是为培养专门人才打基础的教育，不是直接培养专门人才的教育。不能把基础教育为培养专门人才打基础仅仅理解为只为能够升学者打基础，基础教育还要为不能升入高等学校的毕业生将来走上社会有一技之长或能自学、培训成才打基础，为这些学生将来的终身学习、终身发展打基础。

四、基础教育是帮助学生认识世界的教育，不是要求学生直接去改造世界的教育。让青少年和儿童认识世界，主要通过基础教育和教师传授间接经验的方式获得，而不是通过个体直接经验或参与社会实践、改造世界的方式获得。

五、基础教育是促进学生全面发展的教育，不是导致学生片面发展的教育。

六、基础教育是公平的、普及性的教育，不是选择性的、等级性的教育。公平的、普及性的基础教育有3条规定：一是要求面向全体学生，不能歧视学生，要公平对待每一个学生；二是要求面向全体公民，努力使全民享受基础教育；三是要求基础教育均衡发展，使受教育者在公平的教育环境里得到充分的发展。

七、基础教育是强迫性、义务性、公益性的教育，不是产业性的、收费性的教育。

八、基础教育是关注生命价值与意义提升的教育，不是漠视生命的、工具性的教育。

资料来源：程斯辉，《试论基础教育的本质》，载《中小学教育》，2004(4)。

2. 以习惯培养为重点

习惯完全是后天学习的产物，它一旦形成就很难改变。习惯又有优劣之分，良好的习惯对一个人的思想、意识、学习和生活实践活动起着积极的作用，不良的习惯则起着消极的作用。

良好习惯的养成对于一个人的成长、发展起着至关重要的作用，正如俄国教育家乌申斯基所说："良好的习惯乃是人在其神经系统中存放的道德资本，这个资本会不断地增值，人在其整个一生中就享受着它的利息。"习惯还有一个特性，即早期就能形成，尤其在小学阶段。所以小学阶段是一个人养成良好习惯的关键时期，每个教育者都有责任帮助学生养成良好的习惯。

小学教育不同于其他阶段的教育，有其独特的内涵，具有不可替代性。

学习习惯是小学教育要培养的重要习惯之一，主要包括以下几个方面。

(1)热爱进而主动学习的习惯。

(2)讲效率，及时完成规定的学习任务的习惯。

(3)各学科全面发展，不偏科的习惯。

(4)预习的习惯。

(5)认真听课的习惯。

(6)上课主动提问和积极回答问题的习惯。

(7)多思、善问、大胆质疑的习惯。

(8)上课记笔记的习惯。

(9)课后复习的习惯。

良好学习习惯的基本品质有计划性、坚持性与独立性。在小学落实良好学习习惯的培养要主抓"知晓"，加强"训练"，突出"坚持"。多用"榜样法"告知学生哪些是良好的习惯，用"疏导法""体验法"进行反复训练，用自律、自励、自立方法培养学生的"坚持性"，坚持不懈，直到成功。根据美国科学家的研究，一个好习惯的养成需要21天，90天的重复会形成稳定的习惯。所以一个观念，如果被别人或自己验证了21次以上，它一定会形成你的信念。美国著名教育家曼恩说："习惯像一根缆绳，我们每天给它缠上一股新索，要不了多久，它就会变得牢不可破。"

阅读链接

学习习惯养成教育

1978年，75位诺贝尔奖获得者在巴黎聚会。有人问其中一位："你在哪所大学、哪所实验室里学到了你认为最重要的东西?"出人意料，这位白发苍苍的学者回答说："是在幼儿园。"又问："在幼儿园里学到了什么呢?"学者答："把自己的东西分一半给小伙伴们；不是自己的东西不要拿；东西要放整齐，饭前要洗手，午饭后要休息；做了错事要表示歉意；学习要多思考，要仔细观察大自然。从根本上说，我学到的全部东西就是这些。"这位学者的回答，代表了与会科学家的普遍看法。把科学家们的普遍看法概括起来，就是他们认为终身所学到的最主要的东西，是幼儿园老师给他们培养的良好习惯。英国唯物主义哲学家、现代实验科学的始祖、科学归纳法的奠基人培根，一生成就斐然。他在谈到习惯时深有感触地说："习惯真是一种顽强而巨大的力量，它可以主宰人的一生，因此，人从幼年起就应该通过教育培养一种良好的习惯。"

资料来源：左岸，《大道至简：通向诺贝尔奖之路》，载《管理与财富》，2006(7)。

阅读链接

为幸福人生奠基

基础教育是一个历史的概念。随着社会的进步，人们进行新的创造所需要的基础将愈加雄厚，基础教育的年限也将逐渐延长。在今天的西方发达国家，就出现了大学本科教育也逐渐成为基础教育的趋势。在今日中国，基础教育是指从幼儿园到高中的教育。我们说，基础教育要为学生的终身发展奠定基础，要为学生幸福的人生奠定基础，那么，这个基础都应该包含些什么？对于这个问题的回答，反映着我们的眼界、见识、胸襟与怀抱，反映着我们对于教育的价值追求。过去，我们将基础教育中"基础"的含义仅仅理解为基础知识、基本技能，即所谓"双基"，这种理解不仅是片面的、狭隘的，在实践中也是有害的，那就是不利于基础教育为学生幸福的人生奠基，不利于使基础教育服务于完整的人生。

在我看来，基础教育要为学生的幸福人生和终身发展奠定基础，至少应该包括以下几个方面。

第一，基础教育应该在学生的内心世界中打下一个亮丽的底色，让学生感受到生活的美好，人性的美好；让学生重视精神的价值，关注内心，使学校生活成为整个人生美好回忆的巨大的宝库，让学生形成快乐、开朗、积极、乐观的人生态度。快乐是心灵的阳光。一个不快乐的人，就有可能内心阴暗，就可能对人不信任，甚至充满敌意，就有可能成为害群之马，甚至是穷凶极恶之徒。

第二，基础教育的基础应该包括学生终身学习的愿望、兴趣和能力。学生终身学习的愿望、兴趣和能力的培养和发展是比他们学到了什么更有意义的。“问题不在于教他各种学问，而在于培养他有爱好学问的兴趣，而且在这种兴趣充分增长起来的时候，教他以研究学问的方法”(卢梭)当然，这离不开对具体学习内容的学习。但这个过程是不是能够让学生感受到智力劳动的快乐，是不是让学生有一个精神充实的过程，经历精神的历险和理智的挑战，决定着我们的基础教育能不能发展出学生终身学习的愿望、兴趣和能力。《学记》中说：“善歌者，使人继其声；善教者，使人继其志。”“知之者不如好之者，好之者不如乐之者。”

只有当我们教师有不断学习的愿望和兴趣，才可能为学生打下终身学习的基础。

第三，基础教育的基础中应该包括发展学生独立地、有尊严地面对世界的品质和能力。这就需要学会质疑与独立思考——不轻信、不盲从、不唯书、不唯上，一切都放在理性的天平上来考量，思考别人思考过的问题；学会有效地自我表达——能够充分地、体面地表达自我，包括口头语言、书面语言、形体语言，也包括我们的待人接物、穿着打扮，甚至一切的创造性的活动都是一种自我表达；学会收集和处理信息——当你做出选择和决定时，知道从什么地方可以获得可靠的、足够的信息。作为民主社会合格的公民，必须具有自主判断、自主选择、自主承担的能力，这些能力的发展，是造就独立的而不是仰人鼻息、依附于人的，有尊严而不是自轻自贱的人的重要方面。

第四，基础教育为了学生幸福人生奠定的基础中还应该包括人类千百年来积累的基本经验和核心价值。如“民主能够防止最坏的事情发生”“权力导致腐败，绝对权力导致绝对腐败”“兼听则明，偏听则暗”“知人者智，自知者明，胜人者有力，自胜者强”“S(里程)是T(时间)和V(速度)的乘积”等，这些都是人类的基本经验。至于人类的核心价值，我比较推崇西方近代启蒙思想家所提倡的“自由、民主、平等、博爱、人权”。教育是一种价值引导的工作，没有明确的、代表人类文明进步方向的价值的追求，就谈不上真正意义上的教育。这一点，将教育区别于单纯的规训。特别值得指出的是，强调夯实学生的知识基础仍然是必要的，只是学生学习基础知识、基本技能的过程应该成为完整的人的全身心高度投入并充满主动性、创造性和深层次情感体验的过程，将发展学生的学习策略和思考策略作为教学的目标追求。

第五，基础教育要帮助学生与他人、自我、自然建立积极的、建设性的关系。学会宽容，学会善待他人，学会珍惜亲情、友情，学会与他人建立起真诚的、亲密的关系；学会自我反省、自我检视，自我超越和自我发展，形成积极的自我印象，形成自我的同一感和统一的生活哲学；学会亲近自然，聆听天籁，珍爱万物，珍惜我们生活的环境和自然资源，不暴殄天物，不人为物役。

一言以蔽之，基础教育不仅要对学生的升学考试负责，更要对学生一生的幸福负责。基础教育要带给学生希望、力量，带给学生内心的光明、人格的挺拔与伟岸，带给学生对于自我、对于生活、对于未来和对于整个人类的自信，以便使每一个学生都能够成为自由社会的建设者和幸福人生的创造者。

资料来源：肖川，《生命教育：为幸福人生奠基》，载《青年教师》，2007(2)。

二、全体性

如果要问，世界各国哪个阶段的学生最多？答案可能是一致的，是小学阶段。高中阶段、大学阶段等就不用比了，即便是一些国家实行9年、12年义务教育，有的将幼儿教育也纳入义务教育，但由于种种原因，小学学段学生数最多已成为各国的事实。小学教育的“全体性”由此可见一斑。

在关注每一个儿童发展质量与水平的价值取向引领下，社会民主化、教育民主化和教育法制化的发展，将教育公平和教育机会均等的理念铸入到当代小学教育发展之中，催生了当代小学教育另外一个极其重要的特点：全体性。在一定程度上，小学教育的全体性是从文化发展的角度提出的，同时也是人类文化发展在教育中的体现。

对于一个国家和一个民族来说，无论是物质文明的建设或者是精神文明的建设，都依赖于全体人民文化素养的提升，依赖于每一个个体内在精神的建构。而全体公民文化素养的提升和个体内在精神的建构，主要借助于教育特别是学校教育这个中介。国家的强盛与初等教育的繁荣高度相关，这在各国发展的历史中都有过铁的证明。正是在这个意义上，党的十一届三中全会后，在财力和人力相当紧张的情况下，我国启动了普及九年义务教育的浩大工程。普及小学教育，实际上就是要为数以亿计的一批又一批小学生的全面发展打下基础，为培养具有较高文化素养的公民打下基础，从而为全民族文化素养的提高奠定坚实的基础。

(一)含义

小学教育全体性指的是小学教育作为基础教育是面向全体社会适龄儿童的。

在初等教育发展的早期，正如我们在前面讨论中所看到的那样，实际上是在家庭中通过家庭教育完成的。即便有少数的初等教育学校，也是具有强烈的等级性的，接受正规初等教育的始终是少数上层社会成员的子弟。后来，随着人类文化发展的进步，随着民主观念与人权思想的传播与普及，受教育权利人人平等的观念深入人心。此外，社会的发展、国家和民族的富强需要每一个社会成员具备最基本的文化素养。小学教育面向全体适龄儿童已经成为世界各国的共识和基本教育政策制度。

当代小学教育的全体性，是在公立小学教育发展过程中，通过运用国家强制力量，宣布小学教育成为义务教育的一部分而实现的。简言之，当代小学教育的全体性是通过小学教育公立化、法制化、义务性和普及性而实现的。

（二）要求

1. 无政治、经济、文化、智力之要求

小学教育的全体性，从广义上说，是指小学教育必须面向全体公民。这样，才能从根本上扫除文盲，从整体上提高全民族的文化素质；从狭义上讲，是指小学教育必须面向全体适龄儿童。既然是“全体”，那自然是无政治、经济、文化、智力之要求的一切自然人。

小学教育的全体性是世界各国教育改革的共同趋势，几乎所有国家的教育都在努力创造条件，确保每个人接受初等教育的权利。1989 年 11 月，联合国教科文组织第 25 届大会确定“争取全民基础教育”计划，要求最大限度地扫除文盲和普及初等教育。1990 年 3 月，在泰国召开了世界全民教育大会，会议主题是“使人人都有享受教育的机会”，会议通过的《世界全民教育宣言——满足基本学习需要》反复强调，要使人人享有受教育权利，向所有的人提供接受教育的机会。国际上的“全纳教育”①我国的“培智学校”②“随班就读”等都是“全体性”的落实行动。

我国的小学教育是全民教育，这是社会主义现代化建设，提高整个中华民族的素质，使全国各民族的所有儿童都接受社会主义教育的需要。为了保证这一全民性质，国家特别对女童的教育、贫困地区和少数民族地区儿童的教育给予了特别的关心，采取了特殊政策；对于残疾儿童的教育也给予了特殊的关注，专门加以保障。

---

① 全纳教育：全纳教育是 1994 年 6 月 10 日在西班牙萨拉曼卡召开的“世界特殊需要教育”大会上通过的一项宣言中提出的一种新的教育理念和教育过程。它的精神是接纳所有学生，反对歧视和排斥，促进积极参与，注重集体合作，满足不同需求，是一种没有排斥、没有歧视、没有分类的教育。

② 培智学校：培智学校是我国为实现义务教育的全体性而设置的集体疗康复、缺陷补偿、义务教育、转衔教育为一体的智障类教育学校。一般招收视力、听力障碍和智力落后以及肢体残疾的儿童入学。近年来有所扩大，教育对象从视力、听力障碍和智力落后扩展到自闭症、脑瘫、多重残疾等儿童。

阅读链接

《儿童权利公约》确立的四项基本原则

一、不歧视(无差别原则/无歧视原则/非歧视性原则)(第2条)

——每一个儿童都平等地享有公约所规定的全部权利，儿童不应因其本人及其父母的种族、肤色、性别、语言、宗教、政治观点、民族、财产状况和身体状况等受到任何歧视。

二、儿童的最大利益(第3条)

——涉及儿童的一切行为，必须首先考虑儿童的最大利益。

三、确保儿童的生命权、生存权和发展权的完整(第6条)

——所有儿童都享有生存和发展的权利(两者完整兼具)，应最大限度地确保儿童的生存和发展。

四、尊重儿童的意见(第12条)

——任何事情涉及儿童，均应听取儿童的意见。

所有儿童，无论他们出生在哪里，属于哪个种族或民族，无论是男孩还是女孩，富有还是贫穷，都必须得到充分的机会，成为社会有用的成员，并且必须享有发言权，他们的声音也必须获得倾听。

1986年颁布的《中华人民共和国义务教育法》规定："国家实行九年义务教育。"义务教育的表征主要体现在两个方面：一是强制性。法律规定的义务教育是一种强迫性的教育制度，是由国家强力保证实施的教育。义务教育的强制性，不仅指向作为教育主体之一的家庭(或公民个人)，也指向作为教育主体的国家、相关社会组织。就是说，无论是家庭还是政府机关、社会组织，任何妨碍或破坏义务教育实施的行为都是违法的，都应该承担法律责任，受到法律制裁。二是免费性。2008年，《中华人民共和国义务教育法》的修改突出强调其免费性。义务教育的经费由国家承担，对受教育者实行免费教育。免费是完整的义务教育的必要条件，免费性是实施义务教育强迫性的基础。

2. 有公立、法制、义务、普及之措施

公立化成为当代小学教育的主流。虽然我国在改革开放后，特别是20世纪90年代以来，私人办学作为多元化办学体制的体现又重新出现，但是作为公共服务领域的公立的基础教育和高等教育始终占据绝对的优势。公立小学教育毫无疑问是我国和世界各国小学教育的主流，也正是小学教育的公立化才有效地保证了当代小学教育全体性的实现。

保证当代小学教育全体性实现的公立化，是借助于国家强制力量通过教育立法来实现的。为了有效保证小学教育在全民中迅速普及，各国都先后通过关于义务教育的相关法律。正是在这些法律的强力推动下，当代小学教育在各个国家得以普及，

成为每个公民的基本义务和权利。因此，小学教育法制化与小学教育的义务性和普及性是紧密联系在一起的。

小学教育的义务性实际上是对公民和政府的双重约束，是双方的义务。当然对于公民来讲，接受小学教育或者初等教育既是义务，更重要的是自身应有的权利。国家利用强制力量通过法律确定小学的义务性和普及性，有效地保证了人人接受教育的机会和权利。在我国，1982 年《中华人民共和国宪法》列入了普及义务教育的规定。1985 年《中共中央关于教育体制改革的决定》中要求有步骤地实行九年义务教育。1986 年 4 月 12 日第六届全国人民代表大会第四次全体会议通过了《中华人民共和国义务教育法》，并于 1986 年 7 月 1 日实施。2006 年 9 月 1 日实施了经过修订的、比较完善的新《中华人民共和国义务教育法》。其后，国家教育行政部门以及地方相继制定了许多配套的义务教育法规和条例，如 1992 年由原国家教育委员会颁布的《中华人民共和国义务教育法实施细则》，各地方政府制定的地方性义务教育法规等。这些法律法规构成了完备的小学教育方面的法律体系，保证了小学教育全体性的有效实现。

根据《中华人民共和国义务教育法》的规定，小学教育是强制性的和免费性的。“义务教育是国家统一实施的、所有适龄儿童、少年必须接受的教育，是国家必须予以保障的公益性事业。实施义务教育，不收学费、杂费。”“适龄儿童、少年的父母或者其他法定监护人应当依法保证其按时入学接受并完成义务教育。”强制性既是对小学教育权利人的法律保障，也是对小学教育“全体性”的法律保障。

三、全面性

小学教育的全面性，是由当代小学教育的基础性决定的，是针对小学教育内容而言的。它必须对每一个小学生都实施全面发展的教育，保证他们在德、智、体、美、劳诸方面都得到最大程度的和谐发展。

(一)含义

小学教育的全面性是指对每一个特定的个体而言，当代小学教育都应该促进他各个方面的充分发展。

小学教育全面性，在我国现阶段就体现在德、智、体、美、劳诸方面都得到全面的发展。具体而言，小学教育阶段主要帮助每个儿童达到以下的目标。(1)具有爱国主义、集体主义精神，热爱社会主义，继承和发扬中华民族的优良传统和革命传统。(2)具有社会主义法制意识，遵守国家法律和社会公德。(3)逐步形成正确的世界观、人生观、价值观，具有社会责任感，努力为人民服务。(4)具有初步的创新精神、实践能力、科学与人文素养以及环境意识。(5)具有适应终身学习的基础知识、基本技能和方法。(6)具有健壮的体魄和良好的心理素质，养成健康的审美情趣和生活方式，成为有理想、有道德、有文化、有纪律的一代新人。

(二)要求

怎样针对儿童的生活、儿童发展的身心特征，根据小学教育的目标、任务和课程发挥小学教育作为制度化学校不可取代的功能，体现其独特的价值呢?

(1)传授基础知识、基本技能、全面奠定学习、生活的基础。

(2)培养目标的全面性，即学生发展的整体性，同时注重学生的个性解放和发展。

(3)培养内容的综合性，即设置综合性学科。

(4)教学方法的整体性，即德、智、体、美、劳诸方面的关联性。

要达到以上要求，就必须对每一个小学生都实施全面发展的教育，保证他们在德、智、体、美诸方面都得到最大程度的和谐发展。

这里还要强调教育要回归生活世界、回归生活基础。美国教育家杜威100多年前就十分清醒地指出:“教育既然是一种社会过程，学校便是社会生活的一种形式。”“学校必须呈现现在的生活，即对于儿童来说是真实而生气勃勃的生活。像他们在家庭里、在邻里间，在运动场上所经历的生活那样。”“现代教育在许多方面的失败，是由于它忽视了把学校作为社会生活的一种形式的基本原则……这些东西的价值被认为多半取决于遥远的将来……结果是，它们并没有成为儿童的生活经验的一部分，因而并没有起到真正的教育作用。”我国教育学家陶行知、陈鹤琴也都有过相似的儿童教育思想。小学教育虽不能承担儿童教育成长的全部责任，但也绝不能让渡自己最有特殊效能的权利和责任。由此，小学教育需要在以下几个方面特别注意。

1. 加强情感引领

小学儿童从家庭生活进入学校生活，其从家庭里由血缘关系产生的依恋感、归属感是生物性的亲社会情感，学校应通过建立亲密和谐的师生关系、伙伴关系，利用其中的异质同构机理，帮助儿童增加新的社会经验，把生物性的亲社会情感扩展和提升为更加高级的社会性情感。小学教师特别需要用目光、笑容等各种体态语言向儿童传递爱的信息，使小学生建立对学校及老师的依恋、信任的关系。小学是儿童道德成长最重要、最敏感的时期，学校教育可以运用诸如移情、情感应答、共同感受等方式培养小学生的同情、友谊、孝敬、真诚、尊重、宽容等基础性的道德品质。同时，儿童的认知发展也需要情感的支持。

2. 关注情感表达

小学阶段儿童的情绪易感性、情感表达的丰富多样性、感官学习的主动性也是小学教育最需要珍视的方面。现代科学对大脑与学习机制的研究认为，人的学习是通过刺激不同的潜能表达出来并得以发展的。儿童的学习往往是通过相当情绪、情感化的方式表达的，而且儿童的表达方式极其丰富多彩。小学教育特别需要提供宽松、自由、丰富的支持性环境促进儿童的学习。

3. 培育自主意识

由于大脑额叶皮层的发展，小学时期是儿童整体性自觉意识觉醒的时期。小学生的抽象思维、形式运算水平在这一阶段发展迅速，开始有规划未来发展的兴趣，开始有一定的能力监控与调节自己的行为，反思自己的行为过程及结果，将自我评价和他人的评价整合在一起。因此，小学阶段是教师引导学生自主学习，养成良好学习习惯，培养独立意识，学会规划与管理自己的黄金时期。

4. 进行综合施教

由于儿童思维尚未细致分化，当前的课程改革特别强调小学课程以综合化为主，学科知识的传递应以儿童的生活经验为基础，并且要求小学教师应有较广泛的通识知识，能胜任多门学科的教学。小学教师不仅要有能力关怀儿童认知方面的发展，而且要有兴趣和能力关怀儿童的情感、精神生活。

正如朱小蔓教授所指出的，小学教育是为人生的发展奠定基础的，是以提高国民素质为目标进行的非定向、非专门的教育，是为社会所有行业培养人才打基础的。小学教育不是为了选拔、升学、择业，而是尽可能为人的身心全面发展提供最有利的条件。小学教育是不同于中学分科教育的综合教育，小学教师专业特性也就体现为综合性，因而对小学教师的培养应以综合为主，并有所侧重。

第三节　小学教育的基本功能

教育的功能就是教育对社会政治经济的发展、个人身心成长所起的作用。小学教育作为教育系统的基础部分，其功能也是不可替代的。这主要表现在以下三个方面。

一、在社会发展中的功能

1. 社会公平的基础

小学教育作为全体社会成员广泛参与的社会活动，是个人发展的最重要基础，对个体参加后续的社会政治、经济、文化活动都有着重要的影响，因而被全社会所关注，被广泛认定为社会公平的基础。

2. 民族与国家认同的基础

小学教育以母语教育、心智开发、本民族文化的传承为主要内容，是学生认同本民族及国家的重要载体。

3. 国家实力的基础

小学教育是提高国民素质、把沉重的人口负担转化为巨大的人力资源的最基本的手段，是实现国家现代化，提高国家竞争力与实力的重要基础，也是国家实力的象征。

二、在教育发展中的功能

1. 国家教育体系中不可或缺的组成部分

在任何国家的教育系统中，小学教育都是不可或缺的、优先保障的，它有独特的存在价值，也是其他阶段教育的基础。

2. 儿童快乐幸福的源泉

小学教育作为系统、深刻的主流文化，对引导儿童回归本真，快乐幸福地成长，展示生命的价值具有独特作用。

三、在人的发展中的功能

1. 影响终身发展

俗话讲，习如性成。小学教育主要对应于人的“童年发展”，童年期较强的可塑性决定了小学教育对人的终身发展的影响是很特殊的。小学教育起着启蒙与奠基作用，会持久地影响其后的发展。正所谓“蒙以养正，圣功也。”

2. 走向生活的通行证

小学教育阶段所获得的推理能力、想象能力、判断能力、自我教育能力与责任感是可以终身受用的；所传递知识与经验主要是社会普及性与通识性的，是现代社会生活所必需的。可以说，小学教育是走向生活的通行证。

复习与思考

1. 试述小学教育的基本特性。
2. 试分析现实生活中种种不尊重小学教育基本特性的现象。
3. 假设你是父母，思考你将如何在尊重孩子现有的理解水平基础上，让孩子逐渐习得社会规范或人际交往的有关知识。
4. 如果你是老师，如何在教育实践中处理好学生的智育培养和完整人格培养之间的关系？
5. 试联系生活实际分析小学教育的功能。

推荐阅读

朱小蔓：《认识小学儿童，认识小学教育》，载《中国教育学刊》，2003(8)。

第三章　小学学生

内容提要 ▶

- 儿童发展观的历史演进
- 小学生的基本特性
- 小学生的身心发展规律

第一节　儿童发展观的历史演进

儿童发展观是指关于儿童及其发展的基本看法与理念。除了儿童发展的概念以外，还包括儿童的个性特点、儿童发展的性质、影响儿童发展的因素和儿童发展的价值目的等重要内容。古今中外，不同地域、不同时期具有不同的儿童观。以下将介绍几种对教育产生过一定影响的儿童发展观。

一、人类早期儿童发展观

人类对于儿童的认识很早就开始了，但在早期，儿童通常被看作成人的雏形，儿童的发展也常被看作成人特性的逐步显现。那时候，儿童被视作“小大人”，与成人没有根本区别，充其量就是比较小、比较柔弱、比较笨拙的成人而已。随着年龄的增长，儿童逐渐变得强壮、聪明，显露出身上的成人特征。在这种儿童发展观的主导下，小学教育针对儿童所进行的各种教育活动，也就变成了成人式任务的训练，从教育目的、课程设置、教学方法和评价标准等方面看都是如此。从教学目的上看，小学教育是为儿童成为合格的成人做准备，基本上没怎么考虑儿童自身作为独特生命的丰富性和完善性；从课程设置上看，儿童的学习内容与成人一样，都是经典著作，这些都没有按照儿童的学习特性进行结构化的重组与编排；从教学方法上看，经典著作的记忆与背诵占据主导地位，这在一定程度上限制了儿童想象力及创造力的发展，另外也没有根据儿童不同阶段的身心发展特点而选用不同的教学方法，显得千篇一律；从评价标准上看，也是用成人式的评价标准来评价儿童。所以，那时的人们很少去考虑作为儿童的小学生的独特天性。

与儿童被当作“小大人”紧密联系在一起的，通常是关于儿童发展的各种形式的“先天决定论”。所谓“先天决定论”，就是主张儿童的发展和个性特征是先天的各种因素，如上帝、本性、前世等的反映而不是后天发展的结果。在这一类思想中，有代表性的观点包括西方中世纪的“原罪”儿童发展观、柏拉图的“人性等级论”和中国古代的“性善性恶论”的儿童发展观。

(一)西方中世纪：“原罪”儿童发展观

这是西方中世纪教育史上一种典型的儿童观，它将儿童视作生而“有罪”的人，赎罪就是其人生目的，教育就是帮助儿童尽快赎罪的手段。这一观点，我们可以从《圣经》中略见一斑。在《旧约全书》中，儿童被认为是邪恶的，他们生而有罪，这种罪恶源于人类的始祖。对儿童严加管教就是为了驱逐这种原罪，以免使儿童变得更加邪恶。在《新约全书》中，儿童被认为是无罪的，是善良的，只要环境不影响他们的正常成长，他们长大以后就能成为好人，但问题是，人类环境是罪恶的，所以对儿童严格管教同样是必需的，以免他们被邪恶所俘虏与浸染。在中世纪基督教学校中，儿童与成人的差别被忽视了，学校严格地要求学生按照刻板的方法进行学习，完全不给他们游戏和自由活动的时间。学生们被迫重复着枯燥的读书、劳动、唱赞美诗等活动，若有违规行为，还要受到体罚。这种儿童发展观，扼杀了儿童活泼的天性、灿烂的童年。

（二）柏拉图："人性等级论"

"人性等级论"儿童发展观认为，儿童发展的目标及个性的差别，早已由人性的自然素质决定了。他认为上帝造人采用了金、银、铁或铜几种材料。金质者最为高贵，他们的发展目标是治学和管理国家，因而他们需要并有能力接受最高等级的教育；银质者也属于统治阶级，但其能力有限，其发展目标是武士，只需接受初等教育，训练其勇敢的品性就足够了；铁或铜质者的天资最差，没有什么发展前途，无需接受什么教育，只需从安排好了的社会生活中接受教育，掌握某种劳动的技能，养成服从的品性就足够了。柏拉图关于儿童天生素质等级的观点，为教育实践中的阶级差别提供了理论依据，对后世教育考虑儿童发展的不同身心特点具有很大的启发性。

（三）中国古代的儿童观："性善性恶论"

中国古代教育中的儿童观，是围绕对人性的认识展开的。主要形成了三种有代表性的观点：以孟子为代表的性善论、以荀子为代表的性恶论和董仲舒、韩愈提出的"性分上、中、下三等"的观点。以孟子为代表的性善论认为，人具有基本道德的萌芽，即善端，包括恻隐、羞恶、辞让、是非之心。儿童的发展就是让这些本来存在的萌芽能够生长。孟子主张注重教育内容对儿童的影响，其目的是引发儿童固有的良知和天性。《三字经》中也有"人之初，性本善"的说法。以荀子为代表的性恶论认为，人性本恶，所以注重教育对儿童的改造和外塑功能。鉴于上述观点对人性善恶的肯定与否定过于绝对化，难以解释现实中复杂多样的事实，董仲舒、韩愈等人又提出了人性三等论。韩愈认为，"学而愈明"的为上等，"可导而上下"的为中等，而用刑罚来控制的为下等。

人类早期的儿童发展观在整体上属于遗传决定论。遗传决定论认为，儿童的个别差异，是由个体的遗传素质或人的自然素质中的某些特点决定的。小学教育就是要保证儿童固有优秀素质的充分发展。通常来说，遗传决定论并不否认环境、教育等对儿童发展的影响和作用，但这些影响是外在的、次要的，是辅助性的，只有遗传才是决定性的、根本性的。

遗传决定论不仅为统治阶级放弃民众教育、实行等级教育制度找到了理论依据，也为个别教育者推卸自己的责任找到了借口。

二、近代儿童发展观

近代儿童发展观逐渐摆脱了早期对人性神秘化的渲染，吸收其合理成分，在心理学、社会学等科学理论的指导下，形成了两种基本的观点：环境决定论、遗传与环境辐合论。

(一)环境决定论

随着时间的推移，遗传决定论对于儿童发展的解释越来越受到人们的怀疑，人们把探索的目光转向了自然生物因素之外的环境。环境决定论认为，真正在儿童的发展中起着绝对影响作用的力量，是儿童的生活环境和后天所获得的教育引导。这一类思想的代表人物是英国教育家洛克和美国心理学家华生。洛克在其所著的《教育漫话》中提出“白板说”，他认为，人出生时心灵就像白纸或白板一样，人的一切观念和知识都是外界事物在白纸或白板上留下的痕迹。到他们长大成人后，是好还是坏，有用还是无用，感到幸福还是痛苦，主要是由他们所受的教育决定的。“人类之所以千差万别，就是由于教育之故。”理性和知识都是从经验而来的，人的知识来源于人对客观事实的经验，洛克把儿童的人性誉为“没有痕迹的白板”，认为人性是后天教育的结果，重视教育的作用。环境决定论的另一代表人物华生则注重对儿童行为产生过程的探索，从“刺激—反应”机制形成过程的研究中，他发现了外界刺激的性质对于儿童行为影响的重要意义，提出了环境决定儿童发展的观点。他说：“给我一打健全的儿童，给我一个特殊的环境，我可以运用特殊的方法，使他们成为医生、律师、艺术家、大商家或者乞丐和盗贼。”在华生的眼中，儿童生活的环境，就像一个模具，儿童个体的发展，完全取决于这个模具的形状。而这一模具的形状，又取决于提供给儿童的、完全可被控制的学习与训练的内容。环境决定论否定人的生物遗传素质在儿童发展中的决定作用，确信在儿童发展过程中，后天的生活经历和环境影响起决定作用的因素，因而环境决定论又称养育论。

环境决定论关注的是儿童生长的环境条件、后天教养内容和教育方法在儿童成长与发展中的重要影响与作用。就这一点而言，应该承认，与遗传决定论相比，环境决定论发现了对儿童发展影响力更大的一项变量。因此，环境决定论对儿童教育实践的影响也远远大于遗传决定论。环境决定论的盛行直接导致了传统教育实践具有重视教师权威、书本知识和学校纪律等特点，其目的就是希望通过控制儿童学习活动的环境、内容和方式来达到控制儿童发展的目的。“严师出高徒”“棍棒底下出孝子”等谚语在我国广为流传，就是环境决定论对人们教育方式的选择的潜移默化影响的结果。环境决定论在肯定儿童发展的可塑性的同时，也将儿童个体在发展过程中的地位牢牢地固定在失去自主性、被塑造的位置上。

(二)遗传与环境辐合论

遗传与环境辐合论，又称二因素论。这种发展观肯定先天遗传因素和后天环境因素对儿童发展都有重要的作用，而且两者的作用各不相同，不能相互替代。

20世纪50年代前后，遗传决定论和环境决定论这两种相互对立的儿童发展观，逐渐放弃相互排斥、开始走向相互包容。遗传与环境辐合论的倡导者，德国心理学家施太伦在其所著的《早期儿童心理学》一书中，明确地提出，儿童心理的发展受环境和遗传两种因素的共同影响。他认为："心理的发展并非单纯地靠天赋本能的逐渐显现，也非靠单纯地对外界影响的接受或反映，而是其内在品质与外在环境合并发展的结果，'发展等于遗传与环境之和'。"

并非所有肯定这两个因素的学者，都简单地同意"发展等于遗传与环境之和"的判断。美国的心理学家吴伟士认为，虽然儿童的发展是其遗传因素和后天环境共同影响的结果，但是这两种因素在儿童的发展中所起的作用是不同的。一般而言，儿童的发展就其发生学的意义而言，遗传的制约性要大于环境因素的力量，随着儿童机体成熟程度的提高，环境对儿童发展的影响显得越来越重要。

遗传与环境辐合论对教育实践的影响是明显的，儿童心理学理论被确定为教育者必备的知识，儿童心理发展的规律也被视为教育活动的重要理论依据；同时，在教育实践中也加强了对教育内容、方法选择方面的控制，加强了对学校教育环境的设计与控制。

三、当代儿童发展观

随着人类文化的发展和社会的进步，人们逐渐发现传统"小大人"和"不完善的成人"的儿童发展观存在严重缺陷，那就是对儿童权利和天性的漠视，对儿童权利和天性的漠视就是对人性的漠视。在吸收近代人们关于儿童本性的各种合理认识的基础上，在尊重儿童、关爱儿童的主体性倡导下，当代儿童发展观发生了重大改变。

（一）当代儿童观

当代儿童发展观建立在当代儿童观的基础上。如今，人们通过各种形式和途径已经建立起全新的儿童观。这些关于儿童的看法包括以下几方面。(1)儿童是社会人，他们应该拥有基本的人权。(2)儿童是正在发展的人，不能把他们等同于成人，或者把成人的那一套强加于他们。(3)儿童不只是为成人期做准备，他们具有其自身存在的价值，儿童应当享有快乐的童年。(4)儿童是具有主体性的人，是在与各种丰富的活动的互动中建构其精神世界的。(5)每个健康的儿童都拥有巨大的发展潜力。(6)儿童的本质是积极的，他们本能地喜欢探索和学习，他们的认知结构和知识宝库是在与外界环境交互作用的过程中自我建构的。(7)实现全面、充分的发展，是每个儿童的权利，先天的生理遗传赋予了他们实现全面发展的条件，只有全面发展，才能达到充分发展。(8)儿童的学习形式多种多样，如模仿学习、交往学习、游戏学习、探索学习、操作学习、阅读学习等。成人应尊重儿童的各种学习形式，并为他们创造相应的学习环境和学习机会。

在当代儿童观的基础上，联合国通过《儿童权利公约》确定了儿童应该享有的基本权利。这些权利的核心是：儿童有权享受特别照顾和协助；为了充分而和谐地发展其个性，应让儿童在家庭环境里，在幸福、亲爱和谅解的气氛中成长。这一公约要求保护儿童免遭忽视、虐待和剥削，肯定儿童拥有基本人权，包括生命、发展和充分参与社会、文化、教育生活以及他们个人成长与福利所必需的其他活动的权利，各国政府和社会必须保护儿童的权利。在《联合国宪章》宣布的理想精神下，特别是在和平、尊严、宽容、自由、平等和团结的精神下成长。儿童的权利具体包括以下几个方面。

生命权。

登记与获得姓名的权利、获得国籍的权利、尽可能知道谁是其父母并受其父母照料的权利。

不违背儿童父母的意愿使儿童与父母分离，与父母一方或双方分离的儿童同父母经常保持个人联系和直接联系的权利。

自由发表言论的权利，思想、信仰和宗教自由的权利，结社自由及和平集会自由的权利。

儿童的隐私、家庭、住宅或通信不受任意或非法干涉，其荣誉和名誉不受非法攻击。

能够从多种的国家和国际来源获得信息和资料，尤其是旨在促进其社会、精神和道德福祉和身心健康的信息和资料。

在受父母、法定监护人或其他任何负责照管儿童的人的照料时，不受到任何形式的身心摧残、伤害或凌辱，忽视或照料不周，虐待或剥削，包括性侵犯。

身心有残疾的儿童应能在确保其尊严、促进其自立，在有利于其积极参与社会生活的条件下享有充实而适当的生活。

有权享有可达到的最高标准的健康，并享有医疗和康复设施。

有权受益于社会保障，包括社会保险。

有权享有足以促进其生理、心理、精神、道德和社会发展的生活水平。

受教育的权利。

享有自己的文化、信奉自己的宗教并举行宗教仪式、或使用自己的语言的权利。

有权享受休息和闲暇，从事与儿童年龄相宜的游戏和娱乐活动，以及自由参加文化生活和艺术活动。

有权受到保护，以免受经济剥削和从事任何可能妨碍或影响儿童教育或有害儿童健康或身体、心理、精神、道德或社会发展的工作等。

教育儿童的目的应该是以下几方面。(1)最充分地发展儿童的个性、才智和身心能力。(2)培养对人权和基本自由以及《联合国宪章》所载各项原则的尊重。(3)培养对儿童的父母、对儿童自身的文化认同、语言和价值观、儿童所居住国家的民族价值观、其原国籍以及不同于其本国的文明的尊重。(4)培养儿童本着各国人民、族裔、民族和宗教群体之间谅解、和平、宽容、男女平等和友好的精神，在自由社会里过有责任感的生活。(5)培养儿童对自然环境的尊重。

(二)当代儿童发展观

近代儿童发展观从遗传决定论到环境决定论，再到遗传与环境辐合论的发展过程，实际上反映了人们对于儿童发展认识的历程。在文化哲学的视野角度来看，这种认识历程实际上反映了人类认识思维方式由二元对立向融合统一的转变。在早期，人们把儿童个体与其环境完全对立起来，关于儿童发展的遗传决定论与环境决定论也各执一词，相互否定，这使得人们在教育实践中难以全面把握对儿童发展具有影响作用的各种因素，对于教育过程中个体的发展常常造成消极影响。后来，随着人们认识的进步和心理学研究的进展，人们发现，无论是遗传决定论还是环境决定论，都无法完整地解释与预测儿童的发展过程和发展趋势，两者都相互从对方的观点中发现了合理性。于是，遗传和环境开始走向融合。但是，此时人们还没能找到彻底摆脱二元对立思维的合理立场，也就不可避免地把注意的焦点集中于遗传和环境到底哪一个作用大的问题上。即便我们发现遗传和环境在儿童的发展中各自所占的精确比例，也很难为教育的具体措施的制定提供有力的帮助。

在文化哲学的思维方式里，对教育更有意义的是探究遗传和环境各自对儿童发展产生影响的内在机制，以及这种机制的内在关联性和同一性，而不是关注遗传和环境在儿童发展中占多大的比例。这种探究问题的思路和出发点，在当代儿童观的滋润下，得到了深入的体现和验证，并产生了全新的儿童发展观。新儿童发展观的代表，是瑞士心理学家皮亚杰和美国哲学家、教育家杜威与加德纳。他们的思想，推动了儿童发展观的进步与成熟。

1. 皮亚杰的儿童发展观

皮亚杰的贡献在于，明确地揭示了儿童主体协调机制在联结刺激与反应时的关键性作用，突出了儿童发展过程中儿童的主体地位。在皮亚杰的理论中，儿童的发展是以发展主体的自我调节为机制的自我演变过程。这一自我调节过程得以产生的基础是儿童健全的神经系统。但这种遗传素质只是儿童发展的必要条件，而不是发展得以产生的动因，更不能预定发展结果，而且遗传素质在儿童发展中的重要性，会随着儿童生理成熟度的提高而降低。儿童发展的环境因素，也是儿童发展的重要条件，但是环境因素作为客观存在，并不能自动对儿童发展产生影响。环境因素对儿童的作用，产生于儿童主体与环境的相互作用活动之中。也就是说，只有儿童把环境因素选作自己的作用和反应对象，借此来构造或改变自己的认识结构和反应方式时，这一环境因素对儿童发展才是有意义的。在遗传、环境和儿童主体的活动这三者之间，唯有儿童的活动才是其发展的真正起因。所以皮亚杰认为，儿童的发展是一个不断演变的建构过程，在这一过程中，儿童主体的活动是第一性的，是发展的根本原因，遗传与环境因素只是儿童发展的必要条件。皮亚杰非常重视儿童的自主能动性在发展中的关键作用，并清楚地阐述了遗传因素、环境因素和儿童活动三者的关系及其各自在儿童发展中的意义。皮亚杰的研究成果为当代儿童发展观奠定了心理学的理论基础。

2. 杜威的儿童发展观

美国教育家杜威是进步主义教育理论的代表人物之一，他反对传统教育脱离实际生活，脱离儿童经验，把儿童当作知识内容的容器置于被动地位的倾向，他提倡关注儿童的参与、以儿童为中心的教育。杜威认为在儿童的发展过程中，作为发展的主体，儿童对教育活动的参与和体验是影响其发展尤其是社会性发展的最为重要的因素。因为儿童的发展，不只是作为生物体的各种能力水平和活动效率的提高，更重要的是受社会文化影响的社会性特点的形成与发展。这种发展不是自然成熟和强迫灌输与训练所能奏效的，必须依赖儿童的自我参与和自我体验。“即便在教室中，我们亦开始认识到：在仅是教科书和教师才有发言权的时候，那发展智慧和性格的学习便不会发生；不管学生的经验背景在某一时期是如何贫乏和微薄，只有当他有机会从其经验中做出一点贡献的时候，他才真正受到了教育；最后，启发是从授受关系中，从经验和观念的交流中得来的。”杜威在谈到儿童的发展时这样说。杜威在肯定儿童主体重要性的同时，指出环境条件对儿童主体发展的意义，竭力倡导改造环境，以使其适应儿童发展的倾向，满足儿童发展的需求。从强调儿童的主体性地位出发，杜威提出“教育即生长”的著名论断。教育的根本点在于儿童的成长与发展，教育就要尊重儿童的个性，围绕儿童的兴趣、需要等进行组织，让儿童成为活动的主体，处于教育活动的中心地位。杜威把儿童的发展看作其经验的改组和改造过程。他主张让儿童从实际参与的活动中学习，即“从做中学”，教育就是要不断地为儿童的活动创造条件，调动儿童活动的积极性和创造性。在杜威看来，真正对儿童发展有益的教育，是能为儿童提供良好经验和连续性经验的活动，从这一角度而言，杜威认为“教育即经验的改造”。

与皮亚杰的心理学比较起来，杜威的儿童发展观在注重儿童作为发展主体地位的同时，更强调环境条件，尤其是强调教育对儿童发展的影响作用。主张根据儿童的兴趣和能力，设计教育活动，尽量去除教育过程中各种脱离生活、脱离儿童的内容与形式，及可能对儿童发展产生阻碍作用的各种因素，让儿童的发展更适合其个性需求、更贴近社会生活。杜威的这种思想，对 20 世纪初进步主义教育在世界范围兴起起到了极大的促进作用。

3. 加德纳：多元智力理论

传统的智力理论认为人类的认知是一元的、个体的智能是单一的、可量化的，而美国教育家、心理学家霍华德·加德纳在其 1983 年出版的《心智的结构》一书中提出：“智力是在某种社会或文化环境的价值标准下，个体用以解决自己遇到的真正的难题或生产及创造出有效产品所需要的能力。”他认为，一方面，智力不是一种能力而是一组能力；另一方面，智力不是以整合的方式存在而是以相互独立的方式存在的。这一理论被称为多元智力理论。现代社会是需要各种人才的时代，这就要求教育必须促进每个人各种智力的全面发展，让个性得到充分的发展和张扬。在加德纳的多元智力框架中，人的智力至少包括：言语—语言智力、音乐—节奏智力、逻辑—数理智力、视觉—空间智力、身体—动觉智力、自知—自省智力、交往—交流智力。

(1)言语—语言智力(Verbal-linguistic intelligence)是指听、说、读、写的能力，表现为个人能够顺利而高效地利用语言描述事件、表达思想并与人交流的能力。这种智力在作家、记者、编辑、演说家和政治领袖等人身上有比较突出的表现。

(2)音乐—节奏智力(Musical—rhythmic intelligence)是指感受、辨别、记忆、改变和表达音乐的能力，表现为个人对音乐，包括节奏、音调、音色和旋律的敏感，以及通过作曲、演奏和歌唱等表达音乐的能力。这种智力在作曲家、指挥家、歌唱家、演奏家、乐器制造者和乐器调音师身上有比较突出的表现。

(3)逻辑—数理智力(Logical-mathematical intelligence)是指运算和推理的能力，表现为对事物间各种关系，如类比、对比、因果和逻辑等关系的敏感，以及通过数理运算和逻辑推理等进行思维的能力。这种智力在工程师、侦探、律师、科学家和数学家身上有比较突出的表现。

(4)视觉—空间智力(Visual-spatial intelligence)是指感受、辨别、记忆、改变物体的空间关系并借此表达思想和情感的能力，表现为对线条、形状、结构、色彩和空间关系的敏感，以及通过平面图形和立体造型将它们表现出来的能力。这种智力在建筑师、航海家、画家、雕刻家、博物学家和军事战略家的身上有比较突出的表现。

(5)身体—动觉智力(Bodily-kinesthetic intelligence)是指运用四肢和躯干的能力，表现为能够较好地控制自己的身体，对事件能够做出恰当的身体反应，以及善于利用身体语言表达自己的思想和情感的能力。这种智力在运动员、赛车手、舞蹈家、外科医生和发明家身上有比较突出的表现。

(6)自知—自省智力(Self-questioning intelligence)是指认识、洞察和反省自身的能力，表现为能够正确地意识和评价自身的情感、动机、欲望、个性、意志，并在正确的自我意识和自我评价的基础上形成自尊、自律和自制的能力。这种智力在哲学家、小说家、律师等人身上有比较突出的表现。

(7)交往—交流智力(Interpersonal intelligence)是指与人相处和交往的能力，表现为觉察、体验他人情绪、情感和意图并据此做出适宜反应的能力。这种智力在教师、推销员、律师、公关人员、谈话节目主持人、管理者和政治家等人身上有比较突出的表现。

加德纳后来又增加了自然智力，作为第八种智力。自然智力即人们认识世界、适应世界的能力，是一种在自然世界里辨别差异的能力，如植物区系和动物区系、地质特征和气候。这种智力在旅游家、航海家、猎人等身上有较高的发展。

每个人都拥有程度不等的上述八种基本智力，智力之间的不同组合表现出个体间的智力差异。教育的起点不在于一个人有多么聪明，而在于怎样变得聪明，在哪些方面变得聪明。在加德纳看来，教育的起点是以能否解决实际生活中的问题和创造出社会所需要的有效产品的能力为核心的，也是以此作为衡量智力高低的标准的。因此，智力是个体解决实际问题的能力和生产出或创造出具有社会价值的有效产品的能力。

加德纳的多元智力理论认为，不同的智力领域都有自己独特的发展过程并使用不同的符号系统，因此，教师的教学方法和手段，应该根据不同的教学内容而有所不同。同样的教学内容，教学时，应该针对每个学生的不同智力特点、学习类型和发展方向“对症下药”。无论什么教育内容都使用“教师讲，学生听”的教育方法，无论哪个教育对象都采用“一本教材、一块黑板、一支粉笔”的教学形式，是违背教育规律和因材施教原则的。

由于学生智力表现形式的多样性和复杂性，因而无论什么时候，不论多么优秀的教师，都不可能找到一种适合所有学生的教学方法。千篇一律的教学方法只能适用于一部分学生，而对另一些学生则完全无效。这样的教学必然导致部分学生其他方面的智力因不能得到适当的培养而僵滞、萎缩，这对个人和社会都是一种巨大的浪费。如果教师能够根据不同学生的特点，不断地变换教学方法和手段，学生就有机会利用适合自己智力倾向的方法来学习。教师应根据教育内容以及学生智力特点、学习兴趣和学习方式的不同，选择和创设多种多样适宜的、能够促进每个学生全面充分发展的教育方法和手段。

多元智力理论的意义，当然并不仅仅在于它提出了一种对于智力的新解释，它更重大的意义在于给传统教育观念带来的巨大冲击。在教育观念上，多元智力论为我们提供了一种个人发展的模式，从而使我们能够从一个全新的角度来理解学生发展，审视我们对学生的评价。对于广大教师和教育工作者来说，把握多元智力理论并真正理解其内涵，从而树立正确的学生观、教学观和评价观，必将加深对素质教育的理解，推动素质教育进一步走向深入。

当然，加德纳的多元智力理论也存在着一定的缺陷，即它倾向于对智力进行静态性的描述，而缺乏对智力的动态性解释，还有待进一步研究和完善。

对于小学教师而言，掌握了多元智力理论必将带来教学上的一系列改变，包括：①要改变以往的学生观。我们要改变以往的学生观，用赏识和发现的目光去看待学生，改变以往用一把尺子衡量学生的标准，要重新认识每位学生都是一个天才，只要我们正确地引导，每个学生都能成才；②重新定位教学观。在教学方法上，多元智力理论强调个体差异，因材施教。我们要关注学生差异，在教学中，根据学生的差异，运用多样化的教学模式，促进学生潜能的开发；③教师要改变自己的教学目标。在教育目标上，多元智力理论认为应该根据学生的不同情况来确定每个学生最适合的发展道路，让每个学生都来有所学，学有所得，得有所长；④由观念的变化带来的教学行为的变化。教师要采用多种方式和手段呈现用“多元智力”来教学的策略，实现为“多元智力而教”的目的，改进教学的形式和环节，努力培养学生的多种智力。在教学形式上重视小组合作学习和讨论，以利于交往—交流智力的培养。在教学环节上重视最后的反思环节，培养学生的自知—自省智力。力争使课堂教学丰富多彩，课堂互动形式多样，使学生的主体地位更加明显。

第二节　小学生的基本特性

小学生的基本特性可以从不同的角度来界定，从小学生的成长和发展的角度来说，其基本特性有以下几点。

一、极大的发展可能性

人的一生都处于不同的发展阶段，每个阶段都有着发展的可能性，而对于小学生而言，这个阶段的心理处于快速、协调发展的阶段。小学阶段是促进智力发展、形成和谐个性、培养良好心理品质与行为习惯的好时机，他们具有极大的发展潜能，获得成人的教育和关怀就成为他们发展中的必然需要。

小学生是发展中的人，各方面的发展都不够成熟。他们不是成人的雏形，而是具有身心不稳定特点的、可塑性极强的个体和群体。他们在生理上和心理上所展现出来的各种特征并没有达到发展的顶峰和终极，而是处在不断变化和趋向成熟的过程中。这就意味着，小学生具有较大的发展潜能和很强的可塑性。所以我们要用发展的眼光来对待他们，要理解小学生身上存在的不足，要允许他们犯错，而不应求全责备，要求他们做到十全十美；要辩证地看待小学生身上的缺点和错误，既不能全盘否定，更不能消极对待，而要从中发现积极的、进步的东西，帮助他们解决问题，改正错误，从而不断促进其进步与发展，对待他们还要细心、有耐心。

现代神经生理学研究表明，一个人大脑皮质上的神经细胞有140亿个，但是经常使用的神经细胞只占脑细胞总量的10%～20%，大多数脑细胞都处于休整后备状态。所以我们应当充分发挥教育工作的能动性，要从小学生的不同实际出发，选择适合其心理发展的积极条件和教育方法，引起他们新的需要，从而有节奏、循序渐进地引导其心理不断向前发展。

二、主动性与能动性

小学生的不成熟性，使他们成为小学教育的对象。但是小学生天生的好奇心与求知欲，则使小学生具有发展的主动性和能动性。这是小学教育得以进行的基础，更是小学生学习得以开展的基础。小学生的主动性和能动性意味着小学生的学习是一种主体性的活动，小学生的发展是在主体和环境的相互作用过程中实现的，它通过小学生心理内部矛盾的推动来实现。小学生心理的内部矛盾，就是“社会和教育向儿童提出的要求所引起的新的需要和儿童已有的心理水平或心理状态之间的矛盾”，这个矛盾是在儿童心理不断积极活动的过程中产生的。在小学学习生活中，儿童不是消极地接受环境和教育的影响，而是在不断地积极活动中反映客观现实，反映客观现实与自身之间的各种矛盾，并在这个过程中获得成长和发展。所以，主动性和能动性是小学生成长和发展的重要表现，也是小学教育得以开展的又一重要基础。所以我们要相信，每个小学生都有要求上进的动机，在教育过程中要尊重和发挥他们的主体性作用，同时，要营造出良好的师生关系，让小学生在良好的氛围中，积极主动地成长。

小学生具有主动性和能动性，在小学教育过程中，小学教师要时刻注意激发小学生的主观能动性，要相信他们自身的力量。一旦让小学生意识到“我自己要……”与“老师要我……”之间的巨大差别，小学教育就会变得容易许多。

三、个别差异性

虽然小学生的发展具有一些共同的趋势和基本的历程，但是由于不同的遗传、环境和教育等因素，他们的个体发展又存在着明显的个体差异，这包括如年龄、外貌、身体素质等生理发展方面的差异，也包括诸如性格、需要、动力、兴趣等方面在发展速度、发展水平上的差异以及个体间差异和个体内差异。小学生个体差异的存在，要求小学教育尊重学生的独立个性与独特的教育需要，并在此基础上促进每个儿童最大程度的发展。以能力发展为例，来看小学生的个别差异。能力是指直接影响活动效率，保证活动任务顺利完成的个性心理特征。小学生存在下面三个方面的差异。

1. 能力类型的差异

由于先天素质和教育条件的差异，小学生在一般能力，如观察力、记忆力、思维能力等方面都有各自不同的特点。在观察力方面，有的小学生善于分析细节，但缺乏整体概括本领，而另一些小学生虽然能概括地看待现象，却容易忽视细节。在记忆方面，有的小学生善于视觉记忆，有的则长于听觉记忆；有的小学生对形象的东西能过目不忘，而另外一些小学生则能记住抽象、逻辑性强的东西。在思维方面，有的小学生属于形象思维型，其思维和言语中有较强的形象性和情绪因素，而有的小学生则属于抽象逻辑思维型，其思维和言语中抽象的逻辑联系占据主导地位。小学生在一般能力上的这些差异，使得他们在一些特殊能力上也表现出个别差异。例如，有的小学生具有音乐、美术、体育运动、表演等特殊能力，而有的小学生则在阅读、写作、数学、自然科学等学科上显露才能。我们的教育目标是培养德、智、体、美全面发展的人才，因此，教师既要注意小学生科学文化知识的学习，同时也要注意小学生特殊能力的发展。小学生的某些才能在某些条件下可能处于潜在状态，要求教师具有敏锐的目光，具有发掘和培养人才的热情，努力创造条件，使他们的潜能得以充分发挥。

2. 能力发展水平的差异

心理学研究表明，小学生在能力发展水平上存在不均衡现象，绝大多数小学生的能力发展正常，但有少部分小学生的能力发展高于或低于常态。这种能力发展水平符合统计学上的正态分布，正态分布的特点是，处在中等水平的人数居多，处在极高或者极低这两个极端水平上的人数较少。作为教师，理解这样一种能力分布现象至少有两个方面的意义：一是要注意把教育的着眼点放在处于中间能力发展水平的大多数人身上，根据他们的特点施加教育影响；二是要有效地分辨出能力发展水平的高、中、低分布，因材施教，促使不同水平的小学生的能力都能得到充分发展。

3. 能力表现的年龄差异

人的能力表现有早晚的不同。有些人的优异能力早在童年时期就表现出来。例如，在我国历史上，曹植 7 岁能诗，王勃 10 岁能赋；国外的莫扎特 3 岁就发现了三度音程。但是，也有一些人的能力表现得较晚，属于大器晚成型。例如，大科学家爱因斯坦小时候被认为智力迟钝，但到 23 岁时却提出了相对论；大发明家爱迪生小时候被学校认为智力低下，但到 30 岁时却发明了留声机；我国著名画家齐白石到 40 岁才表现出绘画才能。心理学研究表明，无论是一般能力还是特殊能力，都具有各自不同的发展期，而童年是能力发展的关键期。能力开发越晚，其发展的可能性越小，因此，早期教育具有重要意义。

四、对学校教育的极大依赖性

小学生的成长和发展有多种途径和多种形式，但是对于小学生的学习生活而言，其发展的主要途径和主要形式是学校教育。小学生对于学校教育有着极大的依赖性。学校教育的作用是家庭环境、遗传等不能比拟的。具体来说，学校教育起着系统开发小学生潜力的作用。

(1)学校教育对个体发展具有引导、培养和塑造功能。社会对个体的要求或期望有体质、思想道德、知识能力等多方面，学校通过各种教育活动促使学生达到规范的目标，学校教育不仅影响着学生发展的内容，也影响着学生发展的方向。

(2)学校教育具有加速个体发展的功能。学校教育目标明确，有教育科学理论的指导，能够有效地加速个体发展的进程。

(3)学校教育对个体的发展不仅具有即时的价值，而且具有延时的价值。学校教育的内容大部分具有普遍性和基础性，对学生今后的进一步学习具有长远的价值。

(4)学校教育具有开发个体特殊才能和发展学生个性的功能。学校教育能够根据学生个性特点，有针对性地采取教育措施，促进学生特殊才能和个性的发展。

反观人类历史上由于种种原因没有接受学校教育的个体，如“狼孩”“猪孩”等，其自身发展水平受到了极大的限制。所以，要大力加强学校教育，在教育中重点学习人类文化发展历史上所积累的间接经验，也要关注学生的学习交往活动与个体经验的内化。

第三节　小学生的身心发展规律

小学生个体的学习过程就是他们的发展过程。对于小学生来说，大致有三个基本的发展维度：生物形态的发展、心理特质的发展和社会性的发展。生物形态的发展是小学生机体的正常发育和成熟，是小学生发展的生理基础。心理特质的发展是小学生发展的重要主题，大致包括认知发展和人格发展两个方面。社会性发展是小学生成长和发展的一个重要目标，是小学生的社会化过程。在小学教育中，学生这三个方面的发展过程是一个由量变到质变的过程，其中既有量的积累，也有质的飞跃。总的来说，小学生的身心发展存在以下规律。

一、以个体的生物遗传素质为基础

个体的生物遗传素质，指的是儿童个体从亲代的遗传基因中得到的、同时具有人类和个体特性的生物机体因素。遗传素质为儿童的发展只是提供了一种潜在的可能性。一方面，遗传素质所具有的发展能力，并不会必然地转变为儿童发展的现实。因为儿童的身体和心理的发展变化，都离不开客观的外界条件的影响。一方面，身体的发展要从外界吸收营养成分；而心理的发展，更需要有适当的外界刺激，才能调动起儿童机体的自我调节机制，使儿童获得某些发展。另一方面，遗传素质转变为发展现实的过程，也并不是一种完全取决于外在影响性质的过程，遗传素质自身具有蕴含着生物特点的演变规律。外界刺激并不能改变儿童机体的成熟规律，恰恰相反，这些规律却在一定程度上，制约着外部刺激对儿童发展起的作用。只有那些顺应了儿童发展规律，可以与儿童自我调节机制产生相互作用的外在刺激，才能在儿童的发展过程中起作用。所以，在我们的教育实践过程中，必须要把尊重儿童的发展规律作为重要原则。

二、蕴含于主体的活动中

儿童的发展既不是一种先天存在于儿童机体内等待发现和发掘的结构或功能，也不仅仅是完全由外在环境刺激的性质所决定的一种反应模式。儿童的发展是作为一个生物和社会个体的儿童运用自我调节机制的活动结果，也就是说，儿童主体的活动是儿童发展的源泉。儿童主体活动是儿童依据自我调节的能力水平，对与自己有关系、有意义的内外刺激进行反应的过程。在这一反应过程中，主体原有的发展水平和主体赋予外界刺激的意义，是制约活动的关键性因素。比如，新生儿对语言内容不会产生反应，食物对饥饿的人更有意义。能够引起儿童反应的外界刺激，是那些儿童认为与己有关，愿意把它们和自己原有的反应结构联系起来——或纳入原有结构，或用以改变原有结构的外部刺激。在外在刺激与自己原有反应结构之间建立联系，是儿童活动的实质。所以在小学教育活动中要调动学生的积极性、注重学生的感受和发挥学生的主体性。

三、顺序性和阶段性

儿童身心发展具有顺序性(身体、行为、记忆、思维、情感)和阶段性(由量变到质变)规律。例如，儿童身体发展方面，就整体结构的发展而言，其顺序是头部，而后是躯干和四肢的发展；在骨骼与肌肉的协调发展中，首先是大骨骼与大肌肉，而后才是小骨骼与小肌肉群的发展与协调。儿童的认知和思维能力的发展，遵循着先具体后抽象的秩序。这些特点，使儿童身心发展的顺序成为一种连续的、不可逆转的过程。所以，教育活动必须适应身心发展的各个阶段及其顺序的要求，循序渐进，做到由浅入深、由易到难、由具体到抽象、由低级到高级。

四、不平衡性

小学生发展具有不平衡性，这种不平衡性主要是指生理成熟与心理成熟的不平衡和发展速度的不平衡。其中生理成熟以性机能的成熟为标志，而心理成熟以独立思考的能力、比较稳定的自我意识和个性的形成为标志。这两方面的成熟是不同步的，一般来说，生理成熟要早于心理成熟。另外，小学生发展的速度在整个发展进程中也不是匀速前进的，呈现出加速与平缓交替的发展状态，体现出发展过程中量变与质变的统一。身心发展的不均衡性表现在：同一方面的发展在不同年龄阶段中是不均衡的；不同方面的发展表现出不均衡性；不同方面的发展存在着不同的“关键期”。科学研究表明，2 岁前是儿童心理发展的最佳时期，2 岁左右是语言发展的最佳时期，3 岁左右是识字的最佳时期，4 岁左右是数字概念形成的最佳时期，3～5 岁是音乐灵感发展的最佳时期，3～6 岁是想象力发展的最佳时期等。个体身心发展的差异性也是不均衡性的表现，这种不均衡性不是表现在同一个个体内部的各部分和过程的各阶段，而是表现在不同的个体身上。这就决定了我们的教育者除了要掌握个体身心发展的一般规律以外，还必须研究个体身心发展的个别差异，了解个体不同的发展水平、发展方式，了解每个个体的兴趣、爱好、特长，因材施教，有的放矢，充分发挥个体的特殊才能、潜力和积极因素，弥补各人的短处和不足，选择最有效的教育途径，使具有个别差异的学生获得最大可能的发展，从而使个体的身心得到最充分的发展。

五、不同年龄阶段表现出某些稳定的、共同的典型特点

儿童发展具有阶段性，这种阶段性是指在儿童发展的连续过程中，其发展在不同年龄阶段会表现出某些稳定的、共同的典型特点，这种现象又被称之为儿童发展的年龄特征。所以，我们的教育一定要从实际出发，为小学生的身心发展提供良好的条件，加快他们的身心发展速度，提高其水平。

阅读链接

小学生心理学知识

一、小学生身体发育的一般特征

小学生的年龄一般为6～12岁。小学生的身体发育，正处于两个生长发育高峰之间的相对平稳阶段。身高平均每年增长4～5厘米，体重平均每年增加2～3千克，胸围平均每年增宽2～3厘米。10岁以后，随着青春期的到来，体格发育进入快速增长阶段。男生身高的生长高峰年龄为12岁，年均增长为6.6厘米；女生身高的生长高峰年龄为11岁，年均增长为5.9厘米。男生体重增加的高峰年龄为13岁，年均增重为5.5千克；女生体重增加的高峰年龄为11岁，年均增重为4.4千克。从发育时间看，女生不仅发育加速期比男生早1～2年，而且身高和体重发育的高峰期，也比男生提早1～2年。随着人民物质生活水平的提高，男生、女生的生长发育期均出现提前的趋势。小学生的骨骼骨化尚未形成。骨骼系统的许多软组织、椎、骨盆区和四肢的骨骼还没有骨化，骨骼组织含水分多，含钙盐成分少，使骨骼硬度小、韧性大，富于弹性，易弯曲变形。因此，要特别注意孩子坐、立、行、读书、写字正确姿势的培养，尤其要防止驼背的产生。

小学生的肌肉发育呈现两个特点：第一是大肌肉群的发育比小肌肉早；第二先是肌肉长度的增加，然后才是肌肉横断面的增大。因此，小学生能做比较用力和动作幅度较大的运动，如跑、跳、投、掷等活动，而对他们小肌肉运动精确性要求比较高的运动则很难做好，也不能提出太高的要求，特别是手部活动。由于小学生的腕骨尚未完全骨化，不能长时间连续地书写、演奏乐器和做手工。在小学阶段，家长要注意配合学校帮助孩子保持正确的书写姿势，矫正错误的用笔姿势。小学生的肌肉虽然在逐渐发育，但肌肉的力量和耐力都比成人差，容易出现疲劳。

伴随着心脏、肺、呼吸肌、胸廓形态发展的同时，小学生的心肺功能也相应增强，血管发展的速度大于心脏的发展速度，血液的循环量加大，新陈代谢加快。但小学生的心脏容积小于成人，脉搏频率远超过成年人，且心脏每搏输出量比成年人小，心脏搏动频率每分钟80～90次，因此要注意不让小学生开展过分剧烈的

运动和繁重的体力劳动，以防损害心脏。儿童的呼吸频率随着年龄增长而递减。一般而言，6～9 岁的儿童，男孩为 23～24 次/分，女孩为 25～26 次/分，到了 10～13 岁，男女孩都为 19～20 次/分，而 14 岁以后基本上和成年人一样，每分钟16～18 次。与此相关的是，儿童的肺活量随着年龄增长而显著增大，且体育锻炼的情况也直接关系到肺活量的大小，家长应该鼓励儿童多参加体育锻炼活动。

小学生的神经系统，特别是大脑结构逐步完善。儿童到了 6～7 岁时，脑重约 1280 克，已接近成人脑重的 90％，此时，左右大脑半球的一切传导通路几乎都已形成，所以当身体受到外界刺激后，可以很快的速度准确地传到大脑皮层的高级中枢。大脑皮层间增加了暂时联系的可能性，条件反射也比较容易建立。7～8 岁大脑继续发育，9 岁时脑重约 1350 克，到了 12 岁约 1400 克，基本上和成人一致。同时神经细胞的体积增大，细胞分化基本完成，许多新的神经通路出现。此时大脑额叶生长迅速，其运动的正确性、协调性得到发展；大脑的抑制能力和分析综合能力加强。

随着儿童大脑皮层的发育生长，儿童大脑的兴奋过程和抑制过程也逐步趋向平衡，觉醒时间长，睡眠时间缩短。条件反射形成呈现出时间缩短、潜伏期较短和比较容易巩固的特征，使孩子能更好地接受外界刺激，更好地支配、控制自己的行为，为儿童心理的进一步发展提供了便利条件。

二、小学生心理发展的特点

1. 小学一二年级学生心理发展的特征

当大脑重量达到 1280 克时，一二年级的小学生高级神经活动的基本过程就会进一步增强，并向平衡发展。这一阶段，条件反射比以前更容易形成，形成后也比较稳定，不易泛化，从而保证了学生能学习更多的内容，并对学习的内容进行精确的辨别。

在学习过程中主要依赖第一信号系统。小学生视觉感受性增长速度最快，在体育学习活动中运用视觉的机会特别多，学生初步掌握左右方位的相对性。观察事物与学前儿童相似，观察的目的性、持续性和概括性都较差。观察事物往往注意事物的新鲜性、有趣性或是其他较为明显的特征。刚入学的小学生擅长具体形象记忆，有意记忆、有意再现逐渐发展，往往易于掌握具体、可感知事物的概念。小学生已经能够掌握一些简单的概念，并能进行初步的判断、推理，但不能自觉地调节，论证自己的思维过程。小学生想象力在幼儿的基础上，随着生活经验的不断丰富、知识的增长，能按照教师的要求，进行相应的想象活动，其想象富于模仿性、再现性，想象往往是事物的简单重现，儿童想象常常与现实不符，往往更容易被童话、动画等影响。

小学生的注意以无意注意为主，既没有预定的目的，也不需要意志努力，往往是只注意新奇有趣、吸引人的事物和学习材料，注意力也易于分散和转移。事物、人物、活动的形状、颜色、声音、形象更容易引起他们的注意。注意的稳定性易受新奇刺激的吸引，注意保持的时间短暂，约为20分钟，注意范围比较狭小，不善于分配自己的注意力，不善于根据活动任务把注意力从一件事情主动转移到另一件事情上。

学习兴趣是促使小学生自觉从事学习活动的一种重要的推动力，是一种特殊的学习动机。小学生的求知欲主要表现为提问、探索、摆弄物体。美感容易受事物外部的特征吸引，对美的体验仅仅与事物的具体形象相联系。

小学生还不善于真正的学习活动，要使他们能把学习当作一种有目的、有系统的专门活动来对待，关键在于发展其心理的有意性和自觉性。要向学生提出明确的学习任务，如指出作业的具体要求是什么、应当记住什么等；教会学生掌握完成任务的方法，如怎样观察、怎样思考、怎样运用知识去解决问题等。

小学生的情绪往往是与个别具体事物相联系的，情绪稳定性较差，情绪容易冲动、较外露，情绪的调控能力较差。通常，在没有形成明确的自我意识和获得一定的自我控制前，依赖外部来调节自我情绪。

行动缺乏一定的动机与目的，往往是按教师家长的要求去行动。意志的自觉性较差，常需要外力督促检查才能完成任务，低年级的学生往往易受外力和情绪的影响，表现出冲动性的特点。低年级的学生自制力也很差，自我评价的批判性和独立自我评价能力较差，他们更容易肯定自己的行为和活动。小学生的自我调节是被动自我调节。小学期间自我意识处于上升时期，其上升幅度最大，是上升期中的主要发展时期。

道德感逐渐形成，在理解道德概念时，往往与具体行为现象相联系，没有出现道德信念。这一阶段的学生道德意志薄弱，坚持性差；道德行为往往是通过不自觉的模仿形成的。

2. 小学三四年级学生心理发展的特征

小学三四年级的学生大脑重量达1350克，高级神经活动的基本过程进一步增强，并且平衡发展。这一阶段，学生的条件反射比以前更容易形成，形成后也比较巩固，不易泛化，从而保证了学生能学习更多的内容，并对学习的内容进行精确的辨别。

在学习过程中第一信号系统仍然起相当大的作用。在观察、了解事物的过程中视觉还占重要的地位。学生辨别左、右方位的能力提高，另外，学生观察事物的目的性、持续性、概括性都有了明显的提高。他们比较概括地、灵活地掌握左右概念。在老师的帮助下，逐渐学会进行比较、分析、观察事物的特点，发现各部分的关系及部分与整体的关系，揭示事物的内在联系。逐渐掌握较为抽象的概念，逐渐能将自己的注意力集中到规定的学习内容上，并保持一段时间。该阶段他们已经能够进行初步的判断、推理，较为自觉地调节，论证自己的思维过程。想象力随着生活经验的不断丰富、知识的增长，能进行相应的想象活动，其想象富于模仿性、再现性，想象往往是事物的简单重现，想象逐渐开始注意与现实的联系。

有意注意有了显著的提高，开始注意根据预定的目的，将注意力集中到相应的事物和学习材料上。注意的稳定性有了明显的提高，注意保持的时间约为 25 分钟，注意范围逐渐扩大，分配自己注意力的水平提高，逐渐学会根据活动任务将注意力从一件事情主动转移到另一件事情上。

学习动机仍然与学习兴趣紧密联系，学习兴趣包括直接兴趣与间接兴趣，学生的美感还会受事物外部的特征吸引，是对事物的具体形象相联系的基础上美的体验。学习兴趣仍然是学生进行体育学习活动的重要推动力。而且从三年级开始学生的学科兴趣开始分化，逐渐出现感兴趣的学科。

自我意识有了一定的提高后，学生逐渐学习真正的学习活动，已经能把学习当作是一种有目的、有系统的专门活动对待，渐渐学会怎样观察、怎样思考、怎样运用知识去解决问题等。情感在与个别具体事物相联系的基础上，开始与抽象的价值相联系。但该阶段学生的情感稳定性较差，情感容易冲动、较外露，情感的自我调控能力较差，甚至出现自我控制的下降趋势。

行动开始具有一定动机与目的，不仅按教师、家长的要求，而且按自己的目的去行动。外力和情绪对行动仍然具有较大的影响。自我评价的批判性和独立自我评价能力有所提高，但是，自制力还比较差。

道德感不断增强，在理解道德概念时，不仅与具体行为、现象联系，而且与社会标准相联系。形成了道德信念的萌芽。道德意志坚持性有所提高，道德行为开始从不自觉的模仿向自觉的坚持转变。

行为的自我控制能力处于过渡阶段，发展还不稳定，甚至出现行为控制下降现象。已经开始认识到自己应为自己的行为负责，但他们仍会表现出很大的随意性，由于学生的注意分配能力有限，意志控制较差，不能做到进行实践活动的同时又对自己的实践活动进行有意识的调节和控制。

情感逐渐转化为与社会、集体相联系，学生道德概念的掌握比较准确，学生自制力有了显著的提高，学生不仅可以指出自己的优点，也能指出自己的缺点，并逐渐学会根据一定的原则进行评价。出现初步的道德信念，但自觉性和坚定性不够。道德行为从直接到自觉、从短浅到远大、从不稳定到稳定、从满足个人到满足社会的方向发展。

3. 小学五六年级学生心理发展的特征

部分男生和大部分女生开始进入青春发育期，已经出现明显的第二性征。进入青春期的学生产生特殊的内心体验和性意识的萌芽，渴望了解性知识，探索生命的奥秘。自我控制能力出现第二个上升期。随着该阶段学生抽象逻辑思维的逐渐发展和辩证思维的初步发展，他们的自我意识更加深刻。他们不仅摆脱对外部控制的依赖，逐渐发展了内化的行为准则来监督、调节、控制自己的行为，而且开始从对自己的表面行为的认识、评价转向对自己内部品质的深层次的评价。

此时的学生情绪自我控制能力显著提高，情绪的自我控制能力发展逐渐趋于平衡。情绪的自我控制能力性别差异十分显著，在整个年龄段，男生均好于女生。到了六年级，学生的认知越来越丰富，且已形成自我意识，所以产生的体验也比较稳定持久，不会随着刺激或情境的改变而很快改变自己的情绪，因而情绪控制能力显著提高。

随着年龄的增长，学生的独立性和评价能力有所提高，学生不再无条件地服从、信任教师。能自己独立做出判断。学习动机仍然与学习兴趣发生联系，但此时学生的间接兴趣有了明显的发展。

学生情感的稳定性日益增强，逐渐学会调节与控制自己的情感。逐渐学会独立、自觉地提出意志行动的动机和目的。不仅可以全面地评价自己的行为，还能自觉地克服自己的缺点和困难。

这一时期，学生表现出一定的自觉性、坚定性的道德信念。自我意识又出现第二个上升期，学生行为自我控制能力发展较稳定，但女生由于青春期的到来，行为控制能力略呈下降趋势。

在整个小学阶段，学生最初对学习的过程及外部活动更感兴趣，以后逐渐对学习的内容、对需要独立思考的作业更感兴趣。学生的学习兴趣从不分化到逐渐产生对不同学科内容的初步分化。

学生对有关具体事实和经验的知识较有兴趣，对有关抽象因素关系的知识的兴趣在初步发展。游戏因素在学生的学习兴趣上的作用逐渐降低。

想象中不乏创造性的成分，逐渐能把注意分配到围绕同一任务而进行的几种活动或对象上，到了高年级，学生的自觉性有了很大的进步。

三、小学生社会交往的特征

1. 一二年级学生社会交往的特征

人际关系是人与人之间由于交往而产生的一种心理关系，它主要表现在人与人之间在交际过程中关系的深度、亲密性、融洽性和协调性等心理方面的联系程度。

进入小学以后，一二年级的学生相互交往的频率大大增加，共同参加的社会性活动也进一步增多，其社会性交往也更富有组织性。学生的社会认知能力得到发展，他们能较好地理解他人的动机和目的，能较好地对他人进行反馈，其同伴间的交流更加有效。一二年级小学生同伴交往有几个基本特征：与同伴交往的时机更多，交往形式趋于复杂；在同伴交往中传递信息的技能增强；善于利用各种信息来决定自己对他人所采取的行动；更善于协调与其他同学的活动；开始形成同伴团体。

低年级的小学生对教师怀有特殊的尊敬和依恋之情。一二年级学生在刚跨入小学校门时都对教师充满了崇拜和敬畏，教师的要求甚至比家长的话更有权威。

2. 三四年级学生社会交往的特征

与一二年级学生相比，三四年级学生相互交往频率进一步增加，共同参加的社会性活动进一步增多，社会性交往更富有组织性。三四年级的学生社会认知能力得到进一步发展，他们能更好地理解他人的意图，能更好地对他人进行反馈，同伴间的交流更加有效。三四年级的学生形成的同伴团体进一步巩固，形成了与同年龄群体的依恋关系，开始寻求和培养“好朋友”，越来越关注同龄群体的评价、赞同和指导。

对教师仍然怀有特殊的尊敬。对教师充满了崇拜和敬畏，教师的要求还比较具有权威性，这一阶段学生对教师的崇拜和敬畏已经具有一定的认识水平，盲目的成分大大减少，逐渐对教师产生选择性的、怀疑的态度，学生依据自己对教师的素质、能力、魅力等的认识与评价决定自己对教师的态度。

3. 五六年级学生社会交往的特征

随着相互交往的频率大大增加，共同参加的社会性活动进一步增多，学生的社会性交往也逐渐更富有组织性。社会认知能力迅速发展，他们能更好地理解他人的动机和目的，能更好地对他人进行反馈，同伴间的交流也变得更加有效。这使得学生与同伴交往的时机更多、交往形式更复杂、交往中传递信息的技能增强；更善于利用各种信息来决定自己对他人所采取的行动；更善于协调与其他同学的活动；形成了对同龄人群体的依恋之情，积极寻求和培养亲密的朋友圈子。

随着学生年龄的增长，知识经验的增加，认识水平的提高，他们对教师崇拜和敬畏的神秘感逐渐消除，盲目的与不自觉的成分大大减少，学生对教师的指导与要求有一定的分析与判断能力，并有了很大的选择性。学生对教师的态度在很大程度上与学生对教师的素质、能力、魅力等的认识与评价直接相关。

就小学生总体而言，其与三个主要群体的交往特点如下。

(1)小学生同伴交往特点。小学生的同伴关系有一个发展的过程，这一过程与小学生认识过程的发展相适应，也与小学生在班集体中的集体活动经验有关。小学生的同伴关系最初是建立在外部条件或偶然兴趣一致的基础上的，如住在同一街道、同一幢楼房，同桌，父母相互熟悉等。后来，他们逐渐建立了新的交往标准。

其一，他们倾向于选择与自己的兴趣、习惯、性格和经历相契合的人做朋友。

其二，他们倾向于选择品行得到社会赞赏的人做朋友，如挑选学习成绩比自己好或能力比自己强的人做朋友。此外，在小学生的同伴交往中，还会出现一些有趣的现象。有些男生尤其是低年级的男生，常常采取制造事端的方式与女生接触，如在课间把女生的文具藏起来，在课桌中间画一条界线等，表明这些男生对女生特有的兴趣。随着年龄的增长，男女生会表现出微妙的变化，如表现出拘谨、腼腆、故意的漠不关心等。所有这些行为特征，都是小学生异性交往的特点。

(2)小学生与父母交往的特点。虽然小学生与同伴的交往明显增多，但与父母仍保持着亲密的关系，对父母仍怀有深厚的感情。因此，小学生与父母的关系在其发展上仍起着重要作用。一般来说，在家庭中，父母主要通过以下途径对小学生施加影响。

第一，教导，即父母通过言传身教，直接向小学生传授各种社会经验和行为准则。

第二，强化，即父母采取奖惩的方式强化小学生的行为准则，并巩固这些行为准则的地位。

第三，榜样，即父母往往是小学生最早开始模仿的对象，他们效仿父母，学习父母的行为方式。

第四，慰藉，即小学生对父母形成的依恋感使他们易于向父母倾诉不安和烦恼，以得到父母的安慰和帮助。

(3)小学生与教师交往的特点。小学生与教师的关系是小学生人际关系中的一种重要关系。与幼儿园教师相比，小学教师既引导学生学习，掌握各种科学知识与社会技能，又监督和评价学生的作业、品行。与中学教师相比，小学教师的关心和帮助更加具体而细致，也更具有权威性。

几乎每一个儿童在刚跨进小学校门时都对教师充满了崇拜和敬畏，教师的要求甚至比家长的话更有权威。对小学低年级学生来说，教师的话是无可置疑的，这种绝对服从心理有助于他们很快学习、掌握学校生活的基本要求。但是，随着年龄增长，小学生的独立性和评价能力也随之增长起来。从三年级开始，小学生的道德判断进入可逆阶段，学生不再无条件地服从、信任教师了。他们对教师的态度开始发生变化，开始对教师做出评价，对不同的教师表现出不同的喜好。心理学研究发现，小学生最喜欢的教师往往是讲课有趣、喜欢体育运动、严格、耐心、公正、知识丰富、能为同学着想的教师。小学生对教师的评价还影响着小学生对教师的反应，他们对自己喜欢的教师往往报以积极的反应，而对自己不喜欢的教师往往报以消极的反应。例如，同样是批评，如果来自小学生喜欢的教师，他们就会感到内疚、羞愧；如果来自小学生不喜欢的教师，他们就会反感和不满。因此，教师努力保持与学生的良好关系有助于其教育思想的有效实施。

四、小学生心理发展的一般规律

1. 认知的发展

(1)感知方面，早期小学生感知事物时较笼统，往往只注意表面现象和个别特征，对时空特性的知觉也不完善；随着教学过程的深入，小学生知觉的有意性和目的性明显发展，他们能从知觉对象中区分出基本的特征和所需的东西，对于时间单位和空间关系的辨别能力也逐渐增强。

小学生感知事物的特点比较笼统，不精确，往往只注意到一些孤立的现象，看不出事物之间的联系和特点，对时间和空间的概念也比较模糊。比如做作业时，由于孩子的感知觉发展不够充分，经常看错题、计算出错误或是把方向搞错。一年级的孩子学写数字“8”，很可能写成卧倒的“∞”；四五年级的学生做家庭作业，本来要做第二题，结果去完成第三题，这些现象在孩子身上或多或少都会出现。小学生知觉和观察发展的趋势是从无意性、情绪性、不精确性向有意性、目的性、精确性和有组织性方向发展。

(2)注意方面，虽然小学生的无意注意仍起着重要作用，但有意注意发展迅速，并且逐渐在学习和其他活动中占主导地位。

小学生的注意不稳定、不持久，难以长时间地注意同一件事物，容易为一些新奇刺激所吸引。凡是生动、具体、形象的事物，形式新颖，色彩鲜艳的对象，都比较容易引起学生的兴趣和吸引他们的注意。

小学生注意的范围较小，不善于分配自己的注意，这主要是因为小学生的经验少。实验表明，小学生只能同时注意到2～3个客体，而成人能同时注意4～6个客体。孩子集中注意某一事物时，经常出现“顾此失彼”的现象，不善于分配自己的注意。比如当他聚精会神写字时，又会忘了正确的坐姿要求。

(3)记忆方面，随着学习、训练的过程，小学生的有意记忆逐渐超过无意记忆而成为主要的记忆方式，意义记忆所占的比例逐渐超过机械记忆并且在记忆活动中占主要地位。

小学生记忆发展的特点是从无意识记向有意识记发展。从小学三年级开始，孩子的有意识记逐渐占据主导地位，即使是抽象材料也能花工夫努力记住，并能自觉检查记忆的效果。

小学生记忆发展的另一特点是从机械识记向意义识记发展。低年级学生仍是机械识记为主，随着知识的增长，理解能力的提高，中高年级学生意义识记逐渐占据主导地位。小学阶段正是记忆迅速发展的黄金时代，家长要激发孩子记忆的积极性，促进他们记忆力的发展。

6～10岁的孩子的记忆力大都是无意识记，即通常我们所说的机械记忆。这个年龄阶段的孩子很容易背熟诗歌，尤其是配有生动情节或鲜艳图片的学习内容，哪怕是他们还不太理解一些词句的内容，也能很快地重复再现出来。比如《鹅》中的“曲项向天歌”一句，未必大多数学生都懂得其中的含义，只是因为形象生动、朗朗上口，所以，很容易记忆。到了小学中末期，十一二岁的孩子就具备了有意识记，他们会把记忆内容的主要思想记牢，并把重要的情节与一般的细节区分开来，并能够逐步摸索出适合本人特点的记忆方法。从识记的内容上说，小学生在形象记忆的基础上，对词的抽象记忆也在迅速发展，一二年级学生，由于第一信号系统活动占优势，在头脑中和第一信号系统相联系的事物的具体形象容易记住，到了三四年级，学生掌握的词语量不断增加，第二信号系统的活动逐渐占优势，所学课本的内容大多是些抽象的词、数字或符号，所以他们的抽象记忆也渐渐占主导地位。但对小学生来说，他们在记忆抽象的材料时，主要还是以事物的具体形象为基础，即形象记忆仍起着重要作用。

(4)思维方面，小学生的思维逐步从具体形象思维为主过渡到以抽象逻辑思维为主，思维的基本过程日益完善，概念的掌握趋于丰富、精确和系统，判断推理和理解能力逐步发展。思维的品质如灵活性、批判性和创造性也有所提高。

(5)想象方面，小学生想象的有意识、目的性迅速增加，创造性想象显著发展，想象的内容逐渐丰富，想象的现实性有了较大的提高。小学末期小学生对自己的生活前途已开始出现初步的幻想。

小学生的想象发展主要表现在：①小学生想象发展是向正确地、完整地反映现实过渡，低年级学生的想象与学龄前儿童有点类似，仍以无意想象为主，而中高年级学生再造想象趋于完整，有意想象的成分大为增加；②具有直观性和具体性；③想象的形象还具有片断、模糊的特点；④高年级学生想象的创造成分增多。随着他们生活范围的扩大，知识经验逐渐丰富以及认识能力的提高，高年级学生的想象力具有更多的创造成分。

(6)言语方面，小学生对口头言语中语音的细微差别逐渐掌握，并开始进入书面言语发展时期。在教育、教学影响下，小学生的词汇量增长很快，对词义的理解越来越精确，语法运用逐步趋于合理、完善，言语表达更加连贯、生动和多样化。小学生还具备学习外语的能力，这说明小学阶段小学生的言语发展有很大的潜力。

2. 情感的发展

小学生情感的内容日益丰富，社会性道德感的比重逐渐增加，情感的稳定性和控制能力有所增强。小学生的道德感有很大发展，爱国主义情感、义务感、责任感、集体主义情感和友谊感等逐步形成；小学生的理智感也进一步发展，他们的求知欲、好奇心和学习热情等越来越稳定而深刻；小学生美感发展主要表现在对艺术作品中具体的内容和形象的观赏方面，对艺术作品内在质量的评价，则要到小学生后期才会引起注意。

3. 意志的发展

小学生意志的目的性，表现在他们已能逐渐确立长远的行动目标，而不为直接目的所左右；从自制力和独立性看，小学生行动的冲动性和受暗示性大为减少，行为的自我调节能力有了明显的进步；他们的果断性、坚持性还是比较差的，他们往往在“果断”中显出盲动，在坚持中表现出对教师或家长的依赖。

4. 个性的发展

小学生意识倾向性的发展，自我意识在自我评价的独立性、自我意识的批判性和自我评价的内容方面均有一定的发展。学习兴趣逐渐分化、稳定，个人志向从直觉的、幻想的、易变的，逐渐分化、稳定且富于理性。

就个性心理特征的发展来看，小学生的智力和特殊能力，在课堂教学、课外活动的训练和影响下，得到多样化发展。在良好环境和教育影响下，守纪律、忠诚、勤奋、勇敢等优良品质逐渐形成。

五、小学生心理发展的总趋势

1. 从以具体形象思维为主要形式向抽象思维过渡

幼儿晚期抽象逻辑思维虽然开始发展，但占主要地位的还是具体形象思维。上小学后，小学生通过学习许多人类积累的知识经验，逐渐掌握了越来越多的概念、定理、规律，这促使小学生进行积极思维，为此，小学生的抽象逻辑思维逐渐发展起来。

2. 小学生心理活动的随意性和自觉性发展

幼儿晚期小学生心理活动的随意性和目的性虽有所发展，但仍以不随意性为主。上小学后，在学习读、写、算的过程中，小学生要完成教师提出的任务，必须使自己努力注意、记忆和思考。这样不仅促使小学生各种心理过程的发展，随着第二信号系统调节机能的增强，心理活动和行为的随意性和目的性也得到了发展。

3. 集体意识和个性的逐渐形成

小学生刚进入小学时，虽然也参加集体生活，但集体意识比较模糊，还不能清楚地意识到自己和集体的关系，意识不到班级的荣誉。以后，在教师的教育下，通过全班分工轮流值日，特别是班级间的竞赛、评比等集体活动，小学生就逐步意识到自己和集体的关系，意识到自己在集体中的权利和义务，逐渐形成对人、对己、对事物的一定态度，初步形成了意志、性格和个性特征。

六、小学生心理健康标准

小学生的心理健康包括六个方面，即智力发展水平、情绪稳定性、学习适应性、自我认识的客观化程度、社会适应性、行为习惯。

1. 智力发展水平

虽然智力发展优秀者并不一定拥有健康的心理，但如果智力发展水平低下，那将毫无心理健康可言。因此，一个心理健康的小学生，其智力发展应属于正常。相反，若智力水平低下，是算不上心理健康的。

2. 情绪稳定性

一个心理健康的小学生，一般是心境良好，愉快、乐观、开朗、满意等积极情绪状态占主导，但同时又能随事物的变化而产生合理的情绪变化。所谓合理的情绪变化是指当有了喜事时感到愉快，遇到不幸的事时产生悲哀的情绪。此外，还能依场合的不同，适当地控制自己的情绪。

3. 学习适应性

一个心理健康的小学生通常喜欢上学，觉得学习是一件令人愉快的事，感到轻松；对学习的内容往往抱有浓厚的兴趣，乐于克服学习上遇到的困难；学习效率高。

4. 自我认识的客观程度

心理健康的小学生能顺利地从以自我为中心向去自我中心阶段转变；能将自己同客观现实联系起来，主动从周围环境中寻找评价自己的参照点，对自己的认知开始表现出客观性。

5. 社会适应性

心理健康的小学生往往具有独立生活的能力，自己的日常生活事务能由自己来料理，能适应不同环境下的社会生活，乐于与同学、老师交往，让自己融入集体生活，自觉用社会规范来约束自己，使自己的行为符合社会的要求，而不是以自我为中心，把自己孤立起来，与周围的人群格格不入。

6. 行为习惯

心理健康的小学生一般有良好的行为习惯，对外部刺激的行为反应适中，不过度敏感，也不迟钝；他们不会因鸡毛蒜皮的事情而大发脾气，也很少出现让人觉得莫名其妙的举动，其行为表现同他们的年龄特征相吻合。

(根据网络书刊等相关资料编辑整理)

六、有自己的独特之处

儿童发展一方面具有整体的共同特征，而就个体而言，每一具体儿童的身心发展在表现形式、内容和水平方面，都有自己的独特之处，即儿童发展具有个别差异性。这种个体发展方面的差异性，来源于个体遗传素质和生活环境的差别。儿童发展过程中表现出的个别差异性，虽然在一定程度上受到生物因素的影响，但更多的还是源自其后天环境和教育的影响。而且环境和教育的影响，还能对遗传素质的优势与不足起到一定的弥补作用。俗话说“勤能补拙”，就是对二者关系的一种经验总结。这一规律也是实行“因材施教”“长善救失”教育原则的基础。

七、有一定的机能互补性

机能互补性是指机体某一方面的机能受损甚至缺失后，可通过其他方面的超常发展得到部分补充，这种互补性也存在于心理机能和生理机能之间。所以，我们每个教育者应树立起这样的信心：不管个体自身条件处在怎样的状态下，只要生命还存在，儿童生理和心理能力的发展的可能也就存在，生命与发展的可能永远共存。

这种协调性，也是具有生理缺陷的儿童发展的重要保障，它使这些儿童不至于因某种生理机能的缺陷而严重地阻碍其整体发展水平的实现。这是对残疾儿童进行教育的重要依据。

复习与思考

1. 试述近代的主要儿童发展观。

2. 试分析自己的儿童发展观。

3. 回忆自己做小学生时反映自己真实心理活动的故事。

4. 曾有送孩子上补习班的家长说:“给孩子一个欢乐幸福的童年就会欠他一个幸福的成年。”运用所学内容分析这句话的合理与不合理处。

推荐阅读

1.[美]丹尼斯·博伊德、[美]海伦·比:《儿童发展心理学》,夏卫萍译,北京,电子工业出版社,2016。

2.[美]威廉·格拉瑟:《了解你的学生:选择理论下的师生双赢》,杨诚译,北京,首都师范大学出版社,2011。

第四章　小学教师

内容提要▶

- 小学教师的角色
- 小学教师的基本素质结构
- 小学教师的专业发展含义、过程与途径

第一节　小学教师的角色

教师是履行教育教学职责的专业人员，承担教书育人、培养社会建设者、提高民族素质的使命。从广义看，教师与教育者是同义语；从狭义看，教师专指学校的专职教师。本章中的教师是在狭义上的指称。

角色，原本是一个社会学的概念，具有标识身份、地位及相关行为特征的含义。所谓角色，是指个人在一定的社会规范中履行一定社会职责的行为模式。教师角色，也就是教师在特定情境中，特别是在教育教学情境中，所具有的地位和身份以及与之相适应的社会行为规范。教师角色具有自主性、个体创造性、人格化特征、多样性和发展性、弥散性和模糊性。美国学者特拉弗斯(Travers)说过：“教师角色的最终塑造必须在实践环境中进行。”由于当代小学教育是一种特殊的社会文化活动，当代小学教师在这种特殊的社会文化活动中，在不同的时间、空间里，与学生、教育内容以及各种环境之间构成不同的联系，表现出不同的行为，从而扮演不同的角色。

一、小学教师的传统角色

在古代，教师历来都是以“教人以道者”“教人以事，而喻诸德者”“人之楷模”“传道、授业、解惑”等角色而存在。

到了近代，由于哥白尼的日心说、笛卡儿的方法论以及牛顿的宇宙观“迅速地扩展为一种形而上学”，从而创造了科学主义(scientism)。人们相信客观的、普遍的、价值中立的知识就是力量。因此，教师作为知识的拥有者，作为社会和政府的代理人，是一种权威，他们的职责就在于通过对客观的、普遍的、价值中立的知识的讲授与传递，使学生把外在于自己的“正确”的知识接受下来，成为自己的财富。

与之相适应，教师的角色也就从社会和育人两个方面予以界定：从社会的角度，教师作为社会的代表者、社会道德的实践者、人类文明的建设者；从育人的角度，教师被看成是家长的代理人、知识的传授者、课堂纪律的管理者、班集体的领导者、人际关系的协调者，心理健康的维护者。在一般人的眼中，教师角色被隐喻为“人类灵魂的工程师”“辛勤的园丁”以及“蜡烛”。这些基本的隐喻都有其恰当性和存在的合理性，它们反映了一个阶段人们对教师角色的认知水平，也反映了教师自身的问题和无法克服的矛盾性。“工程师”主要强调的是教师在教育教学中的主导作用，学生的主体作用很难发挥出来；“园丁”主要反映的是教师的辅助作用，注意到了学生自身的生长性，但过于强调学生发展的固定类型和阶段性；“蜡烛”体现的是教师的献身精神，忽略了教师自身生命的成长和职业发展。

在传统的小学教育中，对教师角色的认知更是如此，由于人们假定小学儿童都存在着他们自身难以克服的问题与缺陷，因此必须借助外在的力量，教师就是这一力量的主要体现。在“教师—儿童”这对关系中，由于惯性思维，在人们潜意识中存在着一个基本的假设——小学儿童的学习只能依赖于教师的主宰，儿童处于弱势地位。“工程师”“园丁”与“蜡烛”的形象，在小学教育中更加高大。小学儿童由于其年龄阶段特点，更具有独特性，确实需要教师更多的指导和帮助，但是，小学儿童并不是被任意加工的产品，他们作为小学教育的中心，作为学习和发展的主体，具有主体意识。教师的教和学生的学其实是一个相辅相成的过程，教师在发展学生的同时也发展了自身，而教师在发展自身的同时也就发展了学生。同样，小学教师确实伟大、高尚，具有人道主义和人文主义情怀，他们要取得成功需要付出比常人更多的努力和心血，但是如果以平常心观之，他们所从事的工作就是自己的职业，是自己的一种生活方式，因此他们与常人没有不同，为了完成自己的工作和提升自己的生活品质，小学教师需要的不是献身精神的歌颂，而是职业能力的发展和专业水平的提高。

二、当代小学教师的角色

在缓慢演变的社会里，教师角色的功能仅仅被视为或主要被视为将前人所积累的知识、经验和方法传授给年轻一代而已。然而，随着社会变迁速度的加快，教师角色的功能已远远不限于此了。在飞速发展的当今与未来社会，教师角色的内容与重心都将发生巨大的变化。

1975年，联合国教科文组织成员国向国际教育局提供的报告，揭示了教师角色转换的一般趋势：第一，在教学过程中更多地履行多样化的职能，更多地承担组织教学的责任；第二，从一味强调知识的传授向着重组织学生的学习，并最大限度地开发社区内部新的知识资源；第三，注重学习的个性化，改进师生关系；第四，实现教师之间更为广泛的合作，改进教师与教师的关系；第五，更广泛地利用现代教育技术，掌握必需的知识与技能；第六，更密切地与家长和其他社区成员合作，更经常地参与社区生活；第七，更广泛地参加校内服务和课外活动；第八，削弱加之于孩子们——特别是大龄孩子及其家长身上的传统权威。《学会生存——教育世界的今天和明天》中也指出：“教师的职责现在已经越来越少地倾向传递知识，而越来越多地倾向激励思考；除了正式职能外，教师将越来越成为一位顾问，一位交换意见的参与者，一位帮助发展矛盾观点而不拿出现成真理的人。”

当代小学教师需要合乎时代需求的角色定位。但这并不是说传统社会中关于教师角色的认识没有合理的成分，也不是说传统中关于教师角色的定位完全没有对儿童的考虑和尊重，而是说要在传统小学教师角色的合理内核中发展出合乎当代教育价值观的小学教师角色，消除传统小学教师角色所固有的不合理的外在性、权威性、控制性，要在确立儿童主体地位的前提下，在师生关系的互动中，实现当代小学教师角色的转变。当代小学教育的基本价值取向是“以学生发展为本”，其基本内涵是促进全体学生的全面发展。从“以学生的发展为本”的价值思维出发，当代小学教师角色就是以教师的教和学生的学的关系为核心的。在这对关系指引之下，当代小学教师的基本角色，包括以下几个方面。

1. 知识的传授者

学校的起源和发展过程历史地规定了小学教育实际上是以“知识的传授和传播”为核心和基础的。小学生通过知识的学习来实现自己的成长和发展，当代小学教师的首要角色也必然是“知识的传授者”。只不过当代小学教师必须超越“传统知识的传授者”，而转换为“当代知识的传授者”。传统的知识观，是狭义的知识观，认为知识是“人类认识的成果或结晶，包括经验知识和理论知识。经验知识是知识的初级形态，系统的科学理论是知识的高级形态。知识通常以概念、判断、推理、假说、预见等思维形式和范畴体系表现自身的存在”。当代知识，特别是在小学教育中，经过学习转化成对小学生具有成长和发展价值的知识是丰富多彩的，既包括缄默的无法言说的隐性知识，也包括外在的以符号形式呈现的显性知识；既包括回答“是什么”的陈述性知识，也包括“如何做”的程序性知识，还包括具有监控作用的策略性知识。教学中的基本矛盾是知与不知，知之不多到知之较多、知之完善的矛盾。在解决这对矛盾时，教师无疑充当着主导者的角色，学生是接受者的角色。即使作为传授者，古今的含义也有区别。古代教师的传授多以讲、诵、问、答为主，而现代教师作为知识的传授者，除讲求教学的科学性之外，还必须讲求教学的艺术性和创造性。

2. 学生的引导者

教育的目的是为了使学生变得更聪明、更高尚、更成熟。只传授知识的教师是“经师”，只有那些使学生能生动活泼地、主动地得到较好发展的教师，才是最好的教师。在当代小学教育中，立足于小学儿童身心发展的规律，教学内涵取得了超越性的发展，人们逐渐把教学(teaching)过程定义为引导(instruction)过程。小学教师作为学生的引导者，意味着通过教育活动，师生双方交往互动，教师在作为当代知识传授者的基础上，承担着引导学生全面发展的角色。他们不但教学生学习知识，而且教学生学会学习；善于启发学生的学习热情，培养学生自主学习的能力和习惯，调整学生的不良情绪和心态；经常提醒学生仔细、认真、勤奋、刻苦，培养良好的学习心理品质；善于发现学生的学习差距，特别关注学习成绩不佳的学生；并善于使学生相互帮助，形成良好的学习风气。简言之，教师对学生的引导包括：引导学生的知识学习、引导学生的道德品质健康发展、引导学生的身心健康发展、引导学生走向正确的人生道路。

3. 课程的研制者

教学活动是由文本课程向体验课程转换的一个动态发展的过程，这一过程本身就是课程资源不断开发和拓展的过程。课程资源不仅来自那些经过处理、至善至美的已经物化的资料和条件，教学过程中动态生成的、容易被人忽略的教学事件和教学情境，也都是重要的课程资源。而且，这些动态生成的课程资源更加接近个体(教师、学生)的认知水平，更易于学生接受。新中国成立后在小学教育中实行高度"统一"的教育体制，使得长期以来教师被规定为课程的被动执行者。现在，课程管理体制已经从中央集权变革为中央、地方和学校三级分权。这样的变革赋予了当代小学教师"课程研制者"的角色定位。在教育分权体制或学校自主的国家，教师一直就是课程研制者。早在古希腊，就存在着苏格拉底模式。在苏格拉底的教学中，他研制知识，确定呈现知识给学生的方式，并帮助学生获得知识。在当代西方学校教育中，人们都把教师看成理所当然的课程研制者。作为课程研制者，当代小学教师在课程研制的规划、实施和评价等各个阶段都有自己的具体任务。

4. 教学的组织者

教学活动是一种集体活动，要全面实现教学的整体功能，就必须精心设计、周密组织和科学管理。首先，小学教师是教学活动的设计者。要求小学教师全面把握教学的任务、教材的特点、学生的特点等要素，精心进行教学设计，使教学有序地进行，给教学提供良好的环境，使学生养成循序渐进的习惯，全面地完成教学任务。其次，小学教师是教学活动的组织者，即小学教师在教学资源分配(包括时间分配、内容安排、学生分组)和教学活动展开等方面是具体的实施者。小学教师通过科学的分配活动时间，采取合理的活动方式，启发学生的思维，协调学生的关系，激发集体学习的动力开展教学活动。最后，小学教师是教学活动的管理者，即小学教师主要是通过对教学活动的调控来实现其管理功能，如对教学环节的调控，对学习态度、学习活动、学习习惯、学习质量的调节，对教学偶发事件的处理等。

5. 教育的研究者

当代小学教育是一个开放的复杂系统工程，随着社会的变迁，当代小学教师面对的是一个不断发展变化的世界，存在许多未知的领域，这些领域要么是"理论家"不屑于研究而忽略的，要么是崭新的、从未有人加以认真思考和研究的，这就要求教师成为教育的研究者，通过研究发现问题和解决问题，从而推进自己的专业工作。当代小学教师作为研究者，实际上要求其在自己的教育教学实践中建构和创造教育的真理，成为教育活动的意义和价值建构的主体，反思自己的日常教育行为，通过反思追求更为合理的教育教学实践，使自身获得一种内在的启蒙和解放的力量，打开新的思考维度和新的探询方向，增强实践能力和自我超越能力。同时，小学教师也应该为个人成长做出策划，并对自己的成长负责，即研究自身的发展起点、成长环境、资源利用、目标设定、路径选择、成长评价等，借此对自我发展形成较为明晰的认识并注入持续的动力。

6. 终身的学习者

当代社会的急剧变迁，教师被认为是智慧的化身，这就要求当代小学教师成为一个终身的学习者，要学习教材、了解与教材有关的信息，向学生讨教，要以严肃的态度来研究教材、处理教材，把知识客体内化为自身的主体结构，以促进其专业的终身发展。当代小学教师的学习作为一种成人的学习，与儿童的学习具有明显的差异，其特点是集中在“成人自我概念”“经验”“学习准备”以及“学习定向”等方面。当代小学教师把自己看成是成人的时候，他们就更看重自己在专业生活中的教师角色，清晰地认识到自己的学习是作为生产者和劳动者的学习，自己的学习具有自由选择性和经验关联性。他们的学习，需要的不是科目的定向学习活动，而是教学实践中心或者问题中心的学习过程。这都需要教师终身学习，更新自己的知识结构，以便使教育教学建立在更宽广的知识背景之上，适应学生的个性发展、自己的专业发展和教育教学改革的需要。当代小学教师的学习活动，包括课程实施前的准备性学习，课程实施中与学生一起建构学习共同体的参与性学习，课程实施后为获得评价反馈信息与反思成长而进行的总结性学习。

总之，当代小学教师的角色是多方面的，既有显性的，也有隐性的；既有认知方面的，也有情感方面的。这些角色统一于教育教学活动中。作为小学教师，要熟练地运用积极的角色技能，成功地扮演相应的角色，避免角色不清、角色紧张、角色冲突和角色失败，杜绝侵犯学生权益的行为和不道德行为，避免消极行为。

第二节 小学教师的素质

尽管目前教师的专业素质结构还是“黑箱”，但众多的研究已开始揭示其秘密。叶澜教授从一般专业人员的基本要求角度来分析，认为教师的素质应由教师的专业理念与师德、专业知识、专业能力、专业态度和动机、专业意识与需要来构成。

一、专业信念

信念是指一个人对一种思想、理论或事业的确定看法和坚定追求，是认识、情感和意志的有机统一，是一种综合、稳定而持久的心理品质。它常常成为人们一生中执着追求的既定目标和一种持久的精神激励力量。

教师的专业信念是指教师自己选择、认可并确信的教育观念或教育理念。即教师在对教育工作本质理解基础上形成的关于教育的观念与理性信念，是积淀于个人心智中的价值观念。教师的专业信念具有专一性、稳定性、执着性。从宏观的角度来说，教师的教育信念包括教育观、学生观和教育活动观；从微观的角度来说，主要有关于学习者和学习的信念、关于教学的信念、关于学科的信念、关于学会教学的信念和关于自我和教学作用的信念等。比如，作为一名教师，我是谁？我来自哪里？我要到哪里去？我在干什么？学生对教师具有怎样的期待？师生共同生活其中的班级究竟具有哪些教育功能？教师应怎样最大化地发挥教育作用？教育的目的是什么？学生应接受什么样的教育？什么是“好”的教育？“好”的教育应该如何实施和评价？如何看待教师职业……对于这些问题的思考、探究和实践的过程正是教师走向专业化的真实过程。

教师总是有自己的信念体系，它可能是从自己教学实践经验中逐渐积累形成或从外界直接接受而来的教育观念，也可能是经过深思熟虑并富于理想色彩的教育理念，可以看作教师信念的两个层次。从经验式、无意识的朦胧教育信念向以知识、系统理论为基础的教育信念不断演进，以致有意识地构建清晰的、理想的教育理念，并随着时代的发展随时予以更新是教师逐渐走向专业成熟的一个重要维度。

一个现代小学教师，应当形成与时代精神相通的教育理念，并以此作为自己专业行为的基本理性支点。当代基础教育具有基础性、生命性和社会性特征。基础教育是整个教育系统的奠基部分，不管时代如何变化，其基础的地位是不变的，所变化的只是如何确定基础的立场和具体的任务。生命性在基础教育中特别被强调，因为基础教育的对象是处在人生童年期和少年期的学生。他们一方面年幼、缺乏生活经验，需要学习；另一方面又处在生命中充满活力和潜力、多方面都需要发展和具有多种发展可能的重要时期。基础教育的社会性包括两方面的含义：一方面，基础教育的任务和内容要有助于学生认识社会、热爱本民族优秀文化传统，要有助于为未来社会培养合格和出色的公民；另一方面，基础教育和千家万户、生活社区、城市、农村有着千丝万缕的联系，因此向社会和全体公民负责，紧密依靠社会和社区开展工作，是基础教育社会性的重要特征。基础教育的学生观是关于教育对象认识的集中体现。新的学生观把学生看作虽有不足和幼稚，但却是具有旺盛的生命力、具有多方面发展需要和发展可能的人；是具有主观能动性，有可能积极、主动参与教育活动的人；是学习活动中不可替代的主体。教育活动是学校教育的实践方式，它是沟通教育实践“此岸”和学生发展“彼岸”的具有转换功能的“桥”，是师生学校生活的核心构成。

二、专业知识

人们对教师专业知识的研究很早很多，最初唯重学科知识，后来是“学科知识＋教育学知识”，当代小学教师的知识结构，不再局限于“学科知识＋教育学知识”的传统模式，而表现出多层复合的结构特征。(1)文化知识，即处于未来教师专业知识结构最基础层面的，有关当代科学和人文两方面的基本知识，以及工具性学科的扎实基础和熟练运用的技能与技巧。这既是教师作为人类社会中知识分子所必需的，也是教师与充满好奇心、随时提出各种问题的学生的共同点，更是进一步激发教师的求知欲、胜任教育者角色的要求，同时还是教师随着时代、科学发展而不断学习、不断自我完善和发展的要求。(2)本体性知识，即具备1～2门学科的专门性知识与技能，是教师专业知识结构的第二个层面。两门学科的性质可以是临近、相关的，也可以是相距甚远的，由学习者根据本人的兴趣和能力进行选择。这部分知识是教师胜任教学工作的基础性知识。与非教师的其他专业人员学习同样学科的要求相比，教师有其特殊的专业要求。第一，教师应该对学科的基础性知识、技能有广泛而准确的理解，熟练掌握相关的技能与技巧。第二，教师要基本了解和掌握该学科相关的知识，尤其是相关点、相关性质以及逻辑关系，这使教师有可能与传授相关学科的教师在教学上取得协调，在组织学生开展的综合性活动中相互配合。第三，教师需要了解该学科发展历史和趋势，了解推动其发展的因素，了解该学科对于社会、人类发展的价值以及在人类生活实践中的多种表现形态。第四，教师需要掌握每一门学科所提供的独特的认识世界的视角、域界、层次及思维的工具与方法，熟悉学科内科学家的创造发现过程和成功原因，在他们身上展现的科学精神和人格力量，这对于增强学生的精神力量和创造意识具有重要的、远远超出学科知识本身所能提供的价值。(3)条件性知识，即教师要掌握系统的教育学科类知识。这类知识，主要由帮助教师认识教育对象、教育教学活动和开展教育研究的专门知识构成，如教育原理、心理学、教学论、学习论、班级管理、现代教育技术等。在这方面，未来教师要加强有关对象——人的认识、教育哲理的形成、管理策略、教育教学活动设计、方法选择、当代教育技术手段的运用及教育研究等方面的知识与技能。(4)实践性知识，即教师在开展有目的的教育教学活动过程中解决具体问题的知识，是教师教育教学经验的积累和提炼。如教师的意象、隐喻、实践规则、个人哲学。实践性知识主要来源于课堂教育教学情境之中和课堂内外的师生行为，带有明显的情景性、个体性，体现教师个人的教育智慧、教学技巧和教学风格。如导入、提问、沟通、表达、强化、课堂管理、衔接、结课等技巧。有经验的教师，面对复杂的教学情境时能做出快速、准确的判断、解释和决定，能在思考以后采取适宜于各种特殊情景的行为。(5)自我发展的知识，即了解教师专业素养的核心内容，明确自身专业发展的重点；了解教师专业发展的阶段与途径，熟悉教师专业发展规划的一般方法，学会理解与分享优秀教师的成功经验；了解教师专业发展的影响因素，学会利用以课程学习为主的各种机会积累发展经验。

三、专业能力

教师的专业能力就是教师的教育教学能力，是教师在教育教学活动中形成的顺利完成某项任务的本领。教师的专业能力是教师的综合素质最突出的外在表现，也是评价教师专业性的核心因素。教师专业能力的种类与结构如何，不同的学者有不同的观点。一般来说，应包括以下几个方面。(1)设计教学的能力，即在综合考虑教材、学生、教学时间、教学手段等因素的基础上，对教学目的、内容、程序、方法等进行整体构思的能力。(2)表达能力，包括语言表达、板书板画、运用多种教学手段演示等能力。(3)教育教学组织管理能力，包括班级管理能力、课堂管理能力、课外学习管理能力等。(4)教育教学交往能力，如理解他人的能力、沟通能力、协调人际关系的能力等。这里的他人，首先是指学生。除此之外，还包括其他教师、家长和社区各有关机构中的人员。(5)教育教学机智，即处理教育教学过程中的突发事件的能力。(6)反思评价的能力，即对自己的教育教学状况进行反思并做出正确评价的能力。(7)教育教学研究能力，即教师对学生、对教育教学实践和理论教学探索，发现问题，并试图解决问题的能力。(8)创新能力，如创新教学思想、教学内容、教学方法、教学模式等方面的能力。除此之外，教师的专业能力还应该包括终身学习能力、课程开发能力、专业发展规划能力等。

阅读链接

迷人的比喻

一天，女教师布置了题为《我和祖国》的作文。有个淘气捣蛋的男孩只写了一句："祖国是母鸡，我愿是一粒米。"

看着这只有一句话的作文，女教师被感动了，一下悟出了一条真理：即使是最淘气的孩子，心里也有阳光！

第二天，她在作文讲评时提到了这篇短文。她说："从地图上看，我们的祖国像只雄鸡。但有个聪明的孩子认为，祖国的形状更像一只母鸡。正是这个深情的'母'字格外突出了他对祖国母亲深深的爱。在这次的作文中，这个'母鸡与米'的比喻最精彩！也最迷人！"

更迷人的是：从这天起，这个淘气的孩子彻底变了！

（根据网络报刊等相关资料编辑整理）

四、专业态度与动机

态度是指教师对客观事物的情感反应，包括认知、感情、意向。动机是指人们的依据愿望、兴趣、理想所表现出来的激励人们行动的主观因素。从态度水平来分，可分为积极态度与消极态度。从动机的来源来分，将动机分成内部动机和外部动机两大类。这两者都源于人们对客观事物的理解程度。

教师的专业态度与动机，即教师对教育活动的理解程度，表现为对工作的热爱程度和积极性。它是在一定教育信念的基础上，形成的内在需要，是教师的专业理想、专业热爱、专业性向、专业自我等方面的综合反映。

教师内在的专业发展动机源于教师对教学专业活动本身的兴趣，教学专业活动能使教师获得满足；而外在的专业发展动机则是由教学专业活动以外的刺激对教师诱发出来的推动力，如外在的激励、认同等。

优秀教师一般都是从生命而非知识的角度理解自己的专业活动的，能够自觉地把教育活动看作实现自我价值、体现人生意义的过程，并且能在长期的教育实践中形成自己独到的理解。在优秀教师看来，教育不是具体的方法或技术，而是心灵感动心灵的活动，是激发学生与教师自身生命活力的重要途径。

五、专业意识与需要

教师自我专业发展需要与意识是教师个体基于现实的需要，对照专业发展的要求而形成的对自己未来发展目标的系统化、理论化的认识，是教师自觉的职业规划意识，是社会发展的客观要求在个体心理的反映，是建立在教师的自我认识、职业认同、自我效能感和成就动机基础上的综合反映。

叶澜教授将教师专业意识与需要按时间纬度划分为：对自己过去专业发展过程的意识、对自己现在专业发展状态、水平所处阶段的意识以及对自己未来专业发展的规划意识。吴卫东、骆伯巍把教师的专业发展意识从结构上划分为以下几个方面。(1)专业自我的意象，就是对作为教师的专业自我观察产生的自我满足感、自我信赖感。(2)自我价值感，即教师的个人教学效能感，主要是指教师对自身教学效果的认识、评价，及其进而产生的对自我的价值感。(3)自我期望，是指教师对教育在学生发展中的作用及其职业生涯和工作境况未来发展的期望。① 华东师范大学白益民的博士论文《自我更新——教师专业发展的新取向》，提出教师自我发展需要和意识是教师发展的内在主观动力，把教师的“自我专业发展需要和意识”列入教师专业结构之一，并依据自我专业发展意识水平的高低，把教师专业发展阶段重新分为：“非关注”阶段、“虚拟关注”阶段、“生存关注”阶段、“任务关注”阶段、“自我更新关注”阶段。② 有的学者认为，教师自主成长的意识(也就是教师专业自主发展的意识)表现为：目标意识、研究意识、读书意识、求师结友意识、总结反思意识。从层次维度看，安全感是最基本的需要，其次是归属、自我尊重、专业自主与自我实现的需要。从范畴来看，主要集中在终身学习、教学机智、爱生情怀三个方面。

阅读链接

教育的精神元素

教育是一个激荡心智、沐浴灵府、贞立人格、彰显个性的活动。这个活动不同于任何制造业的活动，也不是一个操作流程。过去，人们探讨教育的要素，更多的是从可观测的角度来揭示教育的构成，大多会提及诸如教育场所、教师、学

---

① 吴卫东、骆伯巍：《教师的反思能力结构及其培养研究》，载《教育评论》，2001(1)。

② 白益民：《自我更新——教师专业发展的新取向》，博士学位论文，华东师范大学，2000。

生、教育内容(体现为教材)、教学媒介等。这固然是一种角度，但教育是一种关照精神(心灵)成长的活动，精神是无形的，但比有形的东西更不可缺少。

在我看来，关注学生精神成长的教育一定包含着爱、感恩、忏悔、希望、信仰、探索、合作、自由与自主，这也正是教育的精神元素。真正的教育区别于一切在形式上貌似教育的劣质的假教育。

爱，就是在别人的需要上，看到自己的责任；爱，就是恒久的忍耐，伴着慈恩。而爱本身又包含着了解、尊重、责任、关怀和给予。缺乏了解，爱就是盲目的，当然也会是肤浅的；没有尊重，就没有信任，就没有乐观的期待，爱就会衍化为支配和控制；没有责任、关怀和给予，爱就是苍白的、轻薄的，甚至可能是虚情假意的；给予，就包括给予学生需要的额外帮助。

与爱相伴而生的当是感恩。不仅要让学生理解爱，而且要让他们学会爱，即学会感恩。感恩我们拥有的一切，感恩生活中拥有的阳光、微笑、歌声与鲜花，感恩“黑夜给了我黑色的眼睛”(顾城)，感恩人类文化养育出我们追求美好的永恒冲动。

忏悔，是心灵的反思，是宗教的情怀，使我们意识到我们的不完美，意识到我们存在的局限，多一点“责人之心责己，恕己之心恕人”，多一点扪心自问和叩问心灵，多一点灵魂的拷问，少一点怨天尤人和愤世嫉俗。

希望，是鼓舞人生之帆推动航船驶向彼岸的强劲力量之源。教育力量的体现中一定包括精神感召：让学生学会憧憬未来，对未来有一种热切的向往，从而在学生的心中发掘出向上生长的力量。优秀的教师一定善于把人生美好的前景，把美好的明天展现在学生的面前。

信仰，是我们心灵信赖并仰望的人生终极关怀，我们之所以活着的全部的意义生发之源。教育要有精神支柱，教育者要有精神支柱，教育还要自觉地引领学生培植他们的精神支柱。人是万物之灵，每一个人与生俱来都有一颗信仰的种子，我们要做的是创造一种情境和氛围，让这颗种子生根、发芽并茁壮成长。而假冒伪劣的教育使这颗种子早早地死去，变成干瘪的空壳。

探索，就意味着不故步自封，不因循守旧，不墨守成规；意味着不得过且过，不敷衍糊弄；意味着试图改变和追求卓越。在教育中，探索，可以表现为带给学生理智的挑战，表现为“以问题引导教学过程”；也可以表现为发现学习和探究学习，当然也可以表现为长周期的主题探究的学习，即研究性学习。在教育中，探索的底蕴就在于学生对于知识的自主建构，意味着亲历过程、总结方法，实现经验的概念化。

自主与自由，意味着学生有权对自己的事情做出决定，我们把培养学生“自主判断、自主选择和自主承担”的能力作为目标追求，意味着我们重视自由——责任精神的养成，意味着我们对于奴性人格的彻底否定，对专制性格的全面颠覆。

合作是自主、自由的个体之间的健康关系。合作就意味着能设身处地地为别人着想，学会对别人移情性的理解，学会平等充分的沟通；合作就意味着我们建立起了一种“你—我”关系。合作之所以是真正教育的精神元素之一，就因为合作的品质是个体的社会性发展的重要内质，是融洽、温暖、和谐、良好的精神生态不可或缺的品质。

体现人与人之间合作的精神，倡导合作学习，培养合作的品质，是真正教育的当然要求。乐于与他人交往，乐于一起自由辩论，乐于表达内心真实的想法，这些都与合作精神相关，也是自由社会建设者的重要品质。

资料来源：肖川，《教育的精神元素》，载《新课程研究(教育研究与实验)》，2004(7)，有改动。

在教师专业发展的每一个阶段，这些要素都是相互影响、共同作用的。比如，教育信念的发展，相应地促进教师专业知识、能力的提高，导致专业态度和动机的转变，从而顺利转入发展的下一个阶段。而知识、能力、专业态度和动机的进一步发展和提高，使教师体验到成功的喜悦，增强了教师专业发展的自我效能感，反过来又进一步增强了教师的教育信念。一般而言，新手教师(初任教师)在知识、能力和信念等方面与合格教师有较大的差距，处于应付和处理日常教学过程中的问题阶段，对教学过程中的教学目标、教学方法只能是机械的理解，采用灌输方法进行教学，其主要进步表现在知识与能力方面做一定程度的结合，具有应急的、维持最低水平教学，具有最基本的教学“求生”的知识和能力，其信念几乎无从谈起；而合格教师则能够从容地处理教育教学中的各种问题，随着对教学情景的逐渐熟悉和自我意识的增强，已开始认识到“教好书”并不意味着教学任务的完成；意识到学生的存在，开始对课堂上教给学生的“专业学科知识”重新定位。教师的专业态度较为积极、稳定，至少从心理上接纳教学工作，决心为此做出自己的贡献。而专家型教师更多地使学生自主发现、合作、构建，具有很强的自我意识和反思意识，不断超越自己，体现更高的专业发展目标。教师专业发展水平的不同，在于其专业结构的层次差异，教师专业发展在于其专业结构的不断优化。

教师专业素养达到成熟水平的标志是具有高超的教育智慧与健康的心理素质。

教育智慧，就是能达到最佳教育教学效果，而因人、因事、因地制宜地使用各种观念、知识、技能、能力和条件、手段与方式的才能。对保证和提高教育教学效果而言，知识、能力和设备是必要条件，教育智慧是充分条件。教育智慧，既是新教育理念、复合知识结构和综合能力在教师身上实现有机结合的结果，又是教师长期全身心地投入教育实践，不断反思、探索、创造所付出的心血之结晶。教育智慧在教育教学实践中表现为：教师具有敏锐感受、准确判断生成和变动过程中可能出现的新情势和新问题的能力；具有把握教育时机、转化教育矛盾和冲突的机智；具有根据对象实际和面临情境及时做出决策和选择、调节教育行为的魄力；具有使学生积极投入学校生活，热爱学习和创造，愿意与他人进行心灵对话的魅力。教师的教育智慧使他的工作进入到科学和艺术结合的境界，充分展现出个性的独特风格。教育对于他而言，不仅是一种工作，也是一种享受。

现代社会教师的角色日益多样化，不仅社会角色更加丰富，职业角色也变得更加多样，频繁的角色转换和多方面的角色期望，使得教师时常发生角色冲突。这时，如果教师不能对自己的心理状况经常做一些适当的调整，就有可能出现心理障碍和心理疾病。教师的心理健康状况不仅会直接影响教育工作的成败，而且会影响学生的心理健康水平。因此，教师应该具备健康的心理素质。小学教师健康的心理素质体现在心理活动的方方面面，概括起来主要指教师要有认真负责的态度、轻松愉快的心境、昂扬振奋的精神、乐观幽默的情绪、坚忍不拔的意志、善良随和的性格以及机智果断的作风等。

有人用26个字母来概括教师的心理素质：A(Appreciation)欣赏；B(Bridge)桥梁；C(Calm)稳定；D(Dedication)奉献；E(Empathy)同理心；F(Flexible)灵活；G(Genuine)真诚；H(Humor)幽默；I(Interest)兴趣；J(Journey)旅程；K(Kid)孩子；L(Love)博爱；M(Model)榜样；N(No)不；O(Optimistic)乐观；P(Prudent)谨慎；Q(Quit)放手；R(Respect)尊重；S(Sensitive)敏感；T(Trustworthy)信赖；U(Understanding)理解；V(Vision)视野；W(Warm-hearted)热情；X(X-factor)未知数；Y(Yes)是；Z(Zero)从零开始。

综上所述，小学教师的素质直接关系到教育工作的成败。它不仅是教师在学生心目中树立起威信的基础，而且是造成教师劳动价值巨大差异的重要原因。怎样才能无愧于"人类灵魂的工程师"这一光荣而神圣的称号，是每位教师应该时刻反省的一件事。

阅读链接

好教师是怎样的?

美国一位教育家在对9万名学生进行调查后，归纳出好教师的12种素质。

1. 友善的态度——"她的课堂犹如一个大家庭，我再也不怕上学了。"
2. 尊重课堂上的每一个人——"她不会把你在他面前像猴子般戏弄。"
3. 耐性——"她绝对不会放弃要求，直至你能做到为止。"
4. 兴趣广泛——"她带我们到课外去，并帮我们把学到的知识用于生活。"
5. 良好的仪表——"她的语调和笑容让人感到舒畅。"
6. 公正——"她会给予你应得的，没有丝毫偏差。"
7. 幽默感——"她每天带来欢乐，使课堂不致单调。"
8. 良好的品性——"我相信她与其他人一样会发脾气，不过我从未见过。"

9. 对个人的关注——“她会帮助别人去认识自己，我的进步赖于她，她使我得到放松。”

10. 伸缩性——“当她发现自己有错，她会说出来，并会尝试其他方法。”

11. 宽容——“她装作不知道我的愚蠢，将来也是这样。”

12. 颇有方法——“忽然间，我能顺利念完我的课本，竟然没有察觉到这是因为她的指导。”

资料来源：德忠，《理想教师的十二种素质》，载《当代教育科学》，1987(2)。

阅读链接

教师的“六个学会”

广大教师，特别是优秀教师，需要做到“六个学会”：学会等待、学会分享、学会宽容、学会选择、学会合作、学会创新。只有当教师具备了这些素质，人类才能拥有更加美好的未来。

学会等待，意味着教师能够用发展的眼光看待学生，意味着能够用从容的心态对待自己所做的工作：不急于求成，不心浮气躁，不指望一次活动、一次谈话，就能收到立竿见影的效果。因为一个好的品质的形成，一个不良品质的矫正，都不可能是一蹴而就的，而是一个长期的、曲折的过程；即使是一个概念、一个原理的掌握，也都很难一步到位，而是一个不断丰富、不断深化的过程。当我们学会用等待的心情看待学生时，我们就能对学生少一点苛责、少一点失望、少一点冷漠，而多一分理解、多一分信心、多一分亲切。

分享是双向的沟通、彼此的给予、共同的拥有。分享，意味着教师更多的是展示，而不是灌输；是引领，而不是强制；是平等的给予，而不是居高临下的施舍。学会分享，首先，意味着学会倾听，学会走进儿童的内心世界，学会从儿童的眼光看待世界。其次，意味着努力创造一种新的分享方式和新的表达方式，因为分享方式和表达方式本身就蕴含教育的因素。再次，意味着对于自我中心、自以为是、好为人师的倾向的自觉防范。最后，学会分享是和学会欣赏别人高度相关的：欣赏别人其实就是真诚地去分享对方的闪光之处，它会带给我们非常单纯的满足、愉悦和欢乐。

学会宽容，就是努力使自己变得胸襟开阔、气度恢宏，就是心智不那么闭锁，头脑不那么固执，思想不那么僵化，眼界不那么狭隘，就是尽可能地尊重多样性、珍视个性，尽可能地从多种角度看待事物，尽可能习惯“一个世界，多种声音”。

要做到如此这般，就必须不断地学习，领悟人类心灵的广袤与深邃，理解世界的多样与神奇，明了世事的无常与诡异。使我们每一个人变得开朗、开放、开明，创造一个宽厚、宽松、宽容的心理氛围，对于人的健康成长与和谐发展，对于我们宁静的心绪，对于我们的修身和养性，都是十分必要的。

学会合作，就意味着对于不同、对于差异、对于另类，甚至是对于异端的尊重与接纳；意味着我们学会了“求大同，存小异”，学会了必要的妥协、退让、隐忍和放弃。作为教师，需要很好地和校长合作，和同事合作，和学生合作，和家长合作。合作需要有善于沟通的品质和能力，需要有理智的判断和成熟的热情，需要有设身处地为他人着想的品质和推己及人的胸怀。

社会的加速发展，使人类的生存环境呈现出多变、多元、多彩、多险的飘忽迷离状态，平衡而单一的局面被打破，不确定性和可选择性同时增加。因而每个人或社会在求发展的同时，必须学会选择。当成功与失败并存、机遇与陷阱同在时，正确的选择就成为走向成功、抓住机遇的十分重要的第一步。所以，我们可以用“注重选择”来概括这一时代精神。教师不是一个被动的被选择的对象，而应该是一个引领学生进行积极选择的向导。因此，教师本人必须学会选择，学会选择教育的内容，教育的时机，教育的途径和方法。这就要求教师有非常丰富的积累，有高度的判断力和鉴赏力，如此才能有不俗的选择力。

学会创新，意味着教师能够不断地探索以便改进自己的工作，不断尝试新的教学方式和教学风格，能够从不同的角度对那些习以为常、司空见惯、熟视无睹的事情做出新的解释，能够对那些理所当然、天经地义的事物进行重新的审视，能够对那些似是而非、以讹传讹的种种说辞予以警示。我们希望教师学会创新，是因为只有具有创新意识和创新能力的教师，才可能培养出具有创新意识和创新能力的学生。创新是一种心态，一种工作作风，一种人格特征。我们希望教师学会创新，并不是要教师能探索出对整个人类来说都是新的认识、新的规律，而是希望教师通过自主探究，将古老的教育智慧变成自己的信念和教养，从而体现在自己日常的、细微的教育行为中。

“六个学会”是优质教育对教师的要求，是新世纪对教师的厚望，也是衡量教师专业成熟的标尺。

资料来源：肖川，《教师的“六个学会”》，载《青年教师》，2007(11)。

第三节　小学教师的专业发展

当代小学教师要成为一个学习者、研究者，要养成优化的专业素养，一个重要的途径就是专业发展。教师专业发展问题是国际组织一贯强调和重视的问题。20 世纪80年代以来，教师专业发展日益成为人们关注的焦点。

一、教师专业发展的内涵

教师专业发展，又称教师专业成长，是指教师在整个专业生涯中，依托专业组织、专门的培养制度和管理制度，通过持续的专业教育，习得教育教学专业技能，形成专业理想、专业道德和专业能力，从而实现专业自主的过程。它包括教师群体的专业发展和教师个体的专业发展。

(一)教师群体的专业发展

教师群体的专业发展是指教师职业不断成熟、逐渐达到专业标准，并获得相应的专业地位的过程。它是教师个体专业化的条件与保障，代表着教师职业的专业化。教师群体的专业发展主要包括以下内容。(1)教育知识技能的体系化，形成学科专业和教育专业，国家对教师任职既有规定的学历标准，也有必要的教育知识、教育能力和职业道德的要求。(2)国家有教师教育的专门机构、专门教育内容和措施，教师教育专业化。(3)国家有对教师资格和教师教育结构的认定制度和管理制度。(4)形成社会公认的教师专业团体。

(二)教师个体的专业发展

教师个体的专业发展是教师作为专业人员，从专业思想到专业知识、专业能力、专业心理品质等方面由不成熟到比较成熟的发展过程，即由一个专业新手发展成为专家型教师或教育家型教师的过程。取得教师资格证书并不意味着他是一个成熟的专业人员，当了一辈子教师也并不意味着专业性都得到了发展。教师个体的专业发展的具体内容包括以下几点。

1. 专业理想的建立

专业理想即教师在对教育工作感受和理解的基础上所形成的关于教育本质、目的、价值和生活等的理想和信念。如“科教兴国”的理想，“让每个学生都成才和成人”的信念等。它是教师在教育教学工作中的世界观和方法论，是教师专业行为的理性支点和专业自我的精神内核，也是教师专业发展的动力。

2. 专业知识的拓展

专业知识的拓展是教师职业区别于其他职业的理论体系与经验系统。它包含量的拓展、质的深化和结构的优化三个方面。量的拓展即教师要不断地更新知识，补充知识，扩大自己的知识范围；质的深化即从知识的理解、掌握到知识的批判，再到知识的创新；结构的优化是以广泛的文化基础知识为背景，以精深的学科知识为主干，以相关学科知识为必要补充，以丰富的教育科学知识和心理科学知识为基本知识边界的复合性的主体知识结构。当然，知识结构的优化过程还包括教师个体独到的感悟、体验和经验总结。

3. 专业能力的发展

专业能力即教师的教育教学能力，是教师在教育教学活动中形成的顺利完成某项任务的能量和本领。教师的专业能力是教师综合素质最突出的外在表现，也是评价教师专业性的核心因素。一般来说，应包括以下几个方面。(1)设计教学的能力。(2)表达能力。(3)教育教学组织管理能力。(4)教育教学交往能力。(5)教育教学机智。(6)反思评价的能力。(7)教育教学研究能力。(8)创新能力。除此之外，教师的专业能力还应该包括终身学习能力、课程开发能力、专业发展规划能力等。

4. 专业自我的形成

专业自我是教师在职业生活中创造并体现符合自己志趣、能力与个性独特的教育教学活动方式以及个体自身在职业生活中形成的知识、观念、价值体系与教学风格的总和。具体包括：自我形象的正确认知；积极的自我体验；正确的职业动机；对职业状况的满意；对理想的职业生涯的清晰认识；对未来工作情境的较高期望；具有个性的教育哲学与教学模式。教师专业自我的形成过程是在教师与外界环境的相互作用过程中，教育教学素质不断提高的过程，是教师职业生活个性化的过程，也是良好教师形象形成的过程。它一旦形成，不仅影响教师的工作态度和教育行为方式，而且直接影响教育教学效果。

二、小学教师专业发展的过程

为了提高教师的素质水平，世界各国都对教师教育问题给予了极大的关注。1980年世界教育年鉴的主题就是“教师专业发展”。从历史发展的总趋势来看，教师专业发展的核心以及最终体现就是教师个体的专业发展。教师专业发展是一个持续社会化和个性化的过程，具有多阶段性特征。有关教师专业发展过程的研究表明，虽然师范教育对专业发展的作用不可忽视，但许多中小学优秀教师的良好品质与才能主要是在实践中逐步积累和发展起来的，教师的成长是一个多阶段的练习的过程。

国外学者对教师专业发展的阶段性做了大量研究，不同的学者提出了不同的发展阶段论(见表4-1)。

表4-1 国外研究中的阶段论

研究者	阶段论
傅乐	教学前关注、早期生存关注、教学情境关注、关注学生
卡茨	求生存时期、巩固时期、更新时期、成熟时期
伯顿	求生存阶段、调整阶段、成熟阶段
费斯勒	职前教育阶段、引导阶段、能力建立阶段、热心和成长阶段、生涯挫折阶段、稳和停滞阶段、生涯低落阶段、生涯退出阶段

续表

研究者	阶段论
司德菲	预备生涯阶段、专家生涯阶段、退缩生涯阶段、更新生涯阶段、退出生涯阶段
伯利纳	新手、高级新手、胜任、熟练、专家
安鲁赫	职前期、初任期、安全期、成熟期
格蕾高克	形成期、成长期、成熟期、充分专业化期
麦克唐纳	过渡期、探索期、创造实验期、专业教学期
休伯曼	入职期、稳定期、实验和歧变期、重新评估期、平静和关系疏远期、保守和抱怨期

国内学者也从不同视角提出了教师专业发展阶段论，其中，比较有代表性的有两个。一是叶澜教授团队从“自我更新”取向角度对教师专业发展阶段及其特征进行的深入研究，把它分为五个阶段(见表4-2)。

表4-2 “自我更新”取向教师专业发展阶段及其特征

阶段名称	时限	主要特征
“非关注”阶段	正式教师教育之前	无意识中以非教师职业定向的形式形成较稳定的教育信念，具备了一些“前科学”知识与教师专业能力密切的一般能力
“虚拟关注”阶段	师范学习阶段(包括实习期)	对合格教师的要求开始思考，在虚拟的教学环境中获得某些经验，对教育理论及教师技能进行学习和训练，有了对自我专业发展反思的萌芽
“生存关注”阶段	新任教师阶段	在现实的冲击下，产生了强烈的自我专业发展的忧患意识，特别关注专业活动中的“生存”技能，专业发展集中在专业态度和动机方面
“任务关注”阶段		随着教学基本“生存”知识、技能的掌握，自信心日益增强，由关注自我的生存转到更多地关注教学，由关注“我能行吗”转到关注“我怎样才能行”
“自我更新”阶段		不再受外部评价或职业升迁的牵制，自觉依照教师发展的一般路线和自己目前的发展条件，有意识地自我规划，以谋求最大程度的自我发展，关注学生的整体发展，积累了比较科学的个人实践知识

二是潘海燕教授团队从基于“自我经验”、借助“专业共同体”角度提出自主生长式教师专业发展理论，即在对亲身体验的反思中提炼出事例经验——在对系列事例经验反思中整合出类经验——在对若干类经验的反思中凝练形成个人经验体系——在对个人经验体系的反复应用与反思中生发教育实践智慧。

有关教师专业发展过程的研究表明，教师的专业发展是一个持续不断的成长过程，其最终目标是达到专业成熟，即成为一个比较成熟的教育专业人员。所谓成熟的教育专业人员，是指能够信守教育理想，献身教育工作，以促进学生的发展成长为个人追求目标；具有教育与教学的专业知识和技能；有较强的启发性和创造性；具有从多个角度观察、分析问题和解决问题的能力，应用多种教学方式、方法和模式进行教学的能力等。教师这种专业性的成熟过程在时间上有长有短，少则3～5年，多则10～20年。从目前多数学者的研究成果和学校领导的实践经验来看，一般来说，教师具备分析、理解和清楚明确地讲解教材的能力需3～5年；而掌握领导、组织、启发以及因势利导、因材施教的能力，则需6～10年，甚至更长的时间。

三、小学教师专业发展的途径

由于历史的原因，中国的教师教育体系长期由两大部分组成。一是普通性质的师范院校负责教师的职前培养，即中师培养小学教师，师专培养初中教师，师院和师大培养高中教师。二是成人性质的教育学院负责教师的职后培训，即县级进修学校培训小学教师，地市级教育学院培训初中教师，省级教育学院培训高中教师。此外，还有电大、夜大、函大、自大等机构辅助教师的培养和培训。中国这种设专门的机构对教师分别予以培养和培训，看似对应，实不尽然。条块分割，彼此分离，使培养和培训机构之间缺乏融通性和协调性，不利于教师教育质量的监控以及机构与学校之间建立真正的合作伙伴关系。

从世界教师教育的发展历程来看，世界教师教育的培养培训体系大都经历了由两级分离(职前、职后)逐步走向三环合一(职前培养、入职辅导、职后提高)。这充分体现了终身教育思想、教师职业生涯理论和资源优化配置原则在教师教育实践中的影响和作用。从教师个体专业发展途径来看，主要包括职前培养(师范教育)、入职教育、在职培训和自我教育。

(一)职前培养

新中国成立以来，我国教师的主要来源是师范院校的毕业生，小学教师的主要来源一直是定向化的中等师范学校教育体系。实践证明，切实提高教师队伍的质量，首先必须采取有效的政策性措施，鼓励和吸引大批优秀学生报考师范院校。我国目前在这方面采取了一些措施，如实行师范生国家公费制度(2007年9月)，吸引优秀学生报考师范院校；建立政府购买公共教育服务岗位制度(2006年起)，鼓励师范毕业生去中西部农村地区任教；实施教师资格制度(1995年)，建立教师准入制度等。同时，国家正在酝酿一些新的制度，如建立教育公务员制度，吸引优秀人才当教师；实行国家统一教师资格考试制度，健全教师准入制度等。今天，师范教育体系正在发生着深刻的变革。其基本趋势有二：一是小学教师本科化，中等师范和师范专科已经让位于本科师范教育。小学教育教师的新鲜血液，已经主要来自本科师范教育；二是单一的师范教育体系正在向多元化的教师资格制度转变。传统意义上的非师范教育学生只要获得教师资格证书，获得学校与教育人事部门的认可，都可以成为小学教师，从事小学教育。

(二)入职教育

新教师的入职教育是20世纪70年代发展起来的并被人们所广泛接受的一种促进教师专业发展的指导措施。入职教育是指新教师从受聘上岗到转正前这一段时期所接受的指导和训练。这是新教师过渡、体验、培养责任感和使命感、更快进入学校文化系统扮演职业角色的重要环节。新教师的入职教育有一个安排有序的计划,主要是由有经验的导师进行现场指导。其目的是向新教师提供系统而持续的帮助,使之尽快转换角色、适应环境。《中华人民共和国教师教育条例(草案)》指出:"已取得教师资格尚未上岗的新任教师必须接受不得少于一个月的入职教育。"

1. 新教师入职教育的目标

关于入职教育的目的,学者们有不同的表述。但以下几方面被认为是新教师入职教育项目的重要目标。

第一,支持新教师的角色转变。新教师进入教学职业,实际上经历着巨大的角色转换。尽管新教师在其个人教育阶段与教学职业有着十分密切的接触,且在职前教育阶段受过专门的训练,但实际上新教师对于教学职业的实践活动和实践文化所知甚少。新教师入职教育的目标之一就是帮助新教师有效地适应教学职业的实践文化,顺利地实现角色转变。

第二,改善新教师的教学表现。新教师的教学技能和策略比较贫乏,难以有效应对十分复杂的教学活动,以致在进入教学实践领域时经常会遭遇到"现实的冲击"。新教师入职教育期望通过借助各种专业开发活动,支持和帮助新教师的专业发展,有效地改善新教师的教学表现。

第三,促进新教师的专业幸福感。因为现实的冲击,也因为传统上教师职业群体中相互隔绝的文化,还因为传统上新教师沉重的工作负担,新教师在刚开始教学生涯时,经常会遭受巨大的压力,体验到挫折感,进而产生倦怠感,甚至遭遇发展的停滞。新教师入职教育期望能改善新教师的生存条件,缓解其压力,为其提供情绪上的支持。

第四,提高教师的留存率。据统计,美国有超过三分之一的新教师在其职业生涯的头五年离开教学职业,而且选择离开的往往是最有才华,最有创造力的教师。这种"脑力流失(Brain Drain)"现象加剧了教师队伍的短缺,也造成了教师个体职业训练的无用和公共的教师教育资源的浪费。在美国等教师流失率非常高的国家,新教师入职教育的一个关键目标在于通过对新教师的支持和帮助,提高教师的留存率。

2. 新教师入职教育的基本策略

第一,辅导。辅导是许多国家新教师入职教育的最重要、最基本的,也是运用得最为普遍的策略。简单地说,辅导就是将新教师和有经验的教师(称为 mentor 或 tutor)结对,有经验的教师通过精心设计的活动或日常互动支持和帮助新教师。从制度化程度看,这种辅导可分为正式辅导和非正式辅导。前者由学区或学校选择导师，对导师的职责有明确的专门的规定，有时还有专门的辅导教师选择标准和辅导教师培训项目；后者没有专门的导师角色设置，也没有对导师职责的专门规定，辅导活动基本上是自发进行的，新教师自发向有经验的教师咨询，请求帮助。从组织方式看，辅导活动结构有一对一辅导、小组辅导、多对一辅导和群体辅导。导师通常来自教学工作的第一线，但也有许多新教师入职教育项目与大学的教师教育机构建立了紧密的伙伴关系，大学的教师教育者也在新教师支持小组中担任重要的角色。如英国新教师入职教育中经常为新教师配备四种类型的导师：来自大学的专业导师和课程导师，来自中小学的专业指导者和课程指导者。

第二，良好实践的示范。新教师被给予观察有经验教师的教学活动的时间和机会。因为教师职前教育中的实习教学通常存在着明显的缺陷，只关注课堂教学，而没有向实习生提供课堂管理、纪律问题处理、家长沟通等方面的经历，新教师在这些方面的准备严重不足。良好实践的示范向处于“观察的艺徒期”的新教师展示良好的实践，为新教师提供观察学习的机会。在这种活动中，有经验的教师充当教练的角色；在自己的课堂或新手的课堂中为新手上示范课，向新手展示解决问题的过程，甚至展示自己解决问题的思考过程，为新教师提供“认知教练”；新教师也可以作为辅导教师的助手与辅导教师一起进行协同教学(team teaching)。在对良好实践示范的观察中，新教师实际上在进行着“合法的边缘性参与”，不仅可以加深对教育教学知识的理解，加快对教学技能的掌握，更重要的是获得了对教学策略应用情境或条件的理解，获得对教学职业文化的理解，从而能更快地成长为教学实践共同体的真正一员。

新教师的观察对象可以是导师、其他新教师、同学科或同年级的教师、其他学科或年级的教师。新教师在对不同对象的观察中能获得不同的好处：对导师的观察有助于新教师更好地理解导师的实践及导师提出的忠告与建议；对同学科和同年级教师的观察有助于新教师了解教相同内容和同类对象的策略，从而丰富自己的教学策略库，并认识进而实现教学实践和风格的多样化。对不同学科和年级的教师的观察有助于新教师关注教学中的一般问题，而对新教师同伴的观察则可以获得对自身实践更好的理解。

第三，有目标的干预。针对新教师所存在的特定的需要、问题和挑战进行有目标的干预，是许多国家新教师入职教育中除辅导之外运用得最为普遍的策略。这种干预主要通过两条途径来实施：临床视导和专门的专业发展活动。其中，专门的专业发展活动包括定向会议、研讨会、工作坊等。

第四，其他支持策略。除上述各方面运用得非常普遍的策略外，国外众多的入职教育项目中还运用了支持新教师的保障性措施。这些措施通常不直接指向于专业支持，而指向于为新教师提供情绪上的支持，为新教师的专业发展创造良好的条件。如改善新教师的工作条件，提供新教师同伴互动的机会、降压等。

（三）在职培训

教师的在职培训主要是为了适应教育改革与发展的需要，为在职教师提供适应于教师专业发展不同阶段需要的继续教育，主要采取“理论学习、尝试实践、反省探究”相结合的方式，引导教师掌握不断涌现的现代教育理论，培养教师研究教育对象、教育问题的意识和能力，并辅之以计算机知识、现代化的教育技术手段。国家教育部制定了《中小学教师继续教育规定》，并于 1999 年 9 月 13 日正式发布。该规定就中小学教师培训的原则、内容、类别、管理、考核与奖惩、条件保障等方面做了全面规定。中小学教师培训应坚持“因地制宜、分类指导、按需施教、学用结合”的原则。教师在职培训主要包括教学反思、校本培训、校外专业支援与合作等形式。

（1）教学反思。教学反思是指教师把自己放到研究者、反思者的位置，通过对教育教学日常工作出现的某些疑难问题的观察、分析、反思与解决，提升自己的专业理论水平和专业实践的智慧与能力。教学反思的内容，不仅包括教师观察和反思儿童的行为，同时也要求教师将自己作为反思对象，反思自己的教育行为、教育理念、教育哲学以及对自己过去、现在的专业发展进行全程反思，进而对未来的专业发展进行规划。这种方式对教师有较高的要求。教学反思通常主要有：记录观察日志、撰写反思日记、教育叙事、进行案例研究、行动研究等形式。

（2）校本培训。校本培训是指在教育专家指导下进行的，以教师任职的学校为基本培训单位，以提高教师专业素质为主要目标，通过教育教学实践和教育科研活动等多种形式，对全体教师实行的全员性在职培训模式。其特点主要表现在以下几方面。第一，以学校为培训基地，关注教师的实际需要，按需培训。第二，重视在教学实践中培训教师，教学、科研与培训一体化，强调岗位练兵。第三，重视教师在培训中的主体地位，重视激发教师专业成长的内部动机。学校校本培训的主要形式是校本教研活动，教育研究的主体是教师，研究的主要问题是教师在教育教学活动中需要解决的实际问题，研究的主要方式是行动研究，研究成果直接在教师自己的实践中进行检验，研究目的在于改进实践，丰富和提升理性认识。比较常见的校本教研活动形式有相互评课、教学观摩或示范研讨课、课题研究等。

（3）校外专业支援与合作。校外专业支援与合作的主要形式有跨校合作、专家指导、政府教育部门和教研机构组织的各类专业培训和交流活动等。跨校合作包括学校与学校，学校与大学或师范院校的合作。专家指导包括专家讲座、报告等。政府教育部门和教研机构组织的各类专业培训包括短期培训、脱产进修、业余进修等。这类多样化的校外专业支援与合作，不仅在引进新的教育理念、专业理论知识、专业技能和实践经验的交流方面，成为学校教师专业成长的有力支援；而且促进了教师与校外专业团体之间更大范围的互动与合作，扩大了教师的专业视野，使教师能够及时了解和分享外部专业信息，对促进教师的专业成长来说，是一个重要的途径。

（四）自我教育

教师的自我教育就是专业化的自我建构，它是教师个体专业化发展的最直接、最普遍的途径。教师自我教育的方式主要有经常性的系统的自我反思、主动收集教改信息、研究教育教学中的各种关键事件、自学现代教育教学理论、积极感受教学的成功与失败等。教师的自我教育是专业理想建立、专业情感积淀、专业技能提高、专业风格形成的关键。

教师的自我反思是教师成长的根本性动力因素。也有人把它称为教师专业成长的"第三条路径",即指在没有外在行政命令和群体意识的前提下,来自教师个体的、内在的发展意识和动力,通过自我反思、自我设计,以充实生活,丰富体验,拓宽加深文化底蕴,以实现自我专业发展和更新的目的。教师自我反思的内容具体可以包括以下几个方面。(1)教育事件反思,即对"专业知识场景中的教师个人实践知识"的激活、评判、再认同与更新。(2)教学过程反思,即在一个教学阶段结束后,对教学质量进行全面的分析、评判,以怀疑、批判的态度对教学过程进行重新审视,以积极的心态分析过程与结果的教育意义与价值,反思自己的教学理念与教学行为。这种反思避免了教学过程的机械化和程式化,赋予教学过程鲜活的生命力。(3)教学风格反思。教学风格是一名教师成熟的标志。在课堂教学中,当一名教师不再一味模仿他人而有了自己的独创,当一名教师不再停留在纯粹经验的层面而有了理性的思考,当一名教师能够比较稳定自如地驾驭自身而不再手足无措时,他就开始具有了自己独特的教学个性,进而就会有自己独特的教学风格。(4)心智模式反思。心智模式来自于过去的经验、判断和感觉,影响着一个人听什么、说什么以及如何对他人做出反应;会在检验事实和观点之前就得出结论。优秀的教师总是能够在不断的教育实践过程中反思自己原有的经验和认知,通过提升自己的教育理念,改变自己的心智模式从而促进自己的成长。

阅读链接

教师专业发展学校

教师专业发展学校(Professional Development School)是20世纪80年代末崛起于美国的一种新型教师教育模式。1986年,美国卡内基教育和经济论坛在题为《国家为21世纪准备教师》的报告中提出,为教师职业做准备的最好环境,是一所联系大学和中小学的临床实践学校。同年,霍姆斯小组发表了题为《明日之教师》的报告,第一次提出了"教师专业发展学校"的概念。报告指出,在专业发展学校中,实习教师、大学教研人员和中小学教师应当建立伙伴关系,共同致力于提高教与学的质量和水平。在霍姆斯小组看来,专业发展学校是"为初学者的专业训练,有经验者的继续发展,以及教学研究和发展"所能考虑的最佳的学校形式。1995年的《明日的教育学院》报告则指出,教师专业发展学校是迈向21世纪的教育学院一个不可缺少的条件。建设专业发展学校的大学与中小学等有关部门共同协商，签订合作协议，明确彼此的职责和义务。大学负责向共同合作的中小学派遣指导教师和师范生，开放必要的教育资源。中小学负责向大学的师范生提供实习和撰写毕业论文的指导教师及实践机会。美国的教师教育学者还对教师专业发展学校进行了研究，现已出版了不少专著和发表了大量的论文。他们认为，建立教师专业发展学校，首要的问题是中小学与大学的伙伴关系，即合作问题；第二个问题是美国的教师专业发展学校对中小学教师所受的普通教育与专业教育都有较高的要求；第三个问题是需要良好的政策环境的支持。美国的教师教育学者依据中小学与大学合作的模式，将教师专业发展学校分为五种：教师主导型、学生主导型、任务主导型、机构主导型和全面更新主导型。到 2000 年 1 月，在全国教师教育认可委员会认可的 525 所教育学院中，已有 166 所教育学院建立了自己的专业发展学校。整个美国的教师专业发展学校已达到 1000 多所。它所倡导的教师教育思想正逐渐成为美国教师教育改革的趋势，并在国际上产生了重要的影响。教师专业发展学校突破了原来的大学本位教师教育模式，使中小学成为大学的合作伙伴，使大学成为教师持续发展的支持者提供了丰富资源，教师教育趋于更加合理、有效，学校成为教师专业成长的理想场所。美国教育家古德莱德认为，这种合作关系“不是一种计划方案，而是一种生活方式”。

资料来源：经柏龙，《美国教师专业发展学校 ABC》，载《教育科学》，2008(5)。

教师专业发展是一个艰难曲折的复杂性专业发展历程，是一个个台阶的自我跨越。教师专业发展水平与任职年限有关，但并非纯正相关，它既取决于其素质和条件能否实现整体完善和跨越式提高，也取决于外部机制能否有效地帮助教师尽快缩短入职适应的关键期，突破发展的高原期，安然度过职业发展危险期，并保持成熟期应有的水平。当然，教师专业成长周期的长短还具有鲜明的个性差异。

复习与思考

1. 现代教师充当哪些角色？现代教师的角色与传统教师的角色相比有何变化？

2. 现代小学教师需要哪些专业素养？

3. 试分析一位优秀教师的专业发展过程。

4. 试述教师入职教育目标。

5. 小陈今年刚从师范大学毕业，这半年他工作认真负责，因为和学生年龄差距小，他内心也希望得到学生的认可，课余时间总和学生一起玩闹。开始时，许多学生都觉得不错，可慢慢地，小陈觉得有些学生开始不那么尊重他了，甚至有学生私下嘀咕道，他没有一个老师样儿，他的有些同事也私下评论他，觉得他的举止不符合教师身份。请你从教师的角色理论角度进行评析。

6. 读一本教师传记作品，或访谈一位在职教师，或网上观看《我的教师生涯》，写一篇读后感。

7. 试分析“教师是蜡烛”“教师是园丁”“教师是人类灵魂的工程师”“要给学生一碗水，自己要有一桶水”“教师是警察”等不同的教师隐喻对教师角色的不同看法。

推荐阅读

1. 教育部师范教育司组织编写：《教师专业化的理论与实践》，北京，人民教育出版社，2003。

2. 彭小虎：《小学教师专业成长——从新手到专家》，长春，东北师范大学出版社，2005。

3. 张万祥、万玮：《教师专业成长的途径——30位优秀教师的案例》，上海，华东师范大学出版社，2005。

4. 上海市教师成长档案袋研制与推广项目组：《捕捉教师智慧——教师成长档案袋》，北京，教育科学出版社，2006。

5. 肖川：《教师：与新课程共成长》，上海，上海教育出版社，2004。

6. 张行涛、郭东岐：《新世纪教师素养(修订本)》，北京，首都师范大学出版社，2003。

7. 朱永新、袁振国主编：《中国教师：专业素质的修炼》，南京，南京师范大学出版社，2003。

8. 潘海燕：《以大学文化与现代教师教育理念引领本科层次的小学教师培养》，载《湖北第二师范学院学报》，2009(12)。

第五章　小学教育目标

内容提要 ▶

- 小学教育目标的概念、体系与确立的依据
- 小学教育目标的特点与功能
- 小学教育目标设计的基本原则与步骤
- 小学课堂教学目标的编写

第一节 小学教育目标概述

一、小学教育目标的概念

(一)小学教育目标的含义

“标”，本义为树梢，《说文解字》中解释为“木杪末也”，也就是树枝的顶端，故后来引申义有：顶端、标准、标的，准则，法则；标志，记号；靶子、目标等意。可见，“目标”包含了想要达到的境地、境界或目的、标准。

作为教育学的基本概念，虽然人们对教育目标看法始终存在着争论与分歧，但毫无疑问，大家一致认为教育目标决定着教育实践向度及其展开方式，是教育活动的依据，是教育基本理论问题中的重要组成部分和核心问题。

广义的教育目标是泛指人们对受教育者的期望，其来自教育主管部门、学校、教师、家长、学生、学者等社会各类人士；狭义的教育目标专指学校的教育目的，是指学校把受教育者培养成什么样的人，是对人才质量规格的总要求，是各级各类学校培养人的总方向。按照范畴的大小、目标的远近、制定者的不同，可分为这样几个层面：“教育方针或教育宗旨”“教育目的”“培养目标”“课程目标或(课程)教学目的”和“(课堂)教学目标”。

从宏观上来看，不同的历史时期、不同的社会制度、不同的民族文化以及不同的教育观都使人们对教育目标的界定有所差异，甚至是大相径庭；从微观上来看，不同的教育机构、不同的教育者，面对不同的教育对象也各有其不同的教育目标。

从对受教育者的期待上来看，一般又包括两部分内容：一是对人的身心素质方面所期待的总目标、规划、规定，即规划受教育者在品德、智力、知识、审美、体质等方面的发展方向，对受教育者形成个性结构的期待；二是在人的社会价值上所做的规定，即受教育者应当符合什么样的社会需要。应该说，身心素质的规定是教育目标最核心、最为本质的部分。例如，2015年12月27日第十二届全国人民代表大会常务委员会第十八次会议决定对《中华人民共和国教育法》做出修订，第五条修改为：“教育必须为社会主义现代化建设服务、为人民服务，必须与生产劳动和社会实践相结合，培养德、智、体、美、劳诸方面全面发展的社会主义建设者和接班人。”第六条修改为：“教育应当坚持立德树人，对受教育者加强社会主义核心价值观教育，增强受教育者的社会责任感、创新精神和实践能力。”其中的“德、智、体、美、劳全面发展”“创新精神和实践能力”指的是受教育者思想、道德、心理、知识、能力、体质等方面所要形成的身心素质，即对教育对象应该形成何种素质结构的要求和规定；“社会主义建设者和接班人”“社会主义核心价值观”“社会责任感”，指的是受教育者所要承担和发挥的社会职能，即对培养何种社会成员或社会角色的规定。

小学教育是相对于特定的人群——小学阶段的儿童进行的教育活动。因此，小学教育目标也有其特指的内涵。所谓小学教育目标，指的是人们关于儿童接受了小学教育后所应该达到的预期学习结果，体现的是一定时代的教育价值观，一般是由权力部门、教育机构和教育者通过专门的教育文件加以规定与表述的。其内涵涉及五个方面：小学教育，预期学习效果，一定的教育价值观，权力、部门教育机构和教育者，专门的教育文件规定与表述。

本课程主要探讨的是小学阶段课程目标与教师根据有关文件、教材以及自身经验编写的教学计划、教案(学案)、课外活动计划里规定和阐述的“教学目标”或“教学目的”。

阅读链接

教育目的论

1. 宗教本位论

奥古斯丁、托马斯·阿奎那等主张使人在宗教的影响下，让人们具有“知识”“德行”“虔信”“忠诚”等品质，以皈依上帝为理想，把人培养成虔诚的宗教人士。

2. 社会本位论

柏拉图、巴格莱、诺笃尔普、凯兴斯泰纳、涂尔干等认为人是社会的产物，当以社会稳定和发展为教育的最高宗旨，教育目的应依据社会的要求来确定，使受教育者成为社会需要的人。

3. 个人本位论

卢梭、罗杰斯、福禄贝尔、裴斯泰洛齐等主张根据个人的本性和个体发展的需要来确定教育目的，教育要服从人的成长规律，满足人的需要，应使受教育者的本性、本能得到自然的发展。它反对不顾儿童特点、强制儿童接近违背其天性的教育，把促进人完善发展作为教育的最终目的。

4. 文化本位论

狄尔泰、李特、斯普朗格主张教育目的的制定应围绕文化这一范畴来进行。用“文化”来统整教育、社会、人三者之间的关系，最终目的在于唤醒人们的意识，使其能自动自觉地追求理想价值，创造新文化。

5. 教育无目的论

杜威主张教育即生长，教育即生活，教育本身除生长以外没有其他目的。

6. 教育准备生活说

斯宾塞明确提出，教育的目的就是为“完满的生活”做准备，教育的主要任务就是教会人们怎样生活，教会他们运用一切的能力，做到“对己对人最为有益”。

7. 马克思的人的全面发展学说

马克思的人的全面发展学说指在人的劳动能力全面发展基础上包括人的社会关系、体力、智力、道德精神面貌、意志、情感、个性及审美意识和实践能力等各方面的和谐发展。人的全面发展是人不断走向自由和解放的过程，是人类历史追求的真正目的。

(根据网络报刊等相关资料编辑整理)

(二)我国当代小学教育目标体系

当代世界教育多元、多样、多变。我们的教育最终追求的是什么？在宏观教育发展的价值取向中如何实现各类教育功能的整合？如何将教育的育人功能和社会功能整合起来？这是当代世界各国共同面临的突出难题。确定培养目标的价值观，追求个人、社会、文化需要三个方面的辩证统一；平衡应然需要与实然可能，努力实现理想与现实的统一；建构目标主体，追求内在意向与外在规定的统一。对这些维度的清晰把握有助我们建构出一个合理的、可行的小学教育目标体系。

小学教育目标体系具有层次性，按照目标的制定者、使用者，我们通常把教育目标分成教育目的、培养目标、课程目标和教学目标(教育各级目标的外延关系，如图 5-1 所示)。在具体的教学活动设计中，教学目标又包括学年(学期)目标、单元目标、课题目标和课时目标。

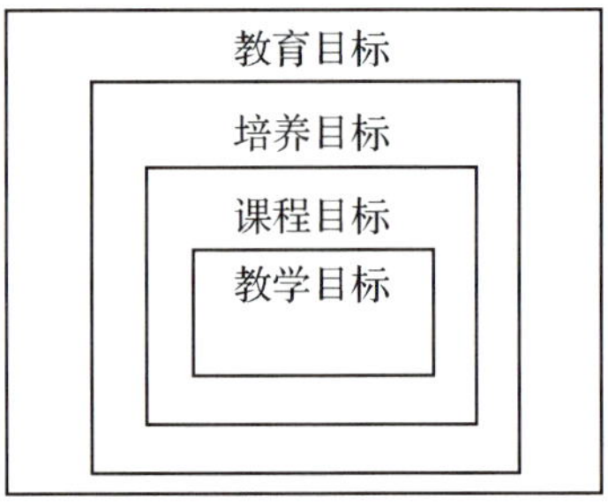

图 5-1　教育各级目标的外延关系

1. 教育目的

教育目的是教育目标最为宏观的层面，概括而抽象，是培养人的质量和规格的要求，它描述了一种作为理想而为受教育者所设定的整体素质(或一种素质结构)，并要求教育者应该如此行动，使受教育者最大程度地获得该理想的能力，是培养人才的最高理想的体现，反映了国家、社会对教育的总体要求和期望。教育目的指导范围最广，是对整个教育体系的原则性规定。虽然教育目的没有特定针对小学教育，但它是小学教育目标体系最上层级的规定，对小学教育目标具有根本性的约束力。

教育民主化思想要求教育要面向每一个人，满足儿童多样化的学习；回归生活的教育哲学提出“学会认知”“学会做事”“学会共同生活”“学会生存”的四个“支柱”；

建构主义强调认知主体主动建构；后现代主义崇尚的混沌和不确定、过程、非理性的情感和体验的价值；人本主义思想倡导“人”以及人的“生存过程”本身就是目的；终身教育思想提出教育的目的在于使人成为他自己，变成他自己；多元智能理论重视发展学生的多元智能，以培养创新精神和实践能力为重点，努力发展每一个学生的优势智能，提升每一个学生的弱势智能，从而为每一个学生取得最终成功打好基础等，当代各种教育思想影响着当代小学教育目标体系的建构。

我国教育目标以教育方针的形式呈现，从新中国成立以来我国小学教育方针的各种表述上来看，我国教育目标的实质就是促进人的全面发展，即完整发展、和谐发展、多方面发展和自由发展。① 让人的各种最基本或最基础的素质即我们常说的“做人”与“做事”“身”与“心”“五育”等得到完整的发展、协调的发展，自由、自主、独特、个性的发展。2006 年，《中华人民共和国义务教育法》重新修订，素质教育被写入其中，素质教育上升为国家意志。每一年的政府工作报告，都有涉及素质教育。2010 年，《国家中长期教育改革和发展规划纲要(2010—2020 年)》出台，实施素质教育被提升到我国教育改革发展的战略主题高度。2014 年教育部研制印发《关于全面深化课程改革落实立德树人根本任务的意见》中提出：“教育部将组织研究提出各学段学生发展核心素养体系，明确学生应具备的适应终身发展和社会发展需要的必备品格和关键能力。”

阅读链接

教育目的的表述

1. 新中国成立以来各时期教育目的简述

1958 年，由中共中央、国务院颁发的《关于教育工作的指示》明确规定：“教育目的，是培养有社会主义觉悟的有文化的劳动者。”

党的十一届三中全会以后，提出了“坚持德、智、体全面发展、又红又专、知识分子与工人农民相结合、脑力劳动与体力劳动相结合的教育方针。”

1982 年，修改通过的《中华人民共和国宪法》规定：“国家培养青年、少年、儿童在品德、智力、体质等方面全面发展。”

1995 年，第八届全国人大第三次会议通过的《中华人民共和国教育法》规定：“培养德、智、体等方面全面发展的社会主义事业的建设者和接班人。”

2004 年，全国人大一次会议表决通过的《中华人民共和国宪法修正案》再次明确规定：“国家培养青年、少年、儿童在品德、智力、体质等方面全面发展。”

---

① 扈中平：《“人的全面发展”内涵新析》，载《教育研究》，2005(5)。

2010年5月5日，《国家中长期教育改革和发展规划纲要(2010—2020年)》做出具体详细的规定："全面加强和改进德育、智育、体育、美育。坚持文化知识学习和思想品德修养的统一、理论学习与社会实践的统一、全面发展与个性发展的统一。加强体育，牢固树立健康第一的思想，确保学生体育课程和课余活动时间，提高体育教学质量；加强心理健康教育，促进学生身心健康、体魄强健、意志坚强；加强美育，培养学生良好的审美情趣和人文素养。加强劳动教育，培养学生热爱劳动、热爱劳动人民的情感。重视安全教育、生命教育、国防教育、可持续发展教育。促进德育、智育、体育、美育有机融合，提高学生综合素质，使学生成为德智体美全面发展的社会主义建设者和接班人。"

2012年11月，党的十八大报告指出："坚持教育为社会主义现代化建设服务、为人民服务，把立德树人作为教育的根本任务，培养德智体美全面发展的社会主义建设者和接班人。……努力办好人民满意的教育。"

2017年10月，党的十九大报告提出："建设教育强国是中华民族伟大复兴的基础工程，必须把教育事业放在优先位置，深化教育改革，加快教育现代化，办好人民满意的教育。要全面贯彻党的教育方针，落实立德树人根本任务，发展素质教育，推进教育公平，培养德智体美全面发展的社会主义建设者和接班人。"

2. 20世纪三种代表性的教育目的观

(1)人文主义教育目的观，以人为中心和以人自身精神的完善与发展为出发点和归宿的教育目的观。追求永恒化的教育目的，认为教育的本质是培养不变的人性；追求理想化的教育目的，重视超现实的非功利目的；追求人性化的教育目的，主张以个人的自我完善和自我实现为目标，认为个人价值高于社会价值。

(2)科学主义教育目的观，以社会性需要为出发点和归宿，以科学为中心的功利性教育目的观。它重视教育的目的社会适应性，认为教育要尽可能地适应社会变化；重视教育的社会功利性，强调教育必须对人的社会生活和社会的繁荣进步有用；重视科学教育，重视让学生掌握比较抽象的基础理论和科学原理。

(3)科学人文主义教育观，以科学精神为基础，以人文精神为价值方向的教育目的观，其最高目的是在科学与人文的相互协调、相互补充中促进人和社会在物质与精神两个方面的和谐发展，在此基础上实现人的解放。

(根据网络报刊等相关资料编辑整理)

2. 培养目标

培养目标，是指根据一定的教育目的和约束条件，对教育活动的预期结果，即对学生的预期发展状态所做的规定，它针对的是一个学段或一种类型的学校，是具体化了的教育目的，对教育目的的解释具有独特性、针对性，也可以体现一个学校的办学指导思想和办学特色。在小学教育目标体系中，培养目标处于仅次于教育目的的层次地位。

小学教育是基础教育的基础，着眼于人的长远发展，以促进小学生自身完善和发展为目标，充分尊重“个体性”，为学生终身学习与发展奠定基础，即小学阶段的培养目标。

随着时代的发展和社会的演变，我国小学教育的培养目标在现代公民素养、终身学习能力、当代社会成员的素养结构等方面越来越凸显。《基础教育课程改革纲要(试行)》则更进一步明确提出了：“新课程的培养目标应体现时代要求。要使学生具有爱国主义、集体主义精神，热爱社会主义，继承和发扬中华民族的优秀传统和革命传统；具有社会主义民主法制意识，遵守国家法律和社会公德；逐步形成正确的世界观、人生观和价值观；具有社会责任感，努力为人民服务；具有初步的创新精神、实践能力、科学和人文素养以及环境意识；具有适应终身学习的基础知识、基本技能和方法；具有健壮的体魄和良好的心理素质，养成健康的审美情趣和生活方式，成为有理想、有道德、有文化、有纪律的一代新人。”从中可以看到基础教育对新型公民的具体要求：新型公民素质发展的核心在于“品德”；创新精神、实践能力成为新型公民素质发展的重点；科学与人文素养并重；注重环境意识的培养；形成终身学习的基础；养成和谐的个性。

21 世纪培养的学生应该具备哪些最核心的知识、能力与情感态度，才能成功地融入未来社会，才能在满足个人自我实现需要的同时推动社会发展？随着时代发展，国际竞争日趋激烈，社会对人的综合素养和创新能力提出了更高要求，教育面临着更大挑战。21 世纪初，经济合作与发展组织提出了“核心素养”结构模型。全世界范围内，无论是政府主导还是由民间组织推动，不同国家或地区，都兴起了对核心素养的探索研究。面对教育变革与发展的国际趋势，为了提升我国教育国际竞争力迫切需要我们构建我国中学生核心素养体系，顺应国际教育改革趋势，提升我国人才培养质量。党的十八大和十八届三中全会提出的关于立德树人的要求落到实处，研究学生发展核心素养是落实立德树人根本任务的一项重要举措。

阅读链接

中国学生发展核心素养

总体框架

中国学生发展核心素养，以科学性、时代性和民族性为基本原则，以培养“全面发展的人”为核心，分为文化基础、自主发展、社会参与三个方面(如图 5-2 所示)。

综合表现为人文底蕴、科学精神、学会学习、健康生活、责任担当、实践创新六大素养，具体细化为国家认同等十八个基本要点。根据这一总体框架，可针对学生年龄特点进一步提出各学段学生的具体表现要求。

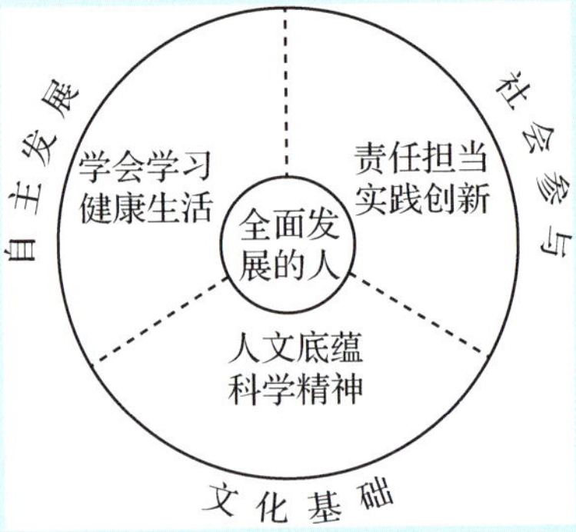

图 5-2　中国学生发展核心素养

基本内涵

(一)文化基础

1. 人文底蕴。主要是学生在学习、理解、运用人文领域知识和技能等方面所形成的基本能力、情感态度和价值取向。具体包括人文积淀、人文情怀和审美情趣等基本要点。

2. 科学精神。主要是学生在学习、理解、运用科学知识和技能等方面所形成的价值标准、思维方式和行为表现。具体包括理性思维、批判质疑、勇于探究等基本要点。

(二)自主发展

1. 学会学习。主要是学生在学习意识形成、学习方式方法选择、学习进程评估调控等方面的综合表现。具体包括乐学善学、勤于反思、信息意识等基本要点。

2. 健康生活。主要是学生在认识自我、发展身心、规划人生等方面的综合表现。具体包括珍爱生命、健全人格、自我管理等基本要点。

(三)社会参与

1. 责任担当。主要是学生在处理与社会、国家、国际等关系方面所形成的情感态度、价值取向和行为方式。具体包括社会责任、国家认同、国际理解等基本要点。

2. 实践创新。主要是学生在日常活动、问题解决、适应挑战等方面所形成的实践能力、创新意识和行为表现。具体包括劳动意识、问题解决、技术应用等基本要点。

主要表现

人文底蕴、科学精神、学会学习、健康生活、责任担当、实践创新六大核心素养具体细化为18个要点并确定了各要点重点关注的内涵。

文化基础——人文底蕴：人文积淀、人文情怀、审美情趣

文化基础——科学精神：理性思维、批判质疑、勇于探究

自主发展——学会学习：乐学善学、勤于反思、信息意识

自主发展——健康生活：珍爱生命、健全人格、自我管理
社会参与——责任担当：社会责任、国家认同、国际理解
社会参与——实践创新：劳动意识、问题解决、技术运用

（根据网络报刊等相关资料编辑整理）

3. 课程目标

培养目标的具体化是指向特定的学科领域，分领域的课程目标。课程目标是根据教育目的制定的某一级、某一类学校或某一个专业人才培养的具体要求，主要是对学校范围内的教育和学习结果的描述和规定，涉及特定学科或学习领域在各个年级水平要达到的目标。课程目标通常由课程专家制定。

我国新课程方案是按照学习领域来设置小学教育课程目标的，它规定本门课程的性质、目标、内容框架；提出了指导性的教学原则和评价建议；规定了不同阶段学生在知识与技能、过程与方法、情感态度与价值观等方面所应达到的基本要求，并在课程设置中坚持九年一贯的义务教育课程，使小学课程与初中课程衔接。每一学习领域既规定了该课程的总目标，也在各个年级阶段规定相应的学段目标。

首次颁布的义务教育阶段 17 个学科的 18 种课程标准，尽管各有特色，但结构上基本是一致的，大致包括前言、课程目标、内容标准、实施建议、附录等各部分，如表 5-1 所示。

表 5-1 课程标准的框架结构①

课程标准	
前言	课程性质
	课程基本理念
	标准设计思路
课程目标	知识与技能
	过程与方法
	情感态度与价值观
内容标准	学习领域、目标及行为目标
实施建议	教学建议
	评价建议
	教材编写建议
	课程资源开发与利用建议
附录	术语解释
	案例

① 朱慕菊：《走进新课程：与课程实施者对话》，54 页，北京，北京师范大学出版社，2002。

从课程目标上看，各学科强调了培养学生综合素质的要求，进一步强化了知识与技能、过程与方法和情感态度价值观的三维教育目标。

新课程的“三维目标”是一种“应然”的指向，它体现了一种新的思想理念，寄托了人们对教育的理想，对“三维目标”的含义认识不足必然会导致实践中的偏差。使“三维目标”由“应然”走向“实然”，应在把握其含义和内在联系的基础上，寻求“三维目标”与课堂教学目标的整合点，把握“传统教学”与“现代教学”的平衡点。

4. 教学目标

(课堂)教学目标，往往是各个学科甚至是课时的目标。主要是教育者在教学计划、教案或学案、课外活动计划里，依据课程目标、教学内容，结合学生的学习能力和学习速度，以及自己的教学特质与教学进度拟定的具体在一门课或一节课上所希望达成的目标结果。是课程目标的进一步具体化，表现为单元目标、文本目标、课时目标的结合。

教学目标体系建构方式颇多，这些建构方式在认识视角、成就性标志、形成方式、构成元素、目标关联性、理论特征诸方面均存在较大差异。对待这些建构方式的正确对待态度是在选择性借鉴的前提下进行适当整合。事实上，教学目标体系包括内容的空间序列、过程的时间序列、项目的领域序列和结果的水平序列，是一个多维共生的复杂立体结构模型。基于新课程与教学改革的背景，教学目标体系建构必须正确处理完整与缺损、澄明与模糊、稳定与变化、预设与生成的关系。

我国现有的教育目标理论和体系，包括小学教育目标理论和体系，尚欠成熟、欠系统，如何从理论和实践两个方面不断地深入研究开发，建立起符合我国历史文化及社会传统与发展的小学教育目标理论并开发出科学系统适用的小学教育目标体系是我们当前的重要任务。

阅读链接

1. 我国教育目标的结构关系(如表5-2所示)

表 5-2 我国教育目标构成示例

<table>
<tr><th>层级</th><th colspan="2">名称</th><th>制定者</th><th>内容</th></tr>
<tr><td>一级</td><td colspan="2">教育方针
(教育目的)</td><td>政府/国家</td><td>明确人才培养的质量规格、实现途径和原则(抽象化)</td></tr>
<tr><td rowspan="3">二级</td><td rowspan="3">培养目标</td><td>义务教育课程目标</td><td rowspan="3">学科专家</td><td rowspan="3">从“抽象”逐步过渡到“具体”</td></tr>
<tr><td>语文课程目标</td></tr>
<tr><td>一二年级阅读课程目标</td></tr>
<tr><td>三级</td><td colspan="2">教学目标
(本单元/章或节课或本次活动)</td><td>教师</td><td>具体化</td></tr>
</table>

2. 我国教育目标构成示例的具体含义

(1)教育必须为社会主义现代化建设服务，必须与生产劳动相结合，培养德、智、体、美、劳全面发展的社会主义事业的建设者和接班人。——教育方针

(2)具有适应终身学习的基础知识、基本技能和方法。——义务教育课程目标

(3)学会汉语拼音，能说普通话。——语文课程目标

(4)学会汉语拼音。能读准声母、韵母、声调和整体认读音节；能准确地拼读音节，正确书写声母、韵母和音节；认识大写字母。——第一学段(一二年级)识字与写字

(5)学会3个单韵母 ɑ、o、e，读准音，认清形；认识声调符号，能直接带调读出；正确书写，学会在四线格里写 ɑ、o、e。——《汉语拼音 ɑ o e》的教学目标。

3. 德洛尔报告中阐述的教育目的

1996年，国际21世纪教育委员会向联合国教科文组织提交了“德洛尔报告”，即《教育——财富蕴藏其中》。该报告提出了建立终身教育体系的4个支柱。

第一，学会认知(掌握认识的手段，理解知识，智力训练)。

第二，学会做事(从资格概念到能力概念)。

第三，学会共同生活(认识自己，发现他人，为实现共同目标而努力)。

第四，学会生存(自主性，判断力，个体责任感)。

(根据网络报刊等相关资料编辑整理)

二、小学教育目标的确立依据

教育目标的确立，通常会受到社会政治经济文化、受教育者身心发展特点与需要、制定者的教育理想和价值观等因素的影响。

小学教育目标的制定有一定的科学依据。就个人的发展来说，需要强调知识的积累，智能的培养，知识的完善，美感的陶冶，德、智、体和谐发展；就社会需要来说，政治效益、经济效益、文化效益各有侧重，有的从长计议，有的急功近利；就个人发展与社会需要的关系来说，有的认为教育目标应从促进个性发展出发，有的认为应从满足社会需要为出发点等。泰勒提出，对学习者本身的研究、对校外当代生活的研究以及学科专家对目标的建议是教育和课程目标的三个基本来源。受教育者，以及受教育者与其所处的文化世界、有待学习的学科知识之间的关系研究非常重要。

小学教育目标的设计自有其特有的资源库——儿童所处的文化世界包括具有时空特质的自然和人类社会，以及作为人类认识经验结晶的知识系统。“小学开设的课程必须强调综合，其意图主要是为形成‘宇宙、地球、生命、人类’这样一个整体背

景下打下综合性的‘底蕴’。”[①]由此，小学教育目标的制定可以从儿童本身、人类社会、学科知识、自然世界四个方面去寻找基本的合法性与资源的支持。

(一)儿童本身

儿童本身是对儿童发展的兴趣、需要、可能的研究，是小学教育目标体系制定的核心要素。

教育目标的制定应该满足儿童的需要，这首先是指要满足心理学意义上的内驱力或者心理动力，即有机体内部的张力。儿童的需要、其习得的知识的动力，是教育目标制定的依据。这意味着：(1)儿童的学习兴趣是其学习的起点，对兴趣的调查研究有助于阐明目标体系；(2)作为基础教育的基础，小学阶段的学习需要为儿童的可持续发展提供动力和基础支持，因此不应该仅仅局限于满足学生的需要和兴趣，而应该拓展和加深学生的学习兴趣。

如何才能了解儿童的兴趣与需要，找到其习得的知识的动力，制定合理的教育目标呢？

首先，要倾听儿童的需要，做一个理智的判断者，判断哪些合理，哪些不合理；做一个学习需要的唤醒者，一个积极的建设者，关注“每个儿童”与“可能性”。在制定目标的时候具体到小学阶段大概可以考虑以下十大领域。(1)沟通：理解、接纳和表达信息的相关知识与技能。(2)自我照顾：处理自身的日常事务。(3)居家生活。(4)社交能力与技巧。(5)使用社区：社区资源的有效利用。(6)自我引导：选择、坚持、寻求帮助、克服困难、解决问题、适应环境。(7)健康与安全。(8)学业能力。(9)休闲娱乐。(10)生涯发展。

其次，要了解研究小学生身心发展的规律。教育目标核心标志，是儿童学习进程中所取得的心理建构和行为变化。每一年龄阶段都有其独特的认知结构，表现出与前后各阶段不同的认知能力。而同一年龄阶段的各个儿童在发展水平、发展速度、认知结构和学习风格等方面也都存在着很大的差异。

最后，在制定目标时，我们还要考虑儿童实际状况与理想标准之间的差距，同时需要弄明白“学校能够满足的需要”和“通过其他社会机构就能自然满足的需要”，即儿童在家庭和社区的日常环境中能够获得的教育经验，学校就没有必要重复。

(二)人类社会生活

每一个社会都有其对社会成员的要求，教育目标和教育内容总要反映社会的要求和愿望。同时孩子终究是要长大的，今天的学习是为未来生活做准备的。我们制定教育目标应该站在人类生活的时间轴上去思考。“教育要面向世界，面向现代化，面向未来”，这指明教育目标不但要适应人类社会现今的发展水平，适应我国社会主义现代化建设的发展水平和要求，还应随着社会的发展做相应的变化，预见社会发

---

① 杨小微：《从“终身”看“基础”——对基础教育之“基础性”价值的再认识》，载《人民教育》，2009(9)。

展提出的新要求。小学教育目标总是直接或间接地反映着社会的需要和时代的印迹。

社会对小学生当下和未来的要求是什么？小学教育到底应该更注重什么？是不容忽略的问题；是培养学生的现实生活技能为主，还是培养可持续发展的基本素养为主？是我们必须回答的一个基本问题。作为儿童的一种生活方式，就不应该完全依赖于对现世的追逐，还应该包括丰富的精神世界和情感生活。另外，作为基础教育中的基础，儿童在小学阶段所获得的知识与能力必须成为终身学习和可持续发展的基石。因此，除了对当代社会生活进行研究，还应该对人类历史上所积累的丰富的文化传统进行研究，用其他来源，如对文化传统的研究、哲学与心理学的审视、成人经验与儿童经验的互动、以儿童的兴趣为起点并拓展兴趣的广度和深化兴趣的深度等加以检验。

(三)学科知识的研究

学科的结构、学科的教育价值和学科学习规律对制定小学教育目标有重要的影响。

过去我们经常把知识和能力对立起来，“高分低能”就是知识与能力相背离的写照，但今天知识的概念和人们对知识的认识随知识经济的出现而发生了变化。学科知识，是整个知识领域的基础，也是人的全部素质的基础。学科知识可以明确给出每一个阶段的教育所必须掌握的知识目标并可转化为具体的作业目标，通过多种教学活动促进目标实现。学科知识的全部教育成果是可以方便地评价和测量的。

确定小学教育目标必须考虑学科的发展，既要传承文明，又要引领发展；既要充分考虑学科知识传递与发展的需要，又要考虑学科专家的建议。不同学科的专家对课程领域的基本概念、逻辑结构、探究方式、发展趋势都有深透的理解与把握。因此，确定课程与教学目标时必须重视学科专家的建议。同时，我们还需要考虑此学科对小学生成长的价值，以及小学生在社会化过程中成长为现代公民的价值。

(四)自然世界

小学生的存在环境除了自身世界、人类社会以及作为经验结晶的知识之外，还有人类所赖以共生的自然世界。生态的平衡、人与自然界的关系是人类不能回避的重大课题，进入 21 世纪以来，人类在享受着科学带给人们前所未有的物质文明的同时，也面临着前所未有的危机与挑战。其中最大的危机就是环境危机。随着生态意识的加强，人们开始认识到人与自然之间和谐的重要性。自然及其需要也开始成为重要的教育资源和教育依据。生态主义开始成为教育与课程的基础，对自然世界的研究相应成为小学教育目标体系确定的主要来源之一。树立人与自然的共生存在、“给养”观念以及为此而要求的生态平衡方面的知识与生活技能等都应该是小学教育中不可或缺的目标。

个人、社会、科目和自然四者相互作用，通过整合构成了一个生态化的连续体，是小学教育目标制定和教育内容选择必须遵循的来源和依据。

三、小学教育目标的特点

一般来说，人类与自然界其他部分显著的差异之一，就是有目的和无目的的差异。木头与石块是没有目的东西，这是无可争辩的事实。蜘蛛织网，蜜蜂筑巢，可使人类的建筑家看了惭愧；然而进一步观察，即使是水平很差的建筑家，其情形也与蜘蛛与蜜蜂不同，因为建筑家在未动工以前，已经有预定的建筑物形态，他们不仅变更自然的形态，同时还实现了自己的目的，这种目的是他们所知道的。至于蜘蛛及蜜蜂，我们实在没理由相信它们在织网、筑巢之前，也有一个预定的目的存在。这就是说，人类的活动是有目的的，其他的非生物和生物都是没有目的的——蜘蛛及蜜蜂也是如此。

教育是人类活动中的一种，自然有目的。任何活动的开始，对教育结果的构想已经在教育者的心中存在了。因为人们的意识是具有能动性的，而这也正是人类所独有的，通过抽象的教育思维和教育想象，去设计教育对象的未来形象，去预期行为所产生的效果。因此，教育目标便具有了目的性、规划性、预见性、超前性、理想性。

小学教育目标，因其所处整个教育体系中的基础地位，除了具有教育目标所具有的共同特征，还具有小学教育目标本身重要的特点。

(一)全面性

与中学、大学相比，小学教育的目标具有全面性的特点。小学阶段的学习生活，不仅应满足儿童当前的学习需要，还应该有助于他们后来的学习，以及为将来的成人生活做准备。可以这样说，全面性是专业性的预备，也是职业性的保障。

另外，小学阶段儿童正处于生理和心理发展尚未成熟的时期，也是其兴趣爱好、个性情感、道德品质与世界观逐步形成的时期，具有极大的可塑性和巨大的尚待开发的多方面潜能。只有面向全体小学生实施全面发展的教育，才能为小学生日后的学习、生活和进一步发展奠定基础。

小学教育的全面性指的是，对于每一个特定个体而言，小学教育都应该促进他在各个方面的充分发展，保证他在德、智、体、美、劳方面都得到最大程度的和谐发展。根据我国现阶段的教育目标，我国小学教育的全面性由德育、智育、体育、美育和劳动技术教育五个部分组成，要使学生具有爱国主义、集体主义精神，热爱社会主义，继承和发扬中华民族的优秀传统和革命传统；具有社会主义民主法制意识，遵守国家法律和社会公德；逐步形成正确的世界观、人生观、价值观；具有社会责任感，努力为人民服务；具有初步的创新精神、实践能力、科学和人文素养以及环境意识；具有适应终身学习的基础知识、基本技能和方法；具有健壮的体魄和良好的心理素质，养成健康的审美情趣和生活方式，成为有理想、有道德、有文化、有纪律的一代新人。

但是，全面发展绝不意味着每个学生的各方面平均发展，而是包含着其个性的多样性和丰富性。小学教育的全面性，既包括面向全体的统一要求，又考虑到学生的实际特点，使每个学生的特长得到最大化的和谐发展。

(二)个体性

人最终要成为社会的人，但是，与大学更注重专业的社会需要相比，小学阶段，社会对小学生的要求只是希望儿童能获得基础性的发展，进而为成长为适应未来时代、未来社会要求的全面和谐发展的社会公民奠定基础，并不需要儿童为担任相应的社会角色、为从事相应职业或成为相应的专门人才做直接准备。所以，在这个阶段，社会本位应退居个人本位之后，个人本位与社会本位都应统一在小学教育目标的个体性上，着重以儿童个人价值为中心，根据儿童个人自身发展和完善的需要来制定教育目标和构建教育活动。此时的教育目标不在于谋求国家利益和社会发展，而应该在于发展人的理性和个性，使儿童真正成长、真实成长，实现其作为人的成长。由此，小学教育目标就呈现出“个体性”特点。

(三)升学性

小学教育是整个教育的基础和起点，它需要满足小学生小学毕业后升入初中的基本需要。小学生毕业定位是明确而唯一的，那就是升入初中继续学习。这决定了小学教育目标的特性之一必然是升学性，以保证为每一个孩子升入初中打下坚实的基础。虽然在义务教育阶段儿童升入初中是一种必然的阶段，但进入初中后如何才能顺利地实现中小学过渡，如何才能顺利地面对新的学习与生活，这就要求小学阶段必须做好准备，而必要的考察评价是不可缺少的。升学性的特点当然无法回避。而将分数作为唯一的评价标准、一味地拔苗助长、片面追求升学率，是无法实现全面性和个体性的目标特征的，从某种程度上来说甚至是一种扼杀。所以，升学性不等于片面性，不等于单一性地唯分数、唯升学论是尊。只有真正地将升学性、发展性、个体性协调一体，才能真正为儿童今后的学习生活打下坚实的可持续发展的基础。当然，如何评价目标的达成是一个需要研究解决的重要问题，从某种程度上来讲，目标达成的评价尚未形成科学的体系也影响着小学目标的真正实现。

四、小学教育目标的功能

教育目标是全部教育活动的主题和灵魂，它给受教育者提供明确的发展方向和预定的发展结果，它是指向未来的，具有有效控制受教育者自身发展的功能，对教育活动具有支配和指导功能，促进教育过程科学化。美国学者迈克唐纳(MacDonald, J. B.)指出，教育目标的具体功能随目标水平的不同而各异，但却有着共同的一般功能：明确教育进展的方向、选择理想的学习经验、界定教育计划的范围、提示教育计划的要点、突出评价的重要基础。① 泰勒也指出：“如果要设计一种教育计

---

① 钟启泉：《现代课程论》，299页，上海，上海教育出版社，1989。

划并不断地加以改进，那么，就极其需要对所要达到的目标具有某些概念。这些教育目标是选择材料、勾划内容、编制教学程序，以及制定测验和考试的准则。教育计划的各个方面，实际上只是达到基本教育目标的手段。”①

小学教育目标的功能，是其特殊结构对社会和儿童所产生的作用和影响。小学教育目标主要有标准、导向、激励三大功能。

(一)标准功能

标准功能是小学教育目标最基本的功能，是小学教育各个环节的基本依据，主要表现在课程研制、学习评估、教学评估三个方面。

1. 课程、教材研制的纲领

“教育目标，为编造课程之纲领。”②不同的教育目标决定不同的课程设置，小学阶段课程研制的各个环节、课程内容和教学方法的选择、小学课程与教学组织、小学课程与教学的实施以及小学课程与教学的评价等，都必须以小学教育目标为基本依据和基本标准。比如，学校如何选择和组织教材，必须根据小学教育目标，选择能够帮助儿童为适应生活环境做好准备的材料。因为教材既是实施教育方法的途径，又是实现教育目标的程序。所以，教材的选择必须依据教育目标，进行精心的选择才能保证其生活价值。

2. 学习评估的依据

小学教育目标本身就是对培养教育机构和教育者对受教育的小学生所应该达到的质量规格要求的规定，而实现教育目标的途径就是受教育者在教师引导下的学习行为，因此，小学教育目标是衡量学生学习成就的基本标准，是测量和评价学生学习是否达到所应该达到的成就和水平的依据。针对目标，可以为学生提供静态与动态、相对与绝对的信息，即一方面可以让学生知道，我目前已经掌握了什么？我的优势与劣势是什么？我在学习活动中的基本表现如何；另一方面，也可以为学生提供一个纵向发展的比较，现在较之以前的变化，今后发展的方向、努力的目标是什么，这是就学生个人而言学习行为状态的绝对信息；同时相对于类似情况的其他学生，还可以提供相对的信息，如同组、同班、同校、同一学区、同一国家、同一区域或整个世界而言，自我学习的相对表现。以此来帮助学生和老师了解学生当前的学习状况，调整相应的学习目标、计划与方法，以获得进一步的发展。

3. 教学评估的参考

为教育者教育行为的反思，为教育系统提供信息。

从教师的角度，根据目标的达成，对学生学习行为状态和结果进行评估，可以借此来思考目标层次及达成、过程得失、质量高低，促使教育者对自身的工作绩效和失误进行反思、控制，对影响实现教育目标的因素进行优化，有针对性地对学生

---

① [美]泰勒：《课程与教学的基本原理》，施良方译，1页，北京，人民教育出版社，1994。

② 熊子容：《课程编制原理》，52页，北京，商务印书馆，1934。

提出建议，帮助学生谋求进步；根据学生学习情况对自己的教学做出评价和反省，调整教学目标、过程、方法；向家长、学校或教育机构汇报教师学习与教学状况，以更好地实现多方沟通与合作。同时，还要对教师的教学进行评价，以使教师对自己的教学实践在外部评价的参照下获得更客观的认识，促进教师更好地改进自己的教学能力从与教学质量，为下一步的教学活动提供发展提升的依据。

教育目标同时也是上级教育机构和教育系统对教师教学活动、教学表现和工作业绩进行检查和评价的基本标准体系，无论是直接对教师备、教、批、辅、查的各项基本行动的评估，还是通过学生学业成就的评价间接评定教师的业绩，都应该以教育目标作为基本的主要的依据，呈现给上一级教育机构或教育行政部门，为学生的毕业、升学、教师的评比以及课程与教学的改革提供信息。

在标准功能的基础上，教育目标势必衍生出另外两个间接的功能：导向功能和激励功能。

（二）导向功能

小学教育目标，既是教育活动的出发点，也是教育活动的归宿。从事小学教育的教育相关部门及教育者只有对教育目标有一个清晰而深刻的认识，才能在教育实践中选择和采取恰当的措施，目标一致地协调行动。反之，教育活动就会迷失方向，遭受挫折，甚至失败。导向功能主要表现在目标对教育的社会性质、人的培养、课程选择及其建设、教师教学方向等的定向作用上。目标一旦确定，教与学所有的活动进程都应该以目标的达成为导向，并通过不断地信息反馈，随时矫正教育活动和教与学进程中的偏差，提高效率。比如，我们提倡素质教育，反对“片面追求升学率”，核心素养的提出更是希望能够解决重智轻德，单纯追求分数和升学率，学生的社会责任感、创新精神和实践能力较为薄弱等难题和挑战，深入回答“培养什么人、怎样培养人”的问题，为衡量学生全面发展状况提供评判依据，引导教育教学评价从单纯考查学生的基本知识和基本技能转向考查学生的综合素质。

（三）激励功能

教育目标的激励功能，是指目标能激发学生的学习动机和教师的教育动机。小学教育目标是对儿童未来发展结果的一种设想，具有理想性的特点，这就决定了它具有激励教育行为的作用。一方面，目标的适切性对教育者有相应的激励作用；另一方面，教育目标能激励儿童自觉地、积极地参与教育活动。因为只有当受教育者意识到教育目的对自身未来成长的要求或意义时，才能把它作为努力方向，不断地按照教育目的的要求发展和提高自己。当目标不断地进入学生动态的“最近发展区”里，可以有效地激发学生的学习动机。当一个目标教师或学生无法理解，或者目标太大或太低时，教与学对教师和学生都会失去吸引力；反之，当教师和学生通过自己的教与学的活动不断地达成目标时，就能够获得成长，获得成就感，从而激发出教与学的热情。

第二节 小学教育目标设计

小学教育目标不是自然生成的，而是由教育权力部门、教育机构和教育者专门设计出来的。当然，针对不同的文化背景，不同的法律制度，不同的学校，不同的老师，小学教育目标设计应有不同的程序与步骤。小学教育目标体系的设计问题既涉及理论观念层面(知识层面)，也涉及具体操作层面(技能层面)。

教师按照国家规定的课程标准和教材开展教学工作，正确地确定教学目标，是达到课堂教学整体优化的前提，而新的课程标准，不再像过去的教学大纲具体到日常教学中可能涉及的所有知识点的要求，也不再规定教学重点、难点、时间分配等具体内容，这使得教学目标的设计变得有难度，也有更多的创生空间。所以，本节着重探讨教学目标的设计与表达。

一、小学教育目标设计的基本原则

美国研究人员曾以目标设计的三个来源研究出了一千多个小学教育的目标。显然，这些目标全部通过学校教育来实现是不现实的。诸多目标如何来选择呢？哪些才是小学教育中最重要的，能够达到的，应该关注的目标呢？如何对来源信息进行分析筛选，选择实然还是应然的核心目标呢？如何为筛选适量和适切目标提供基本标准？根据现代教育目标原理并结合小学教育具体要求，为使确定目标的过程有效有序，在设计与确定小学教育目标体系时，我们常常要遵循以下原则。

(一)生态化教育的原则

生态化理论，要求我们用人和自然协调发展的理念去思考和认识经济、社会、文化教育等问题，根据社会和自然的具体情况，最优地处理人和自然的关系。教育圈是一种大教育系统，教育生态规律是指以生态学观点来研究教育与外部生态环境之间以及教育内部各环节、各层次之间本质的、必然联系的基本规律。遵循生态化原则指的是我们需要根据小学教育目标的有机化要求，运用系统的方法来设计和确定其目标。

(1)在目标的空间结构上要把握目标体系的整体性。教育系统内每一事物均环环相扣并互相影响，学习者在追寻个人意义的同时，必须在他所处的生态体系与整体社会环境需求间寻求平衡，以维持有机生态层的平衡状态。生态目标体系既能保持知识的完整性，又能适应知识社会、现代社会的快速变化。它具有自我完整性与开放性、主体参与性与发展性、个体多样性与选择性等特点。这就要求一方面从目标来源上，整合“个人”“社会”“科目”“自然”需要，建构起小学教育目标体系的同一性和连续性，“促进学生在一个社会、自然环境、文化有机统一的环境中身心得到全面发展”；[①] 另一方面，在教育教学系统中存在着由教师、学生、课堂教学环境、校园环境、社会环境、学习领域、课程及课堂教学内容等要素构成的生态系统，共同构成的有机整体，需以相互关联和互动生成的观念来看待横向目标构成要素和影响因素之间的关系。再者，从纵向层次结构上也要准确把握和考虑，使多层次的目标体系从一般到特殊逐渐具体化，满足上位目标对下位目标的要求，形成各层次目标的连续性和递进性及其相互生成性。

(2)在目标的时间结构上要把握目标体系的连续性。从大的时间结构上来看，在生态化的理念下，教育的活动进程就像生命一样，始终处在发展变化中。因此，要关照当前背景下的教育目标设计以及未来对学生的要求，注重学生的终身发展。从小的时间层面上看，小学教学目标的设计要充分考虑小学六年的各年级的学习目标、单元学习目标和课时学习目标之间的整体关联，进而实现整合；同时还应考虑目标设计、实施、评价、反馈的整体关联与互动关系，注重一致性与差异性的统一、理性与非理性的统一、意识与潜意识的统一以及个体需要与社会需要的辩证统一，来培养自由和解放的公民。确定课时目标时，还要处理好昨天、今天和明天的关系。

(3)要深刻把握目标体系内部的各种关系。人们将小学教育置于生态背景中去考察和研究时，就好比将一只关在笼子里的麻雀放归到大自然中去考察和研究，对麻雀的研究会丰富得多，同时也会困难得多。首先要把握目标体系时间和空间属性的整体关联与互动。其次要把握目标体系的不同要素和不同层次与其具体化之间的相互影响、交互作用、相互促进、相互制约、相互联系以及相互生成，从而建立起生态化的非线性联系和动态演化的目标体系。小学教育要求教育目标不仅着眼于培育人才，更注重培养学生如何做人，智能统一、身心协调、情智交融是教育永恒的主旋律，把分数视为教育终极目标的时代已成为历史。生态化谋求智力与能力的统一，造就的不是“空心人”“半边人”，而是尊重生命、关注发展、崇尚文明、情智交融的人。

(二)学习取向与成长取向相结合的学习本位原则

小学教育的升学性决定了小学教育必须以学习为本位。虽然，此时儿童正处于身心发育成长的关键阶段，但是小学生的身心发育是不可忽视的重要任务，所以小学教育的目的不应当只着眼于学习，同时也应该保护和培植儿童身体以及各种精神官能的发育成长，珍视儿童的世界和生活。小学教育目标应该是在尊重儿童自然状态下的生活的前提下，创造一种高于这种生活但又符合儿童生命本性和生活本质的可能生活。

从实现教学目标的主客体来看，小学教育目标尽管蕴含着教与学的双重要求，但归根结底是学生学习的预期结果。因此教育教学目标的设计和确定必须以学习为核心，设计出学习本位的目标体系。学习本位，就是以学生的学习需要和学习心理逻辑来筛选目标是不是适合学生，适合的就选择。小学教育目标需要考虑到两种相

---

① 王牧华、靳玉乐：《生态主义课程研究范式刍议》，载《山东教育科研》，2002(4)。

互关联的基本形式：内在的自我环境和外在的文化环境。

学习取向与成长取向相结合的原则要求我们在设计和确定小学教育教学目标的时候，必须以心理学的知识和理论为基础，使目标体系显示出为学生的学习服务并构成学生的学习生命存在及其优化活动的意向，使教育教学目标遵循学生心理发展逻辑和学习心理逻辑，使学生预期学习结果序列化，通过学习活动形成自然与经验、有机体与环境的连续体。

(三)教育目标的可操作性原则

教育目标如何实现，如何操作，如何检验？这是一件很难的事情。应该的，不一定就是能操作，能达到的。所以教育目标，尤其是教师层面的教学目标应是可观察、可测量的。只有具体而明确的目标，才可能具有可操作性，教师和学生才能确切领会其要求，并采取有效的教学策略和学习策略使其达成；也只有具体而明确的目标，才可能实现教育目标的标准、激励和导向功能。假如一个人对自己要去的目的地不清楚的话那么很有可能走到另一个地点——而且还不知道走错了目的地。心理研究发现，在精确的目标、含糊的目标和无目标三种学习条件对学习成绩的影响中，精确的目标有利于学习成绩的提升。[①] 因此，在确定与陈述教学目标时应该明确、具体，避免含糊笼统、模棱两可，否则目标就难以达成。目标的行为主体必须是学生，在描述教学活动的结果、过程或手段时，要准确具体，如有的西方国家运用一些有助于教育目标具体化的方法与技术，ABC 模式、内部过程与外显行为相结合的目标表述等。如果说前两条原则是探讨小学教育目标体系的两个筛子，那么，可操作性原则则是把经过筛子所获得的目标深入到具体的“教—学”进程中，并使之与具体的“教—学”进程整合起来。

二、小学教育目标设计的步骤

不管设计者怎么进行选择和安排，不同层级的目标设计者都会先收集研究相关资料，了解领会上层目标的规定，然后再来设计本层教育目标。而教育目标的基础践行者——教师，则一般要经历六个步骤：收集相关资料、明确或设计教育目标、明确或设计培养目标、明确或设计学习领域、明确或设计课程领域目标、确定设计教学目标。

(一)收集相关资料

无论是政府部门还是单个的教育者，在设计教育目标时首先都需要收集相关资料。教育目标的来源是多层面的，要给出一个适合小学生发展的合适而具体明确的目标，必须从儿童的需要和兴趣、文化传统和当代社会生活、学科知识系统与学科专家的建议、自然世界和生态平衡的要求、国家关于教育法律法规来收集相关的资料。这些资

---

① 皮连生：《学与教的心理学》，232～233 页，上海，华东师范大学出版社，1997。

料在本质上要反映各个方面对小学教育的要求和基本的价值观念，然后将这些价值观念与要求进行协调整合，使其具有一致性，并统一到小学生的内在学习条件上来。

从微观的角度上来讲，即使是具体到一堂课的教学目标，也要汇聚教育目的、课程目标、单元目标、教材以及与本课时内容相关的资料等，才能对教学内容做出最贴切的解读，才能确定最为贴近学生的教学目标。

(二)明确或设计教育目标

教育目标的确定首先来自政府、教育部门对当前特定的政治体制、文化传统、经济水平等因素的影响下的教育观，这是最抽象层面也是最宏观层面的全局性的把握，它直接关涉着下面更为具体目标的确定。所以，从政府、教育有关部门等决策层来说，在大量收集了资料并进行分析后，就需要设计确定当前的教育目标了。从我国来说，表现为教育方针回答最终极的目标层面的问题："教育应该为谁服务?""教育应该培养出什么样的人?""教育应该怎样为一个人的成长导航?"或者说，从社会和个体两个方面来确立教育目标。而下属各部门机关在确定具体的子目标时，皆要明确总的教育目标。

(三)明确或设计培养目标

这一步，应该是教育各级机构思考的问题，在确立了教育目标之后，必须根据国家有关规定，从社会的需要和个人理想素质构成的需要出发，对教育目标进一步具体化，进行分解，提出教育目标的基本结构和培养目标。作为小学教育的培养目标，具体要回答的问题是："小学教育培养的小学生应该达到什么规格?"一般来说，培养目标从儿童通过学习可能达到的能力素养结构上进行设计和明确，我国小学教育培养目标有"三育"(德育、智育、体育)，"五育"(德、智、体、美、劳)，"六育"(德、智、体、美、劳、心)之说。

1992年8月6日国家教委颁布的《九年义务教育全日制小学、初级中学课程计划(试行)》第一章中明确规定了小学教育的培养目标。如下所示。

小学阶段的目标

初步具有爱祖国、爱人民、爱劳动、爱科学、爱社会主义的思想感情，初步养成关心他人、关心集体、认真负责、诚实、勤俭、勇敢、正直、合群、活泼向上等良好品德和个性品质，养成讲文明、讲礼貌、守纪律的行为习惯，初步具有自我管理以及分辨是非的能力。

具有阅读、书写、表达、计算的基本知识和基本技能，了解一些生活、自然和社会常识，初步具有基本的观察、思维、动手操作和自学的能力，养成良好的学习习惯。

初步养成锻炼身体和讲究卫生的习惯，具有健康的身体。

具有较广泛的兴趣和健康的、爱美的情趣。

初步学会生活自理，会使用简单的劳动工具，养成爱劳动的习惯。

2016年9月,《中国学生发展核心素养》总体框架的颁布,明确了学生应具备的必备品格和关键能力,作为连接宏观教育理念、培养目标与具体教育教学实践的中间环节,也当成为教师教学实践中的目标。

阅读链接

教育要旨面面观

先秦:"礼、乐、射、御、书、数"六艺,其中"礼"属"德育"与"群育";"乐"属"美育";"射""御"属"体育","书""数"属智育。

德国的康德"四育":体育(cultivation of body,包括仪态)、智育(cultivation of the mind)、群育(discretion)与德育(moral culture)。

王国维:"教育之事亦分为三部:知育、德育、美育是也。""三者并行……又加以身体之训练,斯得为完全之人物,而教育之能事毕也。"

蔡元培提倡体、智、德、美四育:"所谓健全的人格,内分四育,即:(一)体育,(二)智育,(三)德育,(四)美育。"

陶行知:"体育为德、智二育基本。"

张君劢:"教育之方针,可得而言:人生在世,计有五方面:曰形上,曰审美,曰意志,曰理智,曰身体。"

潘光旦:"德、智、体、群、美、富六育。"

1995年出版的《素质教育全书》:"迄今社会对人的各方面要求,都可以分别归入到德、智、体、美、劳五类中去。"

张其昀:"现代国民的生活,析言之,则有八方面,有如八音齐奏,均平和谐,而成为完整的音乐。是即德育、智育、体育、群育、劳育、美育、法育、圣育,兹称之为八育。"其宗旨即为养成"文武合一、身心和谐、手脑并用、智德俱进"的国民。

现代三育:德性、健康、智能,三者与"三追求——求是、求善、求美"的关系大致是:德性求善;康健求善、求美;智能求是、求善、求美。

资料来源:刘源俊,《说教育要旨》,载《书屋》,2010(12)。

(四)明确或设计学习领域

21世纪启动的新课程改革不再以科目来进行课程设置,而是开始走向以"学习领域"来设置课程,体现了课程综合化的思想。一方面,避免了传统学科课程之间相互隔离的状况,加强了不同学科领域之间的联系;另一方面,关照了学生的发展和经验。因不同的教育目标、培养目标,各学习领域的取向可以是学术性的、社会性的、实用性或综合的;而在课程设计方面,则可以用科目、单元、单位、课业或其他模式,组织学习内容,表达知识、能力、情感、价值观和态度的关系。

确定了教育目的和培养目标后，就要根据小学教育目标和培养目标，小学生的学习经验、发展需要和学科群的发展驱使来规划学生学习的范围，即可在课程层面设计和确定学习领域了。目前，小学阶段的学习领域设置是“以综合课程为主。小学低年级开设品德与生活、语文、数学、体育、艺术(或音乐、美术)的课程；小学高年级开设品德与社会、语文、数学、科学、外语、综合实践活动、体育、艺术(或音乐、美术)等课程”。具体案例，见表 5-3。

表 5-3　武汉市某小学六年级课程结构设置表

学习领域	科　目	备注
语言与文学	语文	学校还可根据当地社会、经济、科技、文化发展需要、自身条件和学生兴趣，设置若干模块，提供学生选修
	英语	
数　学	数学	
人文与社会	思想品德	
	阅读	
科　学	科学	
技　术	信息技术	
	劳　技	
艺　术	音乐	
	美术	
体育与健康	体育	
综合实践活动	研究性学习活动	
	兴趣活动	
	社会实践	

(五)明确或设计课程领域目标

明确或设计课程领域目标，即确定学习领域及下面的模块、科目，是为了对教育目标下的培养目标进行进一步的分解，使之更加具体化，使学习领域及模块、科目能真正成为实现目标的途径，这就要求设计者将培养目标与学习领域及模块、科目紧密结合起来，建立不同领域，不同学段的领域目标。也就是说将培养目标在不同的课程领域中，不同的年段中进一步具体化，它通常包括有待发展的个人特质和有待学习的行为表现。

《基础教育课程改革纲要(试行)》指出：“国家课程标准是教材编写、教学、评估和考试命题的依据，是国家管理和评价课程的基础。应体现国家对不同阶段的学生在知识与技能、过程与方法、情感态度与价值观等方面的基本要求。”这个三维课程目标不仅明确了基础教育培养对象应达到的素质要求，同时也规定了教学活动的基本准则，即有效的教学在于教学三维目标的达成。

(六)确定设计教学目标

教学目标是指教学活动实施的方向和预期达成的效果，是一切教学活动的出发点和归宿，它既与教育目的、培养目标、课程目标相联系，又不同于教育目标、培养目标和课程目标。它是立足于课堂，贯穿课堂的主线。是对学生学习效果的预期，是在教学的具体进程中学校所提供的一个或一组学习机会期望达到的结果。能够为教师的教和学生的学提供评价依据。可以说是实现学科目标、领域目标、培养目标、教育目的的关键所在，只有将课程目标转化为更为具体的、可操作的课堂教学目标，师生通过教与学的活动实现教学目标，才能最终实现课程目标，它实际是学习领域目标或科目目标在教学进程中的具体化，具有非常强的可操作性。通常以学期教学目标、单元教学目标和课时教学目标形式表现出来。

以上六步是紧密相连的。是为目标提供的一个组织程序。只有占有必要的资料，才利于制定符合时代、社会、儿童本身切实必要而又有一定前瞻性的目标；确定教育目的，是国家举办教育的总体方向；培养目标则是建立在小学教育自身的层面上所特有的任务与追求；确定学习领域、明确领域目标、设计教学目标则是将小学教育目标细化展开，使之得到真正实现的机会，否则就无法体现在具体而生动的课程与教学活动中，目标将流于形式。在具体的教学活动中，不同地域、不同时间、不同课堂、不同的教育者也会有其自身不断地生成各种需要和期望，同样可能以极富生命力的形式丰富和完善小学教育目标，即六步骤当因时、因地、因人制宜，不可机械僵化、按部就班地执行，设计者应该充分考虑目标的预设生成与发展。

阅读链接

《想别人没想到的》课堂教学目标的设计

上海市青浦区重固小学　陆叶

有目的性地制定课堂教学目标，具体包括以下几个方面。

一、基于年段目标制定教学目标。《义务教育语文课程标准(2011年版)》要求：三年级的学生会使用字典、词典，有初步的独立识字能力；能针对课文中不理解的地方提出疑问；能初步把握文章的主要内容，体会文章要表达的思想感情；鼓励学生自主阅读。

二、基于单元目标制定课堂教学目标。《想别人没想过的》第六单元的一篇文章，第六单元的单元目标是继续学习理解词语，在阅读时遇到不理解的词语，可以选择合适的办法去解决。

三、基于教材目标制定课堂教学目标。《想别人没想过的》是个民间故事，通过一位画师考查三个徒弟，看谁在一张同样大小的纸上，画出的骆驼最多这件事从而体现出表达一个意思，要开阔思维，培养创新意识，才能想别人没想到的，才能有新的收获这样的道理。其中画师称赞小徒弟的句子，含义深刻，也说明了小徒弟画的精妙之处。对于三年级的学生来说，读懂句子已有一定的能力，但是如何把句子所包含的深刻含义表达清楚还存在一些问题，需要教师在教学过程中精心设计指导。

四、基于学生学情制定课堂教学目标。三年级的学生，能自主识字，理解词语，能读懂课文，并能简单地说清课文的大致内容。只是对于词语的理解过程缺乏一定的有效方法。所以在教学设计之前，我在班里讲了两个故事：一个是“深山藏古寺”，另一个是“踏花归去马蹄香”。我同时出示了好几幅画，让学生说出这几幅画的优缺点，并选出其中最精妙的一幅，一半以上的学生能用上“虽然……但是……”或者“因为……所以……”这样的句式来判断画的优缺点。

综合以上几方面的考虑，我确定了《想别人没想过的》教学目标。

1. 在阅读中认识本课生字，用学过的方法理解“连绵起伏、若隐若现、恍然大悟、召集”等词语。

2. 有感情地朗读全文，体会文章采用悬念引人入胜的写法。

3. 通过学习知道“只有想别人没想到的，才能取胜他人”的道理，凡事要有创新精神。

资料来源：《课堂教学目标的设计和实现方法》，http：//cgxx.qpedu.cn/jh-kx/shhk/172653.htm，2016-10-17。

第三节　小学课堂教学目标的编写

教学目标，是课堂教学的起点和终点，是课堂教学的重心。教学目标的设计，尤其是课堂教学目标的设计是教学设计的关键一环，其表述是教师备课一项必不可少的工作，是一名教师必备的能力要素。它不仅反映了教师对课程标准和教学内容的理解程度和学生学习结果的预测情况等，也是连接教育理想与教育现实的桥梁。科学规范地设计和表述教学目标，有利于发挥教学目标的功能，有利于课程目标的落实，有利于教学过程的顺利开展，有利于课堂教学质量和效率的提高，也有利于学生达到理想的学习水平和学习状态。

具体涉及特定单元、学科或者年级水平所应该达到的教学目标，最具体、最明确、最常用、也最具操作性的是课时教学目标，它是对学生通过一节课的教学活动后能做什么的一种明确、具体的表述，表达了学生通过学习后的一种具体的学习结果，如何具体而清晰地陈述是教师在实际工作中的重点和难点。这也将是本节探讨的重点。

一、教育目标的层级设计与表达

构建相对科学的教学目标体系是课程设计者、教学研究者、教学管理者和教师的一项重要任务。为了使参与目标决策的人更加清楚、明了自身的任务与责任，行动上更加有方向感，同时也保障每一教育阶段都可以进行恰当的评价，教育目标的陈述必须具有层级性。通常，不同层次的目标在表述策略上有所不同，应该分几层，这要视情况而定，具体可见表5-4。

表5-4 教育目标的层级表

<table>
<tr><th>层级</th><th>陈述名称</th><th>制定者</th><th>特点</th><th>举例</th></tr>
<tr><td>一级
(教育目的)</td><td>教育方针(教育目的)或培养目标</td><td>政府/国家</td><td>抽象、笼统；侧重应然状态，明确人才培养的质量规格、实现途径和原则(抽象化)</td><td>在德育、智育、体育几方面都得到全面发展</td></tr>
<tr><td rowspan="3">二级
(课程目标)</td><td>九年义务教育的课程目标</td><td rowspan="3">学科专家</td><td rowspan="3">从“抽象”逐步过渡到“具体”</td><td>具有适应终身学习的基础知识、基本技能和方法</td></tr>
<tr><td>九年义务教育语文课程目标</td><td>具有独立阅读能力，注重情感体验，激发想象力和创造潜能。学会运用多种阅读方法</td></tr>
<tr><td>一二年级语文课程目标(阅读领域课程)</td><td>结合上下文和生活实际，理解课文中词、句的意思，在阅读中积累词语。借助读物中的图画阅读</td></tr>
<tr><td>三级
(教学目标)</td><td>本单元/章或节课或本次活动的教学目标</td><td>教师</td><td>比较具体；侧重实际状态</td><td>掌握生词的读音，复习“得”的读法；
理解课文内容，有感情地朗读课文，背诵诗歌2～4节；
知道植物有多种传播种子的不同方法，激发学生对大自然的热爱，体会独立生活的乐趣(《植物妈妈有办法》教学设计)</td></tr>
</table>

在上述目标体系中，教学目标是一个多层次的目标体系。包括本单元或章、节目标，本节课或本次活动的教学目标。

在设计教学目标时，小学教师要从“教科书的执行者”向“教学方案的开发者”方向转变，考虑教学总目标、课程目标、单元目标、课时目标等。按照“课程标准分级目标—学年/学期课程目标(来源于课程纲要)—单元目标(单元纲要)—课时目标”的层次来设计课时教学目标。即首先要仔细研究课程标准，其次根据课程标准制定学年/学期课程纲要；再次根据课程纲要制定具体的单元纲要；最后根据单元纲要，研读教材，制定课时教学设计方案。

要以课程标准为依据，在设计教学目标时，要整体着眼，在构建完整的知识体系的基础上，根据不同的教学内容，进行整合、删减、扩充，使教学目标更科学，更具有可达成性。

要从学生的实际出发，即使针对同一年龄段的学生，也要体现出分层性和层递性，充分考虑学生的预习情况，真正明确学生对知识理解的掌握程度，从而根据学生的实际有的放矢地设计教学目标，切忌过大、过空，或因过小而流于形式。

要根据教材内容而定，教学内容也是课时教学目标表述的理论依据之一。教材为什么选取这些教学内容，这些教学内容有何意义，这些内容之于学科体系，之于学生的价值在哪里。教师不能没有自己的独立判断与思考，而只做一个教材的传达者。教师要对具体的教学内容进行分析和整合。不同的课时内容存在着难易程度、教学侧重点等方面的不同。因此，教师不仅要重视结果性目标的设计，同时还要重视体验性目标的设计，不仅要重视认知目标和运动技能目标的设计，还要重视方法与过程目标、情感态度价值观目标的设计，促进学生全面、健康、和谐的发展。

新课程目标的编排方式不同于以往的教学大纲，脱离具体的教材内容，注重学段性目标。学段目标，必须依靠整个年段学生在课堂学习目标中达成的累积才能得以实现。从另一个角度讲，也给具体进行教学的教师一个很大的创生空间，正如研究者所言："不解决执行的问题""将标准中的语言转化为理想的课堂实践的清晰图景……这就为在一个特定的课堂中解释日复一日的教学应该是怎样的留下了相当大的空间。"教师可以充分考虑课标、教材、学情等多种因素，进一步结合学生的学习状态，制定出适合的学期目标 、单元目标和课堂目标。

二、小学课堂教学目标的表述

准确陈述教育目标，直接关系到教育内容的选择、组织与实施。一个好的教学目标，具有以下几个特点。

第一，以学生为目标主体。依据课程教学目标理论，教学目标是指学生通过教学活动后要达到的预期结果。它必须也只能体现在学生身上，反映学生学习后的行为变化。很多老师常常以教的要求来代替学的目标，习惯用"使学生" "培养学生"的语言来表达，比如，"继续对学生进行有感情地朗读课文的训练""教学生十以内的加法"等这都是从教师角度陈述的教学目标，是对教师行为的描述，而不是从学生角度陈述的，是要求教师做什么，而不是学生学习后要达到的学习结果。虽然只是角度差异，但却是以 "教" 为本，和以"生"为本的不同教学理念的执守。

第二，具体、明确、可操作。课堂教学目标，要有可观察的行为陈述，使教学目标的达成具有可操作性；要能反映学生行为的变化、学习的结果，具有测量、评价的操作性。为了使目标的选择更具有明确度，在设计教学目标时，不要采用笼统的词语来表述，切忌采用“了解”“领会”“知道”等非行为表现的提法，而是要明确提出行为动词，如“区别”“举出”等 。

第三，有层次性。对于不同层次的、不同类别的知识以及不同层次的学生可达成的目标，都应该有具体而恰当的描述，如认知领域的教学目标反映记忆、理解与运用(包括简单运用和综合运用)三个层次，态度领域的目标则可能反映接受、反应和评价三个层次。

(一)教学目标的内容设计

1. 三维目标

新课程标准强调教学目标设计的全面性、整体性，强调从知识与技能、过程与方法、情感态度与价值观三个维度来设计和表述教学目标。

知识与技能，主要着眼于学生对于人类已有的科学文化知识的理解与掌握。分为了解、理解、掌握、运用等不同层次。

过程与方法，着眼于学生在亲身学习过程中获得直接经验和内心体验，对于学习方法有所感悟，在过程中不断提高学习能力。分为经历、体会、探索等不同层次。

情感态度与价值观，着眼于学生在学习与成长的过程中，获得丰富的情感体验，形成积极的人生态度、正确的世界观、价值观。分为感受(经历、注意)，反应(体验、认同)，领悟(内化)等不同的层次。

钟启泉在《“三维目标”论》一文中提出，任何学科的构成都包含了知识、方法、价值这三个层面的要素。其一，构成该学科的基础知识和基本概念的体系；其二，该学科的基础知识和基本概念体系背后的思考方式与行为方式；其三，该思考方式与行为方式背后的情感、态度和价值观……因此，“三维目标”不是在学科之外强加于学科教学的价值追求，而是学科自身内在隐含的价值：认知价值、社会价值、伦理价值。

从学科（或知识）的构成上看，知识与技能、过程与方法、情感态度与价值观本来就浑然一体、不可分离。

在设计教学目标时，教师要注意不可重知识目标，轻技能目标，不可重知识技能目标，轻过程与方法目标，不可重知识与技能和过程与方法目标，轻情感态度与价值观目标。同时，也要注意，三者之间的关系，不可简单地割裂三个维度之间的联系。

需要强调的是，在具体的表述上，“三维目标”这三个维度，不能简单并列，机械地一一列举，而应该根据具体的情况，有机整合。很多时候，它们是融为一体的，在同一过程中同时实现的。

2. 层级目标

从课程标准、学段目标、单元目标到课时目标，教学目标是通过完成一系列的小目标而达成的，而课时目标，也是由一个个小目标构成的。相对于课堂教学目标而言，层级目标，不是指整个教学目标体系的层次化，而是指一个特定的教学目标设计的表述要反映出学习结果的层次性。

首先，教学内容是多层次的，具有多目标的性质，是一个大系统。这些目标，既有特定的阶段性，也有连续性。我们要注意根据年段要求，教材的难度，通盘考虑，在设计教学目标时，要明确整体与部分的层次关系。清楚上位目标，准确定位下位目标。

其次，要注意目标的横向联系。除了要注意宏观与微观、课标与单元、课时目标的纵向联系，还要对学科之间、单元之间、课时目标之间的联系，进行考虑，使教学目标产生整体效应。

最后，课堂教学目标一定要在学生的“最近发展区”内。学生之间是有差异的，在设计时，要从学生的实际情况出发，照顾学生的个别差异。可以用图解形式表述目标与目标之间的关系。如采用双向细目表对目标要求进行区分，从最简单的、基本的到复杂的、高级的目标，将高层次目标分解和具体化。每前一目标都是后续目标的基础，即没有识记，就不能有理解；没有识记与理解，就难以应用。由此，有由低到高层次分明、连续递增的目的，使不同层次的学生都能从易到难，级级向上发展，从而激发小学生探索发现的兴趣，而不是让学生望而却步。

例如，小学二年级《植物妈妈有办法》一课的教学目标，我们可以将“过程与方法目标”，进行三种不同的表述。

A. 学生通过抢答游戏，识记哪几位植物妈妈送孩子出去旅行。

B. 学生通过表演，探讨植物妈妈是怎样送孩子出去旅行的。

C. 收集植物传播种子的资料，通过收集和展示图片，进一步了解植物妈妈传播种子的不同方法，体会阅读的快乐，学会通过查资料来研究大自然奥秘的方法。

这三个不同层次课时教学目标的表述，使不同层次的小学生能够学有所获，感受到学习的快乐。

(二)教学目标的表述方法

教学目标是以学生学习以后的变化为依据的，变化以可观察的行为指标为标准。布卢姆认为，教学目标是用特定的方式描述在教学之后，学生能做出什么，或者学生具备哪些特点，而在一些课堂教学目标的表达中，我们常常会有这样的疑问：“有感情地朗读”如何做到呢？应该教给学生怎样的诵读方法呢？课后又当如何评价呢？“感受植物妈妈的智慧，大自然的奥妙”何以知道感受到了？用怎样的方法去感受呢？几乎可以在每一学期，每一堂课中我们常常看到“分析能力”“阅读理解能力”“体会”等这些有关学生内部的心理状态。其中的具体含义是指什么呢？在教学中又怎么培养和形成这些能力呢？我们怎么才能知道学生已经形成了这些能力呢？我们可以提出很多疑惑，这就是传统二级、三级目标表述中的问题，这些目标的表述并不可控、不可测，往往含糊、虚化、泛化或错位、缺位，形同虚设，无法观察，无法测量，更无法在教学中加以具体操作。

可见，教学目标表述的难点是明确与可操作、可实现性。那么，如何陈述教学目标才是明确的呢？怎样才能实现教学目标的明确化、操作性呢？

阅读链接

教育目标表述理论的研究发展

把各门学科的教育(教学)目标按统一标准分类使之规范化、系列化的理论称之为教育目标分类学，它旨在为目标和评价的科学设计提供技术性指导。①

人们对教学目标的研究大约始于 20 世纪初。20 世纪初期，教学目标的表述是比较抽象概括的，这就造成课时教学目标的表述含糊、不准确，就不能够发挥教学目标的作用。人们希望有一种能精确描述教学目标的方式，克服教学目标表述的含糊性。随着研究的不断深入，国外学者开始了教学目标的表述理论研究。

1918 年，美国课程论先驱鲍比特提出课程目标必须具体化。

1934 年，美国的泰勒教授首先提出了教学目标表述理论，他提出了行为目标的概念。1949 年，泰勒在《课程与教学的基本原理》中提出阐述清晰的教学目标包括行为与内容两个维度，有效的教学目标表述常常采用一种二维图表的形式。

自 20 世纪 50 年代以来，人们对教学目标分类问题进行了系统、深入的研究，提出了几种重要的教学目标分类理论。

1. 布卢姆目标分类理论

布卢姆将认知领域的教育目标按照两个维度进行分类，一个是知识维度，一个是代表知识掌握水平程度的认知过程维度。新分类学的知识维度将学生所要学习的知识分为事实性知识、概念性知识、程序性知识和反省认知知识四种类别和十一种亚类。认知过程维度将学生在认知过程中对知识的掌握水平分为记忆、理解、运用、分析、评价、创造六个主类和十九种亚类。这两个维度相互交叉，形成知识类型与认知过程两维分类表。

我国的教育研究者在借鉴布卢姆等人分类理论的基础上，将布卢姆认知目标的六级分类，转化为中学的“记忆、理解、运用、创新”四级分类和小学的“记忆、理解、运用”三级分类。

2. 加涅学习结果分类

与布卢姆依据测量学标准所划分的教育目标不同，加涅等人在对学习结果进行分类时，不仅考虑了结果的测量，同时阐明了每类学习的学习过程、条件及相互间的层次关系，使教师能根据学习结果的表述设计最佳的学习条件。他以能力与能力倾向作为教育目标分类的统一基点，从学习结果的角度把教学目标分为言语信息、智慧技能、认知策略、动作技能和态度五大类。

---

① 教育大辞典编纂委员会：《教育大辞典》第 1 卷，60 页，上海，上海教育出版社，1990。

3. 梶田叡一目标分类

梶田叡一是日本著名的教育家。他认为，学校应该通过多种多样的教育活动，实现以下“两个保障”：一是“保障学力”。通过顺次地设定适当的学习课题，并予以充分的指导，使学生系统地掌握知识、技能，以保障每个学生达到一定的内容和水准的具体学力；二是“保障成长”。通过各种各样的活动，使学生的思考力、自信心和意志力，一步一步地形成，以保障每个学生的人格得到成长和发展。在梶田叡一看来，这两个保障具有同等的重要性。学校的责任在于保障所有学生至少达到“最低限度、最小限度”的教育要求。这种要求不限于基础的知识、技能。他认为，从教育目标实际的形态角度，学校教育至少应包括以下三种类型的教育目标：达成目标(基础目标)、提高目标和体验目标。

4. 豪恩斯坦目标分类整合模式

1998 年，美国佛罗里达国际大学教授豪恩斯坦从认知、情感、心理动作、行为四个领域建构了系统的教育目标分类体系。他认为，教育目标可以按一定领域区分，各领域又可以进一步细分，同时，还可以按照发展水平和成就水平来对目标进行层级分类。在豪恩斯坦的教学目标分类学框架中，将教育目标置于教学系统中优化设计，以描述性信息和符号性信息为主要输入，行为领域包括获取、同化、适应、放行、达成五个层次的目标。

(根据网络书刊等相关资料编辑整理)

结合对西方心理学家在教学目标陈述上的有关研究的分析，与课堂教学目标的三个领域相对应，并在关注目标的生成性上，我们学习“行为目标”“表意目标”“内部过程与外部行为相结合”“生成性目标表述”四种类型，以期能实现教学目标的明确化问题，更好地发挥教学目标的导向、激励、评价等作用。

1. 行为目标的表述

行为目标也称操作目标，是对学习者通过课堂学习以后将能做什么或能说什么的一种明确的、具体的表述。是指用可以观察和可以测量的学生行为来陈述的目标，是用预期学生学习之后将产生的的行为变化来陈述的目标。

行为目标的概念由美国俄亥俄州立大学的泰勒教授最先提出。他认为最有用的目标陈述形式就是行为目标，行为目标具有精确性、具体性和可操作性的基本特征。1962 年，在泰勒的影响下，美国行为派心理学家马杰出版了他的《准备教学目标》一书，系统地提出了用行为术语陈述教学目标的理论与技术，他认为教学目标应该陈述“学生能做什么以证明他的成绩以及教师怎样知道学生能做什么”，并提出，写得好的行为目标具有三个要素。

一是说明可观察的行为——通过教学后，学生能做什么(或说什么)。

在目标表述时要避免使用描述内部心理过程的动词，如“知道”“理解”“欣赏”“记住”等，而应该使用行为动词，如“背诵”“解释”“选择”“写出”等(如表 5-5 所示)。这样可以使我们很容易观察到目标行为是否实现以及何时实现。例如，当我们希望学和能够记住一些基本的知识和内容时，我们可以这样表述：从括号里相似的生字中选择搭配正确的字，按课文内容将句子补充完整。当我们希望学生识别、理解某种修辞手法时，我们可以将之表述为：用直线画出文中的拟人句，并说说这句话妙在哪里。

表 5-5　认识领域教学目标的行为动词

认知领域教学目标	行为动词
1. 知识	界定、描述、指出、标明、列举、选择、说明、配合、背诵等
2. 理解	转换、辩护、区别、估计、解释、引申、归纳、举例说明、猜测、摘要、预估、重写等
3. 应用	改变、计算、示范、表现、发现、操纵、修饰、操作、预估、准备、产生、关联、解答、运用等
4. 分析	细列、图示、细述理由、分辨好坏、区别、指明、举例说明、猜测、关联、选择、分开、再分等
5. 综合	联合、编纂、组成、创造、计划、归纳、修饰、设计、重组、重建、重改、重写、总结等
6. 评价	鉴别、比较、结论、对比、检讨、分辨好坏、解释、指明、阐释、关联、总结、证明等

二是规定行为发生的条件——即学生行为产生的条件。

行为目标中的条件要素说明了在评价学习者的学习结果时的条件。

行为发生的条件通常包括下列因素。

(1)环境因素：空间、光线、温度、气候、室内、室外、安静或嘈杂等。

(2)人的因素：独立进行、小组集体进行，在教师指导下进行等。

(3)设备因素：工具、仪器、图纸、说明书、计算器等。

(4)信息因素：资料、教科书、笔记、图表、词典等。

(5)时间因素：速度、时间限制等。

(6)问题明确性因素：指提供什么刺激来引起行为的发生。

三是规定可接受的行为标准——符合要求的作业标准。

行为标准是衡量学习结果的行为的最低要求。通过对行为标准做出具体描述使行为目标具有可测量的特点。标准的表述一般与“好到什么程度”“精确度如何”“完整性怎样”“要多少时间”“质量要求如何”等问题有关。

下面列出了主要的表述方式。

(1)正确的次序，如“将水的净化过程的六个步骤按正确顺序排列”。

(2)正确的百分比或程度，“如正确率要在 80%以上”。

(3)精确度，如“误差在多少之内”。

(4)在多少时间内，如“8 分钟内完成观察，并完成观察记录表”(如表 5-6)。

表 5-6　马杰的行为目标及其要素举例

目标	条件	行为	标准
1. 给出一系列句子，学生能找出每个句子中的介词	给出一系列句子	找出	每一个
2. 给出 10 道除法计算题，学生能正确解决 8 道题	给出 10 个问题	解决	10 个问题中的 8 个正确
3. 给出直尺和圆规，学生能画出一个角的等分角，误差在 1°之内	给出直尺和圆规	画出	误差在 1°之内

再如，假设语文教师在教学目标中说："通过教学培养学生的分析能力。"这是一种十分含糊的说法，不可能给教学及其评价提供具体指导。改用行为术语陈述的目标是："提供报上的一篇文章，学生能将文章中陈述事实与发表议论的句子分类，至少 85％的句子分得正确。"

阿姆斯特朗和塞维吉提出来的"ABCD 目标陈述法"在马杰的行为目标的三个要素上增加了"教学对象"这一要素。"ABCD 目标陈述法"包括以下四个因素。

A 即听众(Audience)：写明教学或行为的对象(导教)。

B 即行为(Behavior)：通过学习学生应能做什么或能说什么(导学)。

C 即条件(Conditions)：上述行为在什么条件下发生(导教)。

D 即水平(Degree)：确定上述行为是否合格的标准和程度(导测量)。

当我们把四个要素综合在一起的时候，就可以写出一个完整的学习目标了如"五年级上学期的学生(教学对象)，能在 5 分钟内(条件)，完成 5 道应用题(行为)，准确率达 90％(标准)。"采用 ABCD 目标陈述法，并不意味着四个要素必须一应俱全。其中只有行为要素不能省略，而其他三个要素都可以根据具体情况适当省略。

由此可见，行为目标的优点是非常明显的，它清楚地告诉人们，这里所指的分析能力意味着什么以及如何观察和测量这种能力。行为目标强调学习之后的行为变化和变化的条件，只要将提供什么条件(刺激)和学生能做什么(行为)做具体规定，那陈述的目标也就具体了。

阅读链接

小学语文教学目标的科学陈述

一、陈述误区

目前小学语文教学目标的陈述存在"三维目标分离"、目标主体错误、二维分类缺失等问题。

首先，"三维目标"是课程目标的三个纬度，它们不是并列的关系而是为融为一体的整体，三者是在同一过程中同时实现的。但是，现在教学目标陈述中有很多将"三维目标"分开陈述的现象。例如，小学苏教版第三册中《夕阳真美》教学设计。

知识与能力：(1)学会本课的10个生字，绿线内的生字只读不写，认识1个偏旁。引导学生理解由生字组成的词语。(2)能正确、流利、有感情地朗读课文，背诵课文。

过程与方法：引导学生通过朗读，感受夕阳的美。

情感态度与价值观：培养学生欣赏美的健康情趣和热爱大自然的感情。

这样的陈述方法不仅分裂了“三维目标”本身所具有的整体性，而且也反映出促进学生全面发展理念的缺失。所以，在陈述教学目标时，应树立“三维目标”整体观，不能只见树木不见森林，要合理地将“过程与方法”和“感情态度与价值观”的根紧扎在“知识与能力”之中。

其次，教学活动是以学生为主体，教师为主导的双边活动，教学活动的开展要以学生为主体，教学目标的陈述也是如此。我们经常可以看到诸如“使学生”“培养学生”等从教师角度陈述的教学目标，而不是从学生角度陈述的。这虽然只是角度上的差异，却体现了以“教”为本的教学理念问题，陈述小学语文教学目标时要注意这一点。

最后，认知目标新分类中教学目标的厘定来自知识和认知过程两个纬度，当两个纬度有机结合时才能达到发展学生能力的目标。反之，就会导致教学目标的模糊空泛。比如，在陈述目标时常提到类似“培养学生的分析能力”的陈述，这种陈述方式里只包含了认知过程中“分析”因素，却没有知识纬度因素。另外一种则是缺乏相关的认知过程成分，如“体会文章作者的思想感情”，这里没有提到体会感情的具体途径，体现不出学生执行的认知过程。所以，在陈述教学目标时要注意两个纬度成分的有机结合，使教学目标更具有导向性和可测性。

二、陈述方法

结合认知目标新分类体系，此处主要从知识与认知过程两个纬度探讨小学语文教学目标的陈述。如在陈述之前首先要清楚两个纬度的具体内容指向。关于小学语文教学的知识纬度在分类内容中已经提到，即教学内容的分类。针对教学内容分类，认知过程纬度上的六级认知水平的行为动词对应解释如表5-7。

表5-7　小学语文认知过程维度上的六级认知水平的行为动词对应解释表

教学内容	认知过程维度					
	记忆	理解	运用	分析	评价	创造
拼音	认读，默写，听写	说明，解释(如前后鼻音不分)	借助拼音识字，借助拼音查字典			
字词	认读，默写，听写，书写	组词，找出(同义、近义或反义词)，解释，举例说明	造句，组词			

续表

教学内容	认知过程维度					
	记忆	理解	运用	分析	评价	创造
句子	背诵，抄写	找出、画出(句中成分)；扩句、缩句、整理	说写(完整句)，改错句，连词成句	正确运用结构助词“的、地、得”		
标点	认读，默写，听写	说明理由	使用，改正			
课文朗诵背诵	背诵，正确流利朗诵	有感情地朗读				
课文题目体裁		(依据标准将文章)分类	(按指定文体)写作，预测(如故事情节)	点评(如文题与文章内容一致性)		设计，创造(标题)
文章结构		找出(总起、分写，过渡句等)	(按某种结构、顺序)写话、写段或复述	分段(层)，提炼(小标题)	点评(文章开头与结尾，谋篇与布局的一致性)	
文章内容与价值观	复述(课文大意)	(用自己的话)说明，举例说明	应用(已经学过的内容阅读、写作)	归纳(文章中心思想、观点等)，做摘要	点评(论点与论据、观点与事实的一致性)	
表达技巧特色	陈述，写出	找出，画出(描写与想象)，指出(描写外貌、神态、动作、比喻、拟人等)	运用(描写、想象、修辞等手法)，写具体，写生动，仿写	判断，区分(叙述、描写、说明、议论、抒情)	评点，品评(写作特点)，修改	写作，续写，扩写，缩写，列写作提纲；创作

资料来源：徐铭，《小学语文教学目标细分研究：基于布卢姆认知目标新分类学视角》，载《课程教学研究》，2013(12)。

2. 表意目标的表述

由于人的情感变化并不是通过几次教学活动便能立竿见影的，教师也很难预期一定的教学活动后学生的心理会出现什么变化。美国学者艾斯纳提出了表意性目标。如果说“教学目标”，所指向的行为方式是已知的，希望学生在学习的某一时间内均共同发展出来。那么“表意目标”，则着眼于形成可能的种种创造性反应，是超越现有行为状态的，是开放的，不但使学生发展，而且学生的发展是因人而异的。表意目标是指学生在具体的教育情境、教学活动和学习活动中的个性化表现，旨在培养学生的创造性，注意学习的过程性和情境性及其结果的个性化，关注的是学生在活动中表现出来的某种程度上首创性的反应形式，而不是事先规定的结果。

这种目标要求明确规定学生应参加的活动，但不精确规定每个学生应从这些活动中习得什么，不规定学生在教学过程结束后应该展示的行为结果，不提出可测量的学习结果。强调学生在此情境中获得的个人意义。例如，爱国主义教育方面的一个表意性目标可以这样陈述：学生能认真观看爱国主义教育影片，并在小组会上谈自己的观后感。又如，数学教学的一个目标是：在独立思考的基础上，积极参与对数学问题的讨论，敢于发表自己的观点，尊重并理解他人的见解。表意性目标重视学生的内部感受性，适合情感、态度及价值观领域目标的陈述，反映学生个性和发展前景的多样性。表意目标的表述必须使用一些表意清楚的词语，如“知道”“理解”“能够”“喜欢”等，而不能用表意含糊的词语，如“熟悉”“意识到”“感觉到”等，以清晰陈述学生学习将要达到的非行为性的内部过程目标。例如，学完这个单元，学生将“知道代词的用法”“能计算复杂的除法”“喜欢民间音乐”“在独立思考的基础上，积极参与对数学问题的讨论，敢于发表自己的观点，并尊重与理解他人的见解”等。

3. 内部过程与外显行为相结合

由于行为目标表述过分重视行为化，而未注意内在的心理过程，对“条件”的描述过于琐碎，“标准”也带有很大的主观性，在一定程度上限制了教学的自由性和创造性。此外，在具体的教学实践中，根据目前已有的研究成果，许多心理过程还无法实现行为化，描述内部心理过程的术语不能完全避免。针对行为目标只注重学习者外在行为变化而忽视其内在的能力和情感的变化，1978年格朗伦在《课堂教学目标的表述》中，提出了用内部过程与外显行为相结合来表述学习结果的方法。他认为学习的实质是内在心理的变化，是内在能力与情感的变化，但这些内在的变化，如理解、运用、欣赏、分析、创造、热爱、欣赏、尊重等不能直接进行观察和测量，所以，需要列举反映内在变化的行为样品，使这个目标具体化。即在陈述了一个过程性的一般目标后，对该目标进行深入具体的阐释，以描述清楚学生需要达到的特定的具体行为表现。如在小学二年级《秋天的图画》中，要求学生体会秋天的景象，表达对勤劳人们的喜爱、赞美之情。“体会”是一个描述内部心理过程的词语，学生是否体会到是不可评估的。所以，在这一描述后，我们可以再列举反映这一内在变化的例子：能找到“挂、露、翻、举”等表现秋天景色的动词和描写颜色的词语；用自己的话说出比喻句含义，读出秋天到来时的兴奋、喜悦之情。这“体会”的种种表现，这些表述使得“体会”这一目标可以观察和测量。

4. 生成性目标的表述

生成性目标不是由外部事先规定的目标，而是在教学情境中随着教学过程的展开而自然生成的课堂教学目标。它关注的是学习活动的过程，而不像行为目标那样重视结果。如果说行为目标是在教学过程之前预先设定的，那么生成性目标则是在教学过程中随机生成的，其最根本的特点是过程性。生成性目标强调学生、教师与教育情境的交互作用，并在这种交互作用中，不断产生出课程目标。所以，生成性目标是解决问题的结果，是人经验生长的内在要求。因此，这种目标具有过程性的特点。持生成性目标取向的人更强调教育基本上是一个演进过程，而且它是渐进生长的，它扎根于过去又指向未来，是一个有机的过程。它适合于过程与方法领域目标的表述。我们看到，在近年来新课程提出的学习过程与学习结果并重的思想中，小学数学老师们在目标描述中，开始使用“形成、养成、经历、体验、探索”等刻画数学活动水平的过程性目标动词。如在“小数点位置移动引起小数大小变化”的目标设计中，可以将生成性目标描述为“经历小数点位置移动引起小数大小变化规律的探究过程，理解并掌握规律，体验探究发现的乐趣，形成初步的探究意识和能力”，这样的设计，不仅使过程与结果有机整合，还赋予了教学目标“生命”的活力和意义。

生成性目标依赖教师的综合教育素质。斯坦豪斯在提出“过程目标模式”的同时，还提出了著名的“教师即研究者”的口号，并指出，没有教师的发展就没有教育的发展，而且发展的最好手段不是通过明晰的目的，而是通过反思性实践。生成性目标不是取消教育活动的目标，它也需要在教育行为之前有一个意向性的提示。因此斯坦豪斯本人也认为，在实际中，目标模式与过程模式之间能够相互妥协。

上述四种表述方法，各有其特点和适用范围，在设计编写教学目标时，这些方法应当合理运用，而对其中所蕴含的教育理念和教学哲学会帮助我们真正站在学生的立场上，去设计出符合这个学段、这个班级、这些学生的教学目标。

复习与思考

1. 我国当代小学教育目标体系的维度与层次是什么？

2. 小学教育目标设计的基本原则是什么？结合当前教育现状，请谈一谈设计小学教育目标遵循基本原则的必要性。

3. 教师在进行课时目标设计时，要经过哪几个步骤？

4. 课堂教学目标的设计要注意处理好哪些关系？

5. 案例分析。

(1)一天，王老师带领两组学生去农场参观，出发前，对第一组学生说：“你们要注意观察谷物的生长情况，看那里有什么，长得怎么样？”对第二组学生说：“你们注意观察蔬菜和水果的生长情况。”最后，第一组同学的观察结果都写得详细、具体、生动。而第二组大多数同学都写得含混，模糊。

请你分析导致观察结果有显著差异的根本原因是什么？你认为教学目标对教学有哪些方面的影响？

(2)某老师对《匆匆》一课进行教学设计时，将“体会时间的宝贵，并珍惜时间”作为教学目标，该目标属于哪一类目标？设计是否合理？

(3)试用ABCD目标陈述法分析一个教学目标。

如《火烧圆明园》：通过图示法，正确理解“众星拱月”的含义。

(4)2018上半年小学教师资格证考试《教育教学知识与能力》真题中，有一道教学设计题。

浅水洼里的小鱼

清晨，我来到海边散步。走着走着，我发现在沙滩的浅水洼里，有许多小鱼。它们被困在水洼里，回不了大海了。被困的小鱼，也许有几百条，甚至有几千条。用不了多久，浅水洼里的水就会被沙粒吸干，被太阳蒸干，这些小鱼都会干死。我继续朝前走着，忽然看见前面有一个小男孩。他走得很慢，不停地在每个水洼前弯下腰去，捡起里面的小鱼，用力地把它们扔回大海。看了一会儿，我忍不住走过去对小男孩说：“水洼里有成百上千条小鱼，你是捡不完的。”“我知道。”小男孩头也不抬地回答。“那你为什么还在捡？谁在乎呢？”“这条小鱼在乎！”男孩一边回答，一边捡起一条鱼扔进大海。他不停地捡鱼、扔鱼，不停地叨念着：“这条在乎，这条也在乎！还有这一条、这一条、这一条……”

(5)如“指导二年级小学生学习本课，试拟定教学目标。”其给出的参考答案如下。

知识与技能目标：认识7个生字，会写8个生字，理解“浅水洼”“蒸干”等词语的意思。

过程与方法目标：正确、流利、有感情地朗读课文，体会小鱼对自己生命的“在乎”及小男孩对小鱼生命的“在乎”。

情感态度与价值观目标：进一步树立保护小动物、珍爱生命的意识。

请你根据课堂教学目标设计相关知识，说说这个参考答案的问题及危害，并重新撰写答案。

推荐阅读

1. 申仁洪、黄甫全：《小学教育专业(本科)培养目标体系的建构》，载《高等师范教育研究》，2003(1)。

2. 李培湘、李佳孝、彭华生等：《素质教育目标导学体系研究》，载《教育研究》，2000(9)。

3. 邱东升、袁迅青：《关于现阶段教育目的观的质疑》，载《江西教育科研》，2006(12)。

4. 陈桂生：《“教育目的”的逻辑》，载《当代教育科学》，2006(2)。

第六章　小学教育内容

内容提要▶

- 小学教育内容的含义、发展、特点与制约因素
- 小学教育内容的基本构成与结构
- 小学教育内容更新的原则与趋势

第一节　小学教育内容概述

一、什么是小学教育内容

教育内容是实现教育目标的重要载体。要实现教育目标，必须精心选择与组织教育内容。那么，什么是教育内容？教育内容等于教材吗？教育内容、课程内容、教学内容有什么区别与联系吗？

(一)小学教育内容的含义

在西方，教育内容一般简称为"内容"，又称为"课程内容"；在我国，则有教育内容、课程内容、教学内容等术语，而且，三个术语经常被交替使用，但三者是有区别的。

一般来说，教育内容是指"经选择而纳入教育活动过程的知识、技能、行为规范、价值观念、世界观等文化总体"。① 广义的教育内容包括学校教育、家庭教育、社会教育以及自我教育所涉及的所有内容，即所有教育活动传递给学生的知识技能、思想观点、行为习惯等的总和。本课程取其狭义的理解。

教育内容是构成教育过程的一个基本要素。教育内容是由教育目的决定的，体现着人才培养的素质结构的要求，反映着文化科学技术发展的状况。教育内容伴随着历史进程逐步丰富和发展起来，现代社会的教育内容十分丰富。从教育内容涉及的范围看，包括人类社会各个领域活动的知识、技能、价值观念、行为规范；从其价值来说，它具有发展人的智慧、品德、体力、审美能力等各方面的作用；从其表现形态来说，可以表现为物质的、符号的、精神的、行为的等。因此，不能把教育内容完全等同于学校课程所包括的内容，即课程内容，或等同于每一堂课的教学内容。教育内容是学校中显性课程与隐性课程的统一体，既包括课堂教学内容，也包括课外活动内容，教育内容的外延更宽泛。

(二)小学课程内容的含义

在课程研究和研制领域，人们习惯使用的术语是课程内容。课程内容是指所有纳入课程体系的内容，它是指各门学科中特定的事实、观点、原理和问题以及处理的方式，是一定的知识、技能、技巧、思想、观点、信念、言语、行为、习惯的总和。② 课程内容是为了促进学生的发展精心选择出来的人类文明的精华，是经过改造加工适合学生学习的教育材料。

---

① 顾明远：《教育大词典(增订合编本)》，765页，上海，上海教育出版社，1998。

② 王本陆：《课程与教学论(第2版)》，69页，北京，高等教育出版社，2009。

课程目标对课程的内容具有方向指导作用。也就是说课程目标一旦有了明确的表述，就在一定程度上为课程内容的选择和组织提供了一个基本的方向。而课程内容是课程目标的最直接的体现，是实现课程目标的手段，直接指向“应该教什么”的问题。课程内容往往以课程标准的形式规定下来，具有法定的地位，因而是相对稳定、不能轻易改变的。课程内容标准主要是对学生在经过某一阶段的学习之后的学习结果的行为描述，而不是对教学内容的具体规定，它不仅包括“知识与技能”领域，还包括“过程与方法”“情感态度与价值观”领域。课程标准解决的是“教什么”的问题，而“如何教”的问题则是教材层面和教学层面的问题。“如何教”不仅包括“用什么素材教”，也包括“用什么方法去教”。

（三）小学教学内容的含义

在教学活动和教学设计领域，人们倾向于使用教学内容这一术语。教学内容是指所有纳入课堂教学过程的内容。是指在一个科目、一个单元或一节课、一个具体教学活动中，作为师生教学对象的具体知识、主题、事实、观念和原理等。[①] 教学内容的本质是学生的学习经验。教学内容是教师在课堂上实际传递的知识，是课程内容的具体化。教师进行教学有一个删减和增加课程内容的过程。教学内容可根据学生的实际发展需要、自己的研究和理解、学校实际加以重新编排。

长期以来，人们总是将教材和教学内容等同起来，误以为教材内容就是课程内容、教学内容。教师理念上的混乱导致实践上的盲目，这是教师“教教材”这一现象的根源所在。[②] 教材仅仅是形成教学内容的一个“载体”，作为发挥实际作用的教学内容，其特性不同于教材内容。

课程内容与教学内容的区别主要表现在以下几个方面。

第一，课程内容规定的是学科某一阶段共同的统一的标准或要求；教学内容则是教师应对具体教学情景的，是具体的、个别的，并能体现差异的。

第二，课程内容是一种抽象的存在，不能作为学生直接掌握的对象，教学内容是具体的、生动的和动态变化的，是教师和学生直接操作的对象。

第三，课程内容以书面的文字材料进行表述；教学内容则是可以通过多种多样的文字和非文字手段进行表征，不仅包括形式各异的素材内容，也包括一些活动、方法、观念、实践操作等。

---

① 黄甫全：《小学教育学》，159页，北京，高等教育出版社，2007。

② 俞红珍：《课程内容、教材内容、教学内容的术语之辨——以英语学科为例》，载《课程·教材·教法》，2005(8)。

阅读链接

七彩课程，美丽人生

——北京市海淀区七一小学课程建设的“知与行”

北京市海淀区七一小学创建于1954年，是原海军子弟学校。本书记述了北京市海淀区七一小学以课程改革为契机，重新审视学校课程的优势与不足，从课程内容、课程形式、课程目标三个维度入手，提出“以丰富应对差异，创空间促自主发展”的课程建设思路。在这一思路的指导下，提出“七彩课程体系”的建设构想，将学校的课程设置从内容上分为七个板块：红色的语言文字课程、橙色的科技探索课程、黄色的公益责任课程、绿色的身心健康课程、青色的情趣艺术课程、蓝色的海军海洋课程、紫色的国际理解课程。“七彩课程”既包括国家课程，也包括地方课程和校本课程。“七彩课程”每一个领域的课程形式又分为：必修课、选修课、主题节日课、体验实践课和主题融合课五大类型。同时，“七彩课程”在每个年级有不同的要求，目标由低到高、由少到多、由浅入深，指向学生的全面、主动发展。

丰富多彩的课程和活动，构成了七一小学的教育内容体系；课程内容从分科课程转向综合课程，注重课程统整。“七彩课程体系”满足了学生的差异需求，促进了学生自主发展，为学生的魅力人生奠定了基础。

二、小学教育内容的历史发展

自从有了教育便有了教育内容。我国古人和现代人学习的内容有哪些差异呢？我们不妨一起穿越到古代、近代、现代去看看吧！

我国的奴隶社会是指夏、商、周时期，其学校教育的内容主要是“六艺”。“六艺”之源可溯至遥远的原始社会时期，而基本形成则在夏、商、周三代。由于各代社会发展水平的差异，实施“六艺”教育也有侧重，所以马端临在《文献通考·学校》中称夏“以射造士”，商“以乐造士”，周“以礼造士”。“六艺”的顺序为“礼、乐、射、御、书、数”。这是承接周代以来的称号，表明“以礼造士”的周代对“六艺”顺序的选择和排定正是当时社会的需要；若从历史顺序考察，当为“射、御、乐、礼、书、数”。① “射”指射箭技术的训练，“御”指驾驭战车技术的训练，射御之教，实际上就是军事教育。礼乐之教是六艺教育的核心内容。“礼”的内容范围很广泛，包括吉、凶、宾、军、嘉“五礼”。“乐”不仅包括音乐、乐器，还包括诗歌、舞蹈。礼乐教育的内容包含了从政治、经济、军事、文化及社会生活各个方面的伦理和法律的观念、规范、反映了维护宗法等级世袭制度的需要。“书”指的是文字，“数”指的是算法。

① 伍德勤、贾艳红、袁强：《中外教育简史》，120页，合肥，安徽大学出版社，2002。

书数之教的目的是培养学生的文化基础与知识技能。

我国封建社会的学校教育基本上也是分两段：初等教育（小学）和中等以上的教育（大学）。初等教育阶段主要是识字和学习基础知识和基本道德规范，不同的时期编有不同的教材——通称“蒙童教材”（也称为童蒙教材）。中等以上的教育主要是教授“四书”“五经”。[①] 在宋代蒙童教材中，影响最大的是“三、百、千”，即《三字经》《百家姓》《千字文》。

进入近代以后，教育内容出现了新的变化。除了传统的“中学”，“西学”也开始纳入教育内容中。张之洞在《劝学篇》中提出的“中学为体，西学为用”的主张，是我国近代有关中学与西学关系的命题。“中学为体”，是强调以我国的纲常名教作为决定国家社会命运的根本；“西学为用”，是主张采用西方资本主义国家的近代科学技术，效仿西方国家在教育、赋税、武备、律例等方面的一些具体措施，举办洋务新政，以挽回清王朝江河日下的颓势。[②]

到了现代社会，为了适应经济和科学技术发展的要求，学校的教育内容越来越丰富，增加了自然科学和科技发展方面的内容，学校开设的课程门类逐渐增多，初步形成了较为完整的学科门类体系。随着社会进一步快速发展，新的教育内容也不断涌现。如信息技术、环保、理财、人生规划、传统文化、国际理解、性教育等各种内容都会出现在教育内容体系中。

2001 年教育部颁发了《基础教育课程改革纲要（试行）》，对基础教育课程改革的具体目标提出了要求。在课程结构和内容方面，要求“改变课程结构过于强调学科本位、科目过多和缺乏整合的现状，整体设置九年一贯的课程门类和课时比例，并设置综合课程，以适应不同地区和学生发展的需求，体现课程结构的均衡性、综合性和选择性。”“改变课程内容‘难、繁、偏、旧’和过于注重书本知识的现状，加强课程内容与学生生活以及现代社会和科技发展的联系，关注学生的学习兴趣和经验，精选终身学习必备的基础知识和技能。”这对学校的教育内容体系的构建也提出了新要求。

三、小学教育内容的特点

（一）基础性

小学教育是为每一个学生终身发展和从事终身学习打基础的教育，是提高全民族素质的教育。小学教育的基础性主要表现在：小学教育把开发每个学生的潜能、健康个性的发展、为适应未来社会发展变化所必需的自我教育、终身学习的愿望和能力的初步形成作为主要任务。小学教育应该教育儿童学会做人、学会做事、学会学习、学会与其他人共同生活，为儿童终身发展提供动力，奠定一生持续发展的

---

① 伍德勒、贾艳红、袁强：《中外教育简史》，124 页，合肥，安徽大学出版社，2002。

② 肖东发、方士华：《瑰丽楚地荆楚文化特色与形态》，81 页，北京，现代出版社，2015。

基础。

小学教育的基础性决定了小学教育内容的基础性。小学教育内容主要包括：第一，道德品质发展的内容。小学阶段，正处在人的发展的基础阶段。对小学生进行政治态度、道德品质、世界观、价值观等方面的教育，能保证小学生的发展沿着一定的方向前进。第二，智慧品质发展的内容。小学时期正是少年儿童智慧潜力逐步显现并迅速发展的时期。小学教育的一项重要任务应当放在启迪儿童智慧发展上，知识教学应为智慧发展服务，要培养儿童善于思考，主动学习的学习习惯。第三，个性品质形成的内容。小学阶段是少年儿童的个性倾向开始显露的时期。小学教育应当维护、尊重、发展并培养小学生的个性，使其养成良好的个性品质。第四，身体发展的内容。小学是少年儿童身体迅速发展的时期，应当使少年儿童养成良好的锻炼身体的习惯，掌握锻炼的基本技能、技巧，学习卫生保健的知识，以保证少年儿童的健康成长。

(二)全面性

教育内容受教育目的的制约，为教育目的服务。它直接反映着不同时代、不同社会、不同国家、不同阶层、不同层次和类别学校的人才培养目标。人才培养目标的差异导致教育内容也有所不同。我国的教育目的是把学生培养成为德、智、体、美等方面全面发展的社会主义事业的建设者和接班人。我国小学教育内容具有全面性。

小学教育是保障儿童德、智、体、美、劳全面发展的教育。小学教育既不是就业定向的职业技术教育，也不是培养高层次专门人才的专业教育。它是面向全体儿童实施普通的基础知识和基本技能的教育。在此基础上发展小学生的能力，培养他们高尚的思想道德品质，提高他们的身体心理素质，使他们具备国民应有的一些基本素质，为他们进一步深造创造条件。从某种程度上讲，全面性是专业性的预备。儿童接受小学教育的年龄阶段，是人生历程的巨大变化时期，是人的智力、能力和良好习惯形成的最佳时期，因此，小学教育的每一个方面都不可偏废。小学教育内容应该是全面的。

(三)综合化

顺应当前世界各国课程改革的潮流，我国新一轮课程改革，整体设置九年一贯的义务教育阶段的课程，构建了分科课程与综合课程相结合的课程结构，小学阶段以综合课程为主，初中阶段综合与分科并行，供地方和学校自主选择。地方和学校可选择以综合为主的课程，也可选择以分科为主的课程，还可选择分科与综合相结合的课程，鼓励各地选择综合课程。

根据国家义务教育课程设置方案，小学低年级设置思想品德与生活、语文、数学、体育、艺术(或音乐、美术)；小学高年级设置思想品德与社会、语文、数学、外语、综合实践活动、体育、艺术(或音乐、美术)。初中阶段设置分科与综合相结合的课程，主要包括思想品德、语文、数学、外语、科学(或物理、化学、生物)、历史与社会(或历史、地理)、体育、艺术(或音乐、美术)以及综合实践活动。

这样的课程结构，加强了课程内容的综合性，淡化了学科界限，加强了课程内容与现实生活和学生经验的联系，增进了各学科之间的知识与方法的联系。走课程综合化的道路是本次课程改革的一个重要突破，也是新课程改革中小学教育内容的一个鲜明特色。

阅读链接

杜威《民主主义与教育》

杜威认为，所谓教育内容，是由各种事实与各种观念构成的，各种事实指的是在一个有目的的情境的发展过程中所观察到的、所回忆的、所阅读的和所谈论的东西，各种观念也是根据这个有目的的情境及种种事实提出来的。在论述“教育者的教育内容和学习者的教育内容”时，杜威指出，从教师的角度来看，学校里的各种学习科目代表着各种工作资源和可以利用的资本。但是这些内容与儿童的经验相距甚远，并不是表面现象而是事实。因此，学生的学习内容与成人的程式化、定型化和系统化的教育内容即书本中和艺术作品中呈现的材料是不一致的，也不可能一致。成人的教育内容为学生的学习材料提供各种可能性，而不是学生的现成学习材料。成人的教育内容直接成为专家和教师活动的一部分，而不能成为初学者和学生活动的一部分。教师和学生的观念有别，所产生的教育内容观也存在差异，这是在使用课本和其他先前存在的知识的表现形式时造成错误的根源所在。正是由于教师对教育内容的态度与学生对教育内容的态度有很大的差异，教师非常需要了解人类天性的具体组成要素和功能，这样做的意义重大。教师实际呈现的教育内容只是代表学生可能会的东西。也就是说，教师已经知道的东西，在学生这里却只是正在学习的东西，因而师生双方的问题根本就不一样。当教师从事一线教学活动时，他需要对教育内容烂熟于心；他的注意力应该集中在学生的态度和学生的回应上。教师的任务是了解学生与教育内容之间的相互影响，而学生的心思自然应该用在正在学习的主题上，而不是用在自己身上。同一个问题可以用不同的说法，那就是：教师不应该关注教育内容本身，而应该关注教育内容与学生当前的需要及能力之间的相互作用。从这个意义上讲，教师只有学问是远远不够的。

(根据网络报刊等相关资料编辑整理)

四、小学教育内容的制约因素

(一)生产力和科学技术发展是制约小学教育内容的根本因素

生产力和科学技术发展是制约教育内容的根本因素。在科学技术不发达的时代，教育内容主要是生产和生活经验的汇聚，如原始社会，口耳相传的教育活动主要以狩猎、捕鱼、采集等生产经验和基本的生活准则为主。奴隶社会和封建社会则主要以维系与处理人与人之间关系的社会生活经验即社会典章制度为主。到了近现代社会，人类社会从蒸汽时代进入电力时代，又从电力时代进入电子时代，这一切都是科学技术不断发展的结果。科学技术的发展不仅推动了生产力的进步，同时也为学校教育内容的丰富提供了多方面的资料，从此，反映科学技术发展成果的数学、物理、化学、生物等内容开始逐渐进入教育内容中，形成自然科学与社会科学两大类内容平分秋色的局面。当代社会，科学技术的飞速发展和科研成果的急剧增加，促使学校课程不断改革，教育内容不断更新。

(二)社会政治经济的需要是教育内容的决定因素

生产力和科学技术为教育内容的丰富更新提供的可能能否变成现实，一个重要的因素是统治阶级的需要。古往今来，生产力和科学技术发展水平大致相似的国家，其教育内容不尽相同，其原因之一便是社会政治经济需要不同。社会政治经济的需要是教育内容的决定因素。

中世纪的欧洲，神学被视为一切课程的王冠，这是因为当时统治西方社会最强有力的力量是教会。因此，学校教育内容也都集中在宗教和道德的学习上。中国封建社会的教育目的是造就封建帝王统治阶级的继承人，于是，在教育内容上便把“四书”“五经”奉为至宝。当代社会的一些资本主义国家，为了对抗社会主义和马克思主义思想，在学校中开设“马克思主义批判”“共产主义批判”课程，这也是出于政治经济的需要。

(三)文化传统对教育内容的制约和影响

不同的文化传统下也会有不同的教育内容。因为学校课程属于观念形态的文化，任何一个社会的文化都是民族的文化。教育内容具有历史继承性，各个时代的教育内容都是那个时代人类文化的缩影，体现了人类世代积累起来的成果；同时各国学校的教育内容中，又都有着本民族的历史传统和特色，如中国古代的蒙养教材“三字经”，今天的中小学语文教材、历史教材等。

(四)教育对象身心发展的规律和水平对教育内容的制约

教育是一种培养人的社会实践活动，对象性十分明显，人作为教育的对象，其自身的发展规律和水平成为影响或制约教育活动的一个重要因素。教育内容从根本上讲是为教育对象服务的，且最终为教育对象所掌握，因此，判断选定的教育内容是否科学合理的标准之一，就是看其是否能适应并促进教育对象的身心发展。

教育对象的身心发展是指教育对象在遗传、环境和学校教育的相互作用下其身体和心理两个方面所发生的量的和质的变化。教育对象身心发展的一般规律是指学生身心发展的不平衡性、顺序性、阶段性和差异性，因此，在选定教育内容时首先要考虑教育对象的年龄特征。我国古代以“三、百、千”为代表的童蒙教材，就考虑到了儿童身心发展的特点，所以，千百年来一直被延用。西方国家自 17 世纪开始，随着心理学研究的深入，特别是儿童心理学的建立与发展，在选择教育内容与编写教材时都注意到了儿童心理特点。夸美纽斯所编写的《世界图解》就是一个典型，该书图文并茂，通俗易懂，适于儿童学习。18 世纪的启蒙思想家卢梭从自然主义的教育观点出发，强调教育要顺应儿童的自然天性。其次，教育对象的认识水平影响教育内容的选择。人在发展的不同阶段，其认识能力和接受能力表现出不同的水平。就小学生和中学生而言，其教育内容有认识水平高低之分，由于小学生注意力还不稳定，观察事物比较笼统，学习中形象思维的内容较多。随着中学生的认识能力和接受能力的提高，在教育内容中就加大了有意识记忆和理解记忆的成分。以课文为例，小学语文课文类型以童话、寓言、诗歌、故事为主，高年级有一定数量的科普作品；中学课文以现代作品为主，古代作品也有适当比例，同时兼顾外国作品。这些教育内容的深浅程度以及广度、量度的不同正是由教育对象的身心发展规律和水平差异决定的。为了使受教育者在有限的教育时间里接受人类浩如烟海的文化知识精华，教育内容的选择必须考虑教育对象的身心发展规律和水平。如果教育内容的选择放弃了这一根据，其被受教育者接受或获得的程度就会受到影响，教育效果必将大大降低。

（五）未来社会发展的趋势对教育内容的制约

未来社会发展趋势是影响教育内容组织与选定的又一个因素，这是因为教育事业是具有鲜明的超前性的事业，而且教育事业周期性长的特点，使教育的社会效益具有滞后性。21 世纪，以信息技术为主要特征的高新技术革命正在到来，经济和信息的全球化使综合国力的国际竞争日趋激烈，我们将要面对的是一个知识社会，托夫勒说：“鉴于可以预见到的速度，我们能够推测的知识越来越快地陈旧过时。今天人们认为‘正确’的东西，明天将成为‘错误’的东西。”知识在我们每个人的一生中不断地修正与完善，因此我们不可能通过知识的积累来改造世界。另一方面，由于科学技术继续向前发展，各种技术广泛用于教育领域，使教育内容中将会纳入许多新的思想和观点。随着信息社会和知识经济时代的来临，社会对人才素质的要求将会发生变化，知识基础深厚、宽广，创新能力强，素质优良的人才将成为未来社会所需求的主要趋势。教育作为培养人的事业，将会在教育目标、内容、方法、手段上做出新的调整，以适应未来社会发展的需求，从教育内容上着手来达到此目的，更是发挥教育社会功能的一个重要方面。教育要适合并促进社会的发展，在教育内容的选择上必须要考虑未来社会的发展趋势。

阅读链接

我们最终要教给学生什么

我带的第一届小学生要搞一次聚会，几个组织者围着我嚷嚷个没完。差不多都是三十而立的人了，可那份吵闹劲真是不减当年。

“还是说说你们都是怎么小有成就的吧!”为了让耳根能有片刻清净，我不得不采取如此下策。

“我先说吧，其实我能够走到今天，是因为从老师您的身上学会了担当。那年，您在别人诧异的目光下接手了我们这个垃圾班，并一步步带着我们赢得了别人的尊重。从那时起，我就觉得应该做一个像您那样敢于担当的人。”说话的是磊，中专毕业却已是副局长的他，据说是行内治理“乱摊子”的传奇人物。

“其实我的智力和大家一样，只不过我学会了坚持，就是您逼着我跑3000米那会儿，我才知道自己竟有那么大的耐力。”浙江大学的博士小慧说。

“能把一个旋皮厂搞成现在的板材公司，我靠的是诚信。”大老板浩，初中毕业后就给别人打工，慢慢有了自己的小厂，靠着诚信赢得了一个浙江大客户，几年的时间就成了一家板材公司的老板。

多少年来，我一直固守着给学生最优异的成绩这个信念，也一直在为此而努力。但最终能够成就学生的，却是担当、坚持、诚信、爱心等这些做人最本质的东西。而我们一直苦苦追逐的成绩、名次，在他们的生命中却只是过眼云烟。

爱因斯坦说：“当你把学校教给你的东西都忘记之后，剩下的就是教育。”我们的教育在学生离开学校以后能够留给他们什么?我们在教给学生知识的同时，对前面那些学生一生受用的东西予以关注了吗?当我们整天为了课堂忙忙碌碌、精疲力竭的时候，有没有静下心来想一想：我们最终要教给学生什么!

“教什么”与“怎么教”是课堂教学的基本问题，涉及教育内容与教学方法。教育内容的确定应放在第一位，“教什么”远比“怎么教”重要得多。

资料来源：王维审，《我们最终要教给学生什么》，载《青年教师》，2011(10)。

第二节　小学教育内容的基本构成

一、小学教育内容的基本组成成分

我国的教育目的是要造就德、智、体、美、劳全面发展的社会主义事业的建设者和接班人。这样的教育目的只有落实在全面发展的教育内容中并通过全面发展的教育内容才能实现。在我国，小学教育内容的基本组成成分主要由德育、智育、体育、美育和劳育方面内容构成，并具体体现在课程计划、课程标准和教科书中。

(一)小学德育

德育有广义与狭义之分。广义的德育指所有有目的、有计划地对社会成员在政治、思想与道德等方面施加影响的活动，包括社会德育、社区德育、学校德育和家庭德育等方面。狭义的德育专指学校德育，学校德育是指教育者按照一定的社会或阶级要求，有目的、有计划、系统地对受教育者施加思想、政治和道德等方面的影响，并通过受教育者积极的认识、体验与践行，以使其形成一定社会与阶级所需要的品德的教育活动，即教育者有目的地培养受教育者品德的活动。

德育是各个社会共有的教育现象，具有社会性，与人类社会共始终。德育随着社会发展变化而发展变化，具有历史性。德育在阶级和民族存在的社会中具有阶级性和民族性。在德育历史发展过程中，其原理、原则和内容、方法等存在一定的共同性，因此德育具有继承性。

本课程所讨论的德育取其狭义。小学德育又称小学思想品德教育，是教育者根据一定社会的要求和小学生的需要，遵循品德形成和发展的规律，采用言传身教等有效的方法和手段，有目的、有计划、系统地培养小学生思想品德的活动，包括政治教育、思想教育和道德品质教育等。政治教育是培养学生一定的政治观念、信念和政治信仰的教育；思想教育是培养学生一定的世界观、人生观的教育；道德教育即促进学生道德发展的教育。

小学德育的途径多样，除了开设专门的德育课程，比如，小学低年级(一二年级)开设《品德与生活》，小学中高年级(三至六年级)开设《品德与社会》之外，还可以通过各科教学、班级活动、家庭教育、社会教育等途径来进行德育。

党的十八大把立德树人作为我国教育的根本任务。学校应该坚持把德育放在学校各项工作的首位，加强领导，健全组织，不断创新德育载体，采取多种形式深入开展爱国主义教育、理想信念教育、公民道德教育、民主法制教育、心理健康教育和行为习惯养成等教育，推进中小学德育工作的深入开展。

在小学德育教育中，要改进德育工作的方式方法，寓德育于各学科教学中，加强学校德育与学生生活和社会实践的联系，讲究实际效果，克服形式主义的倾向。如果没有德育或没有将德育放在优先发展的位置上，在德育中不遵循学生的成长规律和心理发展要求，那么德育将无法达到预期目的。

阅读链接

德育与智育

在一次班子会上，偶然谈到了德育的问题，几个干部都痛陈学生中出现的种种问题：唱国歌不出声，废纸片满地扔，楼道里打闹，大小便不入坑……辅导员和老师也曾不止一次地逼迫着他们大声唱国歌，禁止他们追跑打闹，苦口婆心地劝导他们要爱护公共环境……但这样的严“刑”峻“法”、三令五申似乎总是收效甚微，短暂的好转后他们依然故我，糟糕得一塌糊涂。

我也不止一次地思考过这样的问题，探寻其中的原因。我们不能否认社会的价值取向对德育工作的影响。整个社会对于物质的崇尚和追求已经波及了我们这些还在成长的幼苗，本应无忧无虑的童年被家长强加了太多的责任，学习被赋予了太多的功利色彩。小小的年纪，就在这扰攘争逐的社会中迷失了方向，泯灭了理想。一个刚上一年级的孩子被问及将来想干什么的时候，脱口而出的是：去美国，赚大钱！母亲都惊诧于孩子的想法，平时家里也不经常谈及类似的话题。由此可见，社会价值的潮流对于公民影响之深，甚至不曾放过这样一颗幼小的心灵。

反观学生德育的现状：家长们整日为了提高孩子成绩而奔波于各个辅导班之间，很少有人真正静下心来关注一下孩子品质与心理的发展。一谈到德育，班主任说没有时间，课还上不完呢，哪有时间教育孩子呀！辅导员也一脸无奈，为什么如今搞个德育活动就这么难呢？任务布置给谁都是横眉冷对，老是不耐烦。于是德育活动就被简化为了班会、队会、小学生守则。德育正处于一种“姥姥不疼，舅舅不爱”的尴尬境地。德育与智育两者之间正经历着一场拉锯战，各自为营，为夺取学生的时间而斗争，而现实是德育的阵营正逐步萎缩，处于弱势。

针对这样的问题，我们不能责备班主任，毕竟面对着“学历决定命运”“高考一分，失败一生”的社会现实，他们怎么能够保持一颗平常心来看待分数与德育的问题？我们也不能苛求辅导员，在分数至上的教育现实面前，仍要将德育的责任一肩担起，这等于是以一己之力对抗整个社会的潮流，这个担子太沉重了。

问题到底出在哪里呢？我认为，是我们没有透彻认识德育与智育的关系。德育与智育的关系就是我们通常所讲的“德”与“才”的关系。我认为“德”之于“才”主要有两方面的作用：支配作用和促进作用。

关于“德”对“才”的支配作用，中国古代就有“德为才之帅，才为德之表”的说法，就是说，在道德与才能之间，道德是主要的，才能是次要的，“才”是被一个人的“德”所支配的。道理显而易见，一个人具备了高尚的品德，他才能有利于国家、有利于社会。相反，不具备高尚的品德，才能愈大，祸国殃民愈甚。

针对以上的命题，我要谈一谈“德”对“才”的促进作用。古人说：“智者不必仁，仁者则必智。”就是说，一个有智慧的人不一定就有道德，但是，一个有道德的人则一定有智慧。道理何在呢？首先，道德高尚的人必然是有理想、有责任心的人，具有奋发有为、自强不息的精神。为了追求理想、履行责任和义务，他们会自觉学习知识和技能，也会更加看重学业与事业，因此，这些人必然有自立自强、报效社会的才能。其次，品德高尚的人具有强烈的自律精神，或者叫良好的行为习惯。良好的行为习惯能够促使一个人在学业上取得更大的成绩。“习惯决定性格，性格决定命运。”习惯对于成长的重要性不言而喻。

其实学校德育与智育存在着相辅相成的关系：德育促进智育发展，智育反过来又能影响学生对德育的深入理解。缺少了德育，智育会显得浮躁；缺少了智育，德育会变得空洞。所以，我们一定要认清两者之间的关系，在教育的过程中，互相促进，互为补充，从而达成德才兼修的境界，形成教育的可持续发展。

资料来源：马万成，《只为播下一颗幸福的种子——一个小学校长的教育手记》，55～58页，北京，首都师范大学出版社，2015。

(二)小学智育

“为什么我们的学校总是培养不出杰出人才?”这就是著名的“钱学森之问”。“钱学森之问”是关于中国教育事业发展的一道艰深命题，需要整个教育界乃至社会各界共同破解。

“钱学森之问”涉及学校智育的问题。智育是全面发展教育的重要组成部分。所谓小学智育就是教育者有计划、有目的、有组织地向小学生传授系统科学文化知识和技能，发展小学生智力的教育活动。近几十年来，一些教育学家和心理学家把智育解释为智慧和智力的教育，就是指通过智育培养聪明而有才智的人。智育是促进人类社会进步不可缺少的条件。在实施全面发展的教育过程中，小学智育可以为其他各育提供科学文化知识基础和智力基础，可以促进其他各育的发展。智育在教育中占重要地位，是学校教学工作的中心环节。提高小学智育的质量，是当前迫切需要研究的课题。

小学智育的任务包括向小学生传授系统的文化科学知识、发展技能、培养自主性和创造性等。促进学生智力品质的发展，尤其是思维品质的发展，让学生综合运用各种知识与心理能力理解和解决问题，提高个体对自己智力品质和思维策略的反省能力，是智育的核心任务。小学智育的内容非常丰富，它是根据小学智育的任务来确定的。同时，小学智育的具体内容也要随着时代的发展而不断地更新和充实。小学教育中的智育任务主要是通过文化课的课堂教学与课外活动去实现的。智育内容因而可以划分为文化课教学中的智育和课外活动中的智育。

阅读链接

苏霍姆林斯基眼中的“智育”

关于什么是智育，智育有什么功能，对于人的发展承载着怎样的责任，是十分重要的教育问题。在西方教育史上，教学任务应该是注重发展学生智力还是应该注重传授学生知识，一直是教育学家们争论的焦点。“形式教育论”主张通过训练学生的思维来发展学生的智力，传统的“实质教育论”认为，传授具体有用的知识应该作为教学的中心任务。在苏联教育思想的发展进程中，也出现过以凯洛夫为主要代表的侧重让学生掌握和积累知识的所谓“传统教学”理论，和以赞科夫为主要代表的提倡学生的“一般发展”应该成为教学主要任务的教育思想。这些理论都是在不同的历史时期，针对当时社会的发展需要提出的有针对性的解决教育时弊的见解，现在看来都是带有明显时代烙印的产物。苏霍姆林斯基认为“形式教育论”和“实质教育论”都是片面的，这样的见解较之前的教育理论观点在很大程度上具有进步性意义。

“智育是在获取知识的过程中进行的，但又不能仅仅归纳为一定知识量的积累。只有当知识在变为个人信念，变为人的精神财富，从而影响到他生活的思想方向和他的劳动、社会积极性和兴趣的时候，知识的获取过程和知识的深化过程才能成为智育的要素。”①“教学是智育的极重要的手段。教学过程中的智育成效取决于这样一些因素：学校全部精神生活的丰富，教师精神上的丰富、宽广的眼界、渊博学识和文化素养，教学大纲的内容，教学方法的性质，学生在校和在家智力劳动的安排。”“教学过程中要实现智育的主要目的——发展智力。”②“只有当教师不把知识的积累和知识量的扩大视为教学过程的最终目的，而只是当作发展认识和创造能力以及喜好钻研的灵活思考能力的一种手段的情况下，才能在教学过程中实现智育。”③“只有在人类最有价值的智力财富成为学生的财富的情况下，才能实现真正的智育。学校的实际任务就是要做到使得关于自然和劳动、关于人的机体和思维、关于社会和人的精神生活以及关于艺术等科学的基础知识，在学生的智力发展上占据应有的地位。尽管地质学、矿物学、生物化学、天体演变学、心理学、修辞学、人种学等科学未列入教学计划，但是不介绍这些科学的基础知识就不可能施行真正的教育。”④

简单通俗地概括起来，智育的本质就是在学习和掌握知识的基础上发展学生的智力和智能，而教学是进行智育、传授知识和培养学生智力和智能的主要途径。学生对于知识的掌握和自身的发展是教学和教育所需关注的极其重要的问题。

(三)小学体育

小学体育是向小学生传授锻炼身体和卫生方面的知识，训练运动技能，培养锻炼身体和讲卫生的好习惯，促进小学生身体发育和增强体质的教育。体育对于促进学生身体发育和发展、提高其心理健康水平、增强社会适应能力、培养全面发展的

---

①②③ [苏]瓦·亚·苏霍姆林斯基：《苏霍姆林斯基选集5卷本 第4卷》，327～329页，北京，教育科学出版社，2001。

④ [苏]瓦·亚·苏霍姆林斯基：《苏霍姆林斯基选集5卷本 第4卷》，351页，北京，教育科学出版社，2001。

人才具有重要的作用。体育既是教育的有效手段，又是教育的重要内容。

我国体育历史悠久，但“体育”却是一个外来词。随着西方文化的不断涌入，学校体育的内容也从单一的体操向多元化发展，课堂上出现了篮球、田径、足球等。许多有识之士提出不能把学校体育课称体操课了，必须厘清概念层次。1923 年，在《中小学课程纲要草案》中，正式把“体操课”改为“体育课”。从此“体育”一词成了标记学校中身体教育的专门术语。

体育的任务有：促进学生身体正常成长和发育，增强体质；帮助学生掌握体育运动的知识和技能，并养成自觉锻炼身体的习惯；通过体育活动培养学生的意志品质和道德品质等。学校体育的内容是根据学校体育的任务和学生的年龄特征来确定的。目前，我国体育的内容一般有以下几个方面：田径运动、体操、球类、武术、游泳、军事运动等。

2001 年我国教育部在《体育与健康课程标准》中明确提出，将体育内容归纳为五个学习领域，即运动参与、运动技能、身体健康、心理健康和社会适应，并根据领域目标构建课程的内容体系。小学体育要树立健康第一的指导思想，切实加强体育工作，使学生掌握基本的运动技能，养成坚持锻炼身体的良好习惯，确保学生体育课程和课外体育活动时间，不准挤占体育活动时间和场所。举办多种多样的群体性体育活动，培养学生的竞争意识、合作精神和坚强毅力。

阅读链接

体育教育不能说起来重要，做起来次要，忙起来不要

——专访教育部体育卫生与艺术教育司司长王登峰

2012 年 5 月 7 日，《中共中央国务院关于加强青少年体育增强青少年体质的意见》(以下简称中央 7 号文件)颁布实施 5 周年。从 2010 年全国青少年体质调查情况看，中小学生体质下滑的趋势得到了初步的遏制。

但是，学校体育中的一些根本性难题还没有得到解决，比如，体育课不得不为语数外“让路”、学校体育课内容单一、大学生的身体素质还在继续下降。

与此同时，一些新的问题又出现了：前几年，让父母们揪心的是孩子通宵达旦在网吧流连。如今，手机、平板电脑等电子产品的普及，让孩子们开始和这些新“玩具”形影不离，而且有低龄化趋势。有报道指出，这些电子产品不仅伤眼、伤脑，而且更加抢占了孩子本来就不多的户外锻炼时间。

在新旧问题夹击下，如何吸引孩子走到户外？如何更好地开展体育活动？为此，本报记者专访了教育部体育卫生与艺术教育司司长王登峰。

“我们现在最想实现的，就是保证学校的体育课都能开齐，这件事做起来没有什么技术难度，但是真正做到却不容易。”王登峰说。

他介绍，现在体育所处的地位非常尴尬，在学校它是“说起来重要，做起来次要，忙起来不要”，在家长眼中是“考什么、学什么，考什么、练什么”。

本报也曾报道了这样的数据：一旦锻炼时间和学习时间发生冲突，有65.5%的家长希望孩子以学习优先。这与孙云晓一项多年的研究相吻合。他发现，在全国中小学里面，有70%的学校校长和家长把学习放在第一位。

在这种观念下，体育课被当成了“副科”。而据了解，目前学生体育搞得比较好的是初中，因为在一些地方，中考的成绩中加大了体育分数所占的比重。

在这种情况下，改革评价体系是一种最直接的办法，“我们要想办法让校长、学生和家长‘不得不’重视体育”。王登峰介绍，教育部今年将要求所有高校对所有刚入学的新生进行健康体质测试，测查后按照生源地、生源校进行排名公布，也就是把大学新生健康体质作为衡量地方基础教育——高中阶段学生体质健康的指标。

“这其实是在用应试的手段推行素质教育。”王登峰有些无奈地说。但是，让孩子们动起来是第一位的。

青少年沉溺于电子产品，不仅影响他们的健康，同时也影响他们的智力发展。王登峰说：“多年的体育教育并没能让孩子把体育锻炼变成一种生活习惯。”

王登峰认为，科技的发展在给人们带来了诸多便利的同时，带给人们的是一种片面的发展。

“在这种情况下适当限制青少年对电子产品的使用是必须的。”王登峰说，体育应该展现它本来拥有的魅力，把青少年从那些“能把自己玩死的玩法”中吸引出来，这就要求体育工作者设计出更多让孩子们着迷的运动项目。

不少专家指出，现在的体育课太注重竞技项目了，其实，这也是一种应试的思维，因为当前一些学校开设体育课的目的并没有放在培养孩子良好的体育锻炼的习惯上，而是放在“体育达标”上了。

“我们的体育课并不都是在培养运动员，而是要让孩子们热爱体育锻炼，让孩子们对体育锻炼产生内在的动力。”王登峰说，因此，他认为一些民间传统的体育项目，尤其是其中带有娱乐性的体育项目，把这些与学校体育课结合起来，一定能吸引更多的孩子。

在王登峰看来，现在更重要的是把孩子们带到操场上来，完成每天一小时的锻炼，坚持下去，孩子们自己就能体会出其中的益处，“假设孩子们每天在校10小时，那么9+1的组合结果一定会大于10的。”

资料来源：中国青年报，2012年5月16日。

(四)小学美育

美育，又称审美教育或美感教育，指培养学生正确的审美观点，以及感受美、鉴赏美和创造美的兴趣与能力的教育活动。美育作为审美和教育的结合产物，是一个历史课题。西方早在古希腊时期，在城邦保卫者的教育中就有艺术教育的内容，而我国春秋时期更是十分重视“诗教”与“乐教”。但美育这一概念，则是由德国的伟大诗人和美学家席勒于 18 世纪末提出和建立的。席勒在他的《美育书简》中提出：“为了在经验中解决政治问题，就必须通过审美教育的途径，因为正是通过美，人们才可以达到自由。”①我国近代史上大力提倡美育的首推蔡元培先生，他把美育当作学校教育的一个组成部分，使美育在学校教育中有了明确的地位。中华人民共和国成立初期，提倡德育、智育、体育、美育和综合技术教育，为社会主义学校教育奠定了良好的基础。近些年来，国家提出基础教育要由“应试教育”向素质教育转轨，美育在人的全面发展教育中乃至整个社会文明建设中的不可替代的作用和地位，更是受到了人们广泛的关注。

我国小学美育的总体目标是通过音乐、美术、文学教育和其他各种审美活动，充实学生的生活，丰富学生的情感，培养学生欣赏美、评价美的能力，引导学生初步掌握一种艺术活动能力，使他们具有健康的审美情趣和高尚的情操，形成乐观向上的精神面貌。素质教育的核心是培养学生的创新精神和实践能力，而美育则是培养学生创新思维的最佳途径。学校美育的实施应当贯穿于教育的各个环节中，贯穿于学校教育的方方面面。

阅读链接

美育

美育者，应用美学之理论于教育，以陶养感情为目的者也。人生不外乎意志，人与人互相关系，莫大乎行为，故教育之目的，在使人人有适当之行为，即以德育为中心是也。顾欲求行为之适当，必有两方面之准备：一方面，计较利害，考察因果，以冷静之头脑判定之；凡保身卫国之德，属于此类，赖智育之助者也。另一方面，不顾祸福，不计生死，以热烈之感情奔赴之。凡与人同乐、舍己为群之德，属于此类，赖美育之助者也。所以美育者，与智育相辅而行，以图德育之完成者也。

吾国古代教育，用礼、乐、射、御、书、数之六艺。乐为纯粹美育；书以记述，亦尚美观；射、御在技术之熟练，而亦态度之娴雅；礼之本义在守规则，而其作用又在远鄙俗。盖自数以外，无不含有美育成分者。其后若汉魏之文苑、晋

① ［德］席勒：《美育书简》，徐恒醇译，39 页，北京，中国文联出版公司，1984。

之清谈、南北朝以后之书画与雕刻、唐之诗、五代以后之词、元以后之小说与剧本，以及历代著名之建筑与各种美术工艺品，殆无不于非正式教育中行其美育之作用。

其在西洋，如希腊雅典之教育，以音乐与体操并重，而兼重文艺。音乐、文艺，纯粹美育。体操者，一方以健康为目的，一方实以使身体为美的形式之发展；希腊雕像，所以成空前绝后之美，即由于此。所以雅典之教育，虽谓不出乎美育之范围，可也。罗马人虽以从军为政见长，而亦输入希腊之美术与文学，助其普及。中古时代，基督教徒，虽务以清静矫俗；而峨特式之建筑，与其他音乐、雕塑、绘画之利用，未始不迎合美感。自文艺复兴以后，文艺、美术盛行。及十八世纪，经包姆加敦(Baumgarten，1714—1762)与康德(Kant，1724—1804)之研究，而美学成立。经席勒尔(Schiller，1759—1805)详论美育之作用，而美育之标识，始彰明较著矣。(席勒尔所著，多诗歌及剧本；而其关于美学之著作，唯Brisfe uber die usthetische Erziehung，吾国"美育"之术语，即由德文之Asthetische Erziehung译出者也。)自是以后，欧洲之美育，为有意识之发展，可以资吾人之借鉴者甚多。

爰参酌彼我情形而述美育之设备如下：美育之设备，可分为学校、家庭、社会三方面。

学校自幼稚园以至大学校，皆是。幼稚园之课程，若编纸、若黏土、若唱歌、若舞蹈、若一切所观察之标本，有一定之形式与色泽者，全为美的对象。进而至小学校，课程中如游戏、音乐、图画、手工等，固为直接的美育；而其他语言与自然、历史之课程，亦多足以引起美感。进而及中学校，智育之课程益扩加；而美育之范围，亦随以俱广。例如，数学中数与数常有巧合之关系。几何学上各种形式，为图案之基础。物理、化学上能力之转移，光色之变化；地质学的矿物学上结晶之匀净，闪光之变幻；植物学上活色生香之花叶；动物学上逐渐进化之形体，极端改饰之毛羽，各别擅长之鸣声；天文学上诸星之轨道与光度；地文学上云霞之色彩与变动；地理学上各方之名胜；历史学上各时代伟大与都雅之人物与事迹；以及其他社会科学上各种大同小异之结构，与左右逢源之理论；无不于智育作用中，含有美育之元素；一经教师之提醒，则学者自感有无穷之兴趣。其他若文学、音乐等之本属于美育者，无待言矣。进而至大学，则美术、音乐、戏剧等皆有专校，而文学亦有专科。即非此类专科、专校之学生，亦常有公开之讲演或演奏等，可以参加。而同学中亦多有关于此等美育之集会，其发展之度，自然较中学为高矣。且各级学校，于课程外，尚当有种种关于美育之设备。例如，学校所在之环境有山水可赏者，校之周围，设清旷之园林。而校舍之建筑，器具之形式，造像摄影之点缀，学生成绩品之陈列，不但此等物品之本身，美的程度不同，而陈列之位置与组织之系统，亦大有关系也。

其次家庭：居室不求高大，以上有一二层楼，而下有地窟者为适宜。必不可少者，环室之园，一部分杂莳花木，而一部分可容小规模之运动，如秋千、网球之类。其他若卧室之床几、膳厅之桌椅与食具、工作室之书案与架柜、会客室之陈列品，不问华贵或质素，总须与建筑之流派及各物品之本式，相互关系上，无格格不相入之状。其最必要而为人人所能行者，清洁与整齐。其他若鄙陋之辞句，如恶谑与谩骂之类，粗暴与猥亵之举动，无论老幼、男女、主仆，皆当摒绝。

其次社会：社会之改良，以市乡为立足点。凡建设市乡，以上水管、下水管为第一义；若居室无自由启闭之水管，而道路上见有秽水之流演、粪桶与粪船之经过，则一切美观之设备，皆为所破坏。次为街道之布置，宜按全市或全乡地面而规定大街若干、小街若干，街与街之交叉点，皆有广场。场中设花坞，随时移置时花；设喷泉，于空气干燥时放射之；如北方各省尘土飞扬之所，尤为必要。陈列美术品，如名人造像，或神话、故事之雕刻等。街之宽度，预为规定，分步行、车行各道，而旁悉植树。两旁建筑，私人有力自营者，必送其图于行政处，审为无碍于观瞻而后认可之；其无力自营而需要住所者，由行政处建筑公共之寄宿舍。或为一家者，或为一人者，以至廉之价赁出之。于小学校及幼稚园外，尚有寄儿所，以备孤儿或父母同时做工之子女可以寄托，不使抢攘于街头。对于商店之陈列货物，悬挂招牌，张贴告白，皆有限制，不使破坏大体之美观，或引起恶劣之心境。载客运货之车，能全用机力，最善。必不得已而利用畜力，或人力，则牛马必用强壮者，装载之量与运行之时，必与其力相称。人力间用以运轻便之物，或负担，或曳车、推车。若为人舁轿挽车，唯对于病人或妇女，为徜徉游览之助者，或可许之。无论何人，对于老牛、羸马之竭力以曳重载，或人力车夫之袒背浴汗而疾奔，不能不起一种不快之感也。设习艺所，以收录贫苦与残疾之人，使得于能力所及之范围，稍有所贡献，以偿其所享受，而不许有沿途乞食者。设公墓，可分为土葬、火葬两种，由死者遗命或其子孙之意而选定之。墓地上分区、植树，莳花、立碑之属，皆有规则。不许于公墓以外，买地造坟。分设公园若干于距离适当之所，有池沼亭榭、花木鱼鸟，以供人工作以后之休憩。设植物园，以观赏四时植物之代谢。设动物园，以观赏各地动物特殊之形状与生活。设自然历史标本陈列所，以观赏自然界种种悦目之物品。设美术院，以久经鉴定之美术品，如绘画、造像及各种美术工艺，刺绣、雕镂之品，陈列于其中，而有一定之开放时间，以便人观览。设历史博物院，以使人知一民族之美术，随时代而不同。设民族学博物院，以使人知同时代中，各民族之美术，各有其特色。设美术展览会，或以新出之美术品，供人批评；或以私人之所收藏，暂供众览；或由他处陈列所中，抽借一部，使观赏者常有新印象，不为美术院所限也。设音乐院，定期演奏高尚之音乐，并于公园中为临时之演奏。设出版物检查所，凡流行之诗歌、小说、剧本、画谱，以至市肆之挂屏、新年之花纸，尤其儿童所读阅之童话与画本等，凡粗犷、猥亵者禁止之，而择其高尚优美者助为推行。设公立剧院及影戏院，专演文学家所著名剧及有关学术，能引起高等情感之影片，以廉价之入场券引人入览，其他私人营业之剧院及影戏院，所演之剧与所照之片，必经公立检查所之鉴定，凡卑猥陋劣之作，与真正之美感相冲突者，禁之。婚丧仪式，凡陈陈相因之仪仗、繁琐无理之手续，皆废之；定一种简单而可以表示哀乐之公式。每年遇国庆日，或本市本乡之纪念日，则于正式祝典以外，并可有市民极端欢娱之表示；然亦有一种不能越过之制限；盖文明人无论何时，总不容有无意识之举动也。以上所举，似专为新立之市乡而言，其实不然。旧有之市乡，含有多数不合美育之分子者，可于旧市乡左近之空地，逐渐建设，以与之交换，或即于旧址上局部改革。

要之，美育之道，不达到市乡悉为美化，则虽学校、家庭尽力推行，而其所受环境之恶影响，终为阻力，故不可不以美化市乡为最重要之工作也。

1930 年

资料来源：蔡元培，《蔡元培谈教育》，74～78 页，沈阳，辽宁人民出版社，2015。

(五)小学劳动技术教育

小学劳动技术教育是培养小学生的生活自理能力、动手能力、创造能力和综合实践能力，增强学生的劳动观念，养成劳动习惯，并使学生初步掌握一定劳动技术知识和技能、提高学生的劳动技术的素质教育。

2015 年教育部、共青团中央、全国少工委专门出台《关于加强中小学劳动教育的意见》，提出："用 3 至 5 年时间，统筹资源，构建模式，推动建立课程完善、资源丰富、模式多样、机制健全的劳动教育体系，形成普遍重视劳动教育的氛围。" 2018 年 9 月 10 日，习近平总书记在全国教育大会上强调，要努力构建德智体美劳全面培养的教育体系，形成更高水平的人才培养体系，明确将劳动教育作为全面发展教育的重要组成部分，强调了劳动教育的重要性。

劳动技术教育是以培养学生的劳动观点，形成劳动习惯，养成良好的生活、卫生和劳动习惯为目的的，为学生今后适应现代社会生活、参加生产劳动打下基础，对于中小学生综合素质和能力的培养具有非常重要的意义。劳动技术教育把劳动教育与工农业生产、社会服务性劳动的技术教育结合起来，既有利于促进学生德智体等方面的全面发展，也为他们将来的就业准备一定的条件。

阅读链接

进一步拓展劳动教育的内容与形式

南京师范大学学校教育现代化研究中心主任、教育科学学院副院长 邵泽斌

劳动教育的价值在于培养儿童积极的劳动态度、良好的劳动习惯和积极的劳动体验。劳动教育的首要方式是通过引导儿童在真实的身体感受中，培养习惯、磨炼意志、锤炼品格。劳动教育的关键是要引导孩子从生活劳动做起，从体力活动开始，从衣食住行的生活做起，让儿童在劳动中动手、动腿、动身。在此基础上，可以围绕手工、综合实践、技术实践等新型劳动形式开展劳动教育，进一步拓展劳动教育的内容与形式，丰富劳动教育的领域与形态，发展儿童多样的劳动体验与劳动经验。

劳动教育作为全面发展教育的重要组成要素，具有不可替代的独特育人价值。通过劳动教育，可以培养劳动核心价值观、培育劳动核心能力、提升劳动关键素养，引导青少年儿童热爱劳动、热爱创造、磨炼意志、提升能力。与此同时，要融合和融通劳动教育与德育、智育、体育和美育各育的关系，通过劳动教育发展求真和创造能力，涵养智育；依托劳动教育发展丰富的社会关系，提升德性素养；通过劳动教育生产美的作品、体验生命的价值和力量，培育审美能力。要将劳动教育作为德智体美劳全面发展教育的重要载体和关键途径，让劳动教育的价值在与各育的相互渗透中落地生根。

劳动本身具有审美价值、享受功能和正向力量。劳动教育首先要激活儿童在劳动中的审美体验，引导儿童享受劳动的成果、劳动的创造和劳动的乐趣。要不断地引导儿童在真实的劳动情境中感受创造的乐趣、劳动的光荣、生命的价值和智慧的力量。同时，要认识到，儿童本身存在着厌恶劳动、不愿吃苦、意志薄弱、留恋安逸的“天性”与“本能”。为此，要充分发挥劳动教育的磨炼价值，在劳动教育中发挥好规范和引导的作用，培养儿童吃苦耐劳、克服困难、敢于拼搏的意志品质，让劳动教育成为建构儿童良性人格的过程。

劳动教育的根本任务是发展人、培养人、提升人。劳动教育既可以在模拟的劳动情境中进行，更需要在真实的劳动环境中培育；既可以通过结构化的学校课程实施，更需要经验化的学校活动涵养。劳动教育首先要立足于生活化的学校环境、日常化的家庭情境、常态化的社会活动，要在家长的潜移默化和言传身教中，培育儿童热爱劳动、热爱生活的情怀，引导儿童幸福劳动、幸福成长；要在师生的劳动交往中，发展儿童良好的劳动习惯、积极的劳动态度和创造性的劳动能力。与此同时，要通过学科课程、综合实践活动课程和校外实践活动等，有目标、有方案、有预期、有方向地培养儿童的劳动情感、劳动技能和劳动知识，增强劳动教育的课程化和逻辑化，提升劳动教育的目的性和方向感。

资料来源：中国教育报，2019 年 4 月 9 日，第 4 版。

二、小学教育内容的结构

(一)小学教育内容结构的含义

小学教育内容结构是指课程设置的类型与结构。课程类型与结构涉及课程内容的实际组织形式，因为在实际的课程中，课程内容都是通过一定的课程类型和结构表现出来的。课程类型指的是微观的具体课程种类或方式，而课程结构的含义则要广一些，它既包括横向上不同课程类型的组织安排，也包括纵向上同一内容的不同深度。

1. 课程类型

按照不同的分类标准可以把课程划分为不同的类型。

(1)分科课程与综合课程。按照知识体系的组织方式，可以把课程分为分科课程与综合课程。分科课程也称学科课程。《美国大百科全书》“课程”词条下称学科课程是“始终没有被其他课程设计所取代的课程”，这是符合事实的。尽管人们曾对它产生过怀疑，试图彻底废止它，但最终又不得不承认它有着不可取代的优越性。各种新的课程形式无一能够取代它的地位，最多只是对它的补充而已。

夸美纽斯的泛智主义奠定了现代学科课程的基础，泛智主义试图把一切知识教给一切儿童，所以又被称为“百科全书式课程”。三百多年来，人们对它进行了不断的加工改造，补充了许多新的内容，在形式上也愈益精致和完善。当代的学科结构课程论实际上也试图用自己的理论进一步加工和改造学科课程，在新的时代条件下巩固和加强学科课程的地位。

学科课程的优点是它的逻辑性、系统性和简约性，这三个特点有助于学生学习和巩固基础知识。学科课程的缺点容易造成和加深学科分隔，不利于联系学生的生活实际和社会实践，不利于吸收新知识和新学科，妨碍课程内容的更新。

综合课程是指打破传统分科课程的知识领域，组合两个或两个以上的学科领域构成的课程。综合课程是一种主张整合若干相关联的学科而成为一门更广泛的共同领域的课程。分科课程与综合课程各有优缺点，互为补充。虽然综合课程是以分科课程的改革者的身份出现的，但这并不代表综合课程就可以取代分科课程，分科课程对于掌握知识的系统性、逻辑性和专业性是综合课程不可替代的，因而，新课程改革强调使二者互为补充，在低年级以综合课程为主，到高年级以分科课程为主，这就是考虑到了学生认知发展的顺序。

(2)学科课程与活动课程。按照课程组织的重心，可以把课程分为学科课程与活动课程。学科课程强调以知识为重心组织课程与教学，而活动课程强调以学生的兴趣、爱好、能力为重心进行课程的组织。以往的教学实践往往把两者作为完全对立的两种课程与教学的价值取向，出现了极端的学科课程与活动课程。而现代各国的教育越来越多地把学科教学、课堂学习与学生的体验与活动结合在一起。新课程改革设置了综合实践活动课，就是一种弥合学科课程和活动课程的新实验。

(3)必修课程与选修课程。根据课程管理和设置的要求，把所有课程分为必修课程与选修课程。目前，充实或完善选修制度是各国课程政策的主要方向和趋势。对于必修课程与选修课程必须有以下的认识：首先，必修课程是致力于基础和共同性的课程，而选修课程是致力于个性发展的课程，二者具有等价性，没有主次之分。其次，选修课程也有标准的要求。选修课程不是随意的、散漫的、浅尝辄止的学习，而是由共同标准的评估保证的有效学习。

(4)显性课程与隐性课程。根据课程的表现形式，可以把课程分为显性课程与隐性课程。显性课程和隐性课程的区别可以用一句话来说明，那就是显性课程是课程表中列出的课程，而隐性课程是课程表中看不到的课程。隐性课程主要指的是学校的物质环境、校园文化、学校组织制度等对学生的潜移默化的影响。

2. 课程结构

课程结构指的是按一定标准选择和组织起来的课程内容所具有的各种内部关系，主要包括各类课程的比重，各门课程之间的联系、配合和相互渗透，以及课程内容的排列顺序，等等。

我们对课程结构的探讨是从横向和纵向两个维度来进行的。横向维度主要指各种课程类型的有机组合，而各种课程类型的比例问题一直是课程横向结构讨论的重点。以往我们在课程横向结构上出现的错误倾向于偏重必修课程，忽视选修课程、活动课程和社会实践活动，而在必修课程中又重视工具类和知识类学科，忽视技艺类学科。在新课改之后，这种情况有了很大的改进。为了形成最优化的课程横向结构，长期以来，课程专家们在努力开拓课程整合领域。这里的课程整合指的不仅是课程内容之间的整合，还包括学习内容与学生经验的整合，学习方式的整合。

课程的纵向结构指的是课程内容的不同质量在纵向上的结构，目前的课程一般都采用螺旋式的纵向结构，即按照学习的巩固性原理，在相邻的两个以上主题、单元、年级或阶段里安排内容相同但深度或广度不同的内容，以便让学生逐步深入地学习某门课程或某门课程的一个方面。设计时采取两种配合的方式。

(二)小学教育内容结构的特点

1. 综合性

在新一轮基础教育课程改革的具体目标中指出，要改变课程结构过于强调学科本位，科目过多和缺乏整合的现状，整体设置课程门类和课时比例，体现课程结构的均衡性、综合性和选择性。

针对分科课程的弊端，尽量多设置综合课程，如交叉课程、融合课程、广域课程、核心课程和经验课程。现在小学8门课程中有4门综合课程(初中为3门，高中以分科课程为主)。这既是历史长期积淀的结果，又是当代世界发展对教育改革的客观要求。

2. 选择性

课程结构的选择性是针对我国不同地区、不同学校和不同学生的差异提出来的。为适应地方、学校、个体的差异，实现部分课程选修制。

3. 均衡性

课程结构的均衡性是依据全面发展的理论和素质教育的思想提出来的，即我国要培养的是德智体全面、和谐、均衡发展的完整的人。课程结构均衡性的内涵主要从三个层面上体现出来：(1)对学习领域的规划和设计，或者对学科与活动的规划和设计必须全面、均衡；(2)对各学习领域，或者学科与活动的课时安排必须均衡；(3)课程内容的选择必须均衡。

第三节　小学教育内容的更新

现代科学技术的迅速发展，科学知识的急剧增长，知识陈旧周期的缩短，要求小学教育内容必须不断地更新。

一、小学教育内容更新的原则

(一)现代化原则

按照现代科学观点增加基础理论知识的比重，充实基础学科或改组基础学科。

(二)生活化原则

课程内容应贴近社会生活，强调课程与儿童的现实生活、社会生活的联系，增强儿童对生活的感受、体验与领悟。以社会问题为中心的课程，不利于学生掌握系统的科学文化知识，但是，学生是社会中的一员，毕业以后大多数要直接进入社会就业。所以，课程内容应考虑让学生了解社会、接触社会，掌握一些解决社会问题的基本技能。

(三)基础性原则

基础性原则是指要教给学生最基础、最一般、最通用的基础知识、基本技能、基本态度。课程论专家布劳迪(H. S. Broudy)认为，普通教育课程的作用，不是因为我们记住了学习过的任何东西，也不是我们能够运用这些知识，而是这些知识有助于我们的思维、感觉和想象。可见，课程的核心功能就在于对学生的心智发展价值，要实现这一功能，就必须考虑选择那些对学生智力训练价值较大的内容作为教育内容，注意课程内容的基础性。中小学教育的基本任务是要使学生有效地掌握人类文化遗产中的精华，并充分发展学生的各方面能力，以适应未来社会发展的需要。因此，所选择的课程内容应该包括使学生成为社会中一名合格公民所必备的基础知识和基本技能，同时也要包括学生以后继续学习所必需的技能和能力。

二、小学教育内容的更新趋势

教育内容影响未来人才素质的提高，受教育者在校形成的观念、知识、能力结构很大程度上由教育内容决定。教育内容受生产力、科学技术、社会政治经济、文化传统及人们对教育对象的身心发展规律、水平和社会发展趋势的制约与影响。随着上述制约因素的不断发展和变化，学校教育内容会根据这些变化做出新的调整。近几十年来，世界各国教育改革进行得轰轰烈烈，各国纷纷从本国国情出发，面向21世纪的社会发展和人才需求，对教育内容进行了理智而彻底的改革。教育内容改革和发展的趋势如下。

(一)关注教育内容的现代化、综合化

由于科技的飞速发展，知识更新速度加快，社会对教育提出了越来越高的要求，教育正在成为社会的中心。“教育正处在十字路口，它应彻底抛弃僵化、尖子主义、封闭性和学生面前放置的人为障碍；它应勇敢地接受新的内容、原则和方法。”各国在教育改革中纷纷构建科学的教育内容体系，摒弃了那些被科学发展超越的东西，补充现代与未来科学中具有基础意义的新内容；采纳以未来为导向的动态的学习材料，取代传统课程中以过去为指向的静态的学习材料，让学生学习和掌握那些具有应用潜力和再生作用，并能为学生适应未来变化、创造未来生活、服务未来社会做技术准备的知识信息。课程改革反映了现代科学思想，注重学科间的交叉渗透和综合，强调理论联系实际，学以致用。

随着世界各国经济全球化趋势日趋明显，人类面临着许多共同的问题：环境问题、贫困问题、和平与民主问题、战争冲突、新经济秩序、高科技带来的人类精神生活和道德取向的变革。这些世界性的问题纷纷引起各国的重视，也被越来越多地充实到教育内容中。

基于现代科技的发展、知识总量的增加，一个人在学校学习知识的时间有限这一情况，教育内容的基本知识和基本技能的取向体现了课程设置的综合化趋势。包括两方面的内容：第一，合并若干学科，开设一些综合性课程。如美国新编的《统一的现代数学》打破了算术、代数、几何、三角的分科体系，用现代数学的集合、关系、映射、群、环、性等基本概念重新组成综合新体系。日本基础教育中开设“数理”课，包括综合数学、计算机数学、综合物理、综合化学、综合生物、综合地学等。同时在一些学校实验“综合性学习”“合科性学校”。第二，课程结构综合化，综合设置一些灵活多样的课程，打破单一僵化的课程结构。如普通教育课程与职业课程并举，基础课程与应用课程并举，必修课程与选修课程并举，传统学科与新兴学科并举、社会科学与自然科学渗透。如德国在中小学生毕业前开设劳动课，对学生进行职业方向指导，就是课程结构综合化的反映。美国、日本等国亦有同样的做法。

(二)注重基础知识和基本技能

美国促进科学协会提交的《普及科学——美国2061计划》指出“目前教学大纲中的科学和数学内容过多过滥”，弄得学生和老师不知所措，难以跟上科学、数学和技术的发展趋势，难以把握科学、数学和技术的基本内涵。该计划建议，改变课程，减少教学内容的绝对数，软化各学科的界限，强调各科之间的相互联系和衔接。日本的《关于面向21世纪我国教育的发展方向》咨询报告中强调：“在教育内容中要沿着基础知识和基本能力的方向，开展使学生容易理解并能提高他生动活泼学习愿望的教学。”指出应从培养学生的“生存能力”这个角度来精选教育内容，使每个学生都能切实掌握“基础知识和基本能力”，并建议把精选教育内容作为今后学校教育内容改革的原则。

目前，世界各国都在关注学生发展核心素养的问题。学生发展核心素养，主要指学生应具备能够适应终身发展和社会发展需要的必备品格和关键能力。核心素养是学生应该具有的最关键、最必要的基础性素养，它是知识、能力和态度的综合表现。它不是一成不变的，而是随着社会发展、时代需要而不断变化的，它将带领学生走向未来。

(三)重视学习者内在动机和学习能力的培养

随着终身教育观念的发展，学习并不是青少年的唯一目标，教育和培训的区分已变得很模糊，培养个人适应社会发展的基本能力、培养个人自我教育的能力成为学校的主要任务，也成为当代教育内容的重点问题之一。

在现代社会中，人们越来越认识到培养与发展学习能力及首创精神的重要。“授人以鱼，不如授人以渔。”教育领域中曾长期风行“仓库理论”，即认为人脑是储存事实的仓库，教学就是教与学双方尽力用知识去填满“仓库”，学习者获取的知识、知道的事实越多就越表明有学问。由此，在教育内容上注重知识累积、提倡博览群书，博闻强记。而“多识”的仓库型人才是无法适应当今知识爆炸、信息横流的知识经济时代的。21世纪的人才必须懂得学习，能够根据需要去辨别、组织和使用一切学习资源，具有分析问题、解决问题的能力。为此，各国教育改革改变了单纯传授书本知识的旧习，调整专业、学科结构，在培养专才的基础上，采取跨学科、基础厚、宽口径，培养一专多能的通才，使学生具有开阔的视野，坚实的基础知识和丰富的创造能力，以适应未来社会的需要。

(四)重视个体差异，实行因材施教

为了更好地发掘人才、培养人才，大多数国家都在课程的深广度方面加大了弹性，以便于教师针对学生个体差异因材施教。许多国家在原有必修课的基础上增开了选修课，供不同基础和不同兴趣爱好的学生选用。这两类学科在中学教育中所起的作用是不同的，必修课是为了保证基本的教育目标的实现，选修课是要使课程适应学生多方面的需要。同时，教师对学生选课要加以必要的指导，使选修课成为发

展学生个性和为未来生活做好准备的重要方面。同时，要加强对基础的必修课程的管理，使每个学生掌握一定的解决社会课程的基本能力，保障学校传授共同的价值标准和行为规范。总之，许多国家都在采取切实有效的措施，使教育内容具有更大的可选择性与适用性，以便于更好地因材施教，充分发展学生的个性。

（五）关注道德教育

科学技术的进步和世界经济的发展给人类带来了物质文明，但也给人类带来了许多社会问题。在西方国家，青少年吸毒、少女怀孕、犯罪率上升并年龄趋小、性混乱、贪图享受、缺乏社会义务感与责任感，成了普遍存在的问题。在第三世界国家，不少青少年向往西方的生活方式，民族观念淡薄，导致了道德水准的严重滑坡和道德危机的出现。因此加强青少年和儿童的道德教育，使他们成为具有社会道德规范的合格公民，已成为近年来各国中小学教育改革的一个共同趋势。其特点包括：加强基本的传统道德价值观的教育；注重弘扬本民族的文化和历史的优良传统；培养积极健康的人生观和生活观；在国际新的形势下，拓展德育的内容。

日本为实现面向 21 世纪的教育目标，认为必须振兴德育，把“智德体”的顺序改为“德智体”，以突出德育的重要地位。为充实中小学的道德教育，文部省奖励使用适当的补充教材，加强道德教育的指导，向都道府县和市町村教育委员会及各中小学颁发作为教师用的正式教材——《道德教育指导提纲》及录像带。美国则针对青少年犯罪现象，加强了对青少年进行价值观和道德教育，提出了各种关于加强道德教育的措施。在 1989 年美国“课程发展与管理协会”的加强道德教育的报告中指出，道德教育是学校整体教育的组成部分，学校要同父母、大众传播媒体等密切联系，使学生参与道德实践。

阅读链接

核心素养落地的四个途径

拜读了《人民教育》2017 年第 3～4 期“核心素养实践探讨专辑”系列文章，我对核心素养有了更深层次的理解。我认为，核心素养落地需要四个途径：一是落实在课程中，体现为智育与德育的深度融合，比如在科学课程中融入科学家爱国为民的事迹，突出社会主义核心价值观；二是落实在课堂中，体现为课堂教学的改革创新，比如，北京市一零一中学用地理实践课堂唤醒学生对家乡的热爱，用专题教学的语文课堂激发学生的家国情怀，这些经验值得推广和学习；三是落实在作业中，体现为核心素养教育的家校统一和一贯；四是落实在社会实践中，社会是核心素养教育的大气候，更是最终落实、检验核心素养教育的地方。

资料来源：亓庆国，《核心素养落地的四个途径》，载《人民教育》，2017(8)。

复习与思考

1. 试述小学教育内容的制约因素。
2. 试述小学教育内容的特点。
3. 试结合当前教育综合改革，分析如何改革我国小学教育内容。

推荐阅读

1. 季苹：《教什么知识——对教学的知识论基础的认识》，北京，教育科学出版社，2009。

2. 钟启泉：《课程论》，北京，教育科学出版社，2007。

第七章　小学教学

内容提要 ▶

- 小学教学的基本特性
- 小学教学任务
- 小学教学改革的内涵、特点

第一节 小学教学的基本特性

教学是什么？既可以在日常语言中寻找到答案，也可以在学术文献中寻找到答案。两种答案分别呈现了教学概念的语词意义和学术意义。然而，在今天，由于教学实践不再是自在的、脱离理论的活动，所以日常语词意义和学术意义已经不存在无法跨越的鸿沟了。我们能够看到的对于“教学是什么”的回答常常是两种意义的混合物。华东师范大学施良方教授指出，从关注教师行为的角度来说，教学就是教师引起、维持与促进学生学习的所有行为。现代的课堂教学，不是单纯的知识传递过程，而是组织学生主动学习，实现学生的某些内在的发展与变化的过程。

小学教学论，作为一门独立学科，正在迅速发展和成熟。作为学校教育教学的核心体系，小学教学更加注重教学价值取向多元化；更加注重适应时代发展的需要，力图超越传统，重视教学内容的科学化、教学手段的现代化、教学方法的多样化和教学组织的个别化等。同时重视学生的主体作用，发展学生的智力能力，特别是学生的创造性思维能力与动手实践能力；更加注重教学研究为教学实践服务，加大了教学理论指导教学实践的指导力度；更加注重各种教学理论的相互渗透和影响，出现了对立观点的融合、超越，彼此兼容互补以求创新的趋势。

儿童发展是源于人类本性的目标实现过程，而教育仅是实现发展的特殊手段，其特殊性主要体现在以下几个方面。

一、教学目标与社会的发展要求相一致

在赫尔巴特看来，“对于教育的期望和教育要促进什么”的实践思考是教育学的起点。在不同的历史发展阶段，教育教学目标追逐实现国家意志与时代性发展价值。小学阶段，是人生发展的第一个“黄金期”，小学教学目标，简单点说，就是促进儿童健康、可持续发展，推进他们幸福成长。针对小学生的身心发展特点和认知规律，小学教育希望能够在师生密切的课堂互动中达成“立德树人”的教育目标和任务。

(一)含义

教学目标的确定，不仅包括知识与技能、过程与方法两个基本方面，还要重视情感与态度方面，通过创设丰富的教学情境，真实地反映社会的时代性价值标准和社会发展水平、发展趋势，从小培养学生爱国、爱家、爱自己的良好情感。

(二)要求

(1)密切联系实际生活。被毛泽东同志称为“伟大的人民教育家”的陶行知提出“生活教育思想”。陶行知认为，生活就是教育，生活就是教育的内容。他的生活教育内容博大无比，是动态的，会因生活的变化而变化；也是全面的，由此而开展的教育是有利于受教育者终身发展的。

阅读链接

“两耳不闻窗外事，一心只读圣贤书”不可取

今天上午上课，我讲了一个小短文《有“志向”的鲫鱼》，我让学生先读一读这篇小短文，我突然问学生：“鲫鱼是我们这边方言中的什么鱼？”

这个问题一下子把学生问住了，大家一开始什么都不敢说，怕说错。我说：“没什么，你们认为是什么就说什么，没关系的。”孩子们纷纷说出了他们心中的答案，但结果却让我很震惊，因为三四十个学生中竟然只有两个同学答对了，其他同学一概不知。我告诉他们鲫鱼就是我们这边的“刀鱼”，后来我又问学生其他一些鱼类的知识，但可惜的是，学生都不知道。我在想，身为农村人，却连基本的土生土长的东西都快忘却了，这可怎么好？

教育真的教育了吗？就拿我来说吧，我也是农村人，小时候也经常割猪草，在那时认识了很多野菜，后来学《生物》时，把那些野菜对上号了。有好多野菜的名字跟我们这边的方言有出入，但我们的学生能一一叫出它们的名字吗？答案肯定是不尽如人意的！

所以我觉得教育不仅仅是教育了，而要更多方面的教育，不能真的“两耳不闻窗外事，一心只读圣贤书”。

(2)适度超前。小学教学目标的确定要为学生未来生活做准备，要站在时代发展的角度进行精心设计。在知识全球化、信息网络化的今天，随着课改的不断深化和改革越来越走向内涵，如何在变革中关注超前性教育和未来意识教育的问题日益凸显。一是教育国际化的趋势提出了对学生进行国际教育的要求。国际教育旨在增进全球间的相互理解、国际和谐以及人类的共同发展，培养学生的人类意识、全球观念以及国际性的技能。二是环境教育。目前，全球性生态环境的恶化已给人类敲响了警钟。保护生态环境是 21 世纪人类最重要的使命之一，环境教育也就成为 21 世纪教育内容不可缺少的组成部分。环境教育旨在促使学生正确认识人类与环境的关系，掌握有关环境和环境问题的知识，形成积极参与解决环境问题的态度、技能和行动能力，并树立积极的环境伦理观念。三是信息技术。信息技术目前已渗透到我们的职业生活、社会生活和个人生活的所有领域中，并具有广阔的发展前景，未受过信息技术教育的人难以在未来生活中生存下去。四是生活技能教育。一些未来生活中必需的技能在传统学校中没有得到应有的重视，有的甚至是空白。如决策能力，在“选择过剩”的社会中，如何对个人生活中大大小小的问题做出适当的决策是至关重要的。利用闲暇时间的能力、应付不确定性和复杂性的能力、承受变革的心理调节能力等也十分重要。在未来社会里这些技能的重要性日益明显，是生存的必要手段。

“学”与“教”是对一体化世界的探究。新知识观的焦点之一便是要在相互联系、相互作用的整体框架中认识世界。未来的“学”与“教”是要让学生在自然与人、人与

技术、技术与社会等一系列有机的联系中把握世界，并将自身也纳入这一知识网络中，动态地认识客观规律，参与到知识的建构过程中来。对“学”与“教”的重新认识正在逐步深入人心，这些新观念在实践领域的应用将给人们带来振奋而令人激动的新景象。目前人们在教学领域的变革已经开始，各种新技术、新策略将带来无限的生机与活力。基于此，我们要为孩子的未来生活做准备，发展面向未来的教学。

二、教学起点与儿童心理发展水平相一致

小学阶段，小学生的生理和心理发展尚未成熟，正处于身心发展的重要阶段，蕴藏着极大的发展可能性和可塑性。小学教师在设计教学时要充分考虑儿童发展的两面性：一方面学生是具有发展潜能的人；另一方面学生是具有发展需要的人。在这一阶段，涉世未深的小学生通常对外界表现出浓厚的兴趣和旺盛的求知欲，他们的自我价值往往通过个体的自身努力和外界客观现实的相互作用才得以实现。因而在小学教育设计中，教师既要了解学生发展的潜力，又要把握学生发展的需要，选择科学、适宜的教学方法，促进小学生在发展中日趋成熟。

(一)含义

小学教学是促进所有学生的全面发展，小学教学起点的确定要充分考虑不同学段小学生的心理发展水平、认知能力和知识基础。小学教学起点不能定得过低，否则不能有效促进儿童的发展；小学教学起点也不能定得过高，否则超越了儿童的接受能力，会对儿童的健康成长造成伤害。

事实上，关于教学起点与儿童发展水平的问题，历史上曾有两种对立的观点——成熟优势论与学习优势论。争论的焦点在于：是等待儿童心理发展到学习某些有难度知识的成熟程度才开始学习，还是通过学习有一定难度的知识来促进儿童尽快地发展成熟。从实践经验看，成熟与学习都是儿童发展必不可少的条件，只是两者各自所起的作用不同。成熟决定着发展的可能性，而学习则把可能性转化为现实。一般说来，二者对儿童发展的作用在不同的年龄段是不同的。成熟的影响力与年龄成反比，学习的影响力与年龄成正比。

(二)要求

(1)观念上，辩证处理成熟与学习的关系。成熟优势论认为没有成熟作为基础，儿童的学习对其发展的影响作用很小。有了成熟的准备，儿童的学习才能对其发展产生事半功倍的影响力。学习优势论则认为，儿童发展的巨大潜力能否变为现实，决定性因素是后天的环境条件和在这种条件下儿童所接受的学习、训练和指导。人的社会性发展都是后天习得的，所以学习才是影响儿童发展的优势因素。

(2)行动上，在知识的传授方式上多下功夫。以传递知识为主的课堂教学在一定程度上限制了学生天赋、能力和智力的发展。当前课堂教学改革的基本趋势是从传递知识为主走向问题导学为主的学习。教师的角色将发生很大的变化。从知识传授者的角度来看，教师的教学行为将发生如下新变化。

第一，由重知识传授向重身心发展转变。

第二，由统一规格教育向差异性教育转变。

第三，由重教师“教”向重学生“学”转变。

第四，由重结果学习向重过程探究转变。

第五，由单向信息交流向综合信息交流转变。

第六，由居高临下的师生关系向平等融洽的师生关系转变。

第七，由教学模式化向教学个性化转变。

三、全面发展与个性发展相统一

为适应社会进步、经济和科学技术发展的新要求，为学生的持续、全面的发展奠定基础，小学教学要面向全体学生，尊重个体差异，遵循学生身心发展规律，实现全面发展与个性发展的统一。

(一)含义

全面发展是指人在德、智、体、美、劳各方面的和谐发展。

个性发展是指人类个体出生后直到青少年期个性(即人格)的形成和发展过程。人的个性不是生来就有的，而是在个人的生理素质的基础上、在一定社会历史条件下通过实践活动逐渐形成和发展起来的。一方面，个性发展是以儿童基本素质的全面发展为基础和前提的；另一方面，个性发展可以更好地促进儿童基本素质的全面发展。个性发展是一种注重发挥学生潜能，承认差异、重视个性、发展个性，促进个性全面、和谐发展的教育活动。其实质是以学生的个性差异为依据，让每一名学生找到自身才能发展的独特领域，从而充分发展个性，形成健全人格。

(二)要求

(1)处理好注重整体教育与允许儿童个体充分展现个性发展之间的关系。教育与教学活动，是一种整体发展的集体活动。在活动的过程中，我们以受教育的全体儿童的整体情况为基础，选择适宜的内容和方法，以整体发展的阶段性特点，确定发展的任务，为下一阶段的发展做准备。但这并不意味着我们可以忽视儿童个体的差异性和个体发展的特殊性。儿童身心的发展具有个别差异性的规律表明，个体之间在发展方面所表现出的差异性是显著的、普遍的。每一个儿童的发展，都具有其明显的个性特点，表现出自己特殊的发展情况。两个儿童完全一样的发展，事实上是不存在的。从这一意义上说，忽略个体的差异和个体的发展，去追求整体发展是不现实的。这就要求教育工作者，在设计教育活动时，要考虑到个体的差异，给个体发展留出充分的时间和空间，让儿童在发展中形成丰富多彩的个性特点，使儿童的整体发展更有潜力和活力。很多国家都通过立法来严格规定小学班级的人数，其目的就是使教师能够给每个学生更多具体的关注。

(2)全面贯彻国家教育方针，严格执行课程计划，开好、开齐、开足课程。根据德、智、体、美等方面全面发展的要求，均衡设置课程，各门课程比例适当，并按照地方、学校实际和学生的不同需求进行适度调整，保证学生和谐、全面发展；依据学生身心发展的规律和学科知识的内在逻辑，义务教育阶段整体设置课程；根据不同年龄段儿童成长的需要和认知规律，根据时代发展和社会发展对人才的要求，课程门类由低年级到高年级逐渐增加。

课程设置是国家意志的体现。是学校开展教育教学工作的“根本性大法”“总纲”。认真落实国家课程标准，严格执行课程计划，切实规范办学行为，全面推进素质教育，关系到全面贯彻落实“优先发展教育，建设人力资源强国”的战略大计。课程计划是实施素质教育和课程改革最重要、最基础的工作，学校要严格无条件执行。确保课程计划规定的课程开齐、开足、开好。在义务教育阶段还增设了综合实践活动，内容包括信息技术教育、研究性学习、社区服务与社会实践、劳动技术教育。综合实践活动的课时可与地方、学校课程结合在一起使用，可以分散安排，也可以集中安排。地方和学校课程主要是指地方和学校开设的增长学生知识、培养学生兴趣、发展学生能力的课程。学校安排课程是指由各学校根据本校实际开设校本课程或综合课程，它作为一种与国家课程、地方课程相并列的课程形态，有利于学校文化的重建，有利于学校教育办出特色。

阅读链接

义务教育课程设置实验方案

表 6-1　义务教育课程设置表

<table>
<tr><td></td><td colspan="9">年级</td></tr>
<tr><td rowspan="12">课程门类</td><td>一</td><td>二</td><td>三</td><td>四</td><td>五</td><td>六</td><td>七</td><td>八</td><td>九</td></tr>
<tr><td colspan="2" rowspan="3">品德与生活</td><td colspan="4" rowspan="2">品德与社会</td><td>思想品德</td><td>思想品德</td><td>思想品德</td></tr>
<tr><td colspan="3">历史与社会
（或选择历史、地理）</td></tr>
<tr><td colspan="4">科学</td><td colspan="3">科学
（或选择生物、物理、化学）</td></tr>
<tr><td>语文</td><td>语文</td><td>语文</td><td>语文</td><td>语文</td><td>语文</td><td>语文</td><td>语文</td><td>语文</td></tr>
<tr><td>数学</td><td>数学</td><td>数学</td><td>数学</td><td>数学</td><td>数学</td><td>数学</td><td>数学</td><td>数学</td></tr>
<tr><td></td><td></td><td>外语</td><td>外语</td><td>外语</td><td>外语</td><td>外语</td><td>外语</td><td>外语</td></tr>
<tr><td>体育</td><td>体育</td><td>体育</td><td>体育</td><td>体育</td><td>体育</td><td>体育与健康</td><td>体育与健康</td><td>体育与健康</td></tr>
<tr><td colspan="9">艺术
（或选择音乐、美术）</td></tr>
<tr><td colspan="9">综合实践活动</td></tr>
<tr><td colspan="9">地方与学校课程</td></tr>
</table>

表 6-2 义务教育课程设置及比例

	年级									九年课时总计（比例）
	一	二	三	四	五	六	七	八	九	
课程门类	品德与生活	品德与生活	品德与社会	品德与社会	品德与社会	品德与社会	思想品德	思想品德	思想品德	7～9%
							历史与社会（或选择历史、地理）			3～4%
			科学	科学	科学	科学	科学（或选择生物、物理、化学）			7～9%
	语文	语文	语文	语文	语文	语文	语文	语文	语文	20～22%
	数学	数学	数学	数学	数学	数学	数学	数学	数学	13～15%
			外语	外语	外语	外语	外语	外语	外语	6～8%
	体育	体育	体育	体育	体育	体育	体育与健康	体育与健康	体育与健康	10～11%
	艺术（或选择音乐、美术）									9～11%
	综合实践活动									16～20%
	地方与学校课程									
周总课时数（节）	26	26	30	30	30	30	34	34	34	274
学年总课时（节）	910	910	1050	1050	1050	1050	1190	1190	1122	9522

注：1. 表格内为各门课的周课时数，九年总课时按每学年平均 35 周上课时间计算。

2. 综合实践活动主要包括：信息技术教育、研究性学习、社区服务与社会实践、劳动及技术教育。

四、充分尊重和发挥儿童的主体性

（一）含义

在教育过程中，儿童既是接受教育的对象，又是教育活动的主体。小学阶段，学生在教学活动中的主体地位尤为重要，因为教师传授知识的过程必须以学生主体活动的形式表现出来。以往的教学理论强调学生是被塑造的客体，是外在社会对人才规格的需求——教育目标的被动承载者。其结果是忽视甚至抑制了学生主体性的发挥。

现代儿童发展理论告诉我们，儿童的发展是一种儿童主体的自我调节活动。外界的环境刺激，只有被主体选择，成为主体的反应对象时，才会对主体的发展产生影响。教育对儿童发展的影响意义，在于它在一定程度上限定了儿童选择的范围，并引导儿童正确地认识外在环境因素对自身的价值。但是教育只是帮助儿童做出选择，却不能代替他们做出选择。

正是在这一意义上，我们强调教育过程要充分尊重和发挥儿童的主体性。事实上，在内在与外在条件大致相似的条件下，个体主观能动性的发挥程度，对人的发展有着决定性的意义。

(二)要求

(1)教育教学组织中要充分尊重学生的感受。虽然我们都知道学习的主体是学生，但在实际的教育教学工作中，我们更多关注的是教育活动的内容、性质、组织形式等本身的意义，而很少关注它们对学生的意义，即学生是如何看待、感受和评价这些东西与自己的关系的。可这一点又恰恰是决定教育作用的关键。

试想，如果学生认为我们对他们讲述的知识是不真实的、不现实的或者根本就是错的、听不懂的，他们会把这些知识纳入自己的知识结构中吗？如果活动过程让学生感到自己是被忽视的、被排斥的，学生会把这个活动看作自己的活动而进行相应的反应吗？所以，在教育活动过程中，我们要时时关心学生在活动中的感受，并以他们的感受为依据，来选择教育内容的展示方法、教育要求的表达方法和教育活动的组织形式等。要做到这一点，就要平时多关心学生，要经常设身处地地为学生着想，也要创造更多的与学生课外交流的机会。

(2)教育教学活动中要尊重学生的选择权，给学生留出选择空间。教育教学活动中给学生留有选择的余地，就是要给学生展现个性和按个性特点发展的机会。这就要求我们的教育，无论是从内容方面还是从方法和组织形式方面，都要给学生留有选择的余地，让学生根据自己的兴趣、爱好、特长，在学习内容的选择上有所偏重，在学习方法上形成自己的特点，这一点对小学阶段儿童的发展尤为重要。

在教育教学实践中，人们往往觉得小学生，尤其是低年级的小学生，正处在各种倾向性形成的过程中，缺乏判断和选择能力，因此，教育中就应严格地控制他们的行为。例如，有的数学教师在教学生解算术题时，只教自认为最好的方法，并要求学生一步步严格按老师规定的程序去做题。违反程序的为错，用其他方法得出正确答案的也算错，学生的选择权完全被剥夺了。这种做法不仅抑制了学生个性的表现，造成了学生认识事物的局限性——任何事物只有唯一正确的可能性，而且损害了学生的自信心，对以后的发展造成阻碍。

在不违背教育教学基本目标和基本原则的条件下，在具体的教学活动中，教师应允许和尊重学生在活动中表现出的选择性，支持每一个学生按自己的特点去发展。这是实现提高国民素质这一根本性教育目标的保障。“每个人的自由发展是一切人自由发展的条件。”个人的自由发展，就是依据自身特点做出选择的发展。

(3)在教育教学过程中要鼓励学生的创造性。创造的实质，是人对自身行为可能性的新发现、新尝试。学生在学校中的学习活动，不只是接受教师传递的知识和服从教育教学要求的过程，同时也是学生自主地探索世界、感受社会的过程；学习的结果，也不仅仅是掌握知识，还要形成科学精神和恰当的生活态度。否定学生创造性的教育，会造成学生生活态度和行为方式的僵化。

严格地说，创造性也是一种选择，但它是一种与众不同、承前启后的选择。创造是人的潜在能力得以发挥的根本途径，也是个人发展与人类进步的根本途径。

在学习中否定学生的自主性、创造性，会让学生直观地感到，人在世界中是没有什么作为的，世界也是一成不变的。因为在他们的活动中，他们一再被告知世界就是这样的，有它自己固定的规则，只有按这一思维原则去看待世界，去控制自己的行为才是可行的，自我感受和思考，常常被认为是可笑的、荒谬的。在这样一种被否定加自我否定的感受下，学生不可能领会到认识是无止境的，真理是不断发展的，文明是人类创造的，自己也具有这种创造能力的道理。一个不会选择与创造的民族是没有前途的。

教育的首要作用是使人类有能力掌握自身的发展。我们应该从小学起，就鼓励学生创造能力的发挥。让他们能经常地体验到与众不同的想法或做法给自己带来的变化，看到自己反常规做法对所涉及事件的影响，从而体验到人存在的作用和意义，逐渐形成自我发展的主动性、积极性，充分挖掘自己发展的潜力。

五、因材施教，促进所有儿童的个性化发展

（一）含义

因材施教是孔子提出的一条重要教学原则。全面发展不仅不排斥个性发展，而且还以合乎个人本性的自由发展为条件。全面发展不等于平均发展。必须根据每一个学生的特殊性因材施教，在充分发挥每一个人的长处的同时求得他的全面发展。

因材施教是教学中一项重要的教学方法和教学原则，是指在教学中根据不同学生的认知水平、学习能力以及自身素质，选择适合每个学生特点的学习方法来进行针对性的教学，发挥学生的长处，弥补学生的不足，激发学生学习的兴趣，树立学生学习的信心，从而促进学生的全面发展。

（二）要求

(1)留意观察分析学生学习中的个性特点是因材施教的前提。教师只有在教学过程中时时留意、观察、分析，才能了解学生的特性，掌握学生的特性。尤其是学生在出现问题时的表现是值得分析的迹象，从中有可能发现他们独特的认知特征和动机倾向。学生学习过程中表现出来的顺利情况也是值得关注和分析的，从中可以发现学生擅长解决什么样的问题和学生学习的动力是什么，分析学生在什么状况下的学习会特别顺利，在思维和理解方面具有什么特点，等等。

(2)理性看待学生个别差异，帮助每个学生都获得成功是因材施教的追求。学生是一个个独特的人，要承认学生的差异性。教师在教学活动中应当照顾学生的个别差异。在教学中贯彻这一原则，对教师有以下要求：一是充分了解学生，二是尊重学生的差异，三是面向每一个学生。

(3)针对每个儿童的身心发展特点和接受能力，进行有区别的教学。比如，给接受能力强的学生开点“小灶”，增加课业，加快学习进度、允许跳级等；对于喜好图像表征的学生用图式来讲解概念；避免把喜欢安静的学生安排在教室门口坐等。在法国的小学里有一种“合同教学法”，就是由教师和每个学生签订学习合同，明确规定学生在一段时间内完成的书面作业内容、学习进度、纠正的方法，然后由学生各自安排学习。教师对于不同水平的学生应设计不同的发展蓝图，这样才能有意识地进行培养。

阅读链接

我们班有一名同学叫张忠阳，他是个与众不同的学生。他不仅是全班最胖的，也是全班个子最高的。就是因为他的特殊，让我在开学第一天便深深地记住了他——这个在以后的学习和生活中既让我头疼又让我深深感动的男孩子。

新学期开学不久，我就注意到了张忠阳调皮捣蛋、专横霸道的一面。他身上主要有这几个缺点。

①上课不认真听讲，要么搞小动作，要么影响别人学习，甚至会扰乱课堂。举个小例子，一次全校语文老师到我们班听课，整节课他都在不停地回头询问听课老师：“喂，老师，你叫什么呀?”“喂，老师，你教几年级呀?”“喂，老师……”

②作业不做，即使做了，也不完整，有时干脆不交作业。对于不交作业的问题，他的理由出奇简单：“老师，我不明白你说的作业如何去做，所以没有完成，也就没有交。”

③专横霸道、欺负弱小。他依仗自己身材的优势，专欺负比自己瘦小的同学，从一年级打到三年级。一次放学路上，因为三年级一女同学不小心碰了他一下，还没等女同学向他道歉，他便冲那名女同学举起拳头说：“干吗？小心我揍你!”

就这样，每天不是任课老师就是学生或者家长向我告状。这让刚入学不到一个月的他成了学校的知名人物。

为了让他能够有所转变，我决定找他谈话，希望他能遵守学校的各项规章制度，好好学习，按时完成作业，知错就改，争取进步，做一个他人喜欢、父母喜欢、老师喜欢的好孩子。他开始是一副爱理不理的样子，后来口头上答应了，可实际上却还是一切照旧，毫无长进，真是顽固不化，屡教不改。

对于张忠阳的态度，我的心都快冷了。但是，身为班主任，对整个班集体负有责任，就算张忠阳“朽木不可雕”，也不能因为这点困难就退缩，绝对不能放弃将张忠阳转变为好学生的努力。

要想解决问题就要先找出问题产生的根源。目前摆在我面前的有这样几个问题：他不想进步吗？他没有认识到自己的错误吗？他不想做个好学生吗？

为了弄清楚这一系列的问题，我开始了有针对性的教育。

首先是诱导张忠阳认识自己的错误，我主动找他聊天，渐渐得到他的信任，成为他的好朋友。然后，我又站在好朋友的角度去跟他交流，了解他心中的真实想法。在一次交流中，张忠阳说他害怕段老师，我就趁机进一步问为什么。他说那是因为他打段老师班上的学生，段老师总批评他。在了解情况后，我便通过开导、换位思考等方式，让他认识到自己的错误，并保证以后不再犯同样的错误。后来，他再也没有去打段老师班里的学生。通过多次交流我发现，张忠阳其实很善良、很诚实，只是缺乏引导，只要有正确的引导，张忠阳很快就会转变成一个好学生。

其次是及时地表扬和肯定张忠阳的进步。在朋友式的交流中，张忠阳向我保证会遵守纪律、认真听课、认真完成作业。后来，他果然在这些方面有了明显的进步。每当他有一点进步，我就及时表扬、激励他，让他看到了老师对他进步的肯定，让他感受到做好学生的快乐。

最后是鼓励他融入集体。为了让他能够融入集体，让同学们都能够接受他，我又用另外的方法让他认识到集体的重要性。当他取得进步时，除了表扬以外，我还会跟他说，这也离不开同学们的帮助，特别是某某同学的帮助，等等。慢慢地，他觉得应该跟同学们好好相处。有一次他主动找我谈话说："老师，王晨同学在我读不懂题意时，给我讲解了，我很感谢他，现在我们成好朋友了。"我从心里感到高兴，鼓励他说："你长大了，懂事了，进步了，也有自己的好朋友了。老师真替你高兴，继续加油！"

经过我们大家的共同努力，张忠阳身上发生了巨大的转变：他由原来一个调皮捣乱、打架生事的"捣蛋鬼"变成了遵守纪律、认真学习、乐于助人的好学生。现在的张忠阳会对老师说："老师，我帮你把作业本送回办公室吧；老师，我帮你发作业本吧；老师，我帮你擦黑板吧；老师，我帮你……"当看到同学们有困难的时候，他也会伸出自己的双手，来一句："让我帮你吧，看我的。"

就这样，他成了同学跟老师心目中乐于助人的好学生，成了老师的"小助手"，同学们心中的"大力士"。渐渐地，他手中的小印章多了，"银行卡"也多了，看到"我是得星小能手"荣誉榜上自己获得的小五星越来越多时，他会得意地点点头，

资料来源：全国中小学教师继续教育网。

六、广泛使用教学辅助功能

在人类教育史上，教学手段经历了四次大变革。在语言和文字出现以前，人类从结绳记事、相沿成习到口耳相传和观察模仿完成了教学手段的第一次变革。从石刻、木刻、锦帛与竹简的书写到印刷术的发明是教学手段的第二次变革。第三次变革是直观教学手段的提倡和使用。第四次变革是现代化教学手段的出现与广泛使用。

大约在 20 世纪初以后，投影、电视、电影、录音、录像、计算机等电子技术进入教学领域，使教学手段进入现代化。

(一)含义

社会科学技术飞速发展，电脑、手机等多媒体在现代教学中的应用已然非常广泛，并成为提高教学质量的有力工具。为了提高教学效率，提高学生对学习的兴趣，广泛使用投影、电视、电影、录音、录像、计算机等教学手段辅助教学。小学教师应根据实际情况合理地运用现代信息技术手段，开发并向学生提供丰富的学习资源，把现代信息技术作为学生学习和解决问题的有力工具，有效地改进教与学的方式，使学生乐意投入到现实的、探索性的教学活动中去。

(二)要求

(1)使用直观教具。充分发挥现代媒体技术的教具作用，激发学生学习积极性，提高教学效率。现在多媒体设备的确有其先进的一面，给课堂教学带来了很多辅助作用。但如何用好它，在什么时候用，是值得一个值得研究的课题。在课堂的教学实践中不是所有课都需要用课件的。有些时候运用课件反而拖延了课堂时间，在能让学生明白教师指令的情况下，脱离课件会更加直截了当，更加干脆，还能保证课堂教学的流畅性，节约课堂上的宝贵时间。有的老师说他们只使用图片、简笔画和实物进行教学，同样也取得了成功，由此可以说明，不管是什么教具只要用得合理，就会有它的效果。因而，在教学中我们要深入地研究如何去用好各种直观教具。在选择直观教具时，一是要有目的性，二是运用直观教具要与语言相结合，三是直观教具的演示要注意适时性。

阅读链接

直观教具的使用也是进行课堂语言实践活动

在小学英语教学中，我认为直观教具的使用也是进行课堂语言实践活动一个非常有效的类型。比如，在教学表示食物、学习用品、玩具、模型等单词时，我们可以利用实物教学。这类教具学生可摸、可玩、可用，有的还可以吃，非常贴近生活，有真实感。教师要是能充分利用这类教具，定会收到事半功倍的效果。例如，在教 banana，apple，pear 时，教师可以一边出示香蕉、苹果、梨等实物，一边教单词，这样，小学生就可以把英语单词与实物联系起来，对所学的内容也就比较容易掌握了。在教表示学习用品的单词 bag，pencil，pen，book 和句型“This is……”时，学生可以随手拿出一件学习用品来进行介绍，既掌握了单词又理解了句型。有些实物不一定要刻意去准备，教师要善于发现和利用。如在教 door，window，chair，clear，tidy 等单词时，就可以利用教室里的实物或情境来释义。

资料来源：全国中小学教师继续教育网。

（2）教学情境化。教学情境化是指在教学过程中，依据教育学和心理学的基本原理，根据学生年龄和认知特点，通过建立师生间、认知客体与认知主体之间的情感氛围，创设适宜的学习环境，使教学在积极的情感和优化的环境中开展，让学习者的情感活动参与认知活动，以期激活学习者的情境思维，从而在情境思维中获得知识、培养能力、发展智力的一种教学活动。情境创设是一个提供各种形式的刺激信息，引起心理反应或活动的过程，它不是教学过程的自然伴随物，而是教师主动设计的产物。它要求教师以实际行动关心全体学生成长，深入了解他们的生活习惯、兴趣爱好和学习特点，建立深厚的师生感情，让学生"亲其师，信其道"。在教学中努力做到以充沛的感情、专治的精神、丰富的想象、生动的语言、高度的概括力来感染学生。使学生耳濡目染，激发学习的兴趣。在此基础上，依据教材的内容和所教学生的层次，运用现代多媒体技术创设问题情境常用方法有：①联系生活展现情境；②运用实物演示情境；③借助图画再现情境；④播放音乐渲染情境；⑤扮演角色体会情境；⑥锤炼语言描绘情境。

在创设教学情境中，要求最优化，提高教学效率，不能各执一端，需要从实际出发，灵活地综合地运用这些具体方法。

阅读链接

利用数形结合创设情境

杭州唐彩斌老师在教学"归一应用题"时，呈现了数形材料。提出问题计算，从形与数的变化，揭示了这类问题的解决方法，教学过程如下。

1. 下图长方形面积为120，你能提出什么数学问题？能计算出结果吗？

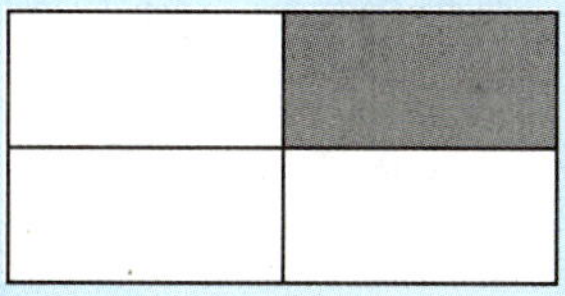

学生经过独立思考后回答。

生1：阴影部分面积是多少？计算方法：$120 \div 4 = 30$。

生2：空白部分面积是多少？计算方法：$120 \div 4 \times 3 = 90$。

接着教师又呈现下面的材料。

2. 下图中阴影部分面积是180，你又能提出什么数学问题？能计算出结果吗？

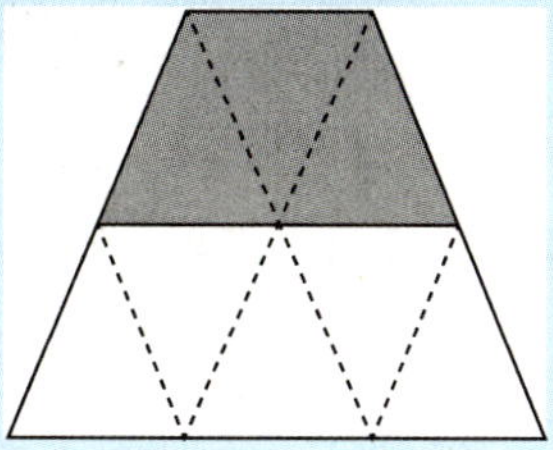

学生独立思考计算后回答。

生 3：空白部分面积是多少？列式计算：180÷3×5=300。

生 4：整个图形(梯形)面积是多少？列式计算：180÷3×8=480。

等学生回答后，教师让学生把数据填入下表。

总数	180	300	480
份数	3	5	8

接着，教师又呈现下面的材料。

3. 下图长方形中，右边绿色阴影部分面积是 63，你又能提出什么数学问题吗？列式计算，再填表。(左边阴影部分是红色)

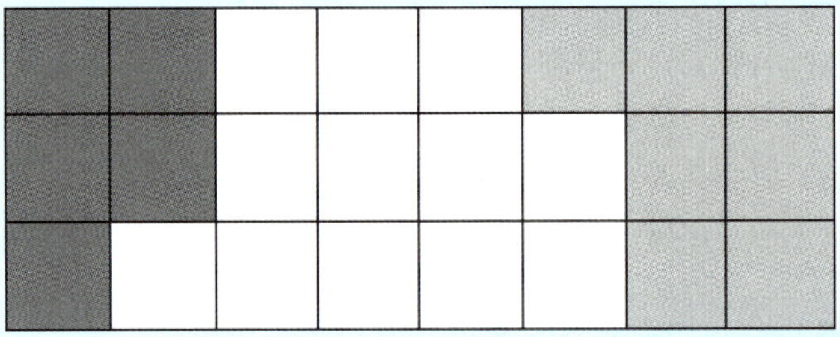

总数	63		
份数	7		

学生同样经过独立思考后，回答。

(1)红色部分面积是多少？列式是：63÷7×5=45。

(2)空白部分面积是多少？列式是：63÷7×12=108。

(3)整个长方形面积是多少？列式是：63÷7×24=216。

(4)红色与绿色部分合起来面积是多少？63÷7×12=108。

接着，教师引导学生归纳上述解答过程，使学生从中总结出：用除法先求出一小部分的面积，即“一份量”，然后通过“一份量×份数”计算出要求的问题。

最后，教师呈现了生活中的归一问题、行程中的归一问题等，经过学生积极思考解答，加强了各种归一思路之间的联系。

整节课学生思维极其活跃，通过数形结合，让学生从直观图形中理解数学结构，对“归一问题”数量关系的理解学生已建立了清晰的解题思路。

资料来源：全国中小学教师继续教育网。

第二节 小学教学任务

小学教学在学校教育中处于中心地位，对儿童的发展起着决定性的作用。课堂教学是学校教育的基本途径，是学校全部工作的中心。教学目的的实现和教育任务的完成，主要是依靠教学活动实现的。教学主要是帮助学生掌握基础知识、基本技能，锻炼学生形成一定的能力，培养学生的情感和态度，关注学生的个性发展，其任务可以分为以下几个方面。

一、引导学生掌握基础知识和基本技能

基础知识是指构成一门学科的基本要素，即概念、原理、定义、公式及其结构。基本技能是顺利完成某种实际任务的活动方式，一般指读、写、算、实验、操作的基本能力。技能经过反复练习，达到熟练的、“自动化”的程度就是技巧。

我国小学教育的对象一般为6～12岁的儿童。其任务总的来说是为儿童德、智、体、美、劳全面发展打下基础和为初步生活做好准备。具体来说，就是让儿童掌握人类积累起来的最基本、最起码的文化科学知识，具备最基本的读、写、算技能，学会最初步的生活规范和行为准则。小学教师基本认同这个任务并在实践中努力完成它，由此形成了中国基础教育的优势：学生的基本知识、基本技能和技巧都很扎实。

二、发展学生智力，培养其创造力

智力是认识过程中表现的认知能力系统，包括观察力、记忆力、想象力和思维能力，其中思维能力是智力的核心。创造力是指最终产生的、新的、有社会价值的成品的能力。一般来说，智力是保证人们有效地认识客观事物的综合的、稳定的心理特征，它属于认识活动的范畴。观察力是智力的基础，能力是保证人们成功进行实际活动的稳固的心理特征的综合，它属于实际活动的范畴。

能力分一般能力和特殊能力两种。一般能力是在各种活动中都表现出来的心理特征。如自学能力、操作能力、发现问题的能力、语言表达能力等。特殊能力是人们在特殊领域中表现出来的能力，如音乐才能、绘画才能等。发展智力、培养能力，是教学中极其关键的任务。

概括来说，小学教学应重点发展小学生以下能力。(1)学习能力。帮助小学生适应学习活动，帮助他们掌握各种学习技能，注重对他们的启发和引导。(2)规则意识和遵守规则的能力。包括文明礼貌习惯、公共秩序、学校的学习制度。(3)人际交往能力。引导学生积极参加集体活动，信任和尊重他人，平等待人，擅于与人合作。

(4)思维能力。思维能力是智力的核心，要为学生创造发展思维所需要的各种条件，促使他们去进行积极主动的思维活动，使他们从小养成勤于思维、乐于思维的习惯。(5)实践能力。给学生提供各种各样的实践机会，将学校教学与自然和社会联系起来，不断提高运用所学知识解决问题的实践能力。(6)创造能力。要保护、鼓励学生的想象力和创造能力，尽可能多得给学生创造发挥创造能力的空间。

三、发展学生体力，提高健康水平

体力，主要是指身体的正常发育与身体各个器官的活动能力(如视力、听力、运动器官的活动力)。发展体力不只是体育课的任务，各科教学中都应涉及这一任务。如坐、立、行、阅读、书写的姿势，课业、作业负担量等，都与发展学生的体力有关。教学可以传授体育、卫生等方面的知识，使学生养成锻炼身体和讲卫生的良好习惯，增强学生的体质，使学生保持旺盛的精力，发展健康的体魄。

四、发展学生积极的情感、态度和价值观

在传授知识、发展智力的同时，还应努力发展学生积极的情感、态度和价值观，形成良好的品德和个性心理品质。具体来说，小学教学应重点达成以下几方面目标。(1)养成小学生积极的自我概念和自我意识，自尊自信、诚实勇敢等品质。(2)养成对他人的健康态度，能够想到他人、理解他人、接纳他人，主要表现为对家人、同学、教师的积极情感。(3)养成责任感，能够意识到自己的责任，对自己的行为和承诺负责。(4)养成良好的思想品德，形成科学的世界观和良好的个性心理品质，培养学生高尚的审美情趣。

此外，通过教学，可以培养学生正确的政治观点、道德观点以及其他思想观点；还可以形成学生正确的审美观念，培养和发展学生感受美、创造美的能力。运用艺术美、自然美和社会生活美来培养学生正确的审美观和感受美、鉴赏美、创造美的能力。

第三节　小学教学改革

小学教学改革历来是基础教育的重要组成部分。尽管我国的基础教育不断得以发展，教学改革也取得了不少成绩，但从全面实施素质教育的要求来衡量，还有待取得突破性进展。我国中小学教学改革主要经历了三种层次：一是国家推进的中小学教学改革；二是学术力量推进的教学改革研究；三是中小学自觉开展的学校教学改革。

国家推进的中小学教学改革主要包括以下四个阶段。(1)1993年2月13日，中

共中央、国务院发布的《中国教育改革与发展纲要》推动了全国素质教育改革大潮。(2)1999 年 6 月第三次全教会对素质教育进行了新规定，带动了创新教育改革的探索。(3)2001 年 5 月 29 日，《国务院关于基础教育改革与发展的决定》的发布推进了新基础教育课程改革。(4)2010 年 7 月第四次全教会提出基础教育从全面普及走向优质均衡。《国家中长期教育改革和发展规划纲要(2010—2020 年)》的出台进一步描绘了基础教育改革的路线图。

与此同时，学术力量推进的教学改革研究提出了新的教学理论和模式，影响着中小学教学改革。当前影响比较大的学院派教学改革主要有以下四种。(1)主体教育。以北京师范大学裴娣娜教授为首，提出了主体教学四大策略。(2)新基础教育。以华东师范大学叶澜教授为首，强调让课堂焕发生命的活力。(3)生本教育。华南师范大学郭思乐教授提出，强调学生是教育的资源。(4)新教育。中国教育学会副会长朱永新提出，过一种幸福完整的教育生活，而且给出了六大行动计划。

总之，围绕改革的目标与任务，小学教学改革有特点、有优势，也有局限，还需要不断改革、发展和完善。

一、新课程改革的基本主张

改革开放以来，我国基础教育取得了辉煌成就，基础教育课程建设也取得了显著成绩。为适应时代发展的需要和贯彻《中共中央国务院关于深化教育改革全面推进素质教育的决定》和《国务院关于基础教育改革与发展的决定》，教育部决定，大力推进基础教育课程改革，调整和改革基础教育的课程体系、结构、内容，构建符合素质教育要求的新的基础教育课程体系。

(一)传统小学教学存在的问题

传统小学教学是一种以知识为本位的教学，这种教学在强化知识的同时，从根本上失去了对人的生命存在及其发展的整体关怀，从而使学生成为被肢解的人，甚至被窒息的人。也就是说，传统教学只关注知识的接受，学生成了盛装知识的容器，而不是具体的、有个性的人——生命主体。这一点主要表现在以下几个方面。

(1)学生的能动性被压抑。以教师为中心的教学，使学生丧失了自主的权力，压制了学生的主动性、积极性和创造性。在教学中，教师频频发问，学生纷纷作答，最后还是教师一锤定音。即使是学生通过一点点地自主探究习得的东西，结果还是被教师用权威性的总结和“更完美”的答案所代替。长此以往，学生就会看教师的眼色行事了，你提出问题，我热闹一番，然后就等待教师在师生对答中激动地把答案公布出来。在这样的学习中，学生得到的仅仅只是知识的要点，探索的欲望被压抑了，创造的热情被熄灭了，解决问题的锻炼机会失去了。其学习的个性、自主性被压抑，乃至学习毫无生气。

(2)学生发展不全面，人格被割裂。新课程强调关注学生作为“整体的人”的发展。“整体的人”包括两层含义：人的完整性与生活的完整性。人是一个智力与人格和谐发展的有机整体，生活的完整性表明人与世界的其他构成要素——自然、社会是彼此交融的有机整体，因此需要谋求学生智力与人格的协调发展。

第一，传统课程忽略乃至割裂了儿童的整体性。一方面，把学习等同于“读书”，读“专家编的书”，特别是几本要考试的“书”，而忽略了非学术性知识，如儿童的生活环境、经验、阅历，从而导致了学生的片面发展。另一方面，机械单向灌输式的教学方式，割裂了个体知识的学习和精神构建。

第二，传统教学在科学主义理念的支配下将智力与人格割裂开来，过分强调知觉、概念、判断、推理及逻辑认识和实践能力等理性因素的作用，忽视人文本性，如情感、意志、需要、动机、态度、兴趣、理想、信念等非理性因素的作用。事实上，学生学习结构包括认知结构和人格结构两方面，学习过程也是一个理性因素和非理性因素相互作用、统一发展的过程。由于非理性因素根植于学生主体自身心理需要，它能以独特的功能和潜在的形式推动、调节学生的各种认识活动以及行为方式，使学生的认识和实践活动体现学生的主观意向和理想的追求，从而促进学生主体的和谐发展。随着信息社会的来临，文化科技的高速发展和知识经济社会对人才的需求，教学不仅要主动考虑社会发展和人体发展的需要，培养智能型、创新型人才促进社会的发展，还要使学生个体生活获得满足和快乐，使教学活动成为学生精神生活中不可缺少的一部分，促进学生的个性发展。

(3)教师虚假教学。课堂教学中，教师不能一味地追求教学进程的流畅，更不能在教师“自编自导”和学生“投其所好”制造出的虚假教学繁荣中自鸣得意。比如，在课堂教学中，为了加强学生之间的交往，教师会让学生互相提问。但在互相提问中，经常会发现，当一方不能回答出对方问题的时候，学生都会千篇一律地回答：“你这个问题提得很好，我现在还一时回答不上来，下课后我们再讨论一下。”教师与学生交流时，也存在类似的情景。教师不注意从学生的角度来考虑问题，一味地依照自己的思路与想法，如曾经在一堂语文课中，教师读课文时，要求学生闭上眼睛仔细听，从而发挥自己的想象力。而当时学生并不情愿闭上眼睛，同时由于课文较长，学生也难以在教师朗读期间坚持着闭上眼睛“倾听”。

造作的交往，从其目的看是为了加强双方的交往，表面上似乎也有利于交往的顺利进行。但这类交往带有明显的“矫情”成分，这种“矫情”使得交往的过程无法满足交往双方的期望与需求，无法实现各自的利益与价值，交往过程也因此失去了互惠性，远离了真实。

阅读链接

教学导入从简单到简约

课例一(一位执教不满3年的教师)

教师出示一张黄鹂鸟的图片，引导学生观察并提问："这只鸟漂亮不漂亮?"学生齐声应答："漂亮!"再问："你们知道这种鸟叫什么鸟吗?"学生又齐声应答："黄鹂!"教师喜上眉梢："同学们回答得很对，这就是黄鹂鸟。今天，我们就来一起学习著名作家孙犁的美文《黄鹂》。"接着板书课题"黄鹂"二字。

课例二(一位教龄满8年的教师)

教师提问："同学们，我们在初中学过杜甫的一首绝句。由于时间的缘故，诗文的全部内容老师已经记不清楚了。老师只记住了'窗含西岭千秋雪，门泊东吴万里船'两句，还有两句，哪位同学能帮老师补充完整?"一位学生声情并茂地应答："两只黄鹂鸣翠柳，一行白鹭上青天。"教师追问："你不仅回答得很对，而且诗句的朗诵富有感情。你能说出你记住这两句诗的原因吗?"学生继续应答："这两句诗通过黄鹂的鸣叫和白鹭的直冲云天，描绘出了一幅春天的美景，所以我非常喜欢。"教师评价："生命的呼唤，春天的气息，自在的灵性，闲适的情怀。诗人把生命的美感融进景色之中，因而几多春色、几许诗意，就从一幅立体的、鲜活的图画中溢了出来。正因为如此，这两句诗也就成了脍炙人口的佳句。今天，我们还要学习一篇关于黄鹂的美文，这就是著名作家孙犁的散文《黄鹂》。"接着教师板书课题"黄鹂"二字。

课例三(一位执教十余年的教师)

教师先用课件展示出生机勃勃的早春景象，让学生聆听和着鸟鸣的音乐。正当学生陶醉之时，音乐与鸟鸣戛然而止，学生都睁开双眼看着教师。教师："同学们，刚才你们听到的鸟鸣是一种叫黄鹂的鸟发出的，这种鸟的叫声很美。那么，在自然界中这种鸟的生存状态如何？让我们一起来看看著名作家孙犁笔下的黄鹂。"接着教师板书课题"黄鹂"二字。

课例一中，凡预习过课文的学生都能在教师的暗示下猜到图片上的鸟是黄鹂，因而教师的提问制造出的热闹气氛实际上是一种假活跃，并不能达到对学生的启智作用。课例二中，教师的导入设计注意到了学生新旧知识的联系，但教师的提问设计对学生而言显然也是个"请君入瓮"的假问题。课例三中，教师从意境的创设，到启发性的想象，再到导入语的描述过渡，过程比较完整。由此可见，教学导入是一个"蓄势"的过程。初为人师的年轻教师似乎更多偏爱课堂教学导入的形式设计，而富有教学经验的优秀教师则更注重教学导入形式和后续教学内容的有机结合。

资料来源：《中国教育报》，2008年1月24日，第3版。

(二)新课程改革的基本理念

随着新课改革的不断深入，新课程教学理念所呈现出的科学性、先进性以及学习理念、学习方式、人生观、价值观、认识观等的不断变化，促使广大教师必须打破传统教学的围栏，努力去实践新课程理念，探索出适合学生人生观、价值观以及认识观不断变化的教学方式，让课堂教学绽放出新光芒。

1. 倡导建构主义

建构主义认为，教学应根据学生的智力结构、知识结构和教师业务能力结构，用最优化组合方法，把学科的基本原理、概念以及它们之间内在的关系的知识结构性传授给学生，培养学生的创新意识和探究能力，真正发挥学生在学习活动中的主动性。

建构主义认为，学习是个知识建构的过程。这意味着学习是主动的，学习者不是被动的刺激接受者，知识的建构性是指知识不再被看作与绝对现实的知识，而是个人对所认识对象的意义的创造，即个人创造有关世界的意义而不是发现源于现实的意义。认识活动也是以认识主体的“先有”“先见”为基础的，这种“先在结构”决定和制约着认识主体在认识活动中进行某种自觉或不自觉的选择和取舍，它不可能是对纯粹实体的纯粹“复写”和“描述”。知识建构是认识主体通过新旧经验的互动实现的，认知的功能就是适应。由此而催生的教学新理念，即教师的作用应该从传统的向学生传递知识的权威角色转变为学生学习的辅导者，成为学生学习的高级合作者。教师不仅需要在学习内容方面辅导学生，而且需要在新的学习技能和技术方面指导学生。教师的任务从以往为学生提供学习的材料转向为学生提供认知工具，提供鼓励学习者通过与环境的互动去建构个人意义的“学习环境”。

2. 重视师生交往的社会性

教学应通过师生间交往互动、学生间的交流合作来实现。由个体所建构的知识是“个人的、主观的”，这种知识如果不与别人进行协商，人类的认识就永远达不成“共识”，个人知识也只能存在于个人的意识中。个人的、主观性的知识需要在某一适当的环境中来还原，或在某种社会互动和文化背景下才能被了解或解读。这就是知识的社会性。知识是内含在团队和共同体中的，是通过个人与社会的互动、中介、转化等形式而形成的。教师的作用是为学习者建立“学习共同体”或“学习者共同体”。在我国的传统教学中，教师注重的是知识的传授，学生缺乏必要的实践机会，在学生身上存在的由教师灌输的个人知识很难变成一种社会知识。所以，新的教学理念强调学生的实践探究，强调学生在社会性活动中主动建构知识，这其实就是个人知识转化为社会知识的一个过程。

3. 重视教学活动的情境性

呼吁教学回归学生的生活，关心与重建学生的生活。教学设计应追求一种真实而复杂的问题情境的创设。学习发生的最佳情境不应是简单抽象的，相反，只有在真实世界的情境中才能使学习变得更有效。学习的目的不仅是要让学生懂得某些知识，而且要让学生能真正运用所学知识去解决现实世界中的问题。在一些真实世界的情境中，学习者的知识结构如何发挥作用、学习者如何运用自身的知识结构进行思维，是衡量学习是否成功的关键。如果学生在学校教学中对知识记得很熟，却不能用它来解决现实生活中的某些具体问题，这种学习应该说是不成功的。所以，教学的焦点就是设计真实的学习环境，让学生带着真实任务进行学习。真实的环境并非一定要真正的物理环境，但必须要使学生能够经历与实际世界中相类似的认知挑战的环境，即“实践共同体”——学习者能够积极参与的、具有真实的学习问题、能够互动的物理的、心理的学习环境。教学设计不仅要考虑教学目标分析，还要考虑有利于学生构建意义的情境创设，把情境创设看作教学设计的重要内容。

给学生一个空间，让他们自己往前走；
给学生一个时间，让他们自己去安排；
给学生一个条件，让他们自己去锻炼；
给学生一个问题，让他们自己找答案；
给学生一个机遇，让他们自己去抓住；
给学生一个冲突，让他们自己去讨论；
给学生一个题目，让他们自己去创造。

二、新课程倡导的学习方式

《面向全体美国人的科学》一书的导言说：“目前的教学教材和教学方法问题多多，阻碍了科学素养的提高。它强调的是现成答案的学习而不是问题的探索，注重记忆而牺牲了批判性思考，用零碎信息的获取代替知识的理解、背诵代替论辩、读代替做。学校也没能激发学生合作学习、彼此自由地交流思想和信息的兴趣，或者运用现代教学手段发展学生的思维能力。”

新一轮国家基础课程改革倡导学生主动参与的探究性学习，就是要改变至今仍普遍存在的学生被动接受、大运动量反复操练的学习方式。自主、合作与探究性学习就是发生在教室里的一场静悄悄的变革。

(一)自主学习

随着学习化社会的到来，学习已经成为现代每个人一生中最重要的内容。学习，从某种意义上讲，已经等同于生活。有什么样的学习方式，就有什么样的生活方式。如果一个人的学习方式是被动的，那么他的生活方式就不可能是自主的和积极主动的。

1. 自主学习的内涵与要素

(1)自主学习的内涵。自主学习是与传统的接受学习相对应的一种现代化学习方式，是以学生作为学习的主体，学生自己做主，不受别人支配，不受外界干扰，通过阅读、听讲、研究、观察、实践等手段使个体可以得到持续变化(知识与技能，方法与过程，情感与价值的改善和升华)的行为方式。

自主学习是就学习的内在品质而言的，与之相对应的是“被动学习”“机械学习”和“他主学习”。自主学习是一种主动的、建构性的学习过程。在这个过程中，学生首先自己确定学习目标，然后见识、调节、控制有目标和情境特征引导和约束的认知、动机和行为。

(2)自主学习的要素。学生自主学习的三个基本要素：自我导向——明确学习的目标；自我激励——有感情的投入；自我监控——发展学生的学习策略和思考策略。

自我导向——明确学习的目标。确立学习目标时，学生要完全自主地确定学习目标，但是由于学生知识基础及能力发展水平的制约，再加上课堂教学本身具有一定时间的限制，因此，在大多数情况下，学习目标仍然是由教师来制定的，或者是在教师的引导下，实现部分学生自主确定学习目标、选择学习内容的目的。

自我激励——有感情的投入。人本主义心理学家认为，自主学习是个体自我系统发展的必然结果，而自我概念又是自我系统中影响自主学习最为重要的因素。要想促进学生的自主学习，教师首先要鼓励学生，消除他们对学习能力的自我怀疑和消极的自我评价。想方设法鼓励学生采用自我激励的方式，提高自信，强化意志，并逐步使自我激励成为促进学生可持续自主学习的核心动力。研究表明，自我激励的效果好于外部激励，那些对自己成就做出自我奖励的人，比那些在外部指导下执行同样的活动而没有自我奖励的人，能更好地完成任务。所以，为了使学生的自主学习可持续发展，教师必须引导学生学会自我激励。

为此，教师在激励学生时，要把激励的理由归结到他们的能力和努力上，让学生感到他们的成功主要取决于自身因素，同时可要求他们介绍自己取得成绩的经过和成功的经验，使外部激励转化为自我激励。

自我监控——发展学生的学习策略和思考策略。学习不仅仅是对所学材料的识别、加工和理解的认知过程，同时也是对该过程进行积极监控、调节的元认知过程。元认知调控对学生学习的影响主要表现在学生学习的自我监控上，近年来的学习心理学、教育心理学研究表明，学生对其学习的自我监控是影响学生学习能力的主要因素是影响学生学业成绩的关键因素。所以培养学生元认知能力是保证学生更好地自主学习的关键，元认知监控是元认知的核心内容。

针对小学生的学习实际和心理发展的特点，主要按学生的学习过程(即计划、预习、听课、课堂笔记、作业、复习)，以学生的学习过程为载体，使用监控策略更能被学生所掌握，操作起来也更方便。在这一过程中，要坚持四个原则：告知原则、学科指导原则、渐进性原则、适时调整原则。监控策略的使用可以改进小学生的学习方式，使他们在学习过程中树立策略意识，并掌握一些初步的学习策略，同时，有助于学生提高自我调控学习的能力，养成良好的学习习惯，并提高学习成绩。

2. 自主学习的特征

自主学习是学生在学习活动中自我决定、自我选择、自我调控、自我评价和自我反思，发展自身主体性的过程。自主学习具有能动性、独立性和自控性三个基本特点。

(1)自主学习的能动性。自主学习把学习建立在人的能动性基础上，它以尊重、信任、发挥人的能动性为前提。能动性的表现形式有：自觉(自律)与主动(积极)。自主学习是一种自律学习，一种主动学习。它使学生的学习状态发生了根本性的变化：从他律到自律、从被动到主动、从消极到积极，不仅开发了学生的潜能，而且培养了学生学习的责任心。

(2)自主学习的独立性。独立性是自主学习的核心品质。如果说主动性表现为“我要学”，那么独立性则表现为“我能学”。每个学生都有潜在的和现在的独立学习能力，不仅如此，每个学生同时还有一种独立的要求，都有一种表现自己独立学习能力的欲望。自主学习把学习建立在人的独立性基础上，其实质就是独立学习，独立性是自主学习的灵魂，要求学生能够不依赖教师和别人，自主独立地开展学习活动。

(3)自主学习的自控性。自主学习把学习建立在人的自我调控上，表现为“我会学”，即学生能对自己的学习方法、学习进度进行自我调控，并能对学习结果进行自我总结和评价。

3. 小学生自主学习能力的培养

首先，把课堂的主动权交给学生。要以学生为中心，把课堂的主动权交给学生，让学生有充足的时间与空间去对所学的材料进行阅读、思索、分析、内化与探究，提出质疑，让学生形成一种自主学习、独立思索、主动探究、大胆质疑的学习习惯，提高学生自主质疑与独立思维的能力。

其次，要鼓励学生大胆质疑。“学贵在疑，小疑则小进，大疑则大进。”教师要根据制定的学习目标和学生的认知水平，启发诱导学生的质疑兴趣，让学生通过独立思考后大胆地提出问题，并对提出的问题展开热烈的讨论。通过讨论，明白事理，学到知识，提高觉悟。要充分鼓励和肯定学生质疑的积极性，让学生感到“我能行”，这样有助于激发学生学习的内动力。

最后，加强对学生创新思维的训练指导。要引导学生在质疑过程中不要被事物的表面现象所迷惑，要用发展变化的眼光看问题，对任何事物都要从不同角度与不同侧面去分析，要看事物的本质，多问几个为什么，这样有利于培养学生的创新思维。当学生在释疑过程中遇到困惑，出现障碍时，教师要及时巧妙地给学生提供帮助，如一个手势、一个眼神或一个词语，让学生在“山重水复疑无路”时，又觉“柳暗花明又一村”，使学生感到学习有支持，学习有快乐，学习有收获。

阅读链接

下面是博白县博白镇第一小学关雁飞老师在指导学生自主学习时的教学记录。

1. 从激发学生的探究兴趣入手

本节课一开始先让学生判断自己手中卡片上的数是奇数还是偶数，接着让学生说出1～12的所有约数。此时，我趁机指出：这些数的约数有1个的、2个的、3个的、4个的，还有更多个的，看起来似乎杂乱无章，但这只是表面现象。然后，我指出可以从约数的角度对这些数进行分类整理，接着引入课题。这样，让学生获得了初步的感性材料，恰到好处地为学习新知识铺路搭桥，然后水到渠成地导入新课，引发了学生对新知的探求欲望，使知识得以顺利迁移，从而激发了学生的学习兴趣，调动了学生学习的积极性。学生的思维进入了最活跃的状态，个个兴致勃勃，跃跃欲试，为新课的学习创设了一个良好的情境。

2. 以灵活方式引导学生确立学习目标

本节课我打破了目标教学中常规的认定目标的方式。常规的认定目标方式是指上课时老师出示自己早已确定的教学目标，让学生认定。这样，在“认标”过程中，学生是处于被动地位的。我认为要真正发挥目标的导向、激励和评价等功能，必须充分调动学生参与目标的积极性，让学生了解目标的形成过程，使目标真正成为学生的要求和期望。否则，学生对目标的来龙去脉一无所知，是很难使他们对目标产生认同感的。所以，学会求知，应首先从学会自己确定目标开始。因此，我在板书课题之后，问：“看到这个课题，你的脑子一定会想到某些问题，是什么问题？请说说。”当学生提出“什么是质数？”“什么是合数？”“怎样判断一个数是质数还是合数？”等问题时，我趁机在课题下面画出“?”，并在旁边写“判断”二字，然后指出：“这些正是本节课我们所要解决的问题。”从而确立了本课的主要学习目标。这样，由常规的“认定目标”变为“师生共同确立目标”，以灵活的方式引导学生确立了学习目标，体现了目标确立的主动性、开放性和灵活性，使教学目标真正成为学生学习的要求和期望，起到了激励他们去探究、去发现的作用。

3. 在自主性的学习活动中培养创新精神

在学生明确了学习目标后，我先通过多媒体演示1～12这十二个数的约数，让学生观察、分析和比较，看有什么发现，然后让学生大胆地说说自己的发现，从而概括得出约数有“1”“本身”“别的数”共三种。紧接着让学生根据约数的这些特点，带着学习目标去自学课本，自学时让学生展开讨论。在经过充分的自学讨论之后，再让学生充分地说说他们的自学所得，然后再根据学生的自学实际进一步展开教学活动。通过让学生依标自学、讨论，既为新课的教学展示做好了必要准备，避免了教学的盲目性和随意性，又培养了学生的自学能力和合作精神。在整个教学过程中，学生动眼、动耳、动口、动手、动脑、动情，充分参与到学习活动中来。在课堂唱主角的始终是学生，我只是起点拨、引导的作用。

在教学中，我始终注重学生创新精神的培养。例如，在学完新课之后，我问："同学们有什么疑问或有什么新的问题要提出来吗?"在我的鼓励下，学生大胆地提出两个问题：①是不是所有的质数都是奇数？②自然数中，合数比质数多，对不对？针对第二个问题，我让学生展开辩论。学生们各抒己见，争论很激烈，形成了对立。一方认为对，理由是自然数中，奇数和偶数各占一半，偶数中只有2不属于合数，而奇数中有很多不是质数，如9、15、21等，所以合数比质数多；另一方认为不对，理由是合数与质数都是无限多个，所以无法比较谁多谁少。在辩论中，学生思路开阔，思维活跃，提出了不少自己的见解和看法。通过引导学生进行创新性的观察、提出创新性的问题、探求创新性的发现，学生的创新精神在自主性的学习活动中得到了培养。

4. 通过递进式训练拓展学生思维

本节课我安排了几个层次的测评题，层层递进，不断拓展学生的思维。第一层次的测评题属巩固性的：先让学生判断自己卡片上的数是质数还是合数，再让学生说一些数给同桌判断，互相检查，还让学生快速判断几个数是质数还是合数。通过这一层次的测评，巩固了所学的知识。第二层次的测评题属运用性的：让学生制作50以内质数表。通过这一层次的测评，提高了学生运用所学知识去解决问题的能力。第三层次的测评题属深化性的，是填空、选择、判断。通过这一层次的测评，提高了学生解题的灵活性和学生的思维能力。第四层次的测评属拓展性的。我安排了三道题：第一道题是将合数写成几个质数相乘的形式，既让学生把质数与合数通过一定的形式联系起来，加深对质数、合数的认识，又使学生对下一课的分解质因数问题有了感性接触，为教学打下"伏笔"。第二道题是判断127899872是质数还是合数，接着在此数末尾依次添上5和1，再让学生判断，使学生进一步认识到无论多大的数，都可以从质数、合数的概念出发，用看是否能找到"第三个"约数的办法对它进行判断，从而引出关于"数学家已发现三十几万位的质数"的报道，开阔学生的视野。第三道题是通过电脑播放哥德巴赫猜想，激发学生探索数学问题的兴趣。这样安排测评题，既拓展了学生的思维，又巩固了本课所学的内容，为下一阶段的学习做铺垫，并且引发学生对新问题的思考和探究的兴趣，可谓一举而数得。

创建基于价值引导与自主建构相统一的教育，从学生的成长过程来说，是潜能的激发、精神的唤醒、内心的敞亮、独特性的彰显与主体性的弘扬；从师生共同活动的角度来说，是经验的共享、视界的融合与灵魂的感召。

资料来源：陈旭远，《课程与教学论》，长春，东北师范大学出版社，2002。

(二)合作学习

合作学习是目前世界上许多国家都普遍采用的一种富有创意和实效的教学理论与策略体系。

1. 合作学习的内涵与要素

(1)合作学习的内涵。“合作学习”是针对教学条件下学习的组织形式而言的，与之相对应的是“个体学习”。合作学习是指学生在小组或团队中为了完成共同的任务，有明确的责任分工的互助性学习。合作学习鼓励学生在合作完成共同任务的过程中实现自己的理想。

(2)合作学习的要素。合作学习有以下几个方面的要素。

第一，学生们不仅要对自己的学习负责，而且要为他们所在小组中其他同学的学习负责，相互支持、相互配合，特别是面对面的促进性的互动。

第二，每个学生对学习任务的掌握负有个体责任，积极承担在完成共同任务中个人的责任。

第三，学生们有机会相互解释所学的东西，有机会相互帮助、理解和完成作业。

第四，期望所有学生能进行有效的沟通，建立并维护小组成员之间的相互信任，有效地解决组内冲突。

第五，各小组必须定期评价共同活动的情况是否良好，并设法提高其有效性；对于各人完成的任务进行小组加工；对共同活动的成效进行评估，寻求提高其有效性的途径。

合作动机和个人责任，是合作学习产生良好教学效果的关键。合作学习将个人之间的竞争转化为小组之间的竞争，有助于培养学生合作的精神和竞争意识，有助于因材施教，可以弥补一个教师难以面向有差异的众多学生的教学的不足，从而真正实现使每个学生都得到发展的目标。

2. 合作学习的特征

合作学习具有交往性、互助性、分享性。在学习过程中，通过师生交往，生生交往，并在学习小组中互相启发、互相协作、互相鼓励，完成小组学习任务，小组成员共同分享学习成果和经验，共同面对并进一步探讨所遇到的问题。

3. 合作学习的主要方式

当前，在国内外普遍采用了以下几种合作学习的学习方式。

第一，问题式合作学习。问题式合作学习是指教师和学生互相提问、互为解答、互为教师、既答疑解难又能激发学生学习兴趣的一种合作学习形式。

第二，表演式合作学习。表演式合作学习即通过表演的形式，激发学生的学习兴趣，培养学生自主探究的学习品质，或作为课堂的小结形式，检验学生对所学知识的理解。

第三，讨论式合作学习。讨论式合作学习即让学生对某一内容进行讨论，在讨论的过程中实施自我教育，以达到完成教学任务的目的。

第四，学科式合作学习。学科式合作学习是指将几门学科联合起来开展合作学习。如语文课学了与春天有关的文章，可让各学习小组围绕春天去画春天、唱春天、颂春天、找与春天相关的各种数据、观察与春天相关的各种事物等，最后写成活动总结。

4. 小学生合作学习能力的培养

培养小学生合作学习能力要通过自身的行为帮助他们树立合作学习意识，通过多种手段和途径让他们学会合作学习的方法，通过激励指导让他们体验合作学习的效果，以实现小学生素质和能力全面发展的教学目标。

首先，树立合作榜样，培养合作意识。具备团队合作意识，发扬团队合作精神，是每位学生都必须具备的基本素质。要时刻注重营造团队合作氛围，教会学生们合作方法，并以此为榜样，帮助学生树立合作意识。

其次，教会合作方法，注重提高能力。在培育学生具备了团体合作意识之后，指导学生采用正确的合作方法。只有采取正确的合作方法，学生才能真正从中获取知识，要知道团体合作并不是相互抄袭，在进行合作方法的指导过程中，教师必须将这两种观念具体区分开来。学生学习能力的提高，是团体合作意义的最大体现，在实施具体教学的过程中，教师要充分让学生认识到这一点，才能让他们更加积极主动地参与到学习过程中来。

最后，适时引导激励，体会合作效果。小学生还处在孩童阶段，喜欢表现是他们的天性，喜欢被他人关注是他们的特点。在他们的学习和生活中，适时给予充分恰当的鼓励，让他们体会到通过努力而带来的成就感，这是一种最大的激励，同时也是激发他们创新思维的重要手段。

阅读链接

下面是江苏省盐城市第一小学的邰霞老师对小组合作学习多种样式及基本方法的总结。

1. 生字合作

课堂教学中，当教完某一课的生字后，老师常常让同学们两人一组进行学习、检测。学生互相帮助，一个解释，发表见解，另一个检查，纠正；然后开始默写，一个报生字，另一个写，在规定的时间中两人互换角色，最后再互相修改，及时订正。

2. 词语合作

这种合作指的是关于词语间的合作。比如找有关词的近义词、反义词或者造句等。人教版语文第八册基础训练有这样一道题：写出和“安静”意思相近的词，让学生直接举手回答，通常一个学生一般只能说出两三个，最多也不过四五个；而让学生采用四人一组合作学习的方法时，有的小组想出了十三个，竟把“沉静”“幽静”“静谧”都想起来了。

3. 朗读合作

在指导课文朗读的时候，应根据课文的特点来确定合作的形式和方法。在对话课文的朗读中，比如，《陶罐和铁罐》中的陶罐与铁罐的对话，可先让学生在小组中练习，然后再选择部分小组在全班同学面前表演；在非对话课文的朗读中，最好是两人一组，一个朗读，一个仔细听，发现对方读错的字和停顿错的句子及时纠正，然后再互换角色，达到互相帮助，共同提高的目的。当然，检测背诵的情况也是先通过小组间进行，然后再由老师来检查。

4. 问题合作

在教学的过程中，老师可能提一些问题，有的问题可以直接让学生回答，有的需要通过学生合作来完成。问题的提出，是在教师深入了解教材的重点、难点后，通过教学实践反馈出来的：要使合作富有成效，引起合作的问题就要有价值，要能引起学生合作的兴趣。在实施的过程中，问题的提出可以从以下几个方面考虑。①文中重点句。例如《中国石》中，“因为‘祖国’在我们身边，祖国在我们心中”这一句话中的两个“祖国”的含义是不同的，所以要引导学生合作解决，以加深对课文的理解。②教学的目标。例如，在讲授《她是我的朋友》时，可设计这样的问题：“小男孩是怎样输血的？他为什么要输血？”这种综合性的问题，让同学们通过彼此间的合作来解决，这比单纯地个人思考要好得多。③结构的问题。把握文章的结构，给文章分段，也可以在合作中完成。④思维的创新。例如，在讲授《西门豹治邺》时，可以设计这样的问题：“西门豹是怎样将计就计惩治了巫婆和官绅的？除了这种方法，你能不能想到其他的办法？”通过合作分析，同学们觉得还是西门豹的办法好，从而认识到西门豹的聪明机智。⑤学生的质疑。例如在《春晓》这首诗的质疑中，同学们提出了这样的问题：“诗人是‘春眠不觉晓’，怎么又能‘处处闻啼鸟’呢？”针对这一问题，让学生小组合作学习，发挥想象，其答案当然不止一个。

5. 作文合作

作文合作是指在指导作文教学的过程中，针对题目的要求，让学生通过合作来审题，再根据要求进行口头作文的合作。比如“基础训练六”的作文，首先让学生轻声读题目，然后小组间进行讨论，总结出作文的要求，再由小组派代表发言，老师通过总结同学们的发言，得出本次作文的要求：数量范围——一件事，时间范围——某一个夏天，事情要求——见过的或做过的有趣的事，写作要求——想、说、写、读、改、抄。在同学们明白了作文要求以后，就可以在自己的头脑中进行筛选，选择一件事，想清楚后再在小组间，由一个人先说，其他三个同学认真听；说完以后，由三个同学针对作文的要求，进行评说；接下来再互换角色，最后再打草稿。

资料来源：郈霞，《小组合作学习在小学语文教学中的尝试》，载《教育探索》，2002(2)。

在合作学习中由于有学习者的积极参与、高密度的交互作用和积极的自我概念，使教学过程远远不只是一个认知的过程，同时还是一个交往与审美的过程。

(三)探究学习

研究表明，儿童从出生之日起，就开始了探究并改变周围世界的活动。探究性学习是新课程所倡导的三种学习方式之一，对于培养学生的创新精神和实践能力具有重要意义。同时，学生学习方式的转变有赖于教师在课堂教学中有意识的指导、配合和培养。学生的学习过程不同于科学家的探究过程，如何使学生在有限的时间内实现最大的学习效益也是我们需要考虑的问题。

1. 探究学习的内涵与要素

(1)探究学习的内涵。探究学习是学生通过类似科学(或学术)研究的过程理解科学概念、规律和科学结论的学习方式。探究学习亦称发现学习，与之相对的是“接受学习”。经历探究过程以获得理智能力发展和深层次的情感体验，建构知识，掌握解决问题的方法，是探究学习要达到的三个目标。

(2)探究学习的要素。在探究性学习中，学生是主角，它有六个基本要素。第一，好奇心，探究性学习始于好奇心。好奇心使人以游戏般的和乐于实验的心态对待发现，使学习变得有趣；好奇心使人有所发现、经历惊喜，从而激发人们的积极性，为其注入活力，促其向前。有学者采访了 91 位富有创造力的人物，其中不乏著名的诺贝尔奖获得者，包括科学家、诗人、历史学家以及艺术家，发现他们有两个共同的倾向，即狂热的、近乎着魔的坚韧毅力与鲜明突出的好奇心和开放的心态。好奇心是探究性学习的推动力。第二，观察，观察是以兴趣与好奇为前提的。许许多多的大科学家都是杰出的观察家，路易斯·巴斯得就是其中之一，他的名言是：“在观察的领域里，偶然只宠爱有准备的心灵。”没有观察就没有发现，观察是获得感性材料的重要途径，是引起思维活动的基础。第三，反思，在观察获得感性知识后必须进行反思，否则对事物的理解只能停留在表面。反思包括对内容、过程、策略及目标的反思，反思可以使我们从各个层面获得结论和新的经验，而这些经验会使我们以新的眼光来看待世界，反思还会使我们改掉坏习惯、建立好习惯，优化学习方式。第四，过程，对探究性学习过程有不同的划分方法，有的把它分为四个过程，即提出问题、建立假设、收集各种证据证实或证伪假设、得出结论。第五，学习内容，它是探究性学习的核心因素，并不是所有的学习内容都适合进行探究性学习，也不是所有的人都有兴趣探究某一内容。所以选择哪些学习内容进行探究，是开展探究性学习的关键。第六，处理学习内容的方法，不是所有的学习内容都易于理解，为了深层次理解学习内容必须运用多种学习策略进行处理。

2. 探究学习的特征

探究性学习是以师生共同探究来促进学生掌握知识，培养学生的探究能力和科学素养的，探究性学习具有开放性、探究性、实践性。

第一，参与过程。探究学习要求所有学生都参与学习过程，让他们通过一系列的探索去发现结论，而不是将现成的结论直接告诉学生。这是培养学生钻研精神和实践能力的有效途径。

第二，平等与合作。探究学习中，每个学生都有机会取得成功，学习的成果是学生合作的结果。同时教师与学生的关系是平等的，教师是学生的朋友、伙伴。

第三，鼓励和创新。在探究学习中，教师鼓励学生自由想象，提出各种假设和预见，富有创新精神。

第四，自主性。探究学习的另一重要特点是自主性。在整个学习活动中，学生自选课题、自定工作方案，教师无需干预。

国外学者将探究学习分为六种基本类型：实验性探究、逻辑推理任务、基于测量的研究、工程性设计、技术性设计、开放性的研究。

阅读链接

下面是一位教师对“圆的面积”一节所做的探究学习设计。

一、探究目标

知识目标：知道圆的面积的含义；理解和掌握圆的面积计算公式；能正确地运用公式计算圆的面积。

智能目标：通过分组学习、动手操作、主动探索等活动，培养学生分析、抽象、概括、推理等逻辑思维能力，培养学生探究能力。

情感目标：培养学生探究学习的兴趣、合作的精神，体验获取知识、解决问题的过程。

二、探究学习过程

(一)探究学习准备

师：同学们在课前已预习了课本，查阅了有关“圆的面积”资料。现在用5分钟时间自主学习课本，学完互相交流。想一想：通过本节课的研究，你想学到什么？

根据学生回答，归纳如下。①什么是圆的面积？②圆的面积公式是怎样的？③圆的面积公式是怎样推导出来的？④圆的面积是怎样计算的？……

(二)探究学习过程

1. 探究问题一(让学生初步建立“圆的面积”概念。)

(1)提出两个问题。

①（出示一个圆)你能说出圆的面积是指什么吗？圆的周长是指什么？

② 在日常生活中，求这些(一个圆)的表面的大小，用料多少，实际就是求圆的什么？

(2)学生自主探索，合作交流。

生1：圆占平面的大小叫圆的面积。

生2：圆是一个平面图形，圆所占平面的大小叫圆的面积。

生 3：围成的曲线长是圆的周长。

生 4：求餐桌表面大小，就是求圆的面积。

师：同学们在探究过程中很认真，通过大家的努力得到了正确结论。

2. 探究问题二(利用实物圆，让学生试想求“圆的面积”的办法。)

(1)同学们课桌上放置两个圆(厚的、薄的)，你可以用什么方法求这两个圆的面积？

(2)学生讨论并想办法求圆的面积。

生 1：用对折方法。把圆对折 4 次，得到 8 个小三角形，求 8 个小三角形面积的和大约就是这个圆的面积(用电脑演示对折)。

生 2：用正方形方法。在学习圆的认识时，老师要我们用一个正方形对折数次后进行裁边，得到一个近似圆，我想在这个圆外画一个正方形。这个正方形的面积大约是圆的面积(电脑演示一个圆外画一个正方形)。

生 3：用度量方法，无法知道。

生 4：用数方格的方法。用以前学习平行四边形面积时的数方格方法求面积，可是在圆里的方格(半格太多)，数起来很麻烦。

(3)学生自我评价哪种方法求圆的面积最好。大部分同学认为用这几种方法求圆的面积不是最好的，因为烦琐，速度慢。

师：同学们想了很多求圆的面积的方法，都认为不够简便、快捷。

3. 探究问题三(利用分好 16 等份的圆让学生探究找出一个求圆的面积最好的方法。)

(1)师：根据已掌握的推导平面图形面积计算公式的方法，你能把圆形转化成已学平面图形，推导出圆的面积公式吗？

(2)学生合作讨论。

生 1：转化成长方形。$S= ab = c/16\times 8\times r= c/2\times r=\pi r^2$

生 2：我想将 16 等份圆分成 32 份，64 份，128 份……可能较近似长方形(电脑演示 32 份，64 份……长方形，让学生感受形状变，而面积不变)。

生 3：转化成平行四边形。$S= ah=2\pi r/2\times r=\pi r^2$

生 4：转化成三角形。$S = ah4\times 4r\div 2=2\pi r\times 4/16\times 4r\div 2=2\pi r\times 1/4\times 4r\div 2=\pi r^2$

生 5：转化成梯形。$S=(a+b)\times h\div 2=(2\pi r\times 5/16+2\pi r\times 3/16)\times 2r\div 2=\pi r^2$

生 6：我直接用 16 个等份小三角形；先算 1 份小三角形来推导出圆面积公式：$S=c/16\times r\div 2\times 16=2\pi r / 16r\times 1/2\times 16=\pi r^2/16\times 16=\pi r^2$

生 7：我将圆直接看作梯形。我是把圆心看作点圆，该圆的圆周与点圆平行，所以把这个圆看作梯形，因此，可以用梯形面积来推导。这种方法我是从网上查

到的。$(0+c)\times r\div 2=2\pi r\times r\div 2=\pi r^2$

小结：同学们通过自主学习、自主探究和查阅课外资料，到网上查找资料的方式，得到七种圆面积公式推导方法，这种学习方法值得提倡。这七种推导方法体现了一种数学思想：化曲为直。因此我们可以把圆的面积看作七种图形的面积，从而可以推导出圆的面积公式：$S=\pi r^2$。

4. 对趣味问题的探究

(1)电脑出示一个花坛。花坛的面积是多少平方米？

(2)学生讨论研究：用什么方法求出花坛的面积？

生1：测出花坛的半径，可以求出面积。

生2：(不能走进花坛，会踩坏花草)量出花坛的直径，可以求出面积。

生3：量出圆的周长，也可以求出花坛的面积。

电脑再出示：学校花坛的周长是18.84米，求花坛的面积是多少平方米？

师：同学们能运用所学的知识解决日常生活中的实际问题，想了很多解决问题的方法，值得表扬。

(三)探究练习训练

1. 学生尝试练习，同桌互相合作。

(电脑出示)小明家一个圆桌面的半径是40厘米，它的面积是多少平方厘米？

2. 用一根长3米的绳子，把一头牛拴在树干上，牛的最大活动范围是多少平方米？

3. 已知正方形的面积是25平方厘米，求圆的周长、面积。

(四)探究学习评价

师：通过这节课的探究，你们有什么收获？

生1：通过自己动手操作，我掌握了圆的面积公式的推导方法。

生2：我自己看书，知道了圆的面积的概念。

生3：通过与同学互相合作，我知道了可以把圆转化成我们已学过的多种平面图形，推导出圆的面积公式。

生4：通过求花坛的面积，我知道了不仅可以通过半径求圆的面积，也可以通过直径和周长求圆的面积。

资料来源：陈旭远，《课程与教学论》，长春，东北师范大学出版社，2002。

所有的能有效地促进学生发展的学习，都一定是自主学习。但并不是所有的学习领域和学习主题都需要用合作学习的组织形式和探究学习的方式来进行。个体学习的组织形式和接受学习对一些学习内容来说是必不可少的。

在我们过去的教学中，由于种种原因，特别是由于教学大纲规定了过多的知识点，使得教师只能用简单的“授—受”的方式来进行教学。今天，从教学大纲到课程标准的重要变化之一就是减少了知识点，给教师的教和学生的学留出了更多的空间，我们有必要也有可能更多地强调合作学习与探究学习。而真正的合作学习和探究学习一定是自主学习，只有自主学习才能帮助学生确立自主的尊严和获得可持续发展的动力。一言以蔽之，有效的教学能够唤醒沉睡的潜能，激活封存的记忆，开启幽闭的心智，放飞囚禁的情愫。这必然需要学生进行自主学习、合作学习与探究学习。

复习与思考

1. 试述小学教学的基本特性。
2. 试分析现实生活中种种违背小学教学基本特性的现象。
3. 试述新课程倡导的基本学习方式。

推荐阅读

1. 钟启泉：《学科教学论基础》，上海，华东师范大学出版社，2001。
2. 徐勋：《教学理论与教学改革》，载《辽宁教育研究》，1987(C1)。

第八章　小学德育

内容提要

- 小学德育的概念与意义
- 小学德育的任务与内容
- 小学德育的途径与方法

德育的目的是培养学生良好的道德品质，帮助学生树立正确的世界观、人生观和价值观，德育是教育全面发展的重要组成部分，同智育、体育、美育、劳动技能教育一起构建完整的教育体系。

第一节　小学德育的概念与意义

德育是学生全面健康发展的重要组成部分，是一种"成人"的教育。德育在整个教育事业中，乃至在国家民族的发展中都占有重要的地位，其作用也是巨大的。

一、小学德育的概念

德育的实质是育德。德育的"德"是指品德。狭义的品德是指道德品质，广义的品德包括思想品质、政治品质和道德品质。德育是思想教育、政治教育和道德教育的总称。

德育是教育者根据一定社会或阶级的要求和受教育者品德形成发展的规律，有目的、有计划、系统地对受教育者施加思想、政治和道德影响，并通过受教育者积极的认识和体验形成他们的品德的教育活动。简言之，德育是教育者有目的地培养受教育者的品德的活动。

二、小学德育的意义

(一)德育是社会主义现代化发展的重要保证

在我国社会主义现代化发展进程中，德育一直在精神文明建设领域起着重要的作用。德育能帮助学生树立正确的世界观、人生观和价值观，使其成为有感恩之心、有爱国之心、有理想抱负的社会主义新青年，促进社会风气的良好发展。

德育贯穿于物质文明和民主政治的建设中。德育也具有为经济服务的功能。加强德育能够进一步培养劳动者和生产管理者的科学精神、民主与法制观念、社会责任感和集体主义精神，从而促进现代经济的生产与发展。

(二)德育对我国学校的社会主义性质和方向起了保证作用

我国学校教育为社会主义现代化建设服务，承担着培养社会主义事业建设者和接班人的任务。在学校教育工作中，智育使受教育者增长知识，形成能力；体育是要发展受教育者的身体，增强其体质；而德育是要解决培养受教育者具有什么品德，为谁服务的问题，只有加强以共产主义思想为核心的德育，培养学生的无产阶级政治立场、辩证唯物主义世界观和社会主义道德品质，才能使他们成为优秀的社会主义事业的建设者和接班人。

(三)德育是青少年健康成长的条件和保证

我国教育的目的是培养德、智、体、美、劳全面发展的社会主义建设者和接班人。把德育摆在首位，也符合青少年身心发展的特点。青少年阶段不仅是一个人长身体、长知识的时期，也是一个人思想品德形成的关键时期。青少年乐于接触新知识和新事物，可塑性强。但是思想上和心理上的各方面都很不成熟，缺乏社会经验与识别能力，既容易接受良好的教育，也容易接受不良影响。加强德育，可以帮助青少年形成良好的品德，增强抵制外界不良思想习气影响的能力。同时还要看到，当前我国正处在改革的攻坚阶段和发展的关键时期，社会情况发生了复杂而深刻的变化，影响着青少年学生的价值取向。面对新情况、新问题，加强学校德育工作，引导青少年沿着社会主义要求的方向发展，促进他们的健康成长，是非常必要的。

第二节　小学德育的任务与内容

小学德育的任务是指通过思想品德教育，努力培养小学生的品德素养；德育内容则是指德育活动所要传授的价值与规范。德育任务是教育目的在德育方面的直接体现，德育任务是德育工作的预期效果，也是德育工作的出发点；德育内容则是完成德育任务所要从事的具体工作。

一、小学德育的任务

学校德育的任务应当是努力使德育对象具有健全的品德素养，以适应社会发展的需要。这一品德素养包括道德、思想和政治素质等。同时，德育是社会主义精神文明的重要组成部分，并为精神文明建设服务。因此，小学德育的任务是以社会主义思想和道德规范教育小学生，引导他们积极主动地进行社会实践，逐步形成高尚的社会主义品德，为成为全面发展的社会主义国家的公民打基础。

关于小学德育的任务，1998年国家教育委员会所制定的《中小学德育工作规程》指出："中小学德育工作的基本任务是，培养学生成为热爱社会主义祖国、具有社会公德、文明行为习惯、遵纪守法的公民。在这个基础上，引导他们逐步确立正确的世界观、人生观、价值观，不断提高社会主义思想觉悟，并为使他们中间的优秀分子将来能够成为坚定的共产主义者奠定基础。"《小学德育纲要》也规定我国小学德育的目标为："培养学生初步具有爱祖国、爱人民、爱劳动、爱科学、爱社会主义的思想感情和良好品德；遵守社会公德的意识和文明行为习惯；培养良好的意志、品格和活泼开朗的性格；具备自己管理自己、帮助别人、为集体服务和辨别是非的能力，为使他们成为德、智、体全面发展的社会主义事业的建设者和接班人打下初步的思想品德基础。"

小学德育的具体任务可分为以下三方面。

(一)加强日常行为规范教育，使学生养成良好的道德行为习惯

加强小学生日常行为规范教育，养成学生良好的道德行为习惯，是德育的首要任务。积极引导学生进行实际的道德锻炼和规范行为的训练，不仅要使他们能自觉地运用社会主义道德规范调节自己的行为，而且要使他们的道德行为在反复的实践活动中，达到自动化的程度，即形成道德的行为习惯，并内化为个人的品德。长期的日常行为规范养成教育，能优化校园内部环境，形成良好校风，为学生创造良好的学习和生活环境，从而促进教育教学质量的全面提高。

(二)培育学生树立正确的世界观、人生观和价值观

世界观、人生观、价值观是人的精神内核。对世界观、人生观和价值观的培育是德育的最高目标，同时也是德育的基础性工作。只有确立了正确的世界观、人生观和价值观，学生才可能有健康、自觉的价值生活，才能有真正合乎道德的行为，形成真正的文明行为习惯。小学生处于在世界观、人生观和价值观的形成、发展的关键时期，因此世界观、人生观和价值观的基础教育应当成为德育的根本任务。

(三)培养学生坚定的政治立场

培养学生坚定的政治立场和高尚的道德情操。积极引导学生在道德认识和实践活动中，激发出道德需要，形成正确的道德价值观，培养爱憎分明的政治态度，坚定的政治立场和高尚的道德情操，增强他们对履行和捍卫社会主义道德的责任感、义务感、使命感。

思想品德教育任务的三个方面是相互联系、相互促进、相辅相成的，三者缺一不可。

二、小学德育的内容

学校德育内容的确定，主要依据是教育目的和德育任务，同时取决于学生品德发展的年龄特征，以及当前形势任务和学生品德实际等因素。德育的内容应当包括三个主要层次：一是基本道德行为规范的教育；二是公民道德与政治品质的教育；三是较高层次的世界观与人生观、理想教育等。实际上就是道德教育、思想教育和政治教育的内容。

我国政府对小学的德育内容有统一的规定，目前主要体现在《小学德育纲要》上。《小学德育纲要》规定："小学德育主要是向学生进行以'爱祖国、爱人民、爱劳动、爱科学、爱社会主义'为基本内容的社会公德教育和有关的社会常识教育(包括必要的生活常识、浅显的政治常识以及同小学生有关的法律常识)，着重培养和训练学生良好的道德品质和文明行为习惯，教育学生心中有他人，心中有集体，心中有人民，心中有祖国。"具体德育内容主要有以下 10 条。(1)热爱祖国的教育。(2)热爱中国共

产党的教育。(3)热爱人民的教育。(4)热爱集体的教育。(5)热爱劳动、艰苦奋斗的教育。(6)努力学习、热爱科学的教育。(7)文明礼貌、遵守纪律的教育。(8)民主与法制观念的启蒙教育。(9)良好的意志、品格教育。(10)辩证唯物主义观点的启蒙教育。

(一)基本道德和行为规范的教育

基本道德是个体生活的基础性道德要求。基本道德往往是历史上传承下来为人类社会广泛接受的道德规范。德育的基础是要教学生学会做人，所以诸如公平、正直、诚实、勇敢、仁爱、热爱劳动、艰苦朴素等应当成为中小学德育的基础性内容。同时，对学生进行行为规范的教育，培养学生文明行为习惯，也是学校德育经常性的重要内容。

1. 文明行为规范的教育

文明行为的内容广泛，涉及人们日常生活的各个方面，看起来似乎是日常小事，但却是文化修养和精神内涵的标志或表现。当然，文明行为不只是一个人的行为的外部表现，重要的是这些外部行为反映出一个人的内部心灵或性格的特征。否则，一些人虽然学会了“彬彬有礼”、衣着讲究，给人一种很有“教养”的印象，但实际上他仍可能是虚伪、狭隘、自私和粗鲁的。所以文明行为教育应当同个体的精神培育结合起来。

2. 自觉纪律教育

纪律是指一定社会条件下，一定的阶级、集团、团体对其成员提出的必须共同遵守的秩序、规则、章程等。纪律是一定社会或阶级的产物。不同社会、不同阶级有不同的纪律，社会主义社会实行的是自觉纪律。自觉纪律，是建立在个人、集体和国家利益基本一致以及人们对社会的高度责任感和对遵守纪律的充分认识的基础上的，是依靠人们内在信念维持的、独立的、主动的、自觉自愿遵守的纪律，是同志式的、团结互助的纪律，也是真正严格的铁的纪律，它是社会生产和生活得以正常进行的基本保证。社会主义学校纪律既是学校顺利进行教育教学活动的重要条件和保证，又是培养具有高尚的道德品质的一代新人的重要条件和方面。

自觉纪律教育的基本内容有以下三个方面。

第一，提高学生对自由与纪律的认识。正确理解自由与纪律、民主与集体的关系，提高遵守纪律的自觉性。

第二，教育学生严格执行纪律要求，养成遵守纪律的习惯。在学校要听从教师的教导，履行学校和教师的要求，自觉遵守学校的各项规章和制度。在校外能遵守社会公德，维护公共秩序，具有高度的纪律性，能自觉地与无纪律的不良现象做斗争。

第三，加强小学生日常行为规范和学生守则的教育。小学生的“学生守则”以及“小学生日常行为规范”是小学生必须遵守的行为准则。它是对学生进行文明行为及其他道德品质教育的基本要求，学校要教育学生坚持不懈地、严格地、切实地遵照执行。对小学生进行基本道德和行为规范的教育是小学德育内容的重中之重。

3. 人道主义和社会公德教育

人类在长期的共同生活和交往中逐步形成了公共的道德风尚，主要有文明行为和人道主义等。这些道德是人类共有的基本美德，既是人类自身发展和自我完善的道德基础，也是社会发展与进步的重要条件与标志。特别是人道主义，是一种重要的公德。它主张尊重人、信赖人，提倡人与人之间的友爱、平等与互助，重视人的价值与地位，强调发展人性。

人道主义和社会公德教育的基本内容包括以下几个方面。

第一，教育学生发扬社会主义、人道主义精神。要引导学生从小懂得尊重人、爱护人、平等待人，对别人的困难、疾苦和遭遇抱有恻隐和同情之心，能善意对人，热情待人，乐于助人；使他们懂得尊老爱幼、帮助鳏寡孤独和残疾人；还要教育他们为了主持正义、保护善良，敢于挺身而出，扶正压邪、除暴安良，维护社会的共同利益，具有社会主义人道主义精神。

第二，培养学生的文明行为。要严格要求和反复训练，使青少年学生具有基本的文明行为，如讲规矩，有礼貌，爱整洁，尊敬师长，说话和气，举止文雅、大方等。要帮助学生提高对文明行为的认识，理解它的价值，养成文明的习惯，能够自觉地与不文明的行为做斗争。

第三，帮助学生养成良好的品质。养成良好的基本品质，是一个人提高修养的基础，是他在事业上取得成就的重要条件；要引导学生形成诚实、热情、谦虚、朴素、勇敢、果断、沉着、耐心等优良品质。

4. 感恩教育

在德育过程中，加强感恩教育非常必要。感恩教育，有利于青少年道德修养、综合素质的提高。因此，在校园加强对青少年的感恩教育显得尤为重要。特别是在市场经济及西方资产阶级思想的影响下，家庭溺爱使得青少年感恩意识匮乏已经成为一个普遍的社会现象，特别是小学生，要使他们从小养成良好的个性和健全的人格，让他们懂得，感念父母之恩，要孝敬父母；感念祖国之恩，要报效祖国；感念社会之恩，要学会和不同性格、不同阶层、不同文化背景的人相处，这是一种更加丰满的教育，这样的教育对学生来说才是“刻骨铭心”的。

对广大青少年来说，感恩教育绝不是简单回报父母的养育之恩，它更是一种责任意识、自立意识、自尊意识和健全人格的体现。感恩教育应以活动为载体，让青少年从活动中体验感恩，并回归现实生活，从点滴做起，在生活中实践感恩。它要求教师在德育过程中做到“以理服人，以情感人，情理交融，感人心灵”，让学生在不知不觉中受到教育，使其知、情、意、行在情理交融中实现自我完善，最终回报生活。

(二)科学的世界观、人生观和价值观的教育以及理想教育

世界观、人生观、价值观和理想教育是人的精神内核。对世界观、人生观、价值观和理想的培育是德育的最高目标，同时也是德育的基础性工作。只有确立了正确的世界观、人生观及美好理想，学生才可能有健康、自觉的价值生活，才能有真正合乎道德的行为，形成真正的文明行为习惯。

1. 科学的世界观、人生观和价值观教育

世界观是人们对待世界的根本态度。人生观是世界观的一部分，是人们对待人生问题的根本观点和态度。在阶级社会里，不同阶级有不同的世界观和人生观。辩证唯物主义是无产阶级世界观，是无产阶级对待世界的根本看法和态度。

科学的世界观、人生观和价值观教育的基本内容有以下几个方面。

第一，对学生进行辩证唯物主义和历史唯物主义基本观点教育。要使学生懂得唯物论和辩证法，知道世界是物质的，精神是物质的反映，要尊重事实，相信科学，实事求是，按客观规律办事，不迷信，不主观，不意气用事。知道实践是认识的源泉和途径，是检验真理的唯一标准，使他们重视实践，注意将理论学习与实践活动结合起来。懂得事物是对立统一的，并且是不断发展变化的，学会全面地、发展地看问题，对具体问题做具体分析，克服绝对化、片面性。懂得社会发展的规律，学会初步运用唯物史观分析社会历史现象。

第二，教育学生认识人生的崇高目的和意义，使学生明确人生的最大价值是为祖国、为人民、为人类做出贡献，推动社会进步。帮助学生树立实事求是和革命乐观主义的人生态度，正确处理好个人前途和国家前途、当前利益和长远利益的关系，正确对待和处理学习、工作、理想、事业、友谊、荣辱、幸福等人生课题。

2. 理想教育

理想是人们对未来事物、生活或目标的想象、向往和追求。它是推动人们前进的巨大力量。理想不是空想、幻想，它是建立在对事物发展客观规律科学认识基础上的、经过奋斗可以实现的目标或想象。

第一，教育学生树立远大的理想。要对学生进行科学共产主义基本理论教育，使学生认识社会发展的客观规律和人生的崇高意义，从而使他们的理想建立在科学的基础上。

第二，教育学生继承和发扬革命传统。要使学生深刻认识和感受到老一辈革命者为实现革命的理想曾经进行过怎样的斗争，形成了哪些光荣传统，进而使他们懂得只有继承和发扬革命的优良传统，才能接好班，把老一辈开创的革命事业推向前进。

第三，使学生将远大的理想与个人的学习、实践紧密联系起来。要教育学生从大处着眼，从小处着手，从自身做起，从现在做起，从身边的每一件事做起，做到既有远大的革命理想，又有踏踏实实的实际行动。

（三）公民道德与政治品质的教育

公民道德与政治品质教育的主要内容包括集体主义、爱国主义、民主法制观念和其他政治常识的教育等。

1. 集体主义教育

集体主义教育是社会主义道德品质教育的最重要的内容之一。集体主义教育必须要使学生养成善于在集体中生活的习惯，使学生能够关心集体，关心同学，愿为集体和同学服务；使学生养成集体责任感与荣誉感；发展同学间的友谊，促进同学间的团结。对小学生进行集体主义教育是使他们健康和幸福成长的重要途径。

第一，培养学生具有为人民服务的思想。使学生正确地认识个人、集体、国家之间的关系，形成集体主义的观点和情感，树立大公无私的思想。

第二，尊重集体的荣誉。尊重他人的人格和权利，爱惜他人的身体和名誉，同情和关心他人的困难、疾苦和进步，并乐于助人，勇于承担集体工作，自觉维护集体的荣誉，能与危害集体的行为做斗争，成为集体的积极成员。

第三，培养学生善于在集体中生活和工作的习惯。要使学生习惯于集体生活，养成个人服从集体，少数服从多数，执行集体决议，自觉遵守集体纪律的习惯，培养自我管理的能力和为集体服务的独立工作能力，使集体成为发展学生个性，施展学生个人聪明才智的舞台和天地。

2. 爱国主义教育

爱国主义是人类一种古老的感情，是千百年巩固起来的、人们对自己祖国的一种深厚感情或热爱态度，是对祖国在历史上所起作用的正确理解，也是力图使祖国更富强、更强大，为世界和平与人类进步做出更大贡献的一种坚定的志向。

爱国主义是一个历史范畴，具有历史性和阶级性，在社会发展的不同历史阶段和不同的国体国度里具有不同的性质和内容。我国的爱国主义是中国共产党领导下的中国人民对伟大的社会主义祖国深切热爱的情感，是为祖国的独立、统一、繁荣、富强贡献自己一切的崇高精神。爱国主义是团结全国各族人民的巨大内聚力，是全国人民和青少年学生应具备的基本品德。

爱国主义教育的基本内容有以下几方面。

第一，培养学生热爱祖国的深厚感情。要引导学生从热爱故乡、母校、亲人、师友、锦绣河山等周围事物开始，逐步了解和热爱祖国的光荣历史，灿烂文化和勤劳、勇敢、智慧的各族人民，培养学生与祖国人民同呼吸、共命运的情感和祖国利益、人民利益高于一切的思想。

第二，教育学生增强国家和民族的意识。教育学生不要忘记自己是中国人、炎黄子孙，要有中华民族的自豪感，尊重兄弟民族，遵守民族政策，维护民族团结和祖国的统一。

第三，教育学生发扬国际主义精神，维护世界和平。教育学生关心国际形势，要同世界各国人民和平友好、平等互利，互相支持与学习，为反对霸权主义、维护世界和平、争取人类进步而斗争。

3. 民主和法制教育

爱国主义在政治生活中的重要表现是自觉维护民主与法制。所以法制意识的培养也是学校德育的重要内容。小学阶段应当努力对小学生进行民主与法制的启蒙教育，使学生对民主的政治与社会生活及其条件有较为感性和直接的了解，从小树立民主与法制的观念。

民主和法制教育的基本内容有以下几方面。

第一，培养学生的民主思想和参与意识。要逐步提高学生的民主思想，懂得民主就是尊重人，维护人的合法权益，允许人进行独立思考和发表不同见解，以发挥人的积极性与创造性。要使学生了解民主的程序，懂得民主的权利，能够运用少数服从多数、下级服从上级的民主集中制，善于通过民主的方式来处理问题，正确解决民主与集中、自由与纪律的关系。

第二，要求学生掌握法律常识，严格遵纪守法。青少年学生已是社会的积极成员，并已开始广泛地参与社会生活，进行社会交往，他们应当懂得遵守法纪。否则，在不良思想行为的影响下，他们中少数品德和意志薄弱者就往往可能走上违法犯罪的道路，为此，有必要对青少年加强法制教育。要有计划地向学生普及法律基础知识，要引导他们从遵守公共秩序、交通规则等做起，严格遵守国家的法律。

第三节　小学德育的途径与方法

一、小学德育的途径

德育途径是指学校为了向青少年学生施加德育影响而组织进行的各个不同方面的活动和工作。它是德育工作实现预期效果的基本渠道，是实现德育目标的桥梁。实施小学德育的主要途径包括以下七个方面。

(一)通过思想品德课和其他学科的教学，在课堂教学中对学生进行潜移默化的教育

课堂是教师对学生进行教育的主阵地，是学校有目的、有计划、系统地对学生进行德育的基本途径。思想品德以一定社会意识和道德规范为内容，植根于社会经济关系中，受一定的社会经济基础决定，随着经济制度的变化而变化。小学品德课的性质决定了该学科不仅是传授知识，而且主要是训练学生良好的行为习惯的学科，

它是对学生进行思想品德行为习惯教育的重要途径之一。小学思想品德课是建设社会主义精神文明、全面贯彻党的教育方针，向小学生进行思想品德教育的一门重要课程。教学的目的和任务就是要培养学生爱祖国、爱人民、爱劳动、爱科学、爱社会主义的思想感情和良好的道德品质及行为习惯，为培养身心全面发展的人奠定思想品德、行为习惯的素质基础。在具体的课堂教学中，要结合学生的实际情况，做到由浅入深，图文并茂，讲授和引导相结合，理论和实践相结合，这样才能使学生既知道为什么去做，又知道怎样去做。要让学生结合自身进行比较，确立明确的导行目标，构建课堂多维交往结构，采用小组讨论等方式，满足低年级小学生交流的欲望，通过学生的自我教育和相互教育从而产生德育效能。

其他学科的教学都含有丰富的教学内容，只要充分发掘教材本身所固有的德育因素，把教学的科学性和思想性统一起来，就能在传授科学文化知识的同时，使学生受到科学精神和社会人文精神的熏陶，形成良好的品德。

（二）通过班主任的言传身教对学生进行德育

班主任是全面负责一个班级学生工作的教师，班主任的基本任务是带好班级，教好学生，对学生进行教育是班主任的一项重要职责和任务。班主任要做好学生的德育工作，必须全面深入了解和研究学生，在社会有关方面和学生家长配合下，共同对学生进行教育。班主任对学生进行教育的一个重要方式就是用身教来促使学生德育的良性循环。子曰："其身正，不令而行，其身不正，虽令不从。""桃李不言，下自成蹊。"李广将军虽然不善言辞，然而他的将士却团结一致，攻无不克，战无不胜。究其原因，李广以身作则，身先士卒为士兵做了最好的表率，才会有如此惊人的效果。所以，欲要学生的德行好，班主任首先要有良好的品德，这样才能为人师表，教书育人。班主任是学生健康成长的指导者和引路人，肩负班级日常管理和德育工作的重要职责。班主任要热爱学生，言传身教，为人师表，教书育人。要从关心学生发展的需要出发，着眼教育，严格要求，促进学生良好行为习惯的养成，实现管理育人。从小事而言，班主任要求学生不乱扔垃圾，不随地吐痰，首先要身体力行，躬身示范，这样才有说服力。从大事而言，班主任的人格要经得起考验，做一个表里如一，言行一致的人。久而久之，学生受到阳光般的沐浴，以至养成现在"扫一屋"，将来"扫天下"的德行。

（三）通过开展学校课外活动和社会实践活动对学生进行德育

开展课外活动是进行德育的一个重要途径，它不受教学计划的限制，让学生根据兴趣、爱好自愿选择参加，自主地组织、开展丰富多彩的活动，制订并执行一定的计划和纪律，以调节自己的行为和人际关系。因此，通过这个途径进行德育，符合学生的特点和需要，能激发他们的兴趣，调动他们的积极性，特别有助于培养学生识别是非、自我教育等道德能力和互助友爱、团结合作、纪律性和责任感等良好品德。因此学校最好定期开展一些活动，如爱国英雄事迹报告会、演讲比赛、文明行为标兵评选等活动，在活动中学生要积极地进行准备，查阅资料，准备比赛，这一系列的过程恰恰也是学生了解德育知识，接受德育的过程。在整个过程中，学生互相影响，互相熏陶，有助于形成良好的德育氛围。

除校园的课外活动外，还可以定期开展社会实践活动，使学生在社会实践活动中受到很好的教育。学校可以根据实际情况组织学生参观爱国主义教育基地，瞻仰革命圣地和遗址，祭扫烈士墓，参观城市、农村和名胜古迹；组织学生参加军训、公益活动、社会调查、志愿服务等。在这些实践活动中，学生了解了社会，学会了关爱，认识到了自身的价值，提高了学生的自我教育能力和实践能力，促进学生增长才干，完善自我，全面发展。

(四)让德育走进家庭，使家庭、学校实现双赢教育

学生的德育离不开家庭教育，在加强学校德育的同时，牢牢抓住家庭教育，形成家庭、学校德育的合力。学校建立教师家访制、家校定期对话制、教师家长共评制、优秀家长及学习型家庭评选制等一系列制度，广泛开展家长开放周、家长接待日等活动，组织家长看校容校貌、随堂听课、评教风学风、议学校管理、谈家教体会，使活动内容丰富多彩。通过召开家长会、家长代表座谈会，建立家庭教育联系卡等家校“双边”活动，拉近了家校距离，密切了家校关系，形成了德育合力。以学校为依托，提高家长综合素质，促使家庭学校教育双赢。

(五)通过班集体和少先队活动，增强学生的集体荣誉感，让德育走进学生心灵

少先队的目的是团结教育少年儿童爱祖国、爱人民、爱劳动、爱科学、孝敬父母、爱护公共财物、努力学习、锻炼身体、培养能力、为国家贡献自己的力量，努力成长为社会主义现代化建设的合格人才，做共产主义事业的接班人。小学生对于能成为少先队员感到很骄傲，因此，在德育过程中，要充分利用少先队组织，积极组织少先队活动，充分发挥少先队组织在学生心目中的先进性作用，能够收到很好的德育效果。在少先队活动中设置一定的道德情境，提供一些具体的范例，有助于帮助学生理解道德要求。可以开展捡纸屑等一些有意义又切实可行的活动，让学生在活动中慢慢把德育内化为自身的东西。

针对小学生一般很喜欢集体活动的特点，要从小在他们心目中确立“集体”这一概念，让他们懂得集体的利益高于一切，不要因为个人原因损害集体利益，让他们从小就有集体荣誉感，知道个人要为班级争光，知道班级的荣誉也是个人自我荣誉的体现，让他们能努力在为班级争荣誉的同时规范自己的行为活动。这种集体荣誉感是建立在学校切实可行的德育活动中的，可以从身边的小事做起，通过日常行为规范教育，将与小学生年龄特点相适应的德育规范放入其中，实践证明，将德育的要求化为一条条班级的具体奋斗目标，可以激励全班学生向着目标奋进，使每一个学生都感到自己是和集体同呼吸、共甘苦的，通过集体的力量培养起学生的集体荣誉感，使学生受到德育教育，这无疑是一个行之有效的方法。

（六）让德育走进现实生活，在生活中感受德育

反思传统的德育教育方式，我们往往是抱守狭隘的课堂教育观，将施教的场所仅仅局限于教室，把课堂教学简单片面地理解为教育行为的全部，学校教育呈现出一种说教式的、十分明显的封闭化趋势。因此，德育教育的成效还不能令人满意。德育要以社会现实生活为基础，以学生的学校生活、家庭生活为途径，以学生的情感体验为中介，以学生日常生活为内容，引导学生学习生活知识和技能，体验生命的意义，在生活中学习，在学习中生活，逐步培养他们成为热爱生活、言行一致，有责任感和创新意识的新时代小学生。现实生活是学生接受道德教育的出发点，也是学生接受道德教育的归宿。学生不断自我完善，就是为了改变自己现实的或未来的生活质量，真正的教育就是帮助学生适应并超越现实的生活，创造未来可能的生活。教师要善于针对学生的生活实际生成新的德育内容。积极探索灵活多变的教育方法，要充分考虑学生的身心特点、接受能力和现实生活状况，了解学生的道德基础状况及其现实生活背景，然后帮助学生确定可行的发展目标，寻找行之有效的自我完善的办法。教师对学生现实生活中的表现要敏感，要敏感于学生的行为及行为变化，要敏感于学生的生活体验，真切地把握学生在生活中的尴尬、压力和恐慌，并在这种把握中寻找学生品德发展的最佳生长点，针对学生的现实生活进行指导，给予帮助。最后在帮助学生适应生活的同时，理解生活的意义和价值，让学生对生活有更深刻的认识和更高的追求。

思想道德教育在学生成长的道路上，占有非常重要的位置。古今中外的教育家都十分重视德育，并把德育置于一个特殊的崇高地位。在德育教育的方式上，我们的做法是：让德育走进社会，“重在实践、体验过程”，做到“课堂教育”与“课外活动”相结合，“校内教育”与“社会教育”相结合。广泛开展有利于学生身心发展的丰富多彩的活动，让学生在活动中增进感情，获得友谊。通过一系列的活动，使大家和谐共处、互相帮助、互相尊重，互相谅解，从而形成良好的思想道德品质。我们认为要使学生成为一个和谐发展的人，最基本的是通过社会生活的体验使其对世界观、人生观、价值观有所理解并产生强烈的情感，但仅用专业知识育人是不够的。德育教育的最终目的，必须使学生获得对“美与丑”“善与恶”更加鲜明的辨别力。德育是整个教育的灵魂，是学校教育工作中，不可分割的重要组成部分。它必须紧扣时代脉搏，紧跟时代步伐，不断注入新鲜血液，才能真正发挥“德育养德”的育人功效。

（七）让德育走进学生心灵，使德育充满人文关怀

人文关怀就是要以人为本，要把关怀作为德育的内在要求，去关注学生的个性，关注学生的感情世界，关注学生的生命。人的思想道德品质，是在自然的生活中形成的，这是人的德性形成的一个基本规律。因此，抽象的道德戒律，光说教是不能深入人心的。特别是现在人们的思想已驶入了现代化的快车道。小学生耳闻目染，

其思想认识也逐渐复杂起来。如不能及时地、有针对性地开展教育工作，势必造成社会危害。要让德育走进学生的心灵，巧抓机遇，充分利用“节日庆典、晨会、校班(队)会、国旗下讲话、宣传栏、黑板报、校外德育教育基地”等途径，加强对小学生的思想教育。让学生在实践中，把道德认知自觉地转化为道德行为。例如：在“母亲节”到来之际，我们在学生中开展“感恩教育”。有的学生为父母制作了一张生日贺卡，有的学生为父母洗一件衣服，有的学生为父母做一顿可口的饭菜，表达出了他们对父母养育之恩的感激之情。使同学们在实践活动中提高思想认识，净化自己的心灵。

二、小学德育的方法

德育方法是实现德育目标的媒介，是指为了完成德育的目的和任务所采用的具体措施，是为了进行思想品德教育而采取的各种影响方式的总和。小学常用的德育方法有说服教育法、榜样示范法、实际锻炼法、陶冶教育法、自我教育法、品德评价法。

(一)说服教育法

说服教育法是通过摆事实、讲道理，使学生提高认识、形成正确观点的方法。说服教育法是我们对学生进行德育的基本方法，其主要方式有讲授法、谈话法和讨论法。

(1)讲授法。讲授法是以教师的语言作为主要媒介系统，连贯地向学生传授知识、表达情感和价值观念的教育方法。讲授法的主要形式有三种：讲述、讲解、讲演。

讲授法广泛地运用于道德教育中。它可以在最短的时间内向学生呈现大量的信息，有助于学生道德知识的学习和思维能力的培养。但是讲授法不利于发挥学生的积极性和主动性，因此在运用讲授法的过程中必须扬长避短，努力做到以下几点。①注意内容的组织。讲授法要求教育者对内容做周密的安排，做到内容的系统性和科学性、知识性与趣味性的统一，发挥讲授法的长处，这样才有助于学生系统地掌握道德知识，培养道德思维能力。②注意发动学生。由于讲授法以教师的“讲”为主，学生处于被动的状态，这就需要教师通过适时、适当的提问、反问或者对话，活跃学生的思维，以调动学生学习的积极性和主动性。③注意语言艺术。讲授法主要以语言为媒介，这就需要教师的语言具备感染力，通过肢体语言的配合，提高讲授的感染力。

(2)谈话法。谈话法是以师生交谈的方式进行知识教学和价值辅导的教育方法。谈话法的特点是学生直接参与交流思想感情，激发学生思考，调动学生解决品德问题的积极性、主动性。这种方式不受时间、地点和人数的限制，简便易行。运用谈话法，必须努力做到以下几点。①事前要有准备。要在了解谈话对象的思想状况、个性特点和所受社会各方面影响的基础上，确定谈话内容和方式。②要尊重事实，态度诚恳，要使谈话具有民主、平等、和谐的氛围。③谈话过程要有情感交流，与学生共欢乐，同义愤，说理与陶冶情感相结合，使学生感到亲切，力戒简单粗暴、成人化的训斥。④切记不要在学生有错误时才谈话，无错就不谈话，避免学生误解个别谈话的意义。⑤谈话时要有启发性，启发学生积极思考问题，通过自己的认真思索明辨是非，得出结论。

(3)讨论法。讨论法是指在教师的指导下，学生用讨论或者辩论的方式就某一道德问题各抒己见、澄清思想、寻求结论的教育方法。讨论法的类型可以分为道德两难法和价值澄清法。①道德两难法。这种方法主要是通过讨论道德两难问题，了解学生的道德认知发展，促进学生道德判断能力的发展，并使学生的道德认知提高到一个新层次的德育方法。该方法主要设置一个道德两难困境，促使学生多方考虑，然后提出解决方法，说明原因，并聆听及参考其他同学的意见，一边和自己的想法相比较，一边做出选择。通过道德两难法可以刺激学生认知结构的改变，提升道德认知层次，增强学生解决问题的能力。②价值澄清法。主要是教师通过与学生就其关注的某一道德或者价值问题进行讨论，通过自由选择、反省和行动澄清来帮助学生澄清自己价值观的德育方法。该方法最大的特点就是强调个人价值选择的自由，重在培养学生的道德判断力和道德决策力。该方法的运用，弥补了传统德育方法的不足，在一定程度上增强了德育的实效性。

讨论法的运用，必须做到以下几点。①要提出学生最关心、最迫切需要解决的问题，指导学生搜集材料，做好发言准备。②要启发和鼓励学生敞开心扉，勇于发表自己的意见，培养学生的道德判断能力。③在讨论过程中教师要循循善诱，使讨论由浅入深，围绕主题进行讨论，最后得出正确结论。④讨论结束后，教师要做好总结，并允许学生保留意见。

(二)榜样示范法

榜样示范法是以他人的高尚思想、模范行为和卓越成就来影响学生品德的方法。榜样示范法的主要方式有伟人的典范教育、教育者的人格示范、学生的榜样引导。

(1)伟人典范教育。这一方式就是利用领袖、伟人、科学家、英雄模范等典型人物的崇高理想、高尚情操、伟大业绩、光辉历程等来教育感染学生，促进学生树立远大理想和科学的世界观。

(2)教育者人格示范。这一方式指教师的人格示范。教师的言谈举止、为人处事的态度等时时刻刻都在影响着学生。所以教师必须处处严格要求自己，以自己的人格示范给学生做出表率。

(3)学生榜样引导。这一方式是指教师利用学生身边的典型，引导学生模仿他们优良的思想、善良的情感和美好的行为。学生身边的典型人物如三好生、优秀学生干部，他们与其他同学生活在一起，年龄相近，经历、环境影响相仿，其先进榜样易于学生接受。

榜样示范法的运用，必须做到以下几点。①榜样的示范要特点突出，生动鲜明，才能引起学习者的注意。②榜样的示范要符合学习者的年龄特征，示范行为对学习者具有可行性。③榜样示范的行为要具有可信性，才能引起学习者心理上的共鸣，学生才会用榜样的行为来调节自己的行为。

(三)实际锻炼法

实际锻炼法是有目的地组织学生进行一定的实际活动以培养他们良好品德的方法。实际锻炼法主要有劳动锻炼和社会实践两种方式。

(1)劳动锻炼。这一方式主要是通过学生参加劳动，来培养他们的劳动习惯、劳动观点以及热爱劳动人民、爱惜劳动产品的思想感情。让学生参加劳动具体有以下几种方法。①自我服务性劳动，教育学生自己的事情自己做。②家务劳动，培养学生的劳动习惯和对家庭的义务感。③公益劳动，培养学生关心社会的好思想。

(2)社会实践。这一方式就是有计划、有目的地组织学生参加各种社会实践活动，有助于他们接触社会，关心社会，提高实际工作能力。

运用实际锻炼法，必须做到以下几点。①活动要有明确的目的和必要的思想教育意义。②要有严格要求和督促检查。③要注意激发学生参加活动的主动性、积极性。④活动最后进行总结反思，肯定学生的成绩，指出他们的不足。

(四)陶冶法

陶冶法是通过创设良好的情境，潜移默化地培养学生品德的方法。陶冶法主要包括人格感化、环境陶冶和艺术陶冶三种方法。

(1)人格感化。人格感化是指教师以自己高尚的品德、人格和对学生真诚的爱去感化学生，促进学生思想的转变。

(2)环境陶冶。环境陶冶主要指教师利用环境中的教育因素对学生的品德情感进行潜移默化的陶冶。环境陶冶的内容包括优美的校容、优良的校风、班风以及良好的家庭和社会环境等。

(3)艺术陶冶。艺术陶冶是指教师运用健康的文艺作品激发学生道德情感的方式。包括文学、诗歌、音乐、美术、舞蹈、雕塑、影视等艺术作品的熏陶。

情感陶冶法的运用，必须做到以下几点。①要注意教育情境的设置。情境的设置要引人入胜，具有感染力。②要注意教师自身的人格榜样。③要引导学生参与教育情境的互动。学生的主动参与是增强道德陶冶作用的重要条件。

(五)品德评价法

品德评价法是根据一定的要求和标准，对学生的思想言行做出判断，是对品德发展的强化手段。品德评价法通常包括表扬奖励、批评处分、操行评定等方式。

(1)表扬奖励。表扬奖励是对学生良好的思想品德行为做出肯定的评价，用以巩固和发扬学生优良行为的方法。其具体办法有赞许、表扬和奖赏三种。

(2)批评处分。批评处分是对学生不好的思想品德行为做出否定的评价，用以克服和改正他们不良品德行为的方法。批评可个别或当众进行，可采用口头和书面两种方式。处分是对学生严重不良行为的否定，根据学生错误的性质和认错的态度，一般可以分为警告、严重警告、记过、留校察看、开除学籍等。

(3)操行评定。操行评定是在一定时期内对学生的品德做出全面评价，以使学生发扬优点，克服缺点，不断上进的方法。

品德评价法的运用，必须注意以下几点。①要公正、合理、符合实际。②要发扬民主，得到学生的支持，并让学生积极参与评价活动。

以上几种德育方法各有特点和作用，各种德育方法相互补充构成德育方法的完整体系。因此教师应根据实际情况，考虑各种德育方法的相互配合，灵活、创造性地加以运用。具体可从以下几点考虑。第一，依据德育目标。德育方法的选择必须依据德育总目标。选择德育方法既要有利于学生正确理解和掌握社会主义品德内容，又要有利于发展品德能力，促进其品德心理的健康发展。德育方法的选择还要考虑德育的具体目标。如要使学生"晓理"，就要选择讲解、讨论、谈话等方法，要使学生"践行"，就要选择实践锻炼法。第二，依据德育内容。不同性质的德育内容必须采用不同的德育方法。思想政治性质的内容主要是采用讲解、谈话、讨论等方法，伦理道德性质的内容主要采用榜样示范和实际锻炼的方法。第三，依据德育对象的年龄特征和个性差异。德育方法的选择必须符合学生的年龄特点和个性差异。如对骄傲自满的学生在表扬时要适当指出他的不足，对缺乏自信心的学生则应当多给予表扬、鼓励。

总之，学生的道德品质是从无到有，从外部调节到内心自觉，从低级到高级逐步发展起来的，根据学生的年龄特点有效地对小学生开展德育工作在小学生道德品质的发展上具有重要意义，也是学校德育工作不可缺少的重要部分。

知识拓展

皮亚杰的儿童道德认知发展理论

皮亚杰早在20世纪30年代就对儿童道德判断和道德观念的发展进行了研究。他认为，一个人道德上的成熟主要表现在尊重准则和社会公正感这两个方面。一个有道德的人能按社会规定的准则公平、公道地对待别人。他采用对偶故事法研究儿童道德判断发展的水平。他认为，儿童道德判断的发展与儿童认知发展的阶段相平行，儿童道德发展的进程可以在他们的认知进程中找到证据。他设计了一些包含道德价值内容的对偶故事让儿童回答，要求儿童辨认是非对错，从他们对特定行为情境的评价中投射并推测出儿童现有的道德认知和道德判断水平。通过大量的研究，他发现并总结出了儿童道德认知发展的总规律，即儿童道德的发展经历了一个从他律到自律的认识、转化发展过程。所谓他律，是指早期儿童的道德判断只注意行为的客观效果，不关心主观动机，是受自身以外的价值标准支配的道德判断，具有客体性。所谓自律，则是指儿童自己的主观价值、主观标准所支配的道德判断，具有主体性。他律水平和自律水平是儿童道德判断的两级水平。在此基础上皮亚杰还提出了儿童道德发展的年龄阶段。他认为，10岁是儿童从他律道德向自律道德转化的分水岭，即10岁前，儿童对道德行为的思维判断主要依据他人设定的外在标准，也就是他律道德；10岁以后，儿童对道德行为的思维判断大多依据自己的内在标准，也就是自律道德。

儿童的道德发展具体表现为以下几个阶段。

(1)自我中心阶段(2～5岁)。这一阶段的儿童由于认识的局限性，还不理解、不重视成人或周围环境对他们的要求。在游戏时，规则或成人的要求对他们还没有约束力，只按照自己的意愿去执行游戏规则，所以这一阶段又称为单纯的个人规则阶段。皮亚杰认为，促进儿童和同伴之间形成合作关系，是使儿童摆脱这种自我中心的唯一方法。

(2)权威阶段(6～8岁)。这个阶段的儿童认为，应该尊重权威和尊重年长者的命令。一方面，他们绝对遵从成人、权威者的命令；另一方面，他们也服从周围环境对他们所规定的规则或提出的要求。皮亚杰把儿童绝对驯服地服从规则要求的倾向称为道德实在论。他指出，此阶段成人的约束和滥用权威对儿童的道德发展是极其有害的。

(3)可逆阶段(8～10岁)。这个阶段的儿童不再认为成人的命令是应该绝对服从的，道德规则是固定不变的。他们认为，道德行为的准则只不过是同伴之间共同约定的用来保障共同利益的一种社会产物。因此，规则已经具有了一种保证相互行动和相互给予的可逆特征，规则面前、同伴之间是一种可逆关系，我要你遵守，我也得遵守。不是以权威而是以是否公平作为判断行为好坏的标准，认为公平的行为就是好的，反之就是坏的。由此可见，儿童的道德判断已经开始摆脱外界的约束，并具有自律道德水平的初步萌芽。

(4)公正阶段(11～12岁)。这个阶段，儿童的道德观念开始倾向于公正。皮亚杰认为，当可逆的道德观念从利他主义角度去考虑时，就产生了关于公正的观念。公正观念不是一种判断是或非的单纯的规则关系，而是一种出于关心与同情的真正的道德关系。也就是说，儿童不再刻板地按固定的规则去判断，在依据规则判断时隐含考虑到同伴的一些具体情况，从关心和同情出发去判断。皮亚杰认为公正观念是一种高级的平等关系，这种道德观念已经能够从内部对儿童的道德判断起决定性作用。

科尔伯格的道德发展阶段理论

科尔伯格继皮亚杰之后对儿童品德发展问题进行了大量的、卓有成效的研究，提出了系统的道德发展阶段理论。

科尔伯格对皮亚杰的研究方法进行了改进，应用道德两难论的方法研究道德的发展问题，这种方法也称两难故事法。故事包含一个在道德价值上具有矛盾冲突的情境，让被试听完故事后对故事中的人物行为进行评论，从而了解被试进行道德判断所依据的原则及其道德发展水平。代表性的道德两难故事是"海因茨偷药的故事"。这个故事的大意是：欧洲有一位妇女患了癌症，生命危在旦夕。医生告诉她的丈夫海因茨，只有本城一个药剂师最近发明的一种药可以救他的妻子。但该药价钱十分昂贵，要卖到成本价的十倍。海因茨四处求人，尽全力也只借到了购药所需钱数的一半。万般无奈之下，海因茨只得请求药剂师便宜一点卖给他，或允许他赊账。但药剂师坚决不答应他的请求，并说他发明这种药就是为了赚钱。海因茨在走投无路的情况下，为了挽救妻子的生命，在夜间闯入药店偷了药，治好了妻子的病。但海因茨因此被警察抓了起来。

科尔伯格围绕这个故事提出了一系列问题，让被试参加讨论，如：海因茨该不该偷药？为什么该？为什么不该？海因茨犯了法，从道义上看，这种行为好不好？为什么？通过大量的研究，科尔伯格提出了三水平六阶段理论。三水平是指前习俗水平、习俗水平、后习俗水平。六阶段是指每个水平中又可划分为两个不同的阶段。

(1)前习俗水平(0～9岁)：处在这一水平的儿童，其道德观念的特点是纯外在的。他们为了免受惩罚或获得奖励而顺从权威人物规定的行为准则。根据行为的直接后果和自身的利害关系判断好坏是非。这一水平包括两个阶段。

第一阶段：惩罚与服从定向阶段。在这一阶段儿童根据行为的后果来判断行为是好是坏及严重程度，他们服从权威或规则只是为了避免惩罚，认为受赞扬的行为就是好的，受惩罚的行为就是坏的。他们还没有真正的道德概念。处在这一阶段的儿童对海因茨偷药的故事可能会做出这样两种不同的反应：赞成者认为，他可以偷药，因为他先提出请求，又不偷大的东西，不该受罚；反对者则会说，偷药会受到惩罚。

第二阶段：相对功利取向阶段。这一阶段的儿童道德价值来自对自己需要的满足，他们不再把规则看成是绝对的、固定不变的，评定行为的好坏主要看是否符合自己的利益。如他们对海因茨偷药的故事可能会有这样的说法：赞成者会说，他的妻子需要这种药，他需要同他的妻子共同生活；反对者则会说，他的妻子在他出狱前可能会死，因而对他没有好处。

科尔伯格认为，大多数9岁以下的儿童和许多犯罪的青少年在道德认识上都处于前习俗水平。

(2)习俗水平(9～15岁)：处在这一水平的儿童，能够着眼于社会的希望与要求，并以社会成员的角度思考道德问题，已经开始意识到个体的行为必须符合社会的准则，能够了解社会规范，并遵守和执行社会规范。规则已被内化，按规则行动被认为是正确的。习俗水平包括两个阶段。

第三阶段：寻求认可定向阶段，也称"好孩子"定向阶段。处在该阶段的儿童，个体的道德价值以人际关系的和谐为导向，顺从传统的要求，符合大家的意见，谋求大家的赞赏和认可。总是考虑到他人和社会对"好孩子"的要求，并总是尽量按这种要求去思考。他们认为好的行为是使人喜欢或被人赞赏的行为。这一阶段的儿童听了海因茨偷药的故事，赞成者会说，他做的是好丈夫应做的事；反对者则说，他这样做会给家庭带来苦恼和丧失名誉。

第四阶段：遵守法规和秩序定向阶段。处于该阶段的儿童其道德价值以服从权威为导向，他们服从社会规范，遵守公共秩序，尊重法律的权威，以法制观念判断是非，知法懂法。认为准则和法律是维护社会秩序的。因此，应当遵循权威和有关规范去行动。该阶段的儿童听了海因茨偷药的故事，赞成者会说，不这么做，他要为妻子的死负责；反对者会说，他要救妻子的命是应该的，但偷东西犯法。

资料来源：刘济良，《德育原理》，北京，高等教育出版社，2010。

复习与思考

1. 小学德育的途径有哪些？其中你认为最重要的途径是什么？

2. 小学德育的内容涵盖哪些方面？就其中的一方面谈谈你会怎么做。

3. 你对德育的原来看法是什么？经过本章的学习是不是引发了一些新的思考？

4. 假如在公交车行驶的过程中，乘客与驾驶员起了争执，你会选择默默观看还是上前阻止？

5. 当发现朋友在考试中作弊你会选择揭发吗？你认为应不应该揭发？

6. 目前的学校德育哪些地方是成功的？还存在什么问题？你认为应当如何改进？

推荐阅读

1. 檀传宝：《德育原理》，北京，北京师范大学出版社，2017。

2. 张大均：《教育心理学》，北京，人民教育出版社，2015。

3. 高德胜：《生活德育论》，北京，人民出版社，2005。

4. [意]亚米契斯：《爱的教育》，成都，四川科学技术出版社，2018。

5. 窦桂梅：《清华附小的德育细节》，上海，华东师范大学出版社，2013。

6. 檀传宝：《学校德育诊断案例研究》，北京，教育科学出版社，2012。

7. 王艳玲：《培养文化敏感型教师：多元文化教师教育的议题与挑战：美国哥伦比亚大学师范学院 A. Lin. Goodwin 教授访谈》，载《全球教育展望》，2012(2)。

8. 潘海燕：《教师不可不知的 36 类新新学生》，天津，天津教育出版社，2012。

附 1：小学生日常行为规范(修订)

1. 尊敬国旗、国徽，会唱国歌，升降国旗、奏唱国歌时肃立、脱帽、行注目礼，少先队员行队礼。

2. 尊敬父母，关心父母身体健康，主动为家庭做力所能及的事。听从父母和长辈的教导，外出或回到家要主动打招呼。

3. 尊敬老师，见面行礼，主动问好，接受老师的教导，与老师交流。

4. 尊老爱幼，平等待人。同学之间友好相处，互相关心，互相帮助。不欺负弱小，不讥笑、戏弄他人。尊重残疾人。尊重他人的民族习惯。

5. 待人有礼貌，说话文明，讲普通话，会用礼貌用语。不骂人，不打架。到他人房间先敲门，经允许再进入，不随意翻动别人的物品，不打扰别人的工作、学习和休息。

6. 诚实守信，不说谎话，知错就改，不随意拿别人的东西，借东西及时归还，答应别人的事努力做到，做不到时表示歉意。考试不作弊。

7. 虚心学习别人的长处和优点，不嫉妒别人。遇到挫折和失败不灰心，不气馁，遇到困难努力克服。

8. 爱惜粮食和学习、生活用品。节约水电，不比吃穿，不乱花钱。

9. 衣着整洁，经常洗澡，勤剪指甲，勤洗头，早晚刷牙，饭前便后要洗手。自己能做的事自己做，衣物用品摆放整齐，学会收拾房间、洗衣服、洗餐具等家务劳动。

10. 按时上学，不迟到，不早退，不逃学，有病有事要请假，放学后按时回家。参加活动守时，不能参加事先请假。

11. 课前准备好学习用品，上课专心听讲，积极思考，大胆提问，回答问题声音清楚，不随意打断他人发言。课间活动有秩序。

12. 课前预习，课后认真复习，按时完成作业，书写工整，卷面整洁。

13. 坚持锻炼身体，认真做广播体操和眼保健操，坐、立、行、读书、写字姿势正确。积极参加有益的文体活动。

14. 认真做值日，保持教室、校园整洁。保护环境，爱护花草树木、庄稼和有益动物，不随地吐痰，不乱扔果皮纸屑等废弃物。

15. 爱护公物，不在课桌椅、建筑物和文物古迹上涂抹刻画。损坏公物要赔偿。拾到东西归还失主或交公。

16. 积极参加集体活动，认真完成集体交给的任务，少先队员服从队的决议，不做有损集体荣誉的事，集体成员之间相互尊重，学会合作。积极参加学校组织的各种劳动和社会实践活动，多观察，勤动手。

17. 遵守交通法规，过马路走人行横道，不乱穿马路，不在公路、铁路、码头玩耍和追逐打闹。

18. 遵守公共秩序，在公共场所不拥挤，不喧哗，礼让他人。乘公共车、船等主动购票，主动给老幼病残孕让座。不做法律禁止的事。

19. 珍爱生命，注意安全，防火、防溺水、防触电、防盗、防中毒，不做有危险的游戏。

20. 阅读、观看健康有益的图书、报刊、音像和网上信息，收听、收看内容健康的广播电视节目。不吸烟、不喝酒、不赌博，远离毒品，不参加封建迷信活动，不进入网吧等未成年人不宜入内的场所。敢于斗争，遇到坏人坏事主动报告。

附2:《小学德育纲要》

《小学德育纲要》是中国国家教育委员会1993年3月颁发的文件。在1988年7月颁发的原《纲要》(试行草案)基础上修订而成。它贯穿于学校教育教学工作的全过程和学生日常生活的各个方面，渗透在智育、体育、美育和劳动教育之中，与其他各育互相促进、相辅相成，对促进学生的全面发展，保证人才培养的正确方向，起着主导作用。

培养目标

培养学生初步具有爱祖国、爱人民、爱劳动、爱科学、爱社会主义的思想感情和良好品德；遵守社会公德的意识和文明行为习惯；良好的意志、品格和活泼开朗的性格；自己管理自己、帮助别人、为集体服务和辨别是非的能力，为使他们成为德、智、体全面发展的社会主义事业的建设者和接班人，打下初步的良好的思想品德基础。

内容要求

小学德育主要是向学生进行以“爱祖国、爱人民、爱劳动、爱科学、爱社会主义”为基本内容的社会公德教育和有关的社会常识教育(包括必要的生活常识、浅显的政治常识以及同小学生有关的法律常识)，着重培养和训练学生良好的道德品质和文明行为习惯，教育学生心中有他人，心中有集体，心中有人民，心中有祖国。

一、热爱祖国的教育

教育学生知道自己是中国人，尊敬国旗、国徽，认识祖国版图，会唱国歌；初步了解家乡的物产、名胜古迹、著名人物，祖国的壮丽山河、悠久历史、灿烂文化和社会主义建设的伟大成就以及改革开放带来的巨大变化，培养热爱家乡、热爱祖国、热爱社会主义的感情和民族自尊心、自豪感；知道历史上中华民族曾遭受帝国主义的欺辱和进行了英勇反抗，我国与世界发达国家的经济水平还有很大差距，社会主义现代化建设还会遇到很多困难，逐步树立长大为建设家乡、振兴中华做贡献的理想；知道我国是一个多民族的国家，各族人民要互相尊重、平等相待，完成祖国统一大业是各族人民的共同心愿；逐步懂得“祖国利益高于一切”，爱护国家财产，立志保卫祖国，热爱和平，反对侵略战争。

二、热爱中国共产党的教育

教育学生知道中国共产党领导人民进行革命斗争，建立了新中国，现在正领导人民进行社会主义现代化建设，使学生懂得幸福生活是中国共产党领导人民取得的；学习老一辈无产阶级革命家和优秀共产党员英勇奋斗、艰苦创业、大公无私、坚持真理、全心全意为人民服务的高尚品质，培养热爱中国共产党的感情；知道中国共产党是中国少年先锋队的创建者和领导者，少先队员要接受党的教育，做党的好孩子。

三、热爱人民的教育

教育学生知道我国劳动人民在旧社会受剥削、受压迫，新社会人民是国家的主人，各族人民共同建设我们的国家；知道我国人民创造了中华文明，了解我国人民勤劳勇敢、自强不息、不畏强暴、热爱和平等传统美德，培养热爱人民的感情；要尊重各行各业的劳动者，向先进人物学习，初步培养为人民服务的思想；要孝敬父母、尊敬师长、尊老爱幼、友爱同学、同情和帮助残疾人、助人为乐、与各族少年儿童、外国小朋友友好相处。

四、热爱集体的教育

教育学生知道自己是集体中的一员，要热爱集体、关心集体，培养集体意识和为集体服务的能力；服从集体决定、遵守纪律、努力完成集体交给的任务，珍惜集体荣誉，为集体争光；在集体中团结、谦让、互助、合作、关心他人，积极参加集体活动，学习做集体的小主人。

五、热爱劳动、艰苦奋斗的教育

教育学生懂得劳动光荣，懒惰可耻，祖国建设离不开各行各业的劳动，幸福生活靠劳动创造；要热爱劳动，参加力所能及的自我服务劳动、家务劳动、公益劳动和简单的生产劳动，掌握一些简单的劳动技能，培养劳动习惯，爱护公物，勤俭节约，珍惜劳动成果；学习老一辈艰苦创业的优良传统，初步培养吃苦耐劳、艰苦奋斗的精神。

六、努力学习、热爱科学的教育

教育学生知道学习是学生的主要任务，是公民的权利和义务；初步懂得建设祖国、保卫祖国离不开文化科学知识，从小把自己的学习与实现社会主义现代化的理想联系起来，启发学生的兴趣和求知欲望；培养勤学好问、刻苦努力、专心踏实、认真仔细的学习态度和良好的学习习惯；热爱科学，相信科学，反对迷信，不参加各种封建迷信活动。

七、文明礼貌、遵守纪律的教育

教育学生关心、爱护、尊重他人，对人热情有礼貌，说话文明，会用礼貌用语，不打架，不骂人；初步掌握在家庭、学校、社会上待人接物的日常生活礼节；遵守学校纪律和公共秩序；讲究个人卫生，保持环境整洁；爱护公用设施、文物古迹，爱护花草、树木、保护有益动物。

八、民主与法制观念的启蒙教育

教育学生懂得在集体中要平等待人，有事和大家商量，少数服从多数，个人服从集体；在少先队组织里学习开展批评与自我批评，行使少先队员的权利，学习过民主生活。知道国家有法律，法律是保护人民利益的，公民要知法、守法，学习和遵守《中华人民共和国交通管理规则》《中华人民共和国治安管理处罚条例》《中华人民共和国道路交通管理条例》《中华人民共和国义务教育法》和《中华人民共和国未成年人保护法》等法规中与小学生生活有关的规定。

九、良好的意志、品格教育

教育学生要诚实、正直、谦虚、宽厚、有同情心、活泼、开朗、勇敢、坚强、有毅力、不怕困难、不任性、惜时守信、认真负责、自尊自爱、积极进取。

十、辩证唯物主义观点的启蒙教育

引导学生学习怎样正确看待周围常见的事物；初步学习全面地发展地看待问题的方法。

实施途径

学校实施德育必须充分发挥校内、校外各教育途径的作用，互相配合，形成合力，创造良好的教育环境，共同完成德育任务。

一、各科教学

各科教学是向学生进行思想品德教育最经常的途径。

思想品德课是向学生比较系统地进行思想品德教育的一门重要课程。任课教师要以思想品德课教学大纲为依据，运用教材联系学生实际，着重培养学生的道德情感，提高学生的道德认识和道德判断能力，以指导他们的行为。

其他各科教学对培养学生良好的思想品德素质具有重要作用。任课教师要在全部教学活动中，注意培养学生良好的学习态度、学习习惯和良好的意志品格，促使学生养成文明行为习惯；要根据各科教学大纲中关于思想品德教育的要求和教材中的教育因素，按各科自身的教学特点，自觉地、有机地在课堂教学中渗透思想品德教育。

语文教学要贯彻文道统一的原则，将语言文字的训练、句段篇章的学习与思想品德教育统一于教学过程之中，利用课文内容中丰富的思想品德教育因素，充分发挥感染、陶冶作用，使学生受到教育。

数学教学最易于渗透辩证唯物主义观点的启蒙教育，并要通过数学训练，培养学生认真严谨、一丝不苟的学习态度和积极思维的良好习惯。

历史常识教学最易于具体、形象、生动地对学生进行热爱祖国、热爱中国共产党、热爱社会主义的教育。要通过教学，帮助学生了解中国古代科学技术、文化艺术方面的一些重大成就和对人类的杰出贡献；知道近代史上帝国主义列强野蛮侵略我国的主要罪行以及中国人民受欺凌的主要史实；知道中国人民抵御外侮、捍卫中华的重大斗争和一些仁人志士、革命先烈的事迹；知道中国人民在中国共产党的领导下，为建立新中国英勇奋斗的主要史实和社会主义建设的重大成就。教育学生学习中华民族的光荣传统和中国共产党的革命传统，激发他们的爱国情感，增强民族自尊心和自豪感。

地理常识教学易于具体、形象地对学生进行国情教育。要通过教学帮助学生初步了解我国和家乡的自然环境和建设成就，激发爱祖国、爱家乡的感情；初步了解我国和家乡的主要资源及其利用状况，初步认识合理利用资源和保护环境的重要；初步了解我国和家乡的人口数量和发展状况；初步懂得控制人口的重要性；初步了解我国是一个统一的多民族的国家，各民族一律平等，要共同维护祖国统一。

自然常识教学要在讲授自然常识的同时对学生进行热爱科学、反对迷信的教育，培养学生尊重科学、相信科学的精神和学科学、用科学的志趣及能力。

音乐、美术教学要充分发挥艺术教育寓教于乐、生动形象、感人的优势，向学生展示中华民族的优秀艺术传统，培养健康的审美情趣，陶冶情操，增强学生的民族自豪感，激发热爱祖国、热爱中国共产党的感情。

体育教学要在体育技能技巧训练的同时，培养学生良好的卫生习惯、锻炼身体的习惯以及朝气蓬勃、不怕困难、勇敢顽强的精神。并通过体育活动进行集体主义教育，培养集体荣誉感、组织纪律性和合作精神。

劳动教学要把传授劳动知识技能与培养良好的劳动习惯结合起来，通过劳动实践活动，培养学生热爱劳动的思想、吃苦耐劳的精神、珍惜劳动成果的感情和对工作的责任心，养成劳动习惯。

二、校级、班级教育和各种教育活动

校级教育是由学校组织的，结合学校实际，面向全校学生进行的教育工作。学校校长和有关负责人是校级教育工作的组织者和领导者，要认真贯彻本《纲要》《小学生守则》《小学生日常行为规范》，建立每周举行一次升国旗仪式和每天升降国旗，时事政策教育，利用重大节日、纪念日举行全校性传统教育活动，定期举行主题校会等制度；要开辟教育陈列室，悬挂中国、世界地图和中外名人画像，并通过加强日常管理，建设整洁优美的校容、校貌，形成良好的校风，创造良好的教育环境。

班级教育是向全班学生进行经常性的思想品德教育和组织管理工作。班主任是班级教育工作的组织者和领导者。要全面了解学生，组织培养班集体，开展各种教育活动，加强班级管理，深入细致地做好个别学生的教育工作，建立和形成良好的班风；协调班级各方面的教育力量，保证教育的一致性。其他各科教师也要给予积极配合。

学校和班级要积极组织丰富多彩的适合小学生年龄特点的教育活动和劳动、社会实践活动，寓思想品德教育于活动之中。要依靠校内外的力量，组织各种兴趣小组，丰富学生的课余生活，培养和发展学生健康的兴趣爱好；要通过参观、访问、劳动、社会调查等活动，扩大学生的视野，帮助他们了解和认识社会；还应重视社会环境和社会信息对学生的影响，选择有益于学生身心健康的书籍、影视、文娱节目等，对学生进行生动、形象的思想品德教育，抵制各种不良影响。

三、少先队教育

少先队教育要按照队章的要求，加强队伍的组织教育，充分发挥其组织作用。要运用其特有的教育手段，通过队员当家做主的集体生活和丰富多彩的活动来进行。少先队工作要与学校教育紧密配合。少先队辅导员是少先队工作的指导者，要充分发挥少先队员的积极性、主动性、创造性。

四、家庭教育和校外教育

实施德育，学校教育与家庭教育、社会教育要相互配合，学校应起主导作用。

学校要指导家庭教育，帮助家长端正教育思想，改进教育方法，提高家庭教育水平。学校和教师要通过家长委员会、“家长学校”、家访、家长会等形式了解家长对子女进行教育的情况，向家长通报学校的教育要求，宣传和普及教育子女的知识，推广家长教育子女的成功经验，促使家庭教育与学校教育协调一致。

校外教育中的思想品德教育是学校教育的重要补充和扩展。学校和教师要主动和少年宫(家)、儿童少年活动中心、文化馆、科技馆、图书馆、纪念馆、艺术馆、业余体校等校外教育单位建立联系，充分利用这些专用场所和教育设施，组织学生参加各种活动，在活动中接受教育。

学校和教师还应重视与革命老前辈、战斗英雄、劳动模范、科学家、企业家等建立联系，发挥他们对学生的榜样教育作用。还要争取关心下一代协会等组织和机关、团体、部队、企事业、街道、乡镇等单位的支持，开辟教育活动场所，共同创造良好的育人环境，提倡全社会关心下一代健康成长的新风尚。

教育原则

一、坚持正确的政治方向

要坚持以马列主义、毛泽东思想和党在社会主义初级阶段的基本路线为指导，遵照国家对小学生思想品德素质的基本要求，对学生进行思想品德教育，反对和抵制资本主义和封建主义等腐朽思想的影响。

二、热爱学生、了解学生

要热爱学生，以对祖国未来和对学生负责的态度，满腔热情地爱护并全面关心每一个学生，要信任和尊重学生，对缺点较多和有特殊情况的学生，更要亲近和帮助他们，切忌偏见和偏爱。要了解不同年级学生的年龄特点；了解他们的思想品德状况和日常行为表现；了解社会和家庭环境变化给他们带来的影响；了解每个学生的性格和兴趣爱好等，有的放矢地进行教育。

三、加强针对性

要根据小学生年龄特点，遵循小学生生理心理发展的基本规律，运用生动感人的题材和形象化的方式对学生进行教育，不要给他们讲空洞的大道理和难以理解的政治概念，防止成人化；要针对不同年级学生的知识水平和理解能力，分清层次，由浅入深，由近及远，从具体到抽象，循环反复，不断加深；要针对不同地区的实际情况，学生的思想品德实际以及个性差异，提出不同的要求，采取不同的教育方法，坚持因材施教，避免一般化。

四、坚持正面教育

要对学生进行耐心细致的正面教育，坚持正面启发，积极诱导，使学生掌握正确的道德认识和道德行为标准，调动学生的积极因素；对缺点较多的学生更要鼓励他们积极向上，坚持以表扬为主；对学生的缺点和错误要给予批评并指出努力方向，但要注意防止简单粗暴，严禁体罚和变相体罚。

五、提高道德认识和行为训练相结合

在教育过程中，既要重视正面灌输，提高学生的道德认识，使他们懂得一些浅显的道理；同时也要相应提出一些合理、适度、具体、明确的行为要求，进行严格的管理和行为训练，引导他们参加力所能及的劳动和社会实践活动，使他们在道德行为实践中逐渐加深认识，养成良好的行为习惯。

六、集体教育与个别教育相结合

学生集体既是教育的对象，又是教育的手段。良好的集体是一种巨大的教育力量。教育者要重视培养学生集体，通过开展集体活动，建立正确的集体舆论，形成良好的风气和传统，发挥集体教育作用。要调动每个学生的积极性，同时还要针对学生的不同情况进行个别指导，促使其个性在集体中得到充分发展，并初步培养他们自己教育自己的能力。

七、言传身教，为人师表

对学生进行思想品德教育是每一个教师的责任。全体教职员工都要树立教书育人的思想，把言传身教和教书育人结合起来。小学生模仿性强，只有以身作则，才能使教师的言传发挥更大的教育作用，才能使学生从教师的形象中感受到所学的道德准则可信，从而激励他们积极行动。

八、保持教育的连续性和一致性

学生思想品德的形成和发展，是长时间多方面教育影响的结果。学校内各年级的教育要注意承上启下，互相衔接；各条教育途径要互相联系，协调一致。

品德评定

品德评定是德育过程的一个重要环节，它包括操行评定和思想品德课考核两个方面。

操行评定每学期评一次，应根据本《纲要》及《小学生守则》《小学生日常行为规范》的要求，经过学生个人、集体和教师(包括班主任和各科教师)评定(含校外表现)，最后由班主任写出评语，记入学生成绩册，通知本人和家长，并作为评选"三好"学生、升级、升学的依据之一。

思想品德课考核，应依据教学大纲和教材，着重考查学生的道德认识，考核成绩列入成绩册。

管理工作

一、校长对德育工作负有领导责任。校长不但要精通教学业务，而且要熟悉德育规律。要把学校德育状况作为考核校长工作的重要方面。学校在校长领导下，还要有人具体管理德育工作。校长要充分发挥德育骨干力量的作用，领导协调校内各条教育途径的工作，指导全体教职工言传身教，教书育人；指导家庭教育，争取社会有关力量的支持。

二、小学学区党支部要发挥政治核心作用，要加强组织建设和思想建设，健全党组织生活制度，充分发挥党支部的战斗堡垒作用和党、团员在学校德育工作中的模范带头作用。要切实加强对全体教职工的思想政治工作，充分调动他们的积极性，发挥共青团和工会的组织作用。

三、全体教职员工都是德育工作者，要在各自的岗位上做好德育工作。学校要把教书育人、管理育人、服务育人分别列入教职员工岗位职责范围内，并作为评估教师工作、评聘教师职务、表彰奖励和晋级的重要依据之一。

四、小学党支部书记、主管德育工作的校长、教导主任、少先队辅导员、思想品德课教师和班主任是学校德育工作的骨干力量，要建立培训制度，不断提高他们的思想业务水平。

五、学校应根据本校实际情况建立德育管理制度。每学期都要做到有目标、有计划、有指导、有检查、有总结，及时交流和推广先进经验，解决工作中的困难和问题。

《纲要》实施

本《纲要》是小学德育工作的指导性文件。它是学校实施德育的依据，是家庭和社会配合学校对学生进行思想品德教育的依据，也是各级教育行政部门对小学德育督导和评估的依据。必须认真贯彻执行。

一、从实际出发。鉴于我国幅员广阔，各地情况差异较大，各级教育行政部门和学校，可根据实际情况，制定实施细则；也可对《纲要》的教育内容和要求进行分解，使之成为适合于不同年级段，各有侧重的系列，并可补充一些乡土教育内容。学生品德评定的办法，各地可继续实验。

二、加强指导。各级教育行政部门要对各类小学实施《纲要》进行分类指导，确定专人负责，并把工作重点放在端正教育思想，培训骨干，提高班主任工作水平，总结交流经验等方面。

三、列入评估内容。教育行政部门要把实施《纲要》的情况列入评估学校、考查教师的重要内容，作为评选先进的重要条件之一。成绩突出的思想品德课教师和教研员可评为高级教师，德育工作卓有成效的校长、教导主任和教师可获人民教师奖章。

四、争取有关部门配合。各级教育行政部门在贯彻执行《纲要》时，要注意协调好与共青团、妇联、文化、广播电影电视、司法等有关部门之间的关系和各项教育活动，共同做好工作。对于社会上损害小学生身心健康的不法行为，要与有关部门积极配合，依照法律严肃惩处。

五、开展德育科学实验和理论研究。要结合实施《纲要》积极开展德育科学实验，加强理论研究。要将科(教)研单位、学校、教育行政三方面的力量组织起来，调查研究新情况、新问题，探索新时期小学德育工作的特点和规律；要遵循继承、发展、改革、创新的原则，积极开展各种形式的学术讨论和理论研究活动，并对小学德育整体改革加以指导。

第九章　小学教育活动

内容提要 ▶

- 小学教师的业务活动
- 小学学生的全面发展活动
- 小学校园文化建设活动

第一节　小学教师的业务活动

一、小学校本研修

(一)“校本研修”的概念与特征

1. 概念

“校本研修”是指各级各类学校立足自身发展的实际，以更新教师观念、改善教师的教育行为为直接目标，以提高教师的专业素养和教育教学质量为根本目的，通过“专业引领、同伴互助、实践反思”，促进教师自主成长、带动学生全面发展的一种有计划、有组织的以校为本的教师自我探究、自我发展的研究行为。

2. 特征

(1)针对性。校本研修是针对学校发展、教师的个体发展和学生的发展中存在的问题而进行的。这些问题是学校、教师在实践中发现、思考、迫切想要解决的问题，而不是由专家批示的问题，甚至是看起来很小、很肤浅，但必须研究与解决的问题。目的在于改进学校的课程与教学，提升办学水平和教育质量，促进教师专业化发展。

(2)自主性。校本研修的主体是学校和教师，其享有充分的研训自主权。学校和教师能自主制定和实施研训方案，自主选择研训内容和资源，自主制订教师专业发展的计划。校本研修在促进学生发展的同时，也要促进教师的发展。

(3)灵活性。校本研修可根据学校和教师的实际情况，在内容设置、方法确定、人员组合、时间安排等方面具有充分的灵活性。

(二)校本研修的原则

(1)全员性原则。各级各类中小学、幼儿园(含民办学校)中承担教育教学的在职教师及教育管理人员，其他教育机构中具有教师专业技术职务的人员，均须全员、全程参与校本研修。

(2)自主性原则。自主性，即学校和教师都要承担校本研修的相应义务和责任，主动参与校本研修活动的全过程。学校和教师是校本研修的主体，应根据学校的办学特色和教师的个性差异，设计、安排和选择研修内容、形式和时间，做到自主决策、自主实施、自主管理，促进反思。

(3)合作性原则。“校本”不是“本校”，要坚持同伴互助、专家引领、校际交流、区域协作。强调学校与学校、教师与学生、教师与教师、教师与专业人员之间的积极对话，认真进行交流与合作。既注重本校研修资源的开发和利用，又要注重校际合作与交流，汲取校外研修资源并加以研究利用。

(三)校本研修的基本方式

(1)基于课堂教学研究的校本研修。基于课堂教学研究的校本研修，是以课堂教学为研究对象，以实施有效教学为研究目的，通过观摩、分析、评价、探究等方式，切实转变教学观念，改变教学方式，提升教学水平，促进教师自身专业素养的提高。

(2)基于专题(科研课题)研究的校本研修。专题是指基于教育科学研究层面的、能统领学校多方面工作的综合性课题(不包括基于特定学科的课题)，专题研究是指围绕某一综合性课题开展的有目的、有计划、有步骤的研究活动。基于专题研究的校本研修是指学校自主开展的、以综合性课题研究为载体的教师研修活动。学校根据研究专题，有计划地组织教师进行理论学习、实践反思、交流研讨、成果总结等活动。通过专题研究，提升教师的研究素养，促进教师专业能力的发展。

(3)基于专家支持的校本研修。联系、聘请大学、教育科学研究院所、教学研究专门机构及其他研究机构的专家，或区域教育专家、名教师、特级教师，与学校建立合作伙伴关系，使本地教师正常获得专家的学术引领、专业引领，共同寻求教师专业发展的途径。

(4)基于校际协作的校本研修。以促进区域教育均衡发展为宗旨、以区域内优质学校(或领先学科)为核心的研修方式。该方式充分利用优质学校的学科教学资源，校际联动，通过专题讲座、教学观摩研讨、校本课程研修等途径，构建合作研修共同体，通过有序、规范的系列研讨，使合作双方在培育学校研究文化、提升教师专业素养方面获得双赢。

(5)基于教师专业发展网络平台的校本研修。以教师专业成长为目标，以网络为平台，融教研、科研、培训、电教为一体的研修方式，这种研修方式需要借助于专业技术的支持，借助于平台上丰富的资源来引领教师学习、研究，促进教师的专业成长。

(6)基于教师个人教育教学改进计划的校本研修。学校自主开展的、以教师的教育教学行为改进为目标的，以“实践—反思—改进—再实践”为特征的研修活动。教师对教学过程进行反思，发现问题后寻求理论支持，继而调整计划，改进教学，并通过反思、实践使自身素质不断提高。

(7)基于同伴互助的校本研修。以教育教学工作中同事之间的相互帮助、共同研究为主要方式，抓住工作中的实际问题，探究解决问题的思路方法，在研究过程中取长补短，共同提高。

(8)基于读书的校本研修。通过书香校园行动引导教师阅读教育经典、教育理论、教育美文、教育随笔，学习借鉴国内外教育改革的经验，启迪智慧，促进教师专业发展。

(9)基于“研训教一体化”的校本研修。“研”即“教研、科研”。其中教研是指在一定的教育科学理论的指导下，对教学工作中具体的教学现象和出现的实践问题进行分析、探究，解决教育教学过程中具体的、真实的问题；科研是指教师以教育理论为武器、以教育现象为对象、以科学方法为手段，并遵循一定的研究程序，有目的、有计划地获取新的教育科学规律性知识为目标的创造性实践活动。“训”是培训和学习，是提升教师教育教学能力和科研能力的有效手段。“教”是教学实践，是培养教师能力、促进教师专业成长的根本途径。“研训教一体化”，是将教研、科研、培训、教学有机融合，创新机制，促进教师专业化发展。

阅读链接

魏书生老师说过：“要给学生一杯水，自己首先就应要有一桶水。”所以我积极参加学校开展的校本研修活动。在活动中，我觉得很多的理论需要学习，很多的问题需要探索，很多的争论需要解决。面对课改新形势，如果我们对校本研修还是一无所知，或者只是停留在表面的文字上，那么我们的工作怎么能扬帆起航？我认识到只有使自己真正拥有“一桶水”，拥有“源头活水”才能提高自己驾驭这项工作的能力，从而更好地做好这项工作。我必须去学习有关的理论知识，去更新自己的思想观念，去提高自己的人格魅力。校本研修活动，让我不断成长起来。

首先，我学会了反思。美国著名学者波斯纳曾提出教师成长公式：“教师成长＝经验＋反思”。通过反思教学，我对自己教育教学进行“内省”，在反思教学中自然而然地开展教学研究，逐步形成了自己独特的教学风格和特色。

其次，我学会了取长补短。校本研修，为我们搭建了一个同伴互助，共同进步的平台。每周的小组集体备课，每两周一次的听课活动，大家相互切磋，讨论交流，群策群力，不仅解决了一些自己解决不了的问题，而且加强了各年级之间的沟通，促进了教学的系统化。

最后，在学习中成长。以前，我不注重理论学习，而且不爱在教研活动中发言。现在，校本研修迫使我多学习，多发言。我感觉自己的理论水平有了较大进步。学习是校本研修发展的动力。没有学习，教研就会失去方向，对自己的教学反思也会失去方向。因此，校本研修促进了我在学习中成长。

资料来源：中小学教师继续教育网。

二、小学校本课程开发

校本课程最先出现于英美等国家，已有 20 多年的历史。“校本课程”虽是一个外来语，但在 20 世纪 90 年代的中国，许多中小学对活动课程的开发实际上就是校本课程开发的前奏。随着新一轮基础教育课程改革的开展和“国家、地方、学校三级课程管理”政策的贯彻，我国中小学面临着正式开发校本课程的任务。于是“校本课程”这一术语便逐渐在我国教育领域流行起来。

（一）校本课程的含义与特点

1. 校本课程的含义

校本课程，就是学校本位课程或学校自编课程。简言之，就是由学生所在学校的教师，根据国家制定的教育目的，在分析本校外部环境和内部环境的基础上，针对本校、本年级或本班级特定的学生群体的需要，编制实施和评价的课程。

2. 校本课程的特点

校本课程不以系统知识为基本内容，而是围绕学生需要研讨和解决的问题来组织具有多样性、动态性的课程资源，引导学生在调查研究、讨论探究等活动中进行生动活泼的学习，具有鲜明实践性、探索性、综合性。

(二)校本课程开发的步骤

1. 明确选题背景

每一门校本课程的形成，都有其历史和现实的原因，如是否有值得发掘的地域文化？是否有较具特色的地域自然资源？是否有特殊的地域经济结构？学校的教育传统和办学特色是什么？本校学生有什么样的兴趣和需要？国家课程和地方课程在哪些方面需要补充？本校教师有何专长？社区是否有可以借用的能工巧匠？

2. 确立课程目标

校本课程总目标是提高学生的科学素养、人文素养或艺术素养，在这个总目标下要确定具体的教学目标。一般可以从知识与技能、过程与方法、情感态度与价值观等方面来进行发掘和细化。

3. 设计课程内容

设计课程内容要围绕校本课程的主题和目标来逐步展开，是课程目标的具体化。内容的组织可以采用章节结构、主题结构、课题结构、层级结构等，都应使课程内容呈现地域性、开放性和生成性。

4. 关注课程实施

校本课程的实施涉及课程的管理、师资的配置、教材的编写、器材的准备、场地的选择、时间的安排等诸多具体问题。

5. 重视课程评价

对实践效果进行检测，包括对学生的评价，对教师的评价，还包括对课程设计本身和实施效果的评价。评价校本课程的成败应主要考虑以下几个方面：学生素质是否因此而有所发展？教师素质是否因此而得到提升？建立的校本课程是否可以继续循环滚动？自己的经验是否可供他人学习和借鉴？

阅读链接

我市小学校本课程开发与建设工作始于 2001 年，多年来，我们始终坚持一个目标，切实落实四个方面的要求。一个目标是充分发掘学生的潜能优势，促进学生个性的全面、和谐发展。四个方面的要求是：彰显学校特色，张扬教师个性，满足学生兴趣和符合学生发展规律，充分利用现有资源。目前我市已形成市局高度重视、各区积极实验、校校认真开发的良好态势，产生了许多鲜活的经验和可喜的成绩，具有四个方面的特点。

——课程资源来源的广泛性。

全市小学校本课程开发充分把握了“九省通衢”南来北往的地理优势，发挥了历史积淀、文化信息资源丰富的特点，课程资源来源很广泛。如光谷第四小学以国家非物质文化遗产“阳新布贴”为依托，从阳新布贴的简介、起源、文化、题材、造型、色彩、制作、用途、发展、欣赏十个方面来进行利用、挖掘，开发了“阳新布贴”校本课程体系，让学生在传承、创新、传播中国传统文化等方面感受到了传统文化思想，在释放个性、自主选择的缤纷课程中，让学生享受着校本课程的精彩，该课程在2018年被中国教育学会评为优秀课程。硚口区星火小学开发了围棋系列校本课程，由围棋礼仪、教学案例和围棋经典诵读教材组成，形成了“围棋反思辑”。硚口区先锋小学开发了“汉正风情”校本课程体系，涉及汉正街的历史、文化特征、社会事业、文学艺术、教育、民俗、重大历史事件、文物和方言等方面；武昌区首义路小学以首义文化为核心，开发了“六名”(首义名人、首义名事、首义名篇、首义名物、首义名址、首义名景)首义文化课程资源库；武昌区红岭小学以传统文化为依托，开发了“快乐国学”，课程由古代文学、楚文化、民间文艺和综合文艺组成；吴家山四小从欣赏楚剧入手，开发和建设具有楚文化特色的校本课程，“走进楚剧”就是该校独具特色的课程，目前学校正在开发“楚文化”系列课程；黄陂区前川街第一小学开发了“木兰风情”系列校本课程和“我爱我‘家’”活页式专题活动方案30个。

——课程内容取舍的选择性。

在校本课程的开发中，全市各小学十分重视校本课程内容的取舍，将校本课程的开发与学校特色和办学优长结合，表现出我市小学校本课程建设的选择性，也体现了全市小学办学自主权的提高，办学主题意识的增强。如常青第一学校开发了提高学生阅读能力的“阅读欣赏”、提高学生数学兴趣的“趣味数学活动”、提高英语口语能力的“情景英语”；江岸区湖边坊小学以科技、环保教育为校本课程建设的主要内容，开发了《环保与科技》校本教材，并建成了学校袖珍科技馆；硚口区东方红小学以国防教育为校本课程建设的主要内容，开发了“国防知识”和“队列旗语”两种类别的校本课程。

——课程目标的针对性。

校本课程的开发与建设是学校教育的个性体现，更是丰富国家和地方课程的重要手段，其课程目标的针对性正是校本课程开发的意义。如常青第一学校用“拓展学生生命发展空间”理念指引学校校本课程建设，校本课程按类开发了五大类，即德育类、智育类、综合实践类、艺术类和心理健康类；江岸区育才第二小学开发了“阅读赏析”“听记训练”“可爱的社区”“思维训练”“体艺兴趣活动”“口语训练”“科普活动”七个类别的校本课程；武昌区水果湖第二小学针对学生的不同需求，开发了陶艺课、电影课、电子琴课、快乐大课间活动、语文社团、英语唱游等课程供学生选择。

——课程执行的实践性。

校本课程的实践性在三级课程体系中是最强的，我市各小学在各自校本课程的开发、建设和实践中无一不把校本课程执行的实践性作为追求。如江岸区育才小学在"个性化"理念指引下开发校本课程，"阳台'封'与'不封'"就是通过学生实地走访、电话咨询、观察记录和网上查询等方式来进行的；东西湖区实验小学开发的科技系列校本课程——"鸳鸯炒锅""种子工艺""多功能伞""神奇的笔"都是在"做""考察""实验""探究"中发现和解决问题的。

资料来源：武汉教育信息网。

三、小学课程的整合与优化

课程整合是现代课程改革的主要问题之一，更是我国目前基础教育课程改革方案的重点内容之一。2001年，国家启动了新一轮的基础教育课程改革，《国务院关于基础教育改革与发展的决定》和《基础教育课程改革纲要(试行)》明确提出："改变课程结构过于强调学科本位、科目过多和缺乏整合的现状，整体设置九年一贯的课程门类和课时比例并设置综合课程，以适应不同地区和学生发展的需求，体现课程结构的均衡性、综合性和选择性。""为保障和促进课程适应不同地区、学校和学生的需要，要实行国家、地方和学校三级课程管理。"2014年教育部正式印发《关于全面深化课程改革落实立德树人根本任务的意见》，文件指出："研究各学段学生发展核心素养课程体系。"2016年9月《中国学生发展核心素养》理论框架颁布，将从整体上推动各教育环节的变革，最终形成以学生发展为核心的完整育人体系。

(一)课程整合与优化的界定

课程整合与优化，从广义上讲，是指把各种技术手段完美地融合到课程中，超越不同知识体系而以关注共同要素的方式来安排学习的课程开发活动。从狭义上讲，课程整合与优化是将两种或两种以上的课程，融合成一门课程组织教学，并达到或超越原课程设置目标的课程实践活动。

(二)课程整合与优化的意义

随着课改向纵深推进，基于核心素养的课程、教学和评价的一体化研究，着重的就是整合课程的编制、资源的开发与使用、课时和师资的统筹协调以及学生的管理等，从而转变单一的课程功能，实现整体课程功能的发挥。因此，课程整合与优化改变了以往弥补式的、零散式的、增量式的课程建设方式，以国家课程为主体，将地方课程及学校课程中的相关内容，通过删减、融合、消弭、增补、重组，形成以自主性、体验性、开放性、生成性为主要特征的课程教学模式。

(1)有助于改变学校和教师的课程观念，学校和一线教师同样是课程建设与开发的主体，课程整合与优化的过程就是教师专业发展的过程。

(2)有助于转变学生的学习方式。课程整合与优化的根本是为学生的学习而服务。通过设计相应的学习环境，使真实性学习得以发生，从而不仅使学生获得知识和技能，更能获得学习的方式，有真实的经历，并生成相应的人格。

(3)课程整合与优化有助于提升学校的办学层次。对于学校来讲，课程是育人的现实方案，也是实现办学理想的载体。学校的办学品味不在于林立的高楼大厦，也不在于先进的教学设施，而在于是不是有适合学生、深受学生欢迎的课程体系。

整合优化后的课程不是对原课程内容的简单删减，也不是一个拼盘，而是在重新审视传统的学科分类，软化学科界限，改变单纯以学科逻辑组织课程内容的做法，强调以学习者的经验、个体和社会需要为基础，以问题为核心进行的课程整合。整合优化后的课程既要继承分科课程的优秀传统和宝贵经验，又要在教育理念、教学形式、教学评价等方面进行重大突破，形成一套较为科学的基于国家课程又丰富国家课程的校本课程体系，对于学校现阶段和未来的课程建设具有十分重要的意义。

(三)当前课程整合与优化存在的主要问题

当前小学课程整合与优化存在的主要问题有以下几个方面。

(1)综合课程缺乏对学生喜好的考虑，缺乏必要的选择性。

(2)各学科课程在实施中教师讲授的倾向明显，学生缺乏与生活相联系的探究体验。

(3)德育课程尽管要求与学生的生活相联系，但在实际的实施中学生仍然主要是在教室内的“听中学”，缺乏品德形成与发展的体验学习、实践学习。

(4)地方课程与部分国家课程交叉重复，不仅浪费了课时，还降低了学生学习的兴趣。

(5)在信息化时代，信息技术需要与学科课程整合。但是信息技术还主要停留在作为一种具体的教学手段的层次上，而没有与学生自主学习、深度学习等结合起来。

(四)课程整合与优化的实施原则

课程整合与优化是指课程内和课程间的教学目标、教学内容、教学方法的整合，也指课程实施过程中课内外的整合。开展课程整合教学，有利于优化义务教育课程设置，加强学科内及学科之间的联系，从而提高教师课堂教学效益，引导学生从碎片化学习向主题、专题化学习转变，促进学生思维及个性发展，加强知识与现实生活的联系，实现国家课程与地方课程的校本化实施。因此，在课程整合与优化实施中应遵循以下基本原则。

(1)科学合理。课程整合应围绕立德树人，以培养学生思想品格、综合素质为目的，针对学生身心发展特点，依据国家课程标准与学生核心素养要求，全面梳理国家课程、地方课程、校本课程中重复交叉的内容，提炼课程整合主题，整合优化相关课程内容，增强课程实施的综合性、针对性和有效性，提高学生的学科综合能力，提升其思维品质。

(2)突出学生学习方式的转变。课程整合尽管涉及教材内容的删减以及内容的调整，但它并不是课程整合的唯一内容或者重要内容，课程整合的重要使命是促使学生开展合作性、探究性学习等真实性学习。成功的课程整合总是离不开学生的主体性作用，学生是课程整合必不可少的一个主体。

(3)因校制宜。学校应根据办学基础、学校文化、课程资源等情况，明确办学定位与育人目标，增加教学安排的灵活性，提高教学评价的适切性。

(4)逐步推进。学校应根据实际，从学科内的局部整合到学科间的主题整合，再到“全课程”的统整，逐步推进。

(五)整合与优化的路径

1. 教材内整合

依据课程标准，在学科内实现跨学段的整合优化，即在原有国家课程、地方课程的基础上，通过引入不同学段、不同版本教材中涉及的同一主题内容，调整教学内容、教学进度和重点。教材内整合有两个层面：单元/章节内整合和跨单元/学段整合。如山东省日照市新营小学探索语文学科单元主题教学，引入了不同版本教材中的相关内容，在保证课时总量不变的前提下将课时调整为大、小课时。在“生活的启示”主题学习中，课程编排了原有教材的两篇精读课文和两篇略读课文，同时引入其他年级、不同版本教材中相同主题的7篇课文，将学科课程中蕴含的知识、方法和问题的逻辑联系不断外化、延伸，在实际教学中帮助学生形成更加全面的认识，提高学生的知识迁移能力和课程实施效果。

2. 教材间整合

各种不同版本的教材都是以国家课程标准为依据，并经过严格审定的，因此教师可以从中选用更适合学生的资源组织教学，以提高“教”“学”“练”的效率。

3. 学科间整合

学科间实现跨学科的整合优化，打破学科界限，以统一的主题、问题、概念连接不同课程的内容，使学生在学习过程中能够建立系统的思维方式，体验不同学科间、知识间的联系。如北京市海淀区中关村第三小学将原有的十几门学科整合成语言、数学、科学、技术和工程、历史与社会科学、视觉艺术、表演艺术、健康生活六大课程群。这样的整合是基于宏观、统领的视角，通过对不同课程的重新规划、设计，删减重复性内容，体现了一门课程对其他课程和整体学习的意义，使学生更好地理解和处理课程群中不同课程的关系，从而达到部分之和大于整体的效果。

4. 课内外整合

将课堂内知识与生活实践结合起来，将课外学科背景或拓展知识的学习与课堂学习结合起来，例如德育课程、科学及综合实践课程。

5. 课程与教育技术的整合

各学科应将教育技术有效应用到课堂内外，鼓励有条件的学生利用网络通过“翻转课堂”“微课”“慕课”等网络公开课的形式，发展自主学习能力。

四、小学教育科研

(一)小学教师开展教育科研的实质

教育科研是教育科学研究的简称，教育科研是以教育科学理论为武器，以教育领域中发生的现象和问题为对象，以探索教育规律为目的的创造性的认识活动。简言之，教育科研是用教育理论去研究教育现象和教育问题，探索新的未知的教育规律及有效教育途径和方法，以发现新情况、解决新问题、总结新经验的一种科学实践活动。

小学教师开展教育科研的实质是他们在教育教学实践中，逐渐地认识教育现象及其规律性、探求科学的教育教学方法，以最新的教育理念指导教育教学工作实践，不断提高教育教学质量，获取最佳的教育效益，从而提升自身素质、促进自身发展的过程。

(二)中小学教师开展教育科研的意义

中小学教育科研是教育工作者对中小学教育领域的对象、现象及其规律的一种创造性的认识活动。其中，中小学教师是开展中小学教育科研的主力军。

(1)以教育科研为先导推动教育事业的改革和发展。我国制定的许多教育法规都强调了教育科研事业在教育改革和个体发展中的重要作用。《中华人民共和国教育法》第 11 条明确指出：“国家支持、鼓励和组织教育科学研究，推广教育科学研究成果，促进教育质量提高。”《中国教育改革和发展纲要》指出：“各级政府和教育行政部门要把教育科研和教育管理信息工作摆到十分重要的地位。”《面向 21 世纪教育振兴行动计划》也明确提出：“加强教育科学研究，要统筹规划，突出重点，促进研究成果向实际应用转化，为教育宏观决策科学化、民主化服务，为教育改革和发展的实践服务，为繁荣教育科学服务。”

(2)解决中小学常态教育教学中的问题。中小学教师开展教育科研的实质是他们在教育教学实践中，逐渐地认识教育现象及其规律、探求科学的教育教学方法，以最新的教育理念指导教育教学工作实践，不断提高教育教学质量，获取最佳的教育效益，从而提升自身素质、促进自身发展。

(3)教师在研究中收获体验，在研究中成长。中小学教育科研的第一价值并不在于是否能为教育理论贡献什么知识或为教育实践提供什么有效的工具，而在于它将成为中小学教师成长发展的手段与载体。从某种意义上说，中小学教师搞教育科研是在做自己的研究，是在研究自己，其目的就是为了提高自己、发展自己、更新自己，从而在研究中收获体验，在研究中得到成长。

(三)中小学教师开展教育科研的策略

(1)在实际问题中提炼课题。中小学教育科研的目的和任务就是为了提高教育教学质量，最终要落实到为教学服务这个根本目的上来。对于很多教师来说，搞教育科研遇到的最大困难就是不知道从何下手，找不到合适的研究课题。实际上，教师要研究的课题就是在教育教学中遇到的问题。教师在实践中遇到的问题可以分为三种类型。一是直接性问题，就是明显存在，需要直接面对，又必须想办法加以解决的问题。如学生的成绩很差、学生纪律松散等。二是探索性问题，就是将教育理论、教育观念、教育成果转化为具体的教学实践活动时所遇到的问题。如启发式教学应该怎样操作，综合实践活动应该怎样进行，等等。三是反思性问题，这是具有“问题意识”的教师，为改进自己的专业水平，通过对自己教学行为的回顾和检讨所发现的问题。比如“为什么会这样?”“应该做哪些调整和改进?”

(2)用行动研究法做课题。中小学教育科研以课堂为主阵地，就是在现代教育理论的指导下，运用科学方法，探索中小学教育教学规律。这是一种有目的、有计划的探索过程，教师应该把教育科研和日常工作有机结合起来，将课堂作为研究室(或称实验室)，用科学的态度及方法去发现、去实践、去探索、去检验。在工作中研究，在研究中工作。

绝大多数教育科研最终都要在教育教学实践活动中进行，在课堂中进行。即便是少数基础性的理论研究，其成果也要在教学中得到检验和应用。近年来流行的“行动研究法”，从本质上讲就是通过行动和研究的结合，创造性地运用理论知识解决现实中的实际问题。

阅读链接

教师需要从事什么样的教育科研

什么样的研究才是中小学教师所需要的研究?什么样的研究才是属于或者说是适合中小学教师的研究?对这一问题的回答，直接涉及中小学教师教育科研的指向，影响中小学教师教育科研的功能和定位。在实践中，对这一问题的回答不同，采用的研究方式以及研究所能达到的效果常常大相径庭。

我曾接触过四位不同的中小学教师的科研论作，大体体现了四种不同的研究取向。第一位教师在中学工作，积十年之功，撰写了一部《素质教育原理》，在与我的联系和沟通中，谈到自己有十大理论突破，如对素质教育与全面发展教育关系的认识、素质教育含义的分析、素质教育的历史发展轨迹等，可以说在这部近20万字的著述中他探讨了素质教育的一系列理论问题。

第二位教师撰写的是一篇学习方法方面的论文，他首先详尽论述了美国心理学家加涅的学习理论，介绍加涅的学习理论是如何博采行为主义、格式塔心理学、人本主义与控制论等众家之长，从各流派中汲取所需要的成分，并把它们融合进自己的理论中去的，还介绍了加涅的基本学习主张；然后再叙述自己在此基础上形成的关于学生学习的基本观点，在课堂教学过程中引导学生掌握的学习方法。

第三位教师写的是一篇名为《把握时代精神，开展主体教育》的文章。文章谈到自己在教学工作中的一些“有益的尝试”：弘扬人的主体性，唤起人的主体意识；改革优化课程体系；改进教学组织形式；改进教学方法与模式等。

第四位教师积累了大量的教学反思笔记，汇总了一系列教育教学案例，并且在此基础上形成了自己对教育教学实践的感悟、领悟。在实践中，她始终在思考着如何使自己的教育教学变得更贴近学生需求，更接近新课程改革的要求。

第一位教师的研究在一定程度上是基础研究，目的在于探索新知识、发现新规律、说明新关系。从这位教师提供的这本著作来看，他自认为是理论突破的内容，很大程度上在学术界已经耳熟能详了；他自认为新颖的创造，很大程度上在学术界已经成为老生常谈了。

第二位教师的研究大体上属于应用研究。应用研究旨在将基础研究的成果应用于教育实践，专业研究者与中小学教师是相互分离的，分属于不同的领域，有着明确的分工。专业研究者专事研究，中小学教师则负责将研究成果付诸实践。专业研究者无意识地被凌驾于中小学教师之上。

第三位教师的研究看上去似乎是经验的总结与概括，但又不具备经验总结那种针对性强、经验介绍详尽、问题具体明确等特点，所以只能说是一种“抽象的”经验总结。

相比之下，第四位教师的研究更为可取，很大程度上是教师应该在实践中采用的研究类型。她把自己的教育教学活动作为研究对象，持续不断地对教育和教学行为进行反思，汇总自己的教育智慧，提升自己的教育教学水平。这种研究至少在两个方面与前三者不同：第一，研究的问题是从实际的工作情境中产生的，并且研究的进程是从实际情境出发，根据实际情境的需要，随时检讨，不断修正的。第二，研究是教师对自身实践所进行的有意识的、系统的、持续不断的探究反思，它在突出教师实践的“研究”特征的同时，也突出了教师作为研究者的角色。研究过程中自始至终都贯穿着对教师自我反思的要求。这种自我反思，对于教师个人而言，是一种学习过程，对于教育实践而言，是找到针对即时情境问题的解决方案的有效途径。第四位教师所做的研究，也就是中小学需要大力推进和开展的行动研究了。

既然中小学教育科研是学校发展的自身要求，那么，在科研的指向上就应该自始至终围绕学校发展来进行，至少要通过科研达到以下几个方面的目的。

第一，解决学校实际问题。

第二，提升教师教育教学水平。

第三，促进学校的持续发展。

以改进实践为指向的中小学教育科研，需要学校从各方面将科研作为学校发展的内在需求，将科研与学校发展的命运联系在一起，与学校特色的形成和品牌的创建结合在一起。只有这样，学校教育科研才大有可为，向科研要质量，向科研要成效，向科研要品牌才能真正得到落实。

资料来源：郑金洲，《教师需要从事什么样的教育科研》，载《青年教师》，2008(3)。

(3)教师群体即研究共同体。教育科研不应只是一种个人行为、分散行为，而应是一种群体行为。如果学校教育科研成为一种群体行为，教师群体成为一个研究共同体，那么这种人人参与的教育科研必然会充满生机和活力。现在不少学校开展“课题带动策略”，就是以备课组、教研组、年级组、课题组为核心开展课题攻坚，以群体带动个体，以集中拉动分散，这种策略既利用了整体优势，又充分发挥了个人特长，教师们相互研讨借鉴，相互取长补短，相互支持鼓励，可取得事半功倍的效果。学校一旦形成了群体性的教育科研氛围，就会给这个群体中的每个成员带来动力，就可以为教师更新教育理念提供有力的外部力量。

阅读链接

教师之间相互合作的益处

心理支持——能有人与我们分享成功、分担问题总是一件好事。

产生新想法——我们的同事是教学信息和灵感的巨大源泉。

示范合作——我们需要展示给学生，在我们说合作有益时，我们自己也在身体力行我们所倡导的观念。

汲取力量——作为一个集体，我们可获得比个人努力能够获得的更好的成绩。

减少工作负担——通过分享计划和资料，共同努力，我们可以减轻自己的工作负担。

增强动机——与同事相比，可以鼓励我们试验多种方式来促进学生的学习。

支持变革——当个人试图单独实施革新时，往往不会发生重大的变化。当教师集体参加时，教育改革更容易获得成功。

资料来源：全国中小学教师继续教育网论坛。

(4)成果即成长。中小学教育科研成果既有目标指向性，又有过程性和生成性。在研究结束后，教师们按计划对整个研究过程进行分析和总结，写出研究报告或论文，发布研究成果。同时在研究的过程中，由于教师不断主动学习最新教育研究成果，积极进行思考和创新，认真寻找有效的解决办法和教学策略，由此促进了研究者教育观念的转变、专业能力的发展、教学水平的提高，教师的整体素质得到全面提升。因此，其成果既有显性可编码的文字材料，也有隐性不能编码的技能经验。中小学教育科研的最大成果就是教师的成长和发展，这也是中小学开展教育科研的意义和目的所在，论文等不过是其能力的物化表现形式。

第二节　小学学生全面发展活动

一、小学综合实践活动

(一)综合实践活动的特性

综合实践活动是传统的学校课外活动的继承和发展，是学生在教师引领下，自主进行的综合性学习活动，是基于学生的直接经验、密切联系学生自身生活和社会生活、体现对知识的综合运用的实践性课程。它是《九年制义务教育课程计划(试验稿)》所规定的必修课程，自小学三年级开始设置，每周平均 3 课时。

综合实践活动的产生既适应了学生个性发展的需要，又适应了社会发展的需求。每一个学生的个性发展都具有独特性、具体性，每一个学生都有自己的需要、兴趣和特长，都有自己的认知方式和学习方式，综合实践活动为每一个学生个性的充分发展创造了空间。当今社会发展迅猛，产生了一系列新的问题，如环境问题、道德问题、国际理解问题、信息科技问题等，这些问题都具有跨学科的性质，综合实践活动为学生参与、探究、理解这些新的社会问题提供了机会。

在新的基础教育课程体系中，综合实践活动具有自己独特的功能和价值。与其他课程相比，综合实践活动具有如下特点。

(1)实践性。综合实践活动以活动为主要开展形式，强调学生的亲身经历，要求学生积极参与到各项活动中去，在“做”“考察”“实验”“探究”“设计”“创作”“想象”“反思”“体验”等一系列活动中发现和解决问题、体验和感受生活，发展实践能力和创新能力。

(2)开放性。综合实践活动面向每一个学生的个性发展，尊重每一个学生发展的特殊需要，其课程目标具有开放性。综合实践活动面向学生的整个生活世界，强调富有个性的学习活动过程，关注学生在这一过程中获得的丰富多彩的学习体验和个性化的创造性表现，综合实践活动的学习活动方式与活动过程、评价与结果均具有开放性。

(3)自主性。综合实践活动尊重学生的兴趣、爱好，注重发挥学生的自主性。学生自己选择学习的目标、内容、方式及指导教师，自己决定活动结果呈现的形式，指导教师只对其进行必要的指导，不包揽学生的工作。

(4)生成性。综合实践活动是由师生双方在其活动展开过程中逐步建构生成的课程，而非根据预定目标预先设计的课程。随着实践活动的不断展开，学生的认识和体验不断深化，创造性的火花不断迸发，新的活动目标和活动主题将不断生成，综合实践活动的课程形态随之不断完善和丰富。

(5)综合性。综合性是由综合实践活动中学生所面对的完整的生活世界所决定的。学生的生活世界是由个人、社会、自然等基本要素构成的。学生认识和处理自己与自然、社会、自我的关系的过程，也就是促进自身发展的活动过程。因而，学生个性发展不是多门学科知识的杂烩，而是通过对知识的综合运用而不断探究世界与自我的结果。综合实践活动的综合性，要求课程的设计和实施要尊重学生在生活世界中的各种关系及其处理这些关系的已有经验，运用已有知识，通过实践活动来展开。从内容上来说，综合实践活动的主题范围包括了学生与自然、与社会生活、与自我关系等基本问题，无论什么主题，其设计和实施都必须体现个人、社会、自然的内在整合。

(二)综合实践活动的内容

综合实践活动的总目标是密切学生与生活的联系，推进学生对自然、社会和自我之间内在联系的整体认识与体验，发展学生的创新能力、实践能力以及良好的个性品质。

综合实践活动是由国家设置、由地方和学校根据实际开发的课程领域。因此，国家着眼于宏观指导而研制综合实践活动指导纲要，地方和学校要根据纲要所设定的基本框架规划中小学活动的基本类型、基本内容有以下几方面。

(1)研究性学习。研究性学习是指学生基于自身兴趣，在教师指导下，从自然、社会和学生自身生活中选择和确定研究专题，主动地获取知识、应用知识、解决问题的学习活动。研究性学习强调学生通过实践，增强探究和创新意识，学习科学研究的方法，发展综合运用知识的能力。学生通过研究性学习活动，形成一种积极的、生动的、自主合作探究的学习方式。

(2)社区服务与社会实践。社区服务与社会实践是学生在教师指导下，走出教室，参与社区和社会实践活动，以获取直接经验、发展实践能力、增强社会责任感为主旨的学习领域。通过该学习领域，可以增进学校与社会的密切联系，不断提升学生的精神境界、道德意识和能力，使学生人格臻于完善。

(3)劳动与技术教育。劳动与技术教育是以学生获得积极劳动体验、形成良好技术素养为主的多方面发展为目标，且以操作性学习为特征的学习领域。它强调学生通过人与物的作用、人与人的互动来从事操作性学习，强调学生动手与动脑相结合。通过该领域使学生了解必要的通用技术和职业分工，形成初步的技术意识和技术实践能力。

(4)信息技术教育。信息技术不仅是综合实践活动有效实施的重要手段，而且是综合实践活动探究的重要内容。信息技术教育的目的在于帮助学生发展适应信息时代需要的信息素养。这既包括发展学生利用信息技术的意识和能力，又包括发展学生对浩如烟海的信息的反思和辨别能力，形成健康向上的信息伦理。

除上述指定领域以外，综合实践活动还包括大量非指定领域，如班团队活动、学校传统活动(科技节、体育节、艺术节)、学生的心理健康活动等，两者互为补充，共同构成内容丰富、形式多样的综合实践活动。

(三)综合实践活动的主要活动方式

(1)课题探究的研究性学习。其主要活动方式是调查、观察、文献检索与搜集、实验、数据统计、撰写研究报告或论文等。

(2)社会考察的体验性学习。其主要活动方式是考察、参观、调查、采访等。

(3)实际应用的设计性学习。其主要活动方式是设计、策划、制作。

(4)社会参与的实践性学习。其主要活动方式是社区服务活动活动、公益活动、生产劳动等。

(四)综合实践活动的实施原则

综合实践活动是教师与学生合作开发与实施的。教师和学生既是活动方案的开发者，又是活动方案的实施者。有效实施综合实践活动需遵循下列原则。

(1)正确处理学生的自主选择、主动实践与教师的有效指导的关系。倡导学生对课题的自主选择和主动实践是实施综合实践活动的关键。第一，学生要形成问题意识，善于从日常生活中发现自己感兴趣的问题。第二，学生要善于选择自己感兴趣的课题。第三，在课题的展开阶段，可以采取多种多样的组织方式，主要包括：个人独立探究的方式，小组合作探究的方式，班级合作探究的方式，跨班级与跨年级合作探究的方式，学校合作探究的方式，跨学校合作探究的方式，跨地区、跨国界合作探究的方式等。第四，在课题的探究过程中要遵循“亲历实践、深度探究”的原则，倡导亲身体验的学习方法，引导学生对自己感兴趣的课题持续、深入地探究，防止浅尝辄止。

教师要对学生的活动加以有效指导。在内容指导上，要创设学生发现问题的情境，引导学生从问题情境中选择适合自己的探究课题，帮助学生找到适合自己的学习方式和探究方式。在方式指导上，倡导团体指导与协同教学。教师既不能“教”综合实践活动，也不能推卸指导责任、放任学生，而应把自己的有效指导与鼓励学生自主选择、主动实践有机结合起来。

(2)恰当处理学校对综合实践活动的统筹规划与活动具体展开过程中的生成性目标、生成性主题的关系。综合实践活动要集中体现学校的特色，学校应对综合实践活动进行统筹规划。建议每一所学校根据本校和本校所在社区的特色推出三类相互衔接的计划，即“学校综合实践活动计划”“年级综合实践活动计划”以及“班级综合实践活动计划”。

随着活动过程的展开，学生在与教育情境的交互作用过程中会产生出新的目标、新的问题、新的价值观和新的对结果的设计，有效实施综合实践活动要求教师首先要认识到这些生成性目标与生成性主题产生的必然性，肯定其存在价值，并加以运用，从而将活动引向新的领域。

各学校对综合实践活动的统筹规划不能限制其生成性，而应当使其生成性发挥得更具方向感和更富有成效。

(3)课时集中使用与分散使用相结合。综合实践活动要求的课时安排应是弹性课时制。即将每周3课时的综合实践活动时间根据需要灵活安排，做到集中使用与分散使用相结合。例如，可以将每周的时间集中在一个单位时间使用，也可将几周的时间集中在一天使用，亦可根据需要将综合实践活动时间与某学科打通使用等。

(4)整合校内课程与校外课程。综合实践活动要打破学校、教室的束缚，把校内课程与校外课程整合起来，把正规教育与非正规教育融合起来，积极鼓励学校和学生利用双休日、节假日等开展综合实践活动。

(5)以融合的方式设计和实施四大指定领域。研究性学习、社区服务与社会实践、劳动与技术教育、信息技术教育四大指定领域以融合的方式设计与实施是综合实践活动的基本要求。各学校要根据地方和学校的课程资源，以综合主题或综合项目的形式将四者融合在一起实施，使四大领域的内容彼此渗透，达到理想的整合状态。

(6)把信息技术与综合实践活动的内容和实施过程有机整合起来。综合实践活动要把信息技术有机地融入综合实践活动的内容与实施过程之中。首先，信息技术领域是综合实践活动的重要探究内容，要做到信息技术内容与综合实践活动的其他内容有机整合。其次，在综合实践活动的实施过程中要积极运用网络技术等信息技术手段，以拓展综合实践活动的时空范围、提升综合实践活动的实施水平。最后，信息技术手段的设计与运用要致力于为学生创造反思性的、自主合作探究的学习情境和问题情境，防止陷入纯粹的技能训练。

(五)综合实践活动的评价方式

综合实践活动的评价方式多种多样。通过观察、记录和描述学生在活动过程中的表现，并以此作为评价学生的基础，这是综合实践活动各种评价方式运用的基本要求。在具体操作中，“档案袋评定”与“协商研讨式评定”等方法被认为是非常有效的评价方法。教师在运用这些方法时要注意用文字说明学生活动令人满意或需要改进的地方。

案例分享

让我们一起共享单车，远离雾霾回归纯净蓝天

——关于共享单车的调查与思考

一、调查原因

连续几天的重度污染天气，天空都是灰蒙蒙的，虽然是春天，外面的花花草草却像蒙上了一层面纱，不再光彩夺目反而变得黯然失色。由于雾霾天气，我已经好久没有进行户外活动了，好想出去骑骑车、打打球呀！

终于等到了一个空气清新、阳光明媚的周日，爸爸说带我去东湖绿道玩，我可开心呢！到了东湖绿道，听别人说绿道全长有28公里，我们走的郊野道长有10公里，要骑着自行车才好玩。我一听懊恼不已，今天没骑自行车来，看来只能走一段就回去，没办法欣赏东湖绿道的全貌了。正在我沮丧的时候，爸爸指着路边的一辆橘色自行车对我说："没关系，我们可以骑共享单车呀。"只见爸爸用手机对着车上的二维码扫描了一下，自行车就可以骑了，简直太神奇了！爸爸找了一辆可以调节座椅的给我骑，他自己也骑一辆，就这样我和爸爸一起骑着车欣赏着一路的美景。微风吹过，湖边柳树摇曳生姿，碧绿的湖水波光粼粼，空气中弥漫着春天生机勃勃的味道！

在美景和欢笑声中，我们骑到了终点。我停了下来，指着共享单车问爸爸："我们怎么把车还回去呀，还要再骑回去吗？"爸爸笑着说："不用了，停在路边就行了。随取随用，全民共享，这就是共享单车的好处。"爸爸掏出手机操作一番把单车锁上，就这样把车给还啦！简直太方便了！

这一次使用共享单车的经历使我难忘，也使我对共享单车产生了浓厚的兴趣，我决定进一步深入了解它。

二、网络调查

我在网上搜索"共享单车"，查询到了很多关于共享单车的资料。

"共享单车是指企业在校园、地铁站点、公交站点、居民区、商业区、公共服务区等提供自行车单车共享服务，是一种分时租赁模式。共享单车是一种新型共享经济。"

"2016年以来，共享单车凭借无桩借还、绿色节能、方便智能等特点迅猛发展，解决了大众运输系统中的'最后一公里'问题。"

通过网络调查发现，共享单车凭借绿色节能、方便智能的优势越来越受到人们的喜爱，也越来越深入人们的生活。原来3公里左右的路程，人们得开汽车，现在很多人选择共享单车，既节能又省时，还有的人使用共享单车是因为可以健身、观光，也是一种时尚。

然而，在网络调查的过程中，我还看到了不少对共享单车使用不当的报道。

“遭遇危机，不少自行车被用户私藏在家里或办公楼内方便自己使用。”

“大批共享单车被人破坏、堆放在街角，有人锯掉小黄车的前轮，有人用两把锁锁住小黄车占为私用，共享单车的车身上被贴上了各种‘牛皮癣’……”

“武汉长江大桥被共享单车占领，50辆车东倒西歪随意停。”

看到这些报道，我的心情异常沉重，共享单车原意共享却被有些人独享，为了解决拥堵却由于有些人不负责任地乱停乱放影响了长江大桥的交通，共享单车对于我们的生活，究竟是好是坏？

三、问卷调查

为了切实了解共享单车对我们生活的影响，我采用了问卷调查的方式对周围的同学进行了调查。

调查对象是武汉市光谷第四小学的学生，三、四、五、六年级每个年级50名，课间随机询问，并填写调查问卷。

调查问卷内容如下。

1. 您的年级是(　　)年级。

2. 您了解共享单车吗？(　　)

A. 了解　　B. 不了解　　C. 一点点

3. 您或者您的家人使用过共享单车吗？(　　)

A. 是　　B. 否

4. 您或者您的家人使用共享单车的原因(　　)。(可多选)

A. 方便　B. 新奇　C. 健身　D. 便宜　E. 环保　F. 其他

5. 您或者您的家人使用共享单车过程中遇到过哪些问题？(　　)(可多选)

A. 车辆有破损　B. 车辆被私自上锁　C. 找车不方便

D. 车辆座椅高低不合适　E. 使用收费过高

6. 您认为共享单车存在哪些问题？(　　)(可多选)

A. 乱停乱放　B. 在没有自行车道的马路上骑车不安全

C. 使用者不爱惜车辆　D. 车辆数量不够

7. 您喜欢共享单车吗？(　　)

A. 喜欢　B. 不喜欢　C. 一般

8. 您对共享单车的使用有什么建议？

___

四、调查结论

通过问卷调查发现，在200名各年级的同学中，有97%的同学对共享单车有一定了解，有97%的同学自己或家人骑过共享单车，可见共享单车的使用已经非常普及。

使用共享单车的原因：73%是因为方便，其次是环保和健身，分别占30%和23%，有少数是因为新奇和便宜，各占10%。

您或者您的家人使用共享单车过程中遇到的问题：50%选择找车不方便，车辆有破损、车辆被私自上锁、车辆座椅高低不合适各占23%。

您认为共享单车存在的问题：30%选择车辆数量不够，乱停乱放、在没有自行车道的马路上骑车不安全、使用者不爱惜车辆各占27%，看来这四种问题均存在。

最后，对于您是否喜欢共享单车这一选项，87%的同学选择喜欢，选择一般般的占10%，不喜欢的占3%，可见虽然共享单车使用中存在一些问题，但是仍然为大多数同学所喜爱。

五、解决共享单车存在问题的思考

1. 共享单车使用过程中，存在找车不方便和车辆数量不够的问题，说明共享单车需求量还未满足，在有些使用量较大的路段应增加共享单车的数量。

2. 针对车辆乱停乱放、车辆有破损、车辆被私自上锁等问题，都是使用不文明造成的，应该倡导大家文明用车，爱惜车辆，作为一名少先队员，我也要提醒周围的人使用共享单车要遵守规范，要讲文明。

3. 使用共享单车时，应该遵守交通规则，注意安全，不能把共享单车骑到机动车道上，给自己造成危险，也给交通造成了混乱，不论在何时，安全是最重要的。

共享单车改变了我们的出行方式，给我们的生活带来了便利，也给我们带来了美好的生活体验，我们喜爱共享单车，但是我们一定要文明用车，爱惜车辆。让我们“从我做起，以身作则”“共享单车，文明出行”“远离雾霾，回归纯净蓝天”，给武汉增添一道美丽的“文明风景线”。

（武汉市光谷第四小学304班 卢风）

二、小学班集体建设活动

人从一出生就开始了他(她)的社会化过程。从“狼孩”经历来看，人的社会化必须在人的群体中完成，而人的早期社会化是从无意或有意的模仿开始的，到了小学阶段，集体对个人的影响可能就表现为心理学上的从众行为。俗话说：“近朱者赤，近墨者黑。”由此可见，集体或他人对一个人的影响是很大的。

小学，是人接受正规学校教育的开始，十岁左右的孩子自我判断、自我控制的能力较差，依靠老师和全体学生建设一个好的班集体，为小学生营造一个有利于成长的班级小环境是非常重要的。

(一)班集体的概念与功能

班级是学校教育教学的基层组织，它是由在一起生活、学习的学生群体组成的，但不能算是严格意义上的集体。集体是由目的一致、行动一致的个体或组织集合起来的，有一定组织机构和组织纪律的统一体。班集体必须具备的条件：明确的奋斗目标，良好的人际关系，健全的组织机构，健康的舆论环境，自觉的纪律约束。

苏霍姆林斯基曾说："集体是培养全面发展个性的重要手段。"良好的、成熟的班集体具有多种功能，它能使每一个学生在其中受到教育，得到发展。

(1)教育功能。班集体能有目的，有计划地把全面发展的教育目标落实到每个成员的身心发展上。即向他们传授科学文化知识，教给他们社会生活的基本技能，又能教导社会生活规范，训练社会行为方式，培养学生的社会角色。有利于学生在社会化学习中，发挥群体智慧作用和社会助长作用，形成正确的社会价值观和良好行为习惯，促进儿童的身心发展。

(2)管理功能。良好的班集体具有组织、激励、协调、整合、凝聚等管理功能，组织全班学生积极参加学校开展的各项活动，自行组织班级活动，维护正常的教学秩序。

(3)社会化功能。班集体是一个高度组织起来的儿童集体，其目标、机构、规范等都是宏观社会环境的折射和反映。它沟通了学生与宏观社会环境的联系，为每一个学生的个性社会化提供了一个有目的、有计划、可控制的良好的微观社会环境，是学生个体进入未来社会的通道。

(4)发展功能。班集体有目的、有计划地对集体成员实施教育，归根到底是为了促使集体中的每个人都能得到发展，为今后的成长打下良好的科学文化基础、生理心理基础和思想道德基础。

(二)班集体的发育过程

一个班级要成为具有组织特性的团队，需要一个发展变化的过程，在不断地分化与整合中成长和发展，一般要经历三个发展阶段。

(1)个人属性之间的矛盾阶段。在儿童入学之初，他们的注意力主要从对幼儿园小朋友和家长的依赖转向了解任课老师(含班主任)和寻找新的小伙伴。学生不敢公然反对老师，班级中的主要矛盾是同学之间的矛盾。群体成员之间彼此缺乏交往，只是出于一时的好感来选择伙伴，并可能形成相对稳定的小团体，人际关系非常情绪性，还没有形成大家认同并注意遵守的行为规范，每个人只是从自己的角度去理解并参与共同活动，缺乏统一的心理气氛。因此，群众意识差，聚合力弱。

(2)团体要求与个人属性之间的矛盾阶段。在小团体稳定下来之后，学生们就想在班级中积极采取行动以满足各种需求，他们的各种需求往往与团体的要求发生冲突。这个阶段可分为三个时期。第一个时期，是师生矛盾时期。班级中的每个学生的注意力集中在得到班主任、老师和同学的喜欢，以此来满足他们的自尊。在这个时期，班级的学习，活动的开展主要靠班主任和班干部来组织，容易形成顺应性的学生团体和对抗性的学生团体，因此，多开展有意义的、自觉的、自主的活动，发展学生的自主性，提高他们的参与度，就会提高学生对班级的认可程度，良好的班级气氛就容易形成。第二个时期，是班主任老师、学生与学生之间的矛盾。为了实现班集体的目标，班主任在班干部的配合下带领全班开展各种活动，学生的注意力转向活动的内容、决定及组织的做法上，一些懒散的、缺乏集体荣誉感的学生就会反感班主任、老师及积极参加班级活动的学生。在这个时期，学生在活动中依赖班主任、教师和班干部的倾向还较明显，所有学生的主体性、自立性的形成还不充分。第三个时期，是学生团体之间的矛盾 。以班干部为中心的群体在班主任老师的指导下自主地带领全班同学开展多种活动，班主任、老师与学生之间的矛盾减少了，但干部与支持干部的学生和反对干部的学生之间的矛盾却增加了。这时，学生干部自主活动的能力和水平就显得很重要。

(3)团体要求架构内的矛盾。当班级中大多数学生能接受团体要求时，班级内部的主要矛盾就不是团体要求与个人属性间的矛盾，而是团体要求架构内个人属性间的矛盾。一般情况是，学生干部及其主动积极参与班级活动的学生得到锻炼，赢得老师及其同学的称赞，而另一部分精力充沛、有一定的组织能力，表现欲望强烈的学生，要么号召和引导班级团体，确立和巩固班级核心，个人的要求在班级中得到消磨或部分满足，形成良好的班风，要么成为班级发展的阻力。

(三)班集体建设的步骤

班集体建设的过程是班集体的发育过程，根据班集体发育过程的特点，班集体建设的操作过程分四步进行。

(1)摸清班情、了解学生。班主任设计《学生基本情况登记表》，通过调查、观察、访问等工作，了解每一个学生的家庭情况、学习状况、兴趣爱好、人际关系，建立学生档案(包括学生出生日期、家庭住址、家里电话、父母姓名、工作单位、手机号码等)，把学生在班集体中所处的位置搞清楚。

(2)提出目标。班主任在任课老师和学生干部的配合下，共同研究制定集体建设的目标。班集体的常用目标有以下几种。①根本目标。它与学校的目标一致，致力于提高学生素质，发展学生个性特长，形成班级文化。②远期目标。即整个小学阶段的目标，把班级建设成为优秀班集体，发挥班集体的教育力量，高质量地完成教育教学任务，让班级、学校值得人留恋，师生成为朋友。③中期目标。即一个学年度的班集体建设目标，按照班级计划开展各种学习、教育活动，使班集体逐渐走向成熟。④近期目标。为了完成某项任务而制定的具体的短期目标及工作安排。各班级在制定班集使建设目标时，要从社会现实、校情、班情、学情出发，要切实可行，易于操作，能够实现。

(3)开展活动。开展活动是班集体建设的基本途径，也是班级的正常工作，活动内容的针对性，学生的喜好与参与度，组织水平的高低决定着班集体建设成绩的高低，也是衡量班集体发展水平的重要尺度。小学生天性好动、好奇、争强好胜，因此，开展的活动要适合小学生的年龄特点和认知水平，调动他们参加活动的积极性和竞争性，活动组织者要有严密的活动计划安排，特别要注意小学生活动过程中的安全，保证每次活动顺利有序的进行，使学生在活动中受到集体主义教育，养成良好品质，培养兴趣爱好与特长。

(4)形成性评价。它能及时、不断地明确班集体建设目标的达到程度，从而及时修正、调节班集体建设活动，促使班集体逐步走向成熟。评价可以表现为每月评价或单项活动评价，学校每天对各班级进行常规检查，每天一公布，每月一评比，优胜班级获“流动红旗”。在某一项大型活动中，如“六·一”儿童节会演、田径运动会、公益劳动、学科或知识、技能竞赛等，对各参加班级进行评比。评价的方法很多，如民意测验法(家长、老师、社区、评价等)，成果展示法，活动总结法，专题讨论法等。

(四)班集体活动的形式

班集体活动是在班主任指导下，为实现班级共同教育目标而有目的、有计划地举行的各种教育、教学实践活动，是集体形成的基础，发展的催化剂。其形式有以下几种。

(1)晨会活动：按照学校规定的晨会时间，组织学生参加全校性或班级的晨会活动。晨会活动的特点：简短、及时。

(2)班会活动：班会是班主任对全班学生进行教育的重要方式，对统一全班学生的认识和行动，以及形成、巩固和发展班集体，具有重要作用。小学生通常每周一次班会。班会的基本形式有两种。

一是班级例会，指在班主任的指导下，利用班会课时间，由班主任或班级干部主持，讨论、处理班级日常事务，进行班集体建设的班会活动。

特点：常规性、事务性、民主性。

二是主题班会，是指围绕一个教育主题，在班主任指导下，由小学生自己组织和主持、全班同学积极参加的自我教育型集体活动；这也是班主任通过学生集体来教育和影响小学生的通用教育形式。

主题班会的类型：指导学习类、思想教育类、生活指导类、审美娱乐类。

主题班会的形式有以下几种。

第一，漫谈、座谈、讨论的形式，适用于全班同学共同讨论某个问题，如“低碳生活——我们在行动”“我和诚实交朋友”等主题班会。

第二，演唱、朗诵、讲故事的形式，适用于对小学生进行思想品德教育，如“花儿朵朵向阳开”“学规范，争做文明小天使”等主题班会。

第三，参观、访问、瞻仰的形式，适用于对小学生进行爱国主义、集体主义、社会主义教育以及传统美德教育，如在烈士陵园内召开“踏着先烈的足迹前进”主题班会。

第四，报告会的形式，适用于介绍英雄模范光辉事迹，如“优秀少先队员的事迹报告会”等。

特点：主题鲜明、形式多样。

三、少先队活动

(一)少先队的性质

中国少年先锋队是中国少年儿童的组织，是少年儿童学习中国特色社会主义和共产主义的学校，是建设社会主义和共产主义的预备队。

少先队是一所特别的学校，它具有教育性、群众性、独立自主性。少先队员通过开展丰富多彩的活动，在亲身参与活动的过程中得到感悟，受到教育。

(二)少先队活动的形式

(1)大队活动。由少先队大队组织并由全体队员参加的活动。如主题大队会、大队检阅式，各种大队集会等。大队活动也包括大队统一举办的文化娱乐、劳动教育、庆祝节日以及参观访问等活动。通常是在纪念重大节日或对全大队成员集中进行某种教育时举行，一般一学期组织 1～2 次。

(2)中队活动。由少先队中队组织的全体队员参加的活动。他们的年龄大致一样，知识水平、身体发育比较接近，便于有针对性地进行教育。中队活动既是落实大队活动带动小队活动的关键，同时也可以根据中队实际，确立主题，选择题材，独立开展教育。中队活动一般一月一次为宜。不论是中队设立的活动，还是按照大队计划的活动都要落实到小队，落实到个人。联合中队活动，即几个中队联合在一起开展活动，也属于中队活动。事实证明，丰富多彩的中队活动，有利于培养少先队员的集体主义精神，有利于良好的中队集体的形成，也有利于培养队员的自主意识，锻炼各种能力。

中队活动的类型有以下几种。

一般性队会，是以中队形式进行的、以处理中队队务和进行少先队的常规教育为主要内容的少先队活动。如队前教育、入队、选举队长(队委)、民主生活、奖励与处分等，一般性队会是少先队员在辅导员的指导和帮助下，学习当家做主，学会关心他人，进行自我管理和自我教育的重要形式。

主题队会，是以中队为单位开展的有教育主题的少先队活动。具有活动主题鲜明，教育内容集中，能使队员在某一方面集中地受到教育的特点。

系列性主题活动，中队或小队围绕确定的活动主题，在一段时间里，运用多种形式，所开展的系列教育活动，具有系列性、实践性、自主性的特点。

即兴式队会，由活动的观摩者或科研工作者等当场给出主题，由中队队员当场设计，稍做准备后，组织开展的少先队活动。具有临时性、测试性、创造性的特点。

小队活动，少先队活动的一种基本类型。以少先队小队为单位，全体小队队员参加的活动。其特点是人数少，便于组织管理，同时活动容量大，便于充分发挥每个队员的作用。培养队员的自理、自治和自主能力；内容具体简单，时间、场地机动灵活，易于满足队员的兴趣、喜好；小队活动是队活动的基础，要做到经常、自主，并且制度化。小队活动不宜过分频繁，一般每周 1～2 次，每次短则 10 分钟，长则 1 小时以上。

四、小学文体活动

(一)文体活动的含义

学校的文体活动包括文学、艺术、娱乐、体育训练与体育竞赛等内容。文学艺术类的活动内容主要围绕书法、歌咏、舞蹈、音乐、摄影和雕刻等展开，主要目的是培养学生对文学艺术的爱好与兴趣，提高他们对美的感受、体验与创造能力，陶冶情操。体育活动多以专项小组的形式进行，如各种棋类小组，体操、武术和田径小组等，是以注重技能的训练，增强学生的体质，培养和锻炼他们的坚强意志、勇于进取的精神为目的。

喜欢运动是儿童的天性，除了专项活动的小组外，学校还应该针对全体学生提供特定的体育活动时间和必要的活动器材，使每个学生都能按自己的喜好选择一些活动项目进行经常性的锻炼。如篮球小组、乒乓球小组、跳绳小组等。活动方式灵活多样，可以是练习，也可以是竞赛；可以小组成员个体活动，也可以小组集体活动。这样做不仅有利于小学生身体素质的整体提高，也有利于培养小学生的社会交往能力，增强团队合作意识。

(二)文体活动实施的原则

(1)坚持教育性、艺术性、健身性、趣味性相融合原则。课外文体活动要坚持育人的宗旨，遵循教育规律和中小学生身心发展特点，寓学于乐、寓炼于乐、寓艺于乐。

(2)坚持全面性原则。课外文体活动要与日常教育教学工作有机结合，与新课程改革相结合。课外文体活动的内容与形式要丰富多彩，能够满足不同特长、不同兴趣、不同层次学生发展需要，促进中小学生的身体素质、心理素质和审美素质的全面提高，并在普及与提高的基础上形成良性发展的局面。

(3)坚持全体性原则。课外文体活动的开展要面向全体学生，要从学生参与面的大小和人类多少选择好课外文体活动的项目。形成人人参与课外文体活动，个个都有喜爱项目的课外文体活动新局面。

(4)坚持自主、自愿与教师引导相结合原则。在组织学生参加课外文体活动的过程中，教师的鼓励、引导是必要的，同时要充分尊重学生的自我选择权和自主活动权，在组织活动时要为学生营造一个自主讨论、组织、操作、交流和评价的环境和氛围也是十分必要的。

(5)坚持校内校外相结合的原则。应以校内教育为主阵地，充分发挥校外教育的独特功能，促进校内校外的有机结合，密切配合家庭教育和社区教育，努力创建良好的课外教育环境。

(6)坚持安全第一的原则。在课外文体活动的组织与实施过程中，要加强安全教育和管理，制定出安全措施和应急措施，避免和防止意外事故的发生。但也要防止以怕出事故为由，排斥利于学生吃苦耐劳、顽强拼搏等体育运动项目的教学。

知识链接

“全国中小学生课外文体活动工程”实施计划

以《中共中央国务院关于深化教育改革全面推进素质教育的决定》精神为指导，以全民健身和“生动、活泼、自主发展”为主题，以推进素质教育和配合“减负”工作为核心，以培养学生的创新精神和实践能力为重点，以使广大中小学生都能积极参加文明、健康、活泼的课外文体活动为工作目标，从而达到促进中小学生身心全面发展的目的。

一、总体规划

“全国中小学生课外文体活动工程”的总体规划为10年(2001—2010年)。工程分为两期实施，每期为5年。

(一)第一期工程：2001－2005年

任务和目标：在31个省、自治区和直辖市各建立起一个“全国中小学生文体活动工程示范区”(以下简称“示范区”)；各省、自治区和直辖市经常参加课外文体活动的在校学生人数达到学生总数的30%左右；各地初步形成具有本地特色的课外文体活动内容和形式；在全国形成以“示范区”为榜样，中小学生课外文体活动得到全面推进的良好局面。

(二)第二期工程：2006－2010年

在继续完善全国中小学生课外文体活动组织体系的基础上，充分发挥各省、自治区、直辖市“示范区”的带头作用，继续扩大规模，提高工作水平，使在校中小学生经常参加文体活动总数达到85%左右，人数达到1.8亿。

二、实施工作的方法

(一)在组织方面，各级教育、体育、共青团、少工委等部门要密切配合，齐抓共管，共同做好中小学生课外文体活动的组织、协调工作。

(二)九年义务教育阶段的在校学生，要利用每天下午课后时间，开展不少于一小时的文体活动或其他课外活动。

(三)充分利用校园和校外的少年宫、青少年文体活动中心、文体俱乐部及少体校等现有文体设施和师资力量，建立稳定的专项课外文体活动训练点，定期组织各种形式与规模的文体竞赛、夏令营、冬令营等活动，推动中小学生课外文体活动形成规模、提高水平。

(四)建立评比表彰制度，促进“全国中小学生课外文体活动工程”全面持久地在全国开展。

(摘取教育部、国家体育总局、共青团中央、全国少工委关于实施“全国中小学生课外文体活动工程”的通知。)

五、小学研学旅行

(一)研学旅行的含义

研学旅行是由学校根据区域特色、学生年龄特点和各学科教学内容的需要，组织学生通过集体旅行、集中食宿的方式走出校园，在与平常不同的生活中拓宽视野、丰富知识，加深与自然和文化的亲近感，增加对集体生活方式和社会公共道德的体验。

研学旅行继承和发展了我国传统游学、“读万卷书，行万里路”的教育理念和人文精神，成为素质教育的新内容和新方式。提升中小学生的自理能力、创新精神和实践能力。

(二)开展研学旅行的意义

开展研学旅行，有利于促进学生践行社会主义核心价值观，激发学生对党、对国家、对人民的热爱之情；有利于推动全面实施素质教育，创新人才培养模式，引导学生主动适应社会，促进书本知识和生活经验的深度融合；有利于加快提高人民生活质量，满足学生日益增长的旅游需求，从小培养学生文明旅游意识，养成文明旅游行为习惯。

(三)研学旅行实施的基本原则

(1)教育性原则。研学旅行要结合学生身心特点、学生的接受能力和实际需求，注重系统性、知识性、科学性和趣味性，为学生全面发展提供良好成长空间。

(2)实践性原则。研学旅行要因地制宜，呈现地域特色，引导学生走出校园，在与日常生活不同的环境中拓宽视野、丰富知识、了解社会、亲近自然、参与体验。

(3)安全性原则。研学旅行要坚持安全第一，建立安全保障机制，明确安全保障责任，落实安全保障措施，确保学生安全。

(4)公益性原则。研学旅行不得开展以营利为目的的经营性创收，对贫困家庭学生要减免费用。

知识链接

《教育部、国家发展改革委、公安部等 11 个部门关于推进中小学生研学旅行的意见》

（2016 年 11 月 30 日　教基一[2016]8 号）

当前，我国已进入全面建成小康社会的决胜阶段，研学旅行正处在大有可为的发展机遇期，各地要把研学旅行摆在更加重要的位置，推动研学旅行健康快速发展。

工作目标

以立德树人、培养人才为根本目的，以预防为重、确保安全为基本前提，以深化改革、完善政策为着力点，以统筹协调、整合资源为突破口，因地制宜开展研学旅行。让广大中小学生在研学旅行中感受祖国大好河山，感受中华传统美德，感受革命光荣历史，感受改革开放伟大成就，增强对坚定“四个自信”的理解与认同；同时学会动手动脑，学会生存生活，学会做人做事，促进身心健康、体魄强健、意志坚强，促进形成正确的世界观、人生观、价值观，培养他们成为德、智、体、美全面发展的社会主义建设者和接班人。

开发一批育人效果突出的研学旅行活动课程，建设一批具有良好示范带动作用的研学旅行基地，打造一批具有影响力的研学旅行精品线路，建立一套规范管理、责任清晰、多元筹资、保障安全的研学旅行工作机制，探索形成中小学生广泛参与、活动品质持续提升、组织管理规范有序、基础条件保障有力、安全责任落实到位、文化氛围健康向上的研学旅行发展体系。

主要任务

1. 纳入中小学教育教学计划。各地教育行政部门要加强对中小学开展研学旅行的指导和帮助。各中小学要结合当地实际，把研学旅行纳入学校教育教学计划，与综合实践活动课程统筹考虑，促进研学旅行和学校课程有机融合，要精心设计研学旅行活动课程，做到立意高远、目的明确、活动生动、学习有效，避免“只旅不学”或“只学不旅”现象。学校根据教育教学计划灵活安排研学旅行时间，一般安排在小学四到六年级、初中一到二年级、高中一到二年级，尽量错开旅游高峰期。学校根据学段特点和地域特色，逐步建立小学阶段以乡土乡情为主、初中阶段以县情市情为主、高中阶段以省情国情为主的研学旅行活动课程体系。

2. 加强研学旅行基地建设。各地教育、文化、旅游、共青团等部门、组织密切合作，根据研学旅行育人目标，结合域情、校情、生情，依托自然和文化遗产资源、红色教育资源和综合实践基地、大型公共设施、知名院校、工矿企业、科研机构等，遴选建设一批安全适宜的中小学生研学旅行基地，探索建立基地的准入标准、退出机制和评价体系；要以基地为重要依托，积极推动资源共享和区域合作，打造一批示范性研学旅行精品线路，逐步形成布局合理、互联互通的研学旅行网络。各基地要将研学旅行作为理想信念教育、爱国主义教育、革命传统教育、国情教育的重要载体，突出祖国大好风光、民族悠久历史、优良革命传统和现代化建设成就，根据小学、初中、高中不同学段的研学旅行目标，有针对性地开发自然类、历史类、地理类、科技类、人文类、体验类等多种类型的活动课程。教育部将建设研学旅行网站，促进基地课程和学校师生间有效对接。

3. 规范研学旅行组织管理。各地教育行政部门和中小学要探索制定中小学生研学旅行工作规程，做到“活动有方案，行前有备案，应急有预案”。学校组织开展研学旅行可采取自行开展或委托开展的形式，提前拟定活动计划并按管理权限报教育行政部门备案，通过家长委员会，致家长的一封信或召开家长会等形式告知家长活动意义、时间安排、出行线路、费用收支、注意事项等信息，加强学生和教师的研学旅行事前培训和事后考核。学校自行开展研学旅行，应根据需要配备一定比例的学校领导，教师和安全员，也可吸收少数家长作为志愿者，负责学生活动管理和安全保障，与家长签订协议书，明确学校、家长，学生的责任权利。学校委托开展研学旅行，要与有资质、信誉好的委托企业或机构签订协议书，明确委托企业或机构承担学生研学旅行安全责任。

4. 健全经费筹措机制。各地可采取多种形式、多种渠道筹措中小学生研学旅行经费，探索建立政府、学校、社会、家庭共同承担的多元化经费筹措机制。交通部门对中小学生研学旅行公路和水路出行严格执行儿童票价优惠政策，铁路部门可根据研学旅行需求，在能力许可范围内积极安排好运力。文化、旅游等部门要对中小学生研学旅行实施减免场馆、景区、景点门票政策，提供优质旅游服务。保险监督管理机构会同教育行政部门推动将研学旅行纳入校方责任险范围，鼓励保险企业开发有针对性的产品，对投保费用实施优惠措施。鼓励通过社会捐赠、公益性活动等形式支持开展研学旅行。

5. 建立安全责任体系。各地要制订科学有效的中小学生研学旅行安全保障方案，探索建立行之有效的安全责任落实、事故处理、责任界定及纠纷处理机制，实施分级备案制度，做到层层落实，责任到人。教育行政部门负责督促学校落实安全责任，审核学校报送的活动方案(含保单信息)和应急预案。学校要做好行前安全教育工作，负责确认出行师生购买意外险，必须投保校方责任险，与家长签订安全责任书，与委托开展研学旅行的企业或机构签订安全责任书，明确各方安全责任。旅游部门负责审核开展研学旅行的企业或机构的准入条件和服务标准。交通部门负责督促有关运输企业检查学生出行的车、船等交通工具。公安、食品药品监管等部门加强对研学旅行涉及的住宿、餐饮等公共经营场所的安全监督，依法查处运送学生车辆的交通违法行为。保险监督管理机构负责指导保险行业提供并优化校方责任险、旅行社责任险等相关产品。

资料来源：教育部网站。

第三节　小学校园文化建设活动

校园文化是校园文明的反映，也是学校持续发展的有力支撑。校园文化以文化的形态参与教育过程，通过创造教育环境和氛围，潜移默化地陶冶学生的情操，影响学生的行为习惯、思想意识，从而达到教育的目的。

一、小学校园文化的内涵和特征

（一）校园文化的内涵

何谓文化？简言之，文化是人类的内在精神和这种内在精神的外在体现。在漫长的历史长河中，世界上的各个民族、各个地区或各个国家，都创造出了独具风格、光辉灿烂的文化。而且各种文化互相交流、彼此融合、竞相发展，使得世界文化这个百花园绚丽多姿。

校园文化是特指在学校当中，人为创造的所有有形与无形的客观存在的总和，是长期形成的深层反映学校特点的上层建筑与意识形态。它是学校对社会文化反复选择后加以吸收，并融汇了办学宗旨和个性表达的一种特定的精神环境和文化氛围。校园文化以学生为主体，以校园为主要空间，以育人为主要导向，以精神文化、环境文化、行为文化和制度文化建设为主要内容，以校园精神、文明为主要特征的一种群体文化。校园文化是学校发展的灵魂，是凝聚人心、展示学校形象、提高学校文明程度的重要体现。校园文化对学生的人生观、价值观产生着潜移默化的任何课程所无法比拟的深远影响，对学生的品性形成具有渗透性、持久性和选择性的作用，更对于提高学生的人文道德素养，拓宽学生的视野，陶冶学生的情操，构筑学生健康的人格，全面提高学生素质，培养跨世纪人才具有深远意义。

（二）校园文化的特征

（1）自发性。校园文化活动是自发的，既受生活影响，也受自我心灵主宰，校园文化是心灵的一种自然流露，不是外界强加的一种行为，也不会因其他因素的干扰而改变。

（2）互动性。校园文化是学校教师与学生共同创造的，但在无形的教育过程中，校园文化和教师、学生是互相影响的。不仅如此，教师和学生这两个有形的校园文化载体之间也是互相影响的。

（3）渗透性。校园文化如春风化雨一样，飘散在校园的各个角落，渗透在教师、学生、员工的观念、言行、举止之中，渗透在他们的教学、科研、读书、做事的态度和情感中。

（4）传承性。校风、教风、学风、学术传统、思维方式的形成，不是一代人，而是几代人或数代人自觉不自觉地缔造的，而且代代相传，相沿成习。

任何一种校园文化，一经形成之后，必然传承下去，不因时代、社会制度不同而消失，虽然会有所损益，然而精神实质却是永续的、永生的。

二、小学校园文化的结构与功能

(一)校园文化的结构

校园文化是一个复杂的亚文化系统，有着一定的结构。校园文化建设主要包括学校物质文化建设、精神文化建设和制度文化建设，这三个方面全面、协调发展，共同为学校树立起完整的文化形象。

1. 校园物质文化

在校园文化建设中，精神文化是目的，物质文化是实现目的的途径和载体，是推进学校文化建设的必要前提；物质文化建设是校园文化建设的重要组成部分和重要支撑。校园物质文化，属于校园文化的硬件，是看得见摸得着的东西。校园物质文化的每一个实体，以及各实体之间结构的关系，无不反映了学校的教育价值观。

完善的校园设施将为师生员工开展丰富多彩的寓教于文、寓教于乐的教育活动提供重要的阵地，使师生员工教有其所、学有其所、乐有其所，在求知、求美、求乐中受到潜移默化的启迪和教育。完善的设施、合理的布局、各具特色的建筑和场所，将使人心旷神怡、赏心悦目，有助于陶冶学生的情操，塑造师生的美好心灵，激发师生的开拓进取精神，约束不良风气和行为，促进师生的身心健康发展。

2. 校园精神文化

校园精神文化建设是校园文化建设的核心内容，也是校园文化的最高层次。它主要包括校园历史传统和被全体师生员工认同的共同文化观念、价值观念、生活观念等意识形态，是一所学校本质、个性、精神面貌的集中反映。校园精神文化又被称为“学校精神”，具体体现在校风、教风、学风、班风和学校人际关系上。

(1)校风。校风建设实际上就是校园精神的塑造，校风作为构成教育环境的独特的因素，体现着一个学校的精神风貌。在体现形式上，校风主要表现在校训、校歌、校徽和校旗上。好的校风具有深刻“强制性”的感染力，使不符合环境气氛要求的心理和行为时刻感受到一种无形的压力，使每一位校园人的集体感受日趋巩固和扩展，形成集体成员心理特性最协调的心理相容状态；好的校风具有对学校成员内在动力的激发作用，催人奋进；好的校风对学校成员的心理发展具有保护作用，对不良的心理倾向和行为具有强大的抵御力量，可以有效地排除各种不良心理和行为的侵蚀和干扰。

(2)教风。教风是教师在长期教育实践活动中形成的教育教学的特点、作风和风格，是教师道德品质、文化知识水平、教育理论、技能等素质的综合表现。要抓好校风建设首先必须抓好教风建设(包括工作作风建设)，因为学校是育人的场所，是人才的摇篮，而教师是人才的培养者，理应在“三育人”(即管理育人、教书育人、服务育人)的过程中发挥主力军的作用，只有在干部职工中树立起实事求是、艰苦奋斗、勤政廉政、团结协作、高效严谨、服务周到、细心耐心的工作作风和在教师中树立起为人师表、教书育人、治学严谨、认真负责、耐心细致、开拓进取的教风，才能引导和促进勤奋学习、积极向上、严谨求实、尊师重教、遵纪守法、举止文明的优良学风的形成。总之，没有良好的工作作风和教风就难以形成良好的学风。

(3)学风。学风是指学生集体在学习过程中表现出来的治学态度和方法，是学生在长期学习过程中形成的学习习惯、生活习惯、卫生习惯、行为习惯等方面的表现。优良学风像校风、教风一样，对学校教育教学质量的提高，学生人格品质的发展和完善，对将培养学生成为德、智、体、美、劳全面发展的接班人，都有重要意义。

(4)学校人际关系。学校人际关系包括学校领导之间的关系、学校领导与教职工之间的关系、教师与教师之间的关系、教师与学生之间的关系、学生与学生之间的关系。良好的学校人际关系有助于广大师生员工达到密切合作，形成一个团结统一的集体，更好地发挥整体效应。

3. 校园制度文化

校园制度文化作为校园文化的内在机制，包括学校的传统、仪式和规章制度，是维系学校正常秩序必不可少的保障机制，是校园文化建设的保障系统。“没有规矩，不成方圆”，只有建立起了完整的规章制度、规范了师生的行为，才有可能建立起良好的校风，才能保证校园各方面工作和活动的开展与落实。但仅有完整的规章制度是远远不够的，还必须有负责将各项规章制度予以执行和落实的组织机构和队伍，因此，还必须加强相应的组织机构建设和队伍建设。也就是说，制度文化建设实际上包括制度建设、组织机构建设和队伍建设三个方面，组织机构建设和队伍建设是确保制度建设落到实处，并使其真正起到规范校园人言行的关键环节，校园文化组织机构的健全和完善，校园文化队伍的勤奋与能干，对正常开展校园文化活动，加强校园文化建设，具有十分重要的、决定性的作用。

(二)校园文化的功能

(1)陶冶功能。校园文化从根本上说起着一种文化的传递作用，使人通过有形和无形的文化价值的摄取，获得人生意蕴的全面体验，进而陶冶人格和灵魂，以充实生命的内涵。

(2)社会化功能。校园文化是个体社会化的过程与缩影，它以特有的精神活动和文化氛围，使生活其中的每一个个体有意无意地与既定的文化发生认同，从而实现对人的精神、心灵、性格的塑造，达到社会化的目的。

(3)教育促进功能。校园文化无论是为扩大学生的知识面，开发学生的潜能，优化学生的情感，还是为促进学生个性发展，满足学生社会交往，都提供了一个更为广阔的环境。

(4)导向功能。古人云:“近朱者赤,近墨者黑。”校园文化表现的是一个学校整体精神价值取向,无论从内容、方式到其形成的环境,都潜移默化影响人的发展,具有很强的导向功能。

三、小学校园文化的建设

(一)校园文化建设原则

校园文化是学校精神文明建设的重要内容。健康向上、生动活泼的校园文化是一种很重要的隐性教育方式,在学校德育工作中有着特殊的地位和作用,作为一项基础性工作,校园文化正成为办学方针的一部分,越来越受到学校的重视。

1. 方向性原则

校园文化建设必须坚持正确的方向。改革开放给青少年带来的影响是深刻的、复杂的。市场竞争意识可激发学生改革、创新、向上的精神,也可带来个人至上、金钱至上、追求享受等价值取向方面的消极后果,再加之他们身心发展和思想认识的不成熟,对现有的各种文化现象缺少鉴别,甚至以生为新,以奇为雅,从而表现出较大的盲从性。因此,必须用健康向上的思想去占领校园文化阵地,注重把握校园文化活动的政治导向、思想导向和价值导向,让健康的歌声、甜美的笑声、朗朗的读书声和文明的谈话声充满校园,确保校园文化沿着积极健康的轨道发展。

2. 特色性原则

特色是校园文化的生命。各校地域不同,校情也各具特色,因此,应根据当地条件,扬长避短,在校园文化的特色上下功夫。要特别注意体现当地的民俗风情和办学思想,把优秀的民族文化融于现代文明之中。同时还应看到,一些地方“普及九年义务教育”任务依然繁重,办学条件尚未彻底改善,因此,校园建设、景点设计和宣传品的布置应因地制宜,量力而行,做到既可观赏,又能实用,无一物不景,无一景不用,还要积极创造条件逐步完善文化设施建设,使校园真正成为师生陶情冶性、修身养德的花园、乐园和学园。

3. 参与性原则

校园文化是一种动态文化,要坚持人人参与的原则,充分发挥教师的主导作用和学生的主体作用。学校领导和教职工是校园文化建设的设计者和组织者,应身体力行、率先垂范,引导校园文化向健康的方向发展。学生是校园文化建设的主体,外在的教育要求、文化熏陶要通过其主观能动性才能内化为信念、外化为行动。要建立学生自我教育、共同参与的激励机制,使他们在各种丰富多彩、健康有益的课外活动中陶冶情操,净化心灵、塑造品格。

4. 整体性原则

校园文化建设是一项综合性系统工程。其中,物质文化是基础,精神文化是灵魂,制度文化是纽带,活动文化是载体。四者应同时着力、协调发展。但是,当前在校园文化建设中普遍存在"一手硬、一手软"的现象，主要表现为偏重物质文化，忽视精神文化；重视制度文化、活动文化等显性文化，忽视以校园精神为核心的隐性文化；重视校容校貌等室外文化，忽视教室、宿舍、办公室等室内文化；重视学生文化，忽视教师文化，从而制约了校园文化整体教育功能的发挥。坚持整体性原则，就是要把校园文化建设和学校整体建设相结合，统筹规划，精心雕琢。

（二）校园形象规范体系设计

1. 什么是校园形象规范体系

CIS(Corporate Identity System 的缩写，即企业形象识别系统)最初虽是为企业设计服务的，但教育作为一种特殊产业，经营理念同样不可缺少，企业 CIS 理念亦有许多值得学校借鉴的内容。

校园形象规范体系(校园 CIS)是指学校经营理念与精神文化，运用整体传播系统，传达给学校周围关系或团体(包括学校内部与社会大众)，并促使其对学校产生一致的认同与价值观。换言之，也就是结合现代设计观念与学校管理理论的整体性运作，以刻画学校个性，突出人文精神，使社会大众产生深刻的认同感，从而达到提升学校声誉影响的设计。现代学校引入 CIS 对外是宣传学校办学方针及展现学校整体形象与实力，对内则是全面推进素质教育。学校标识系统设计广泛应用于课室牌、功能室牌、校园导示牌、校园指示牌、温馨提示牌等一系列外显的校园物质文化中。

校园形象规范体系(校园 CIS)具有管理思想和文化模式的统一性、独特性和权威性。统一性是指校园 CIS 的理念贯穿整个学校内、外部活动的始终，并最终成为社会对学校的综合印象，即学校的整体形象。独特性即"个性化"是指学校理念及所统治的视觉识别系统及行为识别系统与众不同，具有很大的识别性，并最终成为社会公众将该学校与其他学校区别开来的重要因素。权威性就是校园 CIS 对学校运作、师生活动长期起着宏观上的指导规范作用，是学校的"宪法"，即师生行为准则。

2. 校园 CIS 系统的组成部分

(1)理念识别系统(MI，即 Mind Identity 的缩写)即学校的办学方针、指导思想等。

(2)行为识别系统(BI，即 Behavior Identity 的缩写)即学校校纪、校训及各种规章制度等。

(3)视觉识别系统(VI，即 Visual Identity 的缩小)即学校的整体视觉形象。

CIS 系统的各分类系统之间的划分，并无决然分界，是相辅相成、相互贯通的。学校的"理念识别系统"和"行为识别系统"通常会受到高度的重视，而视觉识别系统领域，大都没有整体的规划或没有系统地执行，据心理学研究表明，人在观察物体时，视觉器官获得的信息约占 80%。由此表明 VI 视觉识别系统在整个 CIS 识别体系中，是最先被受众所接受的要素。系统地导入 VI 视觉形象识别系统有利于学校良好个性化形象的树立，使学校形象具体到切实的视觉符号，从而更易被社会所接受和认可。

VI 视觉识别因其在 CIS 系统中的独特传播力和感染力，使其最容易被社会大众所接受，事实上校园文化中环境艺术建设是整个校园视觉识别系统(校园 VI)中最集中、最重要、最具体的组成部分。校园标识识别系统是校园 VI 的重要组成部分，是以学校标志、标准字体、标准色彩为核心展开的完整、系统的视觉传达体系，是将学校办学理念、文化特制、制度规范等抽象语意转换为具体符号，塑造出独特的学校形象的重要组成部分。

复习与思考

1. 小学校本研修的方式有哪些?

2. 请你结合学校实际，谈一谈如何进行校本课程的开发与实施。

3. 小学教师开展教育科研的主要目的是什么?

4. 在组织班队活动在选择内容时应注意什么?

5. 根据综合实践活动课程理念，结合学校学生的实际情况，设计一个综合实践活动案例。要求主题鲜明、目标明确、内容新颖、过程完整，体现新课改的评价理念。

推荐阅读

潘海燕:《教师的教育科研与专业发展》，北京，中国轻工业出版社，2006。

第十章　小学教育管理

内容提要▶

- 小学管理的理念与特点
- 小学管理的原则、内容与方法
- 小学家庭教育引领的意义、原则与方法
- 小学社会教育引领的重要任务与方法

第一节　小学管理的理念与特点

一、小学管理的理念

新时代的小学管理，要坚持以下四个基本理念。

(一)育人为本 全面发展

小学教育的目的，就是要全面贯彻党的教育方针，坚持教育为人民服务、为巩固和发展新时代中国特色社会主义制度服务、为改革开放和社会主义现代化建设服务，要落实立德树人的根本任务，要让全体学生主动发展、生动活泼地发展，培育和践行社会主义核心价值观，培养德、智、体、美、劳全面发展的社会主义建设者和接班人。

(二)促进公平 提高质量

小学管理要树立公平的教育观和正确的质量观，促进教育公平，提高教学质量，要强化学生认知、合作、创新等关键能力和感恩、敬畏、谦虚等必备品格的培养，面向每一名学生，教好每一名学生，切实保障每一名学生平等受教育的权利。要建设适合学生个性发展的三级课程体系，积极开发校本课程，实施以学生发展为本的教学；加强教师队伍培养与培训，提高教师专业发展水平；探索科学合理的多元化评价标准，努力提高教育教学质量。

(三)和谐美丽 充满活力

小学管理要建设安全而卫生的学校基础设施，完善切实可行的安全、健康管理制度，开展以生活技能和自救自护技能为基础的人身安全与心理健康教育。加强校园文化建设，创建平安校园、文明校园、和谐校园、美丽校园，为师生创造安定有序、和谐融洽、充满活力的工作、学习和生活环境，保证教育教学活动的正常有效开展。

(四)依法办学 科学治理

小学管理要努力建设依法办学、自主管理、民主监督、社会参与的现代学校制度。要落实学校办学自主权，提升校长依法、科学治理能力，发挥中小学校党组织的政治核心和战斗堡垒作用，拓宽老师、学生、家长和村组、社区、社会参与学校治理的多种渠道，建立健全学校民主管理制度，构建和谐的学校、家庭、社区新型合作关系，推动学校健康、特色、可持续发展。

阅读链接

建设现代中小学学校制度的难点与困惑

武汉市委教育工委书记　徐定斌

建设现代中小学学校制度建设，还有不少难点和问题需要不断探索和突破，主要有以下几点。

一是破除体制机制障碍问题。体制机制是包括教育变革在内的所有变革的决定性因素，这方面的变革往往又是最难的，中小学学校制度建设也不例外。建设现代中小学学校制度变革中所关涉的体制机制变革，既包括学校内部的体制机制变革，也包括外部的体制机制变革，其核心是运行机构的改革、制度的完善与执行、政府与学校权力边界的厘清等。

二是学校章程的执行效力问题。严格来说，学校章程只是国家有关法律法规条文的延伸，并不能代替法律法规。当有关利益相关主体违反学校章程时，如何进行处理，如授权处理主体如何明确，处理程序如何规定，处理依据是什么，处理结果如何执行，等等，都需要进一步明确和回答。

三是管办评分离的权责明晰问题。管办评分离是建立现代中小学学校制度最为根本的问题，也是体制机制变革的关键性问题。政府及教育行政部门如何进一步厘清与学校的权责边界，以赋予学校更为开放、更为充分的办学自主权，特别在人权、财权方面，以实现由政府办学到教育家办学的转变，是值得进一步研究和探讨的问题。更为紧迫的，可能不是厘清教育行政主管部门与学校的权责关系，而是厘清政府与学校的权责关系。

建设现代中小学学校制度，推进教育治理体系和治理能力的现代化，必须以党的十九大精神为指导，不断加强党的建设，提高教育治理社会化、法治化、智能化、专业化水平，打造共建、共治、共享的教育治理新格局。

资料来源：光明网。

二、小学管理的特点

小学管理就是小学的领导者为了全面贯彻党的教育方针，努力提高教育教学质量，培养一代新人而合理组织、有效使用校内的人力、物力、财力，以实现学校工作目标的活动过程。

教育管理的最显著的特点是一切以育人为目的。小学管理又有如下特点。

(一)基础性

小学教育是整个国家教育体系的基础阶段，是一个儿童成长为一名合格社会公民的奠基工程。因此，小学教育的质量直接影响着一个国家整体教育事业的发展，影响着一个国家的民族素质，同时，也关涉一个儿童一生健康发展这一重大问题。小学教育的基础性特征体现在以下几个方面。(1)人文素养的基础教育。(2)智慧品质的基础教育。(3)个性品质的基础教育。(4)科学文化的基础教育。(5)身体素质的基础教育。

(二)保育性

小学教育与幼儿教育联系紧密，具有一定的保育性。小学管理要注意学生权益保护，做到安全第一。

阅读链接

保育式寄宿制小学教育管理模式

(1)教学管理模式。创建“保育式寄宿制”小学的目的，就是要让山区农村的孩子能够和城镇的孩子一样受到正规的全日制教育，因而“保育式寄宿制”的教学管理必须日趋正规化。具体表现在以下几个方面：学校开齐课程，开足课时，取消复式教学；教师任课的专业化程度不断提高，素质教育得到推行，个性特长教育开始起步，学校应有的教育功能得到发挥。

(2)学生饮食管理模式。①凭票自助进餐制。即学生用钱或实物换取票证，在学校食堂购买饭菜。②共餐记账制。1～2年级低龄学生生活自理能力较差，学校根据学生营养需求情况为他们提供搭配合理的膳食，让学生集体用餐。学生记账进餐，定时(一般1～2周，最长不超过4周)进行成本核算，向家长收取学生的进餐费，对于家庭经济困难的学生可以用实物抵交。③家长轮流送菜制。对于经济贫困地区，学校通过与家长协商，根据学生营养需求，安排学生家长轮流送新鲜蔬菜、一定数量的荤菜及相应的佐料等到学校，由学校统一为学生加工。

(3)学生洗理管理模式。为保证学生的洗理卫生，“保育式寄宿制”小学一般建有盥洗室，有的还建有澡堂，为1～3年级的低龄儿童配备洗衣机，要求学生及时换洗衣物。高年级的学生则主要指导他们学会清理简单的衣物。床单、被子等一般定期由学生带回家换洗。

(4)学生安全管理模式。学生在校期间的安全管理包含的内容相当广泛，但作为“保育式寄宿制”小学来讲，除做好常规的学校安全管理工作外，还应特别重视学生的上学放学安全管理、住宿安全管理和校内课外活动安全管理。

(5)课外活动管理模式。为丰富学生的课外活动，学校按照教学常规除布置一定数量的课外作业，并有针对性地对接受能力稍差的学生进行功课补习外，根据现有的教育资源情况，学校成立各种兴趣活动小组，如球类训练、书法、绘画、舞蹈、棋类、种花植草等，发展学生的个性特长。开设晚间活动室，主要让学生开展简易的文艺活动，或者收看电视节目。

资料来源：本刊编辑部，《农村寄宿学校建设的三大模式》，载《领导决策信息》，2011(19)。

(三)多样性

小学以地方(区域)管理为主，考虑家长与儿童能够接受的方式，多数地方设中心校代管。

如在农村，中心小学是乡镇撤销教育组或者教育办公室以后，乡镇所在地设一所中心小学，它在当地政府的领导下，在县教育局指导下负责全乡镇村级小学和教学点的教育教学业务指导工作。实验中、小学是上级主管部门根据教育教学改革需要，根据一所学校的办学条件和师资力量而命名的，它要负责承担课题研究工作，并将教育教学研究成果推广到一定的范围，也就是起到“实验田”的作用。

一般而言，乡镇中心小学主要管理职责有以下几点。

(1)依据县教育主管部门总体规划和计划，负责制订本乡镇小学教育发展规划和教育教学工作计划，并组织贯彻实施。(2)负责本乡镇小学的教育教学管理和指导工作，维护正常教育秩序，保障学校和教师合法权益。(3)协助县教育主管部门管理本乡镇小学师资队伍，在权限范围内负责乡镇小学教职工调配，实施教师晋职晋级、评优培训等工作。(4)负责本乡镇所辖学校的财务收支管理工作。(5)负责本乡镇小学教育统计工作，负责收集、整理、保管相关的教育教学、普九、扫盲等各种资料。(6)依据县的有关政策办理本乡镇范围内的小学教师福利待遇、奖励、退休后的服务与管理等事项。(7)负责本乡镇小学部分校干的推荐、考察工作。

乡镇中心小学领导岗位设置及职责有以下几方面。

(1)乡镇中心小学内设领导职数为校长、教导主任、总务主任各1名，视中心小学及乡镇的规模大小、学生数多少，酌情增设校长、教导主任、总务主任的副职协助工作。(2)中心小学校长全面负责中心小学及所辖学校的教育教学及其他行政管理工作，依法享有学校人事聘用、财务、教育教学管理权；教导主任负责中心小学及所辖学校的教育教学业务管理工作，协助校长做好其他工作；总务主任负责中心小学及所辖学校的财务财产管理工作，协助校长做好其他工作。

阅读链接

英国小学教育特点

在英国学习期间，学校安排我们参观了几所小学，感受颇深，粗浅地总结了一下他们的几个特点。

一、办学规模小

我们参观的几所英国小学都很小，校区占地面积很小，学生数量很少，最多的只有八百人，普遍是三四百人，由于人少，所以班额也少，普遍一个班十八人左右，教师实行包班制，一个班就一个教师和一个助教，教师办公室就设在教室里。教师的职责是完成学校开设的所有课程，助教的职责则是辅助课堂教学和课后辅导，以保证每个学生都能跟上学习进度，完成学习任务。

二、注重安全，保安严密

出乎意料的是英国的小学保安非常严密，每个学校的大门都是紧闭的，除非事先跟学校联系好，否则是进不去的，进出必须签名。根据 Kingsmeade 学校校长 Kate 女士的介绍，英国学校非常重视安全教育，家长们选择学校的第一标准就是是否安全，其次才考虑学校的教学成绩。他们所指的安全第一是保安严密，学生进入校园不到放学是不能离开的，如有紧急事情须中途离开，必须要教师和家长亲自交接，低年级学生上学放学必须要有家长接送；第二是教学用具、活动场所不能有安全隐患，卫生状况要达标甚至更好；第三是对学生的安全教育要到位。如果学校三方面都做好了，学生还不幸在学校受了伤，家长也绝不会找学校麻烦的。

三、宗教课与国际文化交流

英国是信仰基督教的国家，所以宗教课在学校是必修的，我们参观的几所学校都有宗教课室，墙上、桌子上满是代表各种宗教的物品，有佛像、耶稣像、木鱼和宗教图片等。由于学校里有部分来自世界各地的学生，所以他们把宗教课延伸成为国际文化教育。在 Kingsmeade 学校，一进门就看到墙上贴着欢迎的标语，上面用十几种语言表达着同一个意思——“你好”，Kate 校长说，这是因为她的学生有中国人、德国人、印度人、尼泊尔人、科索沃人、日本人等，所以就用他们的母语写上了“你好”。我们在 Speacilist Arts College 的宗教课室惊喜地发现了“出入平安”、中国龙、纸制佛像等中国传统的东西，校长说这是学生们在了解中国文化时制作的。在 Pilgrims Way Primary，我们跟孩子们一起上课，问他们：“Do You Know China(知不知道中国)?”

“No.”

“Great Wall (长城)?”

“Yes.”

“Panda(熊猫)?”

“Yes.”

“Jack chen，KongFu?”(成龙，功夫)

“Yes，Yes.”

“OK! That is china.”(那就是中国)

四、落实全纳教育

在普通的学校里，几乎都能见到特殊学生，所谓特殊学生，有的是肢体残缺，有的智力低下，有的则是有精神和行为障碍的学生。如果情况不严重，他们是可以在普通学校里跟班就读的，学校还得专人给予照顾。这些学生在学校不会受到歧视，班里的老师还利用这个机会教育孩子们学会关爱，学会包容。在英国，全纳教育贯穿着一个人的一生，现在社会处处都给予残疾人方便，他们可以经常外出活动，没有人用奇怪的眼光看他们，所到之处别人都会伸出援手，供残疾人使用的公共设施很到位，街道、楼梯、马桶、自动门等设计都很人性化，方便使用。一切都是那么自然、和谐，不会让人产生精神压力，这就是英国的全纳教育。

五、良好的行为教育

英国男人的绅士风度世界闻名，有人说培养一个绅士不是短时间就可以的，而是需要经过几代人的言传身教，这话一点都不假。我们到过的小学，走廊上总是静悄悄的，没有人跑步，没有人打闹，甚至连讲话声音都是轻轻的，上课也是一样，如果有学生扰乱课堂秩序，警告无效时，助教就会把他(她)带到一个角落让他(她)安静下来，学校还有专门一个小房间，让情绪失控的学生去那里独处、冷静下来。校园也很干净，没有人乱丢垃圾，我们甚至没看到一个清洁工。学生良好的行为习惯不是靠教师嘴上的说教，而是教师、家长乃至整个社会无声无息的教育。在商店、剧院、博物馆、巴士等公共场合，大家都自觉排队，小声说话，不乱扔垃圾，孩子从小在这样的环境中长大，还用人教他们规矩吗？在英国，我们用得最多的词不是“Yes”或“No”，而是“Excuse me”和“Sorry”，妨碍别人说话时要用，稍稍碰到别人时要用，希望别人让一让时要用，道歉时要用，需要帮忙时也要用……这两个词用多了，矛盾不就少了吗？人与人的关系不就更和谐了吗？英国人教给了我们很多。

(根据网络报刊等相关资料编辑整理)

第二节 小学管理的原则、内容与方法

一、小学管理的原则

小学管理原则阐述的是小学管理工作中必须遵循的指导原理和行动准则。它是管理思想的体现，是管理活动的指南，是根据我国学校的性质、目的和任务以及管理过程的客观规律制定的，它也是学校长期管理实践经验的概括与总结。

(一)方向性原则

我们的学校是社会主义性质的学校。因此，我们的学校管理首先就是要坚持社会主义方向。坚持社会主义方向不是简单地对我们的小学生进行说教，而是按党的教育方针，用先进的、科学的教育思想和教育理念指导教育教学工作，使学生健康地成长。其次，学校的一切管理都要围绕培养学生基本素质这一总的目标来进行。学校不能片面追求升学率，不能加重学生负担，不能一味重视经济效益。

(二)整体性原则

整体性原则要求管理者必须把教学管理放在学校管理的中心地位，坚持以教学为主，全面安排各项工作。只有教学工作管好了，整个学校的管理才有了可以依托的中心，学校教育这个机体的运转才能正常和有效，学校的教育质量也才有保证。

(三)民主性原则

民主性原则是指学校领导者和管理者要充分发挥全体师生员工的积极性，共同参与学校的管理工作。管理者依靠群众的智慧和力量，把学校办好、管好。它是由我国人民民主专政这一政治制度决定的。贯彻这一原则要做到以下三点。

(1)提高管理透明度，保证师生知情权。师生员工是学校的主人，所以，学校管理者要广开言路，让他们及时、充分了解学校的情况并发表自己的意见，这样才能激发、集中群众的智慧和力量。

(2)建立健全学校民主管理制度，使群众参与管理制度化、经常化。坚持学校教职工代表大会(以下简称“教代会”)制度，学校的重大事项必须经教代会通过，召开教代会是实施民主管理的一条有效途径，它为教职工提供了一个发表意见、建议的场所和机会，使教职工能够切实地参与学校的事务决策。同时，学校管理者要在日常管理中积极创造条件、制定规范，引导教职工参与学校的各项管理。

(3)坚持民主集中制，既讲民主，又讲集中。学校管理者既要发扬民主，充分听取群众意见，又要善于集中各方意见，通过调查研究进行综合分析以辨真伪。

(四)有效性原则

有效性原则是指教育管理活动中要合理地组织、利用人、财、物等资源，从而获得高效益。它要求做到以下三点。

(1)提高用人效益。科学安排干部，知人善任，用人之长；把目标、职务、权力、责任四位一体地分配给合适的干部；要关心人，注意协调人际关系激励士气，充分调动人的积极性。

(2)提高财物利用率。尽力做到物尽其用，财尽其利，以最小的财力、物力获取最大的经济效益和社会效益。

(3)提高时间利用率。合理控制和利用时间，把主要时间花在最主要的事情上，有勇气并果断地拒绝不必要的事、次要的事；要把最重要、最困难的工作放在功效最高的时间段里去做。

(五)教育性原则

学校管理工作与其他系统的管理工作不同，它不仅要通过管理完成一般的工作任务，还要保证学校各项工作能对学生起到教育的作用。儿童、青少年模仿力强，学校的全体人员、全部工作及整个环境，都无时无刻不在影响着学生，熏陶着学生。因此，学校的环境和全部工作都应当对学生起到教育的作用。

二、小学管理的内容

（一）德育工作管理

德育是小学素质教育的重要组成部分，对青少年学生健康成长和学校工作起着导向、动力、保证作用。小学生是祖国未来的建设者，是中国特色社会主义事业的接班人。他们的思想道德素质直接关系到中华民族的整体素质，关系到国家前途和民族命运。因此，小学必须进一步端正办学思想，把德育工作摆在素质教育的首要位置，贯穿于教育教学的各个环节。

1. 德育队伍建设

学校要建立德育工作岗位责任制和评价考核制度。把教师做学生思想道德教育工作列入对教师的考核内容，并将考核结果作为教师聘任、晋升、奖惩的依据之一。学校要建立德育工作的激励机制，树立先进典型，发挥示范作用，调动全体教职员工的积极性，强化全员德育意识。学校领导要重视班主任工作，加强班主任队伍建设。积极组织班主任学习有关德育工作的法规和文件，指导班主任制定好工作计划，并检查落实情况。

2. 课堂教学主渠道建设

充分发挥课堂教学主渠道作用，加强全过程育人。按照国家颁布的德育课程标准，开设德育课程，保证课时。要有专职品德与生活、品德与社会教师，并建立学科教研组。广大教师要积极进行教学方式、方法的改革，提高课堂教学的实效性。各科教学要以课程改革为契机，依据课堂教学评价标准中的要求，有效渗透思想道德教育、法制教育和心理健康教育等内容。

3. 德育实践活动

学校要将主题教育活动和德育实践活动列入学校整体工作计划和教育、教学计划中。实践活动要坚持贴近实际、贴近生活、贴近未成年人的原则，采取多种途径和方式，做到时间、地点、内容、范围落实，主题突出，注重实效。认真贯彻《小学生守则》和《小学生日常行为规范》，积极开展以爱国主义教育为核心、以中华美德和革命传统教育为重点的民族精神教育，良好文明行为习惯的养成教育、环保教育、心理健康教育等。充分发挥少先队组织的育人功能，开展丰富多彩的少先队活动。

4. 校园文化建设

学校要不断加强校园环境建设，做到“三化一性”，即净化、绿化、美化，突出教育性，充分发挥环境育人功能。要高度重视校园文化建设，充分挖掘本地区、本学校的文化资源，努力形成校本文化特色。学校要积极举办体现学校办学理念和文化特色的丰富多彩、感染力强的科技、艺术、体育等活动，创设健康向上的文化环境和有利于学生良好道德形成的氛围。

5. 德育资源建设

学校要加强德育信息化建设，充分发挥校园网和信息技术课程的教育作用，引导学生把互联网作为学习知识、获取信息、培养创造力的工具，增强学生在网络面前辨别是非的能力。学校要配备有利于学生阅读的德育图书及音像资料，有利于学生身心健康的娱乐、体育设备、设施。学校要有效利用本地区的德育资源，建立德育基地，开展德育活动。

阅读链接

大杨中心小学网络安全管理制度

第一条 为切实加强学校校园网网络安全管理工作，维护学校校园网网络的正常运行，根据《中华人民共和国计算机信息系统安全保护条例》《计算机信息网络国际联网安全保护管理办法》《中华人民共和国计算机信息网络国际联网管理暂行规定》及其他有关法律法规的规定，特制定本规范。

第二条 学校通讯员在校长室的领导下主管学校网络安全工作，网络管理员及各部门信息员负责学校网络安全管理的具体事务。通讯员对学校网络安全管理工作应履行下列职责。

1. 传达并执行上级有关网络安全的条例、法规，并制止有关违反网络安全条例、法规的行为。

2. 确定安全管理责任人(分管信息安全的办公室主任为第一责任人)。

3. 购置和配备应用与网络安全管理的软、硬件(如防火墙、路由器、杀毒软件等)。

4. 对校园网上发布的信息进行安全检查和审核。

第三条 学校网络管理员在办公室的领导下具体负责学校的网络安全和信息安全工作，包括网络安全的技术支持、信息发布的审核、重要信息的保存和备份以及不良信息的举报和协助查处工作。

第四条 学校通讯员可对校园内所有计算机进行安全检查，相关部门或个人应积极配合，提供有关情况和资料。

第五条 学校任何部门或个人通过网络存取、处理、传递属于机密的信息，必须采取相应的保密措施，确保机密安全。重要部门的计算机应重点加强安全管理和保卫工作。

第六条 学校所有计算机的网络配置(如IP地址等)应由网络管理员统一规划与配置，任何部门或个人不得擅自更改配置信息。

第七条 学校为学生提供上机服务的微机房，必须有专门的负责人负责管理，禁止学生浏览色情网站、利用网络散布反动言论等，如有违反，应按学校有关规定严肃处理。

第八条 学校应建立网站和个人主页的备案、定期审核制度。学校网站的建设应本着有利于教科研管理、有利于对内对外的宣传、有利于学校师生的学习工作生活、有利于节约网络资源的原则，严格履行备案和定期审核的手续。未经审核或审核不合格的网站或个人主页应予以取缔。

第九条 学校任何部门或个人在公网上建设网站、主页，要严格遵守有关法规，不得损害学校的声誉和利益。

第十条 学校任何部门和个人不得利用校园网危害国家安全、泄露国家秘密，不得侵犯国家、社会、集体的利益，不得从事任何违法犯罪活动。

第十一条 学校任何部门和个人不得利用校园网制作、复制、查阅和传播下列信息：

1. 煽动抗拒、破坏宪法和法律、行政法规实施的；

2. 煽动颠覆国家政权，推翻社会主义制度的；

3. 煽动分裂国家、破坏国家统一的；

4. 煽动民族仇恨、民族歧视，破坏民族团结的；

5. 捏造或者歪曲事实，散布谣言，扰乱社会秩序的；

6. 宣扬封建迷信、淫秽、色情、赌博、暴力、凶杀、恐怖，教唆犯罪的；

7. 公然侮辱他人或者捏造事实诽谤他人的；

8. 损害学校形象和学校利益的；

9. 侵犯他人知识产权的；

10. 其他违反宪法和法律，行政法规的。

第十二条 学校任何部门和个人不得从事下列危害校园网网络安全的活动：

1. 未经允许，进入学校信息网络或者使用学校信息网络资源；

2. 未经允许，对学校网络功能进行删除、修改或者增加的；

3. 未经允许，对学校网络中存储、处理或者传输的数据和应用程序进行删除、修改或者增加的；

4. 故意制作、传播计算机病毒等破坏性程序的；

5. 使用各类黑客软件进行黑客攻击活动的；

6. 未经学校批准，在校园网内私自建立网站或提供对外网络服务的；

7. 在BBS、留言板、聊天室上对他人进行人身攻击，发表消极、低级庸俗言论，发表各类未经许可的广告信息，使用各种公众人物的名字及其他不健康的内容作为自己的网名的；

8. 其他危害计算机信息网络安全的。

第十三条 任何部门或个人不得违反法律规定，侵犯校园网用户的通信自由和通信秘密。

第十四条 校园网内各类服务器中开设的账户和口令为校内个人用户所拥有，网络管理员应对用户口令保密，不得向任何部门或个人提供这些信息。

第十五条 校内网络使用者不得利用各种网络设备或软件技术从事用户账户及口令的侦听、盗用活动，该活动被认为是对校内网络用户权益的侵犯。

第十六条 为了有效防范网上的非法活动，校园网要统一出口管理、统一用户管理，未经学校信息中心批准，任何部门或个人一律不得开设代理服务器等应用服务器。

第十七条 学校信息化领导小组必须落实各项管理制度和技术规范，有效监控、封堵、清除网上有害信息。网络管理员应定期检查网络安全保护管理以及技术措施的落实情况，重点加强校园网电子公告栏、留言板等交互式栏目的管理和监控，并定期对这些栏目的内容进行审核和检查，及时发现和删除各类有害信息。

第十八条 对违反本规范的，由学校办公室根据情节给予警告、责成相关部门、网络管理员和当事人写出书面检查、停机整顿的处理；情节严重的，由学校依据有关规定对当事人给予相应行政纪律处分；造成重大影响和损失的将向公安部门报案，由个人依法承担相关责任。

第十九条 违反第十五条规定的侦听、盗用行为一经查实，将提请学校给予行政纪律处分，并在校内公布；对他人造成经济损失的，由本人加倍赔偿受害人损失，关闭其拥有的各类服务账号；行为恶劣、影响面大、造成他人重大损失的，将向公安部门报案。

第二十条 故意传播或制造计算机病毒，造成危害校园网系统安全的按《中华人民共和国计算机信息系统安全保护条例》中的相关规定予以处罚。

附则

第二十一条 根据学校校园网运行的实际情况并结合上级部门有关规定，将对本规范适时予以修订。

资料来源：庐阳教育体育信息网。

(二)教学工作管理

学校的工作以教学为主，这就是学校与社会其他各部门的根本区别所在。学校作为专门教书育人的场所，是培养人才的专门机构，教学工作是实现教育目的，培养合格人才的主要途径。

为了保证教学工作沿着正确方向进行，保质保量完成教学任务，学校领导应对教学工作实行有效的计划管理、组织管理和实施管理。

1. 教学工作管理的任务

(1)坚持正确的教育思想，贯彻党的教育方针。

(2)正确处理教学中几方面的关系：处理好教与学的关系，处理好传授知识、发展能力、进行思想教育的关系，处理好统一要求与因材施教的关系。

(3)建立良好教学秩序：建立健全各项教学工作制度，学校领导要深入教学第一线，实行“全程管理”；“教研—培训”一体化，构建学习型教师群体，促进教学改革。

阅读链接

下面两种做法对不对？为什么？

校长从来不过问教导处教学工作的管理，对教师的教学情况更是知之甚少；或者是校长全部包揽教导处工作，将大部分时间放在管理教师的教学上。

剖析：校长要深入教学工作中去，实行“全程管理”，指导教导处制订教学工作的计划、组织实施、检查指导、总结评比，保证教学的各项活动走向正轨，有序进行。此外，一般情况下，以校长的个体对教师群体，是以少对多，所以校长不可能将大部分的时间放在教师的教学管理上面，但适当了解教师的教学情况是非常必要的。

2. 教学过程各环节的管理

(1)备课管理。备课是上好课的前提。备课要求教师深入钻研课程标准和教材，熟悉教材内容，在此基础上广泛参阅有关资料，充实教材内容。备课时，还要认真分析学生的学习水平、学习兴趣和学习习惯。总的来说，备课要“三备”：备教材，备学生，备教法；备课要“三写”：写课时计划，写单元教学计划，写教学进度计划。备课时要做到心中有书、目中有人、手中有法。

阅读链接

问题在哪里？

某乡镇中心小学正在举行全镇语文公开课。教室里坐满了听课的教师。执教的张老师正在讲《愚公移山》这篇课文，整个教学过程非常顺畅，课堂气氛活跃。当张老师对课文进行小结时提问学生：“学完这篇课文后，你有什么体会？想对愚公说些什么？”老师话音刚落，一个男生站起来回答：“愚公真笨，他简直就是自不量力，山那么大，他挖得了吗？从山里搬到山外居住，不是比挖山更容易吗？再说，愚公挖山，一定会造成水土流失，生态平衡也会受到破坏，愚公这种做法真是得不偿失！”当时听课的教师议论纷纷，上课的张老师也非常紧张，随口就说该学生上课没有认真听课。然后，张老师按原来设计的教案说出了愚公精神可嘉，我们应该学习愚公那种吃苦耐劳、坚持不懈的精神。你认为张老师这样做对吗？问题出在哪里？

(2)课堂教学管理。上课，是教学工作的中心环节。课堂教学是整个教学过程重中之重的环节，教师在教学中起主导作用。课堂教学管理要求教学目的明确，面向全体学生，发挥学生主体作用，做到既教书又育人，既传授知识又培养学生的能力。课堂教学组织要严密，教学方法要符合学生特点，能有效启发学生思维，调动学生积极性，要有良好的课堂秩序，能在课堂解决的问题决不留到课外。此外，课堂教学要正确处理好传统和现代、继承和创新的关系。

阅读链接

什么是智慧课堂?

智慧课堂是指利用校园内的计算机技术、网络技术、通讯技术以及科学规范的管理对课堂内的与学习、教学、科研、管理和生活服务有关的所有信息资源进行整合、集成和全面的数字化，以构成统一的用户管理、资源管理和权限控制。具体表现为学生在课堂利用移动设备连接无线网络接入校园网及互联网，方便地获取学习资源，教师利用多媒体教学设备连接无线网络随时随地查看学生的学习情况、完成备课及进行科研工作。其核心是无线网络的课堂利用，实现无纸化教学。

资料来源：百度知道。

(3)作业管理。布置与批改作业是教学过程中不可缺少的一环，它可以帮助教师及时检查教学效果，了解学生学习情况，以便及时采取改正或补救措施。作业管理要求教师布置的作业要符合教材内容，作业量要适当，难度适中，作业形式与内容有助于学生复习巩固所学知识，增强运用知识解决问题的能力。教师不要过分强调思维的统一和答案的唯一。此外，老师要认真及时批改作业，严禁过多过滥地布置作业，以免既加重学生负担，又使教师整天忙于批改作业。

(4)课外辅导管理。课外辅导是对课堂教学的必要补充，主要是对学生进行个别辅导，它是因材施教的有效措施，要求教师制订切实可行的课外辅导计划，做到定人、定时、定内容，辅导形式多样化，适应不同学生的需要。

(5)成绩考核管理。检测的内容和教材要相符，考查知识和解决问题的能力要相结合，评定学生成绩要公正客观，正确对待分数，不应把分数高低作为衡量教师工作好坏的唯一标准。

3. 教务行政管理

教务行政管理，是指学校教导主任协助校长依据国家有关教育方面的法律、法规、规章和教育行政主管部门的行政管理文件，对学校的教育教学所进行的计划、组织、检查、指导等工作。教务行政管理是学校管理系统的重要组成部分，是学校实施目标管理、稳定教育秩序、推进素质教育、提高教育质量的重要保证。教务行政管理工作的质量与学校的办学水平有着十分紧密的联系。

教务行政管理的常规工作包括以下几个方面。

(1)期初主要工作。①制订教学工作计划。②安排教学力量。③编排课程表。④编制校历。⑤编制作息时间表。⑥指导教师制订各类工作计划。⑦做好本学期教学用书的供应和下学期教学用书的征订工作。⑧组织和指导图书馆、资料室、仪器室的工作人员准备好各种教学需用的图书、资料和仪器，随时为教学提供服务。⑨填写各类报表，并按规定及时报送有关部门。

(2)日常主要工作。①教学常规管理，包括教学计划的管理、课程标准和教材的管理、教学过程的管理(备课、上课、作业的布置与批改、课外辅导、课外活动、考试与考查)，教学质量的管理，教研科研的管理。②教师工作管理，包括安排与落实教师的值日工作、组织开展教师的培训工作、做好教师的考勤和调代课的安排、建立健全教学档案和教师的业务档案。③其他工作管理，包括科技教育管理、图书资料管理、仪器电教管理、学籍管理。

(3)期末主要工作。①组织教师抓好期末总复习工作。②做好期末考试命题、监考、成绩统计、质量分析的组织工作。③组织班主任写好品德评语，填好学生评价手册。④组织教师进行学期教育教学工作的总结与交流。⑤做好学期教导处工作总结。

阅读链接

小学教师业务档案

教师业务档案是教师实际业务水平和工作能力以及履行岗位职责情况的真实记录。对于教师的考核、职务聘任、工资晋升、工作调动、培训、奖惩等都有重要意义。

教师业务档案的内容根据教师工作实际分为六个方面。

1. 思想道德表现情况。包括遵守《中小学教师职业道德规范》和学校规章制度情况，接受和完成学校的各种工作任务情况，参加学校各种活动的表现情况，出勤情况。

2. 专业水平情况。包括学历、学位、教师资格、专业技术职务等。

3. 教学、管理情况。包括备课、听课、教学计划、经验总结、周课表、教学成绩分析统计、校内和校际公开课材料，所教学生和被指导的青年教师获奖情况；班主任(活动小组、年级组、教研组、团队、处室、学校负责人)学期工作计划、实录和总结。

4. 教科研情况。包括教育专著，县级以上获奖、发表或交流教育教学论文，参加县级以上课题研究与推广，参加教改实验，参加省市教育部门批准的教辅用书、地方教材、教育史志编写等。

5. 进修、培训情况。包括学历提高培训、校长培训、县级以上骨干教师培训、专业对口培训、继续教育情况等。

6. 获奖情况。包括受镇级以上(含镇级)表彰奖励、获得各种荣誉称号等。

资料来源：百度知道。

(三)科研工作管理

教育科研管理是遵循科学研究的规律，规划、指导和组织教育科学研究、推广教育科研成果的管理活动。它有利于教育科研工作的规范化，有利于教育科研工作质量的提高，有利于教育工作者科研积极性的调动。科研工作管理包括教育科研计划管理、教育科研经费管理、教育科研的情报与档案管理、教育科研成果管理等内容。

阅读链接

行动研究的特点

1. 研究的目的——解决实践中遇到的问题。

2. 研究的情境——当事人实践工作情境。

3. 研究的主体——实践工作者。

4. 研究的应用者——行动研究者。

5. 研究的过程——重视协同合作。

6. 问题的解决——立即应用性。

7. 成果的推论——情境特定性。

8. 研究的效益——解决问题与促进个人专业成长。

9. 研究的方法——兼用量与质方法，偏向质性研究。

综合上述，行动研究有三项主要特征：为行动而研究、在行动中研究、由行动者研究。

(四)总务工作管理

小学的总务工作是一项复杂、细致而又具体的工作，对学校开展教育教学活动，提高学校工作的效率，创造和谐有序的学校工作环境起着重要的保证作用。

总务工作的主要内容有以下几个方面。

(1)与教导处配合做好开学的物质准备工作，保证学校开学就有正常的教学秩序。

(2)学校财产和设备的管理工作。如校舍、场地、实验室、图书室、体育室、医务室、教室、办公室、值班室、宿舍的各种设备和用具、用品的保管、借领、维修等管理工作。凡固定资产都要建立财产登记簿，消费用品要建立登记册。

(3)财产管理工作。遵守财政制度，严格执行财经纪律，做好经费预算和决算。

(4)生活管理工作。如改善工作环境，解决好学生的饮水、用水等问题。

(5)学校环境卫生管理工作。搞好学校绿化，美化校容，与教导处配合建立清洁卫生包干制度，搞好全校性的经常清洁卫生工作。

(6)安全保卫管理工作。如防寒、防暑、防盗、防火的措施，安全设备定期检查，加强门卫管理等工作。

(7)修缮和维修管理工作。充分利用假期做好校舍的修缮、整新和各种器具的维修工作。

(8)勤俭节约、爱护公物、讲究卫生等宣传教育工作。

(9)处理日常总务行政工作。

(五)教师管理

教师是实施素质教育的生力军，教师素质水平是学校生存的关键，学校的发展与教师的发展密切相连。教师管理是指学校对教师的任用、培养、考评、待遇、晋升、奖惩等工作进行管理的过程。它是不断提高教师素质的需要，是调动教师积极性的需要，是体现一个学校管理水平的重要标尺。

阅读链接

学生评教师引起的风波

期末，学校学习外校的经验，搞了一次全校性的学生评教活动，并说明要将这种做法纳入教师评估机制。教务处公布学生评教结果，这一举措引起了轩然大波。得分低的教师更是满腹牢骚。

得分倒数第一的A老师说："无论是备课还是辅导，我都尽心尽责的。教学能力虽不算是一流的，但总不至于差到倒数第一。我对学生要求严的，容不得他们在听课、复习、作业时有半点马虎，学生出于对我严格要求的反感，竟如此评价我的教学，只能说明他们暂时的无知，将来他们会懂得'严师出高徒'的道理的。将这无知的评价，作为我的教学考核之一，我是不服的。"

B老师说："那个教学能力水平比我差的老师，他们注意跟学生搞好关系，对待学生非常好，对学生的过失视而不见，学生对他的评价当然就不会差了。另外，班主任掌握着学生的思想道德考核、操行等级的评定及评优的大权，学生不敢得罪，评价当然好。"

C老师说："学生如何正确评价教师应以'负责'为标准，看教师奉献的'爱心'。对尽心尽力的教师多宣传，相信学生会做出公正的评价。"

D老师说："现在的学生具有逆反心理，你越宣传，他就越反感。有的学生完全凭自己的好恶评教；有的学生瞎胡闹，闭着眼睛画勾。这样的评价可信度低，以这样的评价方式考核教师，会挫伤老师的积极性。”

E老师说：“不管怎么样，今后在教学过程中，会逼得我们花一点时间去迎合学生的心理，特别是在学校搞测评前许几个愿，卖几个好，拉拢‘良心’。他们控制了我们受奖励的命脉。唉，一旦将精力放在这上面，岂不影响正常的教学和管理，教师也就掉味降格了。”

校长说：“只要我们教师在教学中奉献‘爱心’，处理好严和爱的关系，严爱兼备，将心换心，在教师规律上进行研究，潜心于教学，管教管导。学生定会做出不需引导宣传就能公正合理的评价。”

案例思考

《中华人民共和国教师法》规定：“学校或其他教育机构对教师的政治思想、业务水平、工作态度和工作成绩进行考核。”“考核应当客观、公正、准确，充分听取教师本人、其他教师以及学生的意见。”在以上的案例中，K学校让学生评教师是合法的，但引起教师不满情绪，你认为问题在哪里？

(六)学生管理

学生是构成学校的主体，是学校开展一切工作的前提，学校所有的管理和运作都是围绕学生来开展的，都是为了学生的健康成长，最终将学生培养成为社会主义事业的建设者和合格接班人。所以，学生管理是学校管理工作的重要内容。要通过对小学生适当的约束和引导，使他们身心健康成长，全面发展，达到课程标准所要求的各项目标，为今后的发展打下良好的基础。

1. 学生管理的分类

(1)从管理的手段看，可分为间接管理和直接管理。间接管理体现为责任分担、层层落实，通过学校的各个相关机构和责任人来表达校方对学生的管理；直接管理体现为管理者针对个别学生、学生存在的特殊现象直接与学生接触对话，了解情况，解决问题。一个优秀的管理者对学生管理应该做到间接管理和直接管理相结合，一般以间接管理为主，直接管理为辅。特殊学校、特殊情况下两者关系可以倒置。

(2)从管理的内容看，可分为对学生内在品质管理和学生外在行为管理。内在品质管理主要包括对学生的道德、情感、人生观、心理健康状况引导、影响等。除了耐心细致的情感交流外，学校经常要以有形的手段来对学生的内在品质实施管理；外在行为管理主要指对学生的纪律、日常行为等的管理。

(3)从管理的范围看，可分为校内管理和校外管理。校内管理指利用校内所有资源对学生实施管理。一般而言，小学管理者要注意利用好教导处、班主任、少先队组织(辅导员)、总务处、学生会等机构，让这些部门具体落实对学生的直接管理或间接管理；校外管理指利用校外的各种可以利用的资源对学生实施管理。

另外，从管理的可见性来看，还可以分为有形管理与无形管理等。

2. 学生管理的主要内容

（1）学生合法权益保障。①组织教师学习未成年人权益保护的有关法规和相关知识。校长和教师要熟知我国参与缔约的《儿童权利公约》中儿童四种权利的内容和国家《关于加强和改进未成年人思想道德建设若干意见》的主要内容。此外，需要学习的相关法规还有《中小学德育工作规程》《中小学生守则》《小学生日常行为规范（修订）》《学生伤害事故处理办法》等。②组织制定本校维护学生合法权益的具体措施。积极引导全体教师关心每一个学生的健康成长，在学生管理工作中禁止讽刺、挖苦、体罚或变相体罚学生的行为。

（2）学生全面发展措施。①抓好辅导员、班主任队伍建设，为促进学生生动活泼、全面发展提供组织保证。②重视学生日常行为规范管理。结合本校实际，制定符合小学生身心发展规律和行为特点的小学生日常行为规范管理细则，使学生养成文明守纪的良好行为习惯。③重视学生心理健康教育。建立学生心理健康教育制度和机构，开展心理辅导工作，帮助问题行为学生。

（3）提高学生管理效能的一些途径和方法。①尊重学生的个性差异，建立"分类管理"的学生管理体制。建立以班级教师集体为管理主体的学生管理指挥系统；根据学生的兴趣爱好，性格特质，从学生实际情况出发，将学生进行分类；对学生进行跟踪，实施动态管理，适时调整学生类别，特殊学生落实责任到指导教师。②重视引导学生参与学校管理，培养学生自治自理的能力。学校应建立自己的优良校风，优良的校风对学生自治自理具有指向性作用；充分尊重学生、相信学生。要放手培养和信任"小干部""小先生"，引导他们增强自我管理、自我教育的意识与自觉。为学生创造自我管理的活动领域与条件，使他们有职有权；教师要明确自己的作用是引导、辅导和参谋而不是管理，是放手而不是放任，是更高质量地发挥主导作用。③重视学生群体的建设、利用和正确引导。学生自发形成的小团体，学校要主动引导。④关注学生思想、生活的新动态、正确解读学生的思想行为。⑤利用德育网络，健全家、校、社区三位一体的学生管理系统。⑥注重以身示范。

阅读链接

管理者了解学生情况的一般途径

1. 听取班主任和学校有关部门的情况汇报。
2. 设校长信箱，收取学生信件。
3. 直接与学生接触，对学生个体、学生群体进行跟踪调研。
4. 与学生家长交流。
5. 听取社会对本校学生的评议。
6. 上级主管部门对本校学生信息的反馈。

(七)体卫艺工作管理

1. 体育工作管理

学校体育工作可以增进学生身心健康、增强学生体质，使学生掌握体育基本知识，培养学生体育运动能力和习惯，提高学生运动技术水平，为国家培养体育后备人才，对学生进行思想品德教育，增强组织纪律性，培养学生的勇敢、顽强、进取精神。

(1)体育常规管理工作要求。①学校有校长分管体育工作，在制订计划、总结工作、评选先进时，应当把体育工作列为重要内容。②班主任、辅导员应当把学校体育工作作为一项工作内容，教育和督促学生积极参加体育活动。学校的卫生部门应当与体育管理部门互相配合，搞好体育卫生工作。总务部门应当搞好学校体育工作的后勤保障。③在体育课备课中，应将学生安全保护措施列入计划，课前认真检查本课所用场地器材、教学步骤、教材安排，运动量要科学合理，切合学生实际。④体育课和体育活动前教师应检查学生的穿着。学生上体育课和体育活动时应穿运动服和运动鞋。⑤认真做好学生课间操的组织管理工作和安全教育工作，若发生意外伤害事故，应立即采取措施，在第一时间进行抢救或治疗、转诊，并及时报告学校领导和通知家长。⑥积极组队参加各项竞赛活动。

(2)体育教师要求。①体育教师应当热爱学校体育工作，具有良好的思想品德、文化素养，掌握体育教育的理论和教学方法。②按照教学计划中体育课授课时数所占的比例和开展课余体育活动的需要配备体育教师。③有计划地安排体育教师进修培训。对体育教师的职务聘任、工资待遇应当与其他任课教师同等对待。体育教师组织课间操(早操)、课外体育活动和课余训练、体育竞赛应当计算工作量。

(3)体育课教学要求。①根据教育行政部门的规定，组织实施体育课教学活动。②体育课教学应当遵循学生身心发展的规律，教学内容应当符合课程标准的要求，符合学生年龄、性别特点和所在地区地理、气候条件。③体育课是学生毕业、升学考试科目。学生因病、残免修体育课或者免除体育课考试的，必须持市级医院证明，经学校体育教研组审核同意，并报学校教导处备案，记入学生健康档案。

(4)课外体育活动要求。①开展课外体育活动应当从实际情况出发，因地制宜。②在学生中认真推行《学生体质健康标准》的达标活动和等级运动员制度。③根据季节特点，开展适合青少年生理、心理特点的体育锻炼和竞赛。每学年开展体育节活动，冬季体育锻炼的内容包括拔河、跳绳、踢毽和长跑，并组织拔河、跳绳、踢毽等比赛。春季开展形式多样的趣味运动会，形成锻炼热潮。

(5)课余体育训练与竞赛要求。①学校对参加课余体育训练的学生，应当安排好文化课学习，加强思想品德教育。②运动队每周训练三次，教练员应制定运动队每周训练计划，明确具体训练要求，并做好有关运动员素质、技术、成绩的资料整理。③坚持教练工作记录制度。有完善的运动员档案，做到“三全”(运动员名单健全、运动员登记表健全、运动员学习成绩登记健全），全面关心运动员的成长。④教练员要做好每次参加各级比赛运动员的赛前动员和赛后总结工作。⑤教练员坚持业务学习，不断提高训练水平，加强科学训练方法的研究，争取各项比赛获优异成绩。

2. 卫生工作管理

学校卫生工作的主要任务是：监测学生健康状况；对学生进行健康教育，培养学生良好的卫生习惯；改善学校卫生环境和教学卫生条件；加强对传染病、学生常见病的预防和治疗。

学校卫生工作管理包括五个方面。①学校成立爱卫和健康教育领导小组，主管校长要熟悉学校卫生工作的政策法规，领导全校的创卫工作和健康教育。②全校划分卫生包干区，落实到班级和责任人，保持清洁卫生。③爱卫领导小组、工会、办公室负责对全校教师办公室、各处室、食堂的卫生工作进行检查评比。④对模范遵守和执行卫生制度的学生给予表扬，记入评语，成绩突出的可评为卫生积极分子。对违反卫生制度的学生应予批评、教育。⑤医务室要认真执行《学校卫生工作条例》，贯彻“预防为主，治疗为辅”的卫生工作方针，全心全意为学校师生健康服务。

3. 艺术工作管理

艺术教育是学校实施美育的重要途径和内容，是素质教育的有机组成部分。学校艺术教育工作包括：艺术类课程教学，课外、校外艺术教育活动，校园文化艺术环境建设等。

（1）艺术教育课程管理。①加强艺术类课程教学，按照国家的规定和要求开齐开足音乐、美术课。②艺术课程应当按照国家或者授权的省级教育行政部门颁布的艺术课程标准进行教学。教学中使用经国家或者授权的省级教育行政部门审定通过的教材。③每学期制订艺术教学计划、进度，开设的艺术课有教案。④艺术课程列入期末考查和毕业考核科目。

（2）课外、校外艺术教育活动管理。①课外、校外艺术教育活动是学校艺术教育的重要组成部分。学校每学期面向全体学生组织艺术社团或者艺术活动小组。②举办经常性、综合性、多样性的艺术活动，与艺术课程教学相结合，每年举办艺术节，扩展和丰富学校艺术教育的内容和形式。在艺术教育中应当结合重大节日庆典活动对学生进行爱国主义和集体主义教育。③充分利用社会艺术教育资源，补充和完善艺术教育活动内容，组织学生参与社团、社区交流学习活动，举行各类演出、展览和公益活动，促进艺术教育活动质量和水平的提高，推动校园文化艺术环境建设。④为学生创造良好的校园文化艺术环境。校园的广播、演出、展览、展示以及校园的整体设计应当有利于营造健康、高雅的学校文化艺术氛围，有利于对学生进行审美教育。

（3）建立学校艺术教育的管理制度。①学校成立艺术教育管理领导小组，有一位校级领导主管学校艺术教育工作，并明确校内艺术教育管理部门；配备艺术教育管理人员和教研人员，规划、管理、指导学校艺术教育工作。②根据国家有关规定配备专职或者兼职艺术教师，做好艺术教师的培训、管理工作，为艺术教师提供必要的工作条件。③艺术教师应有比较全面的专业理论、知识和技能，有较高的教学能力，有组织课外艺术表演、竞赛的能力和教育教学科研能力。④艺术教师组织、指导学校课外艺术活动，计入教师工作量。⑤设置艺术教室和艺术活动室，并按照国务院教育行政部门制定的器材配备目录配备艺术课程教学和艺术活动器材。

阅读链接

中小学生减负措施30条(节选)

一、规范学校办学行为

1. 坚持正确办学方向。全面贯彻党的教育方针，落实立德树人根本任务，以凝聚人心、完善人格、开发人力、培育人才、造福人民为工作目标，坚持德智体美劳全面培养，发展素质教育，促进学生健康成长。

2. 严格依照课标教学。严格执行国家课程方案和课程标准，开足开齐规定课程，努力提高教学质量，促进学生全面发展。不得随意提高教学难度和加快教学进度，杜绝“非零起点”教学。

3. 均衡编班配置师资。义务教育阶段学校严禁以任何名义设立重点班、快慢班、实验班，规范实施学生随机均衡编班，合理均衡配备师资。

4. 严控书面作业总量。小学一二年级不布置书面家庭作业，三至六年级家庭作业不超过60分钟，初中家庭作业不超过90分钟，高中也要合理安排作业时间。

5. 科学合理布置作业。作业难度水平不得超过课标要求，教师不得布置重复性和惩罚性作业，不得给家长布置作业或让家长代为评改作业。

6. 坚决控制考试次数。小学一二年级每学期学校可组织1次统一考试，其他年级每学期不超过2次统一考试。不得在小学组织选拔性或与升学挂钩的统一考试。

7. 采取等级评价方式。严格依据课程标准和教学基本要求确定考试内容，命题要符合素质教育导向，不出偏怪考题。考试成绩实行等级评价，严禁以任何形式、方式公布学生考试成绩及排名。

8. 限制竞赛评优活动。不得组织学生参加社会上未经教育行政部门审批的评优、推优及竞赛活动。

9. 合理使用电子产品。规范学生使用电子产品，养成信息化环境下良好的学习和用眼卫生习惯，全面提升信息素养。严禁学生将手机带入课堂。

10. 建立弹性离校制度。提供丰富多彩的课后服务内容，合理确定学生离校时间。安排学生参与各种兴趣小组或音体美劳活动。对学有困难的学生加强帮扶，对学有余力的学生给予指导。严禁将课后服务变为集体教学或集体补课。

11. 培养良好学习习惯。引导学生端正学习态度，课前主动预习，上课专心听讲，积极发言，不懂就问，课后主动复习巩固，学习时精力集中、提高效率，不做“刷题机器”。鼓励同学间互帮互助、共同成长。

12. 指导学生实践锻炼。组织学生参加文体活动，培养运动兴趣，确保每天锻炼1小时，条件允许的情况下尽量安排在户外。教育学生坐立行读写姿势正确，认真做好广播操和眼保健操。加强劳动生活技能教育，指导学生参与社会实践，乐于科学探索，热心志愿公益服务。

二、严格校外培训机构管理

略

三、家庭履行教育监护责任

略

四、强化政府管理监督

略

资料来源：教育部等九部门关于印发中小学生减负措施的通知 教基〔2018〕26号。

三、小学管理的方法

管理方法是指各种能够实现管理职能，达到管理目标，确保管理活动顺利进行的手段、途径和措施，是管理理论转化为管理活动的必要中介和桥梁。一般来说，学校的管理方法可以分为以下几类。

(一)行政方法

学校管理的行政方法是指学校管理者运用自身或其行政职位的权威，采用指示、命令、决定、规划、计划、条例等措施，通过学校的行政组织，对学校进行管理。其作用有三。第一，行政方法的运用可以使学校组织内部实现统一目标、统一意志、统一行动，获得系统整体的功能，从而使学校上层领导者制定的方针和政策得到贯彻，实现对学校全局活动的有效控制。第二，运用行政方法可以快速、有效地取得学校管理的效果，特别是在学校出现新情况新问题时，运用行政方法，以校长为首的学校行政组织就能比较果断地、有针对性地解决问题，较快地取得解决问题的效果。第三，运用行政方法有助于充分发挥学校行政的管理职能和作用。

行政方法是以权威和服从为基本原则的，它是管理职能的根本手段。在学校管理中，行政方法是不可缺少的管理方法，但在运用时需要遵循几个基本要求。一要突出学校管理的目标导向。二要做到大权独揽，小权分散。三要按照系统原则建立一套严密的学校组织机构。四要处理好跨度和层次的关系。学校行政指令只能下达在本跨度内，然后通过层次逐级下达，各层次干各层次的事。要提高学校行政管理的效率，就必须减少学校管理系统的层次，但学校管理层次的减少，必然会带来学校管理跨度的增宽，过宽的管理跨度会加重学校管理者的负担，由此带来的损失可能更大。因此，在学校管理工作中，我们应该在学校管理跨度与学校组织层次之间求得某种适度。五要责权一致，有权有责。六要提高学校领导管理人员的素质。

当然，在学校管理中，不可滥用行政方法，要把它控制在一定的范围内；不可以单纯使用行政方法，而要把行政方法、经济方法、思想教育方法等结合起来；要根据变化了的情况不断加以完善，使它符合学校管理客观规律的要求。只有这样，才能使行政方法在现代学校管理中发挥积极作用。

(二)经济方法

学校管理的经济方法是从经济的角度，指导、调节和影响学校管理活动的方法。具体来说，是通过工资、津贴、奖金、罚款等经济手段，从物质利益上调节和影响师生员工的行为，从而提高学校管理工作的效益。

运用经济方法对学校成员进行管理，其目的是要调动广大教职员工的工作热情，发挥他们的积极性，进而提高学校管理工作的质量和效率。经济方法之所以能起到这种作用，原因在于经济方法的运用体现了学校领导管理者从物质利益方面对学校教职员工的关心，使他们产生一种温暖感，缩短了领导者和被领导者之间的距离；而且该方法使广大教职员工从物质利益上看到了自身工作的价值，有了衡量自身工作多少、好坏的具体标准；还可以克服干与不干、干多干少、干好干坏一个样的旧习，促使教职员工深刻理解多劳多得、少劳少得、不劳不得的分配原则。

在运用的过程中，我们要注意两个基本要求。第一，在运用物质激励的同时，要提倡精神激励。运用经济方法会直接影响教职员工个人的物质利益，因而容易引导人们产生“一切向钱看”的拜金主义倾向，或者出现只顾个人物质利益的获取，而削弱学校工作整体观念甚至危及全局利益的倾向。因此，学校管理者在运用经济方法时，一方面要真心诚意地为教职员工谋利益，设法解决教职员工的问题，改善待遇，减轻劳动负担等；另一方面要加强精神激励，加强学校总体目标的教育，提倡互助合作精神。只有将物质激励与精神激励两者结合起来，才能真正发挥经济方法的效力。第二，要提高运用经济方法的科学化水平，讲究经济方法的有效性。要研究经济方法运用的条件、环境、场合，还要研究和掌握适当的经济刺激量，运用的条件不具备，环境、场合不适当，刺激量过大过小、过强过弱，不切合人们的实际状况，都可能起不到应有的作用。

(三)法律方法

学校管理的法律方法就是学校运用国家机关制定和颁布的教育法律以及各级教育行政部门规定的类似法律的教育制度和学校的管理制度来影响和约束学校管理客

体的行为的方法。

法律方法可以保证必要的学校管理秩序，有效地调节学校内部各子系统和各种管理因素之间的关系，加强学校管理系统的稳定性，对学校管理系统的发展有促进作用。

运用法律方法管理学校要注意四点。第一，学校管理者要加强法制理论学习，树立依法治校的观念。第二，制定学校管理的各种法规时，要注意不可超越和脱离现实的各种条件，防止主观任意性。第三，要树立法制的权威性，做到有法必依，执法必严，违法必究，做到人人知法、守法。第四，要加强教育法律、法规的监督。

(四)思想教育方法

学校管理的思想教育方法是指通过一定精神观念的宣传，从真理性方面激发学校成员的理想，提高其思想认识，从而为实现学校的整体目标而努力的方法。

学校教职员工和学生是知识的拥有者和追求者，他们热爱真理、崇尚真理、追求真理，采用思想教育方法进行管理，往往能获得更高水平和更为持久的动力。

进行思想教育的方法很多，主要有说服法、榜样示范法、感化法、学习讨论法、参观访问法、自我教育法等。

(五)学术(培训)方法

学术(培训)方法是对学校中的教学研究等学术工作进行管理时运用的方法。对这类工作的管理不应使用简单的行政命令手段，而应贯彻“百花齐放，百家争鸣”的方针。

第三节 小学家庭教育与社会教育的引领

学校是一个区域内的文化教育中心，对家长的教育和对社会风尚具有引领作用。引领家庭教育和社会教育是学校义不容辞的责任，而且对家庭教育和社会教育的引领，也能进一步拓展和延伸教育领域，为提高国民素质、促进社会和谐发展也将发挥巨大的作用。

一、小学家庭教育的引领

(一)小学家庭教育引领的意义

做好家庭教育引领工作，有利于形成学校与家庭教育的合力。因此，我们要提升家庭教育指导工作的影响力，做好培育和经营工作，形成一定的辐射效应。

(二)小学家庭教育引领的原则

在家庭教育引领过程中，应注重科学性、针对性和适用性，坚持三个原则。

(1)坚持“儿童为本”原则。家庭教育引领应尊重儿童身心发展规律，尊重儿童合理需要与个性，创设适合儿童成长的必要条件和生活情景，保护儿童的合法权益，特别关注女孩的合法权益，促进儿童自然发展、全面发展、充分发展。

(2)坚持“家长主体”原则。引领者应确立为家长服务的观念，了解不同类型家庭的家长需求，尊重家长愿望，调动家长参与的积极性，重视发挥父母双方在家教过程中的主体作用和影响，指导家长确立责任意识，不断学习、掌握有关家庭教育的知识，提高自身修养，为子女树立榜样，为其健康成长提供必要条件。

(3)坚持“多向互动”原则。家庭教育引领应建立引领者与家长、儿童，家长与家长，家庭之间，家校之间的互动，努力形成相互学习、相互尊重、相互促进的环境与条件。

(三)小学家庭教育的引领方法

1. 集体指导

集体指导是指开设家长教育课，即依孩子所在的年级分班，由家庭教育指导教师依总校统一规定的内容，在原定教材的基础上，结合家长中存在的实际问题进行备课和讲解。集体教育又分以下四种形式：讲述启发课型，咨询讨论课型，案例导引课型，亲子活动课型。

其任务是向家长宣传现代家庭教育理念，警示家庭教育误区，研讨家庭教育方法，沟通亲子关系，改善家庭教育环境。

2. 家长学校

学校根据家长教育的需要，每年列出专题请专家做专题报告。内容有法律、保健、沟通策略、礼仪、励志、心理健康、修身道德、生命教育、安全教育、学习型家庭建设、环境教育、学习策略等。目的是提高家长的知识视野、推动家长素质的提高，激励家长建设文明家庭、学习型家庭。特别是要让家长明确家庭教育的主要任务：根据子女情况，制订家庭教育的计划，与学校密切配合做好教育工作；加强对子女的思想品德和健康人格的教育；为子女的学习创造良好条件；保护子女的身心健康，增强他们的体质。

3. 举办家长兴趣艺术班

打开校门，为家长举办兴趣班，如美术、书法、舞蹈、歌唱、手工工艺班。一些家长发挥自己的专长为学校、幼儿园培训足球队、出版墙报、开摄影展，成为学校义工。许多学校把家长的优点和特长登记起来建立学校的人才库，使家校合作一步步获得成功。不少学校的文娱晚会和学校运动会，既有学生的参与，也有家长的参与。这使得亲子关系，家校关系进一步密切，家庭教育指导便在一种尊重的、合作的形式中开展着。

4. 利用校园网指导

校园网指导主要讨论家庭教育存在的普遍问题，如怎样指导孩子的家庭作业？怎样在家庭里培养孩子的生活自理能力？学校还开展了网上咨询活动，征集帮助问题学生的策略，介绍深度家访的过程，临机处置突发问题的对策等。此外，家长教育动态、先进经验介绍、专家导引、课题研究等多个栏目也供广大教育工作者点击。

5. 个别指导

家访、在校接待、单独咨询、电话联系、电子信箱，以及专家热线，属一般的个别指导。具有比较扎实的效果，又能使指导者获得更多体验感悟和提高的是开展对问题学生家庭的个案跟踪指导活动。

阅读链接

家长委员会职能部门管理职责

为了落实学校开放办学的思想，充分发挥家长委员会在学校工作中的作用，我校家长委员会在家委会常务委员会(成员 18 名，会长 1 名，副会长 3 名，秘书长 2 名，6 个小组组长、副组长各 1 名)的指导下进行分组管理，将 36 名家长委员会成员分为 6 大组，每组 6 人，开展活动，履行职责。

各组工作内容如下。

1. 监督协调部(联系部门：后勤服务中心)

(1)定期收集家长的意见建议，并及时向学校反馈，解决家校纠纷。

(2)建立家长评价学校工作机制。每学期家长对教师师德、业务能力、家校沟通情况等可利用家长问卷的形式进行调查与评价。

(3)对饭堂工作进行监督，参与制定食谱，检查、抽查食堂的食用油、蔬菜、肉类的品质、检查食堂的卫生及后勤其他工作。

2. 课程服务部(联系部门：教研指导中心)

(1)参与学校课程建设，组织有专业背景的家长担任学校“客座教师”，给学生讲授各种知识技能，开展环保、安全、法制、艺术教育等。

(2)有需要时，为学校的教学工作提供服务支持。

(3)收集家长对学校教学工作的建议，促进学校工作发展。

3. 义工活动部(联系部门：教创中心)

(1)参加学校各类公开活动，如家长开放日、运动会、艺术节等，为这些活动提供服务与帮助。

(2)组建一支以家长为主要力量的义务执勤队伍，在学校需要时到校服务。

(3)帮助辅导某些成绩落后的家长与学生，带动全校学习水平的提高。

4. 宣传文书部(联系部门：教创中心)

(1)主动了解学校各项活动，站在家长的角度报道学校开展的活动。

(2)收集、报道学校教师优良的师德师风典型。

(3)负责组织每学年一次的优秀家长和优秀家庭的评选活动。

5. 安全管理部(联系部门：安全中心)

(1)主动与家长沟通，收集家长发现的学校校园、校园周边、学生行为中不安全的因素，及时反馈给学校，便于及时整改，防患于未然。

(2)协助学校参与安全保卫工作，必要时提供安全服务。

(3)配合学校向学生及家长传达安全知识，做好安全教育工作。

6. 健康教育部(联系部门：校医室)

(1)关注学生健康行为，协同学校开展学生健康教育活动。

(2)开展家庭健康宣传活动，促进人人关注健康，家家形成健康行为目标的达成。

六个小组的工作在学校及家委会常务委员会领导的计划安排下独立进行，其工作过程应包含计划方案、安全保障、通知协调、活动组织、后勤供应、档案建设等。各组成员要细致分工，团结合作，工作过程要注重细节，保证实效。六个小组的工作也将在常委会的领导下，接受广大师生和家长的监督与指导，以切实落实和完成好学校及家长委员会工作。

资料来源：深圳市布心小学官网。

二、小学社会教育的引领

(一)小学社会教育引领的主要任务

对一个学生发展影响最大的社会因素主要有社会群体、社会道德和社会文化等。

社会群体主要有朋友群体，作为一种非正式群体对儿童的成长影响极大。这种影响有两个方向，即如果小学生社会群体形成的基础是健康的，则对儿童的发展起促进的作用；如果它是在不健康的思想影响下结成的，则对儿童的发展产生消极的影响。因此，我们应当重视小学生的社会交往，既不应一概否定，又不能任其自由存在和发展，而应当有意识地指导儿童正确地择友，学会与他人友好相处。

社会道德作为一种精神力量，它影响着个人的心理和意识，调节个人的行为。一个儿童在社会生活中不仅会受到先进道德意识和社会风气的影响，也有可能受到没落道德意识和社会风气的侵蚀。因此，为了保护儿童的健康发展，就应当在大力宣传先进道德的同时，结合社会环境，清除一切没落道德的残余，形成一个良好的社会风气。

社会文化主要包括音乐、美术、戏剧、文学等类的艺术作品，电视、电影、书报刊物、音像制品各种形式的大众传媒，以及图书馆、博物馆、青少年活动中心、影剧院、游乐场、歌舞厅等文化娱乐场所。社会文化对少年儿童的影响是双重的，它既能改变、净化和鼓舞人的灵魂，也能损害、压抑和毒化人的灵魂，对成长中的小学生尤其如此。因此，在发挥社会文化教育作用的同时，社会应当干预他们所接触的社会文化环境，引导他们健康地发展。

小学社会教育引领的主要任务有以下几方面。

(1)组织校外社会文化教育场所，对青少年儿童实施德、智、体诸方面的教育。

(2)在学校和家庭的配合下，组织好学生的寒暑假生活及节假日的活动。

(3)为学校培养科技、文艺、体育、美术等学生骨干，推动学校的课外活动。同时为国家积极发现和培养各方面专业人才。

(4)组织学生参加社会公益活动，使学生通过活动了解社会、接触社会、树立服务社会、服务群众的观点。

(5)开展各种家庭服务，如设立校外青少年儿童活动站，为少年儿童的校外活动提供场所，为家长解决双职工子女的午饭问题等。

(二)小学社会教育的引领方法

(1)积极支持。学校要积极鼓励和支持学生参加校外社会教育机构组织的活动，如有的地方开展的“未来工程师工作室”系列，含“创新智趣园”“食品加工场”“能工巧匠屋”“陶瓷工艺室”“五金小工场”“鲁班小作坊”“女红编织室”“电子小课堂”等，这些活动很有意义，学校要关心了解学生在校外活动中的表现。

(2)主动介入。学校要经常向校外教育机构提出建议和意见，给予具体的指导；应经常向有关部门反映意见和要求；向学生家长广泛宣传校外教育的重要意义；应动员学校的人力和物力，为校外教育机构的活动提供帮助和支持。如武汉“阳光少年活动中心”融教育、体验、实训、服务于一体，设有交通安全城、森林拓展营、DIY梦工场、三防训练区、天文观测台、国防教育厅、学农实践区、军事训练及射击场、水上娱乐区、体育运动场十大主题活动区，广阔的活动空间、自然的训练环境、新颖的教学课程将成长教育与实践活动有机结合，培养学生创新精神和实践能力，深入推进素质教育的广泛开展，改善了武汉中小学校教育活动场所的现状。作为学校，要加强与这些社会机构的联系，参与其中的活动，使之为家长所认可，为学生所喜爱。

(3)经常沟通。学校要通过社区教育委员会的组织形式沟通学校与社会的联系。

①社区教育委员会的组织和制度。

a. 社区教育委员会是由社区热心教育的各界人士参加，为促进“教育社会化”和建设和谐社区服务的区域性民间组织，是加强和改进未成年人思想道德建设的综合协调服务机构，是学校协调社区内社会群团组织支持学校发展的区域教育机构。

b. 凡社区内热心教育的、有一定社会声望的各界人士，经学校与社区协商，可以聘请为委员会委员。

c. 委员会设主任一人，副主任若干人，人选由学校与社区协商产生。

d. 委员会委员组成应根据学校的发展需要和条件许可等因素综合确定，委员来源应尽量广泛，体现一定的专业性、代表性。

e. 委员除平时经常多接触联系外，一般情况下每学期召开一次委员会委员会议，总结商议社区教育活动的开展及协调安排各阶段的工作。

f. 委员会下设联络员，一般由学校德育处主任担任，负责联系落实社区教育活动的开展，处理与社区教育有关的日常工作。

g. 委员实行相对稳定任期制，没有特殊情况，一般不做随意更动。如因委员工作调动，则委员职务自行取消，同时增补新的人选。

②社区教育委员会的基本任务。

a. 推动社区文明创建，形成良好的社会风气，努力营造社会支持特殊教育，关爱残疾儿童的良好氛围。

b. 参与社区与学校的合作共建，建立起社会多方参与学校教育管理的新机制。

c. 充分挖掘社区教育资源，支持学生参加社会实践，加强学生与社会的联系，培养学生的社会责任感和参与社会、适应社会能力。

d. 开展法制教育，共同做好预防青少年学生违法犯罪工作。

e. 发挥社会各界的各自优势，努力帮助学校改善办学条件，提高办学水平和质量。

③社区教育的功能。

a. 推进公民教育。社区公民教育的内容广泛，涵盖了科学、道德、法制以及其他与社会主流价值观相符的教育活动。社区应当成为公民教育的基本载体，通过多种形式的社区教育提升社区内居民的政治、道德、法制等素养。

b. 支持社区的可持续发展。社区教育可以为社区发展提供精神动力和技术支持。个人、家庭、企业和政府共同参与到社区教育中，共同关心社区的各种问题，加强对话、理解和沟通，有利于共同推进社区的进步和发展。

c. 构建学习化社会。学习化社会理念引导人们以一种整合的观点看待各种社会教育资源，学习的场所不再局限在传统的学校内，家庭、企业、社区同样扮演着重要的角色。终身教育与终身学习获得广泛的社会支持，居民通过持续不变的学习不断更新自己的知识，得以适应社会生活的迅速变迁，提高个人生活和生存的能力。

d. 发展社会文化。作为居民的生活空间，社区不但有适宜的自然构成，而且要有丰富的文化构成。社区教育一方面通过文化影响人，另一方面又在居民的对话、沟通和交流中发展起新的文化氛围，创设出激发人上进的“学习型文化”。

复习与思考

1. 小学管理有哪几个理念?

2. 小学管理有哪些原则?

3. 小学管理有哪些内容与方法?

4. 阅读下列案例，试分析。

出勤管理能否一刀切?

某学校位于城乡接合部，大多数教师都住在城里。由于教师们生活中存在的一系列困难，长期以来他们上下班都比较松散。这种情况随着许多青年教师成家和生子而越演越烈，并直接影响了学校的教学质量。面对这种情况，在新学期第一次行政会议上，王校长提出了自己的看法:“现在学生的早读和晚自习，教师辅导的情况很不理想，经常出现没人负责的情况；排课时，很多教师不愿上第一节和第四节课；上学期学生下午的课外活动和辅导都有放任自流的情况发生。这些已经直接影响了学校的教育教学质量。因此，本学期我们必须要采取有力措施，改变这种状况。”大家一致同意采取严格措施，加大管理力度。

在新学期开学的教职工大会上，王校长代表学校宣布了新的规定。

1. 从本学期开始，严格实行教师坐班制。每天早晨从学生早自习开始，所有教师必须点名签到。

2. 教师的考勤将与考核、奖惩相联系。每月汇总一次，并在当月工资中兑现。

第二天，学校领导以身作则，早早就到了学校。教务主任也到各班和各年级检查出勤情况。一个月下来，虽然仍有教师缺勤的情况发生，但是，总体情况确实有了很大的改观。学生和家长也给予好评。

然而不久，一件事又引起了王校长的注意。为迎接义务教育验收，学校要抽几位能力强的教师在星期日准备工作。不料其中有三位过去工作很主动的教师竟拒绝参加。理由很简单：学校要体谅中、青年教师的困难，星期日这些教师有大量的家务事要处理。事后王校长做了一番调查，原来这三位教师都是因为家务负担很重，因而有数次未能提早到校辅导而被扣过工资。通过这次调查，王校长发现，虽然绝大多数教师都能严格按时上下班，但是由于没有体谅和帮助教师解决工作与生活中的实际困难，严格的坐班制在实行中确实挫伤了一部分教师的工作积极性，并由此产生了抵触情绪。

不久，王校长再次召开了行政扩大会议。在会上，王校长提出了新的设想:“现在实行的坐班制虽然取得了一定的成绩，但看来还是存在一定问题的。主要是过于机械死板，过去强调形式的统一，而忽视工作的内在实质。这次想请大家来讨论分析一下，能不能实行一种弹性坐班制。就是首先根据实际工作需要来确定在什么时间需要哪些方面的教师到位，需要多少人。其次再根据工作需要和教师个人意愿及家庭负担来确定具体的坐班时间。这样既能完成工作，又可兼顾到教师的实际困难。对于有特殊困难的教师，也可以免除早读和晚自习辅导的轮班，甚至在课表时间的安排上也给予一定的照顾。最后对于早、晚辅导工作承担量比较大的教师给予一定的奖励。还有，今后不仅要注意考勤，更要考核工作成绩……”

王校长的改革合适吗？为什么？

推荐阅读

1. 胡东芳：《学校管理新思维——成为智慧的学校管理者》，天津，天津教育出版社，2006。

2. 刘金玉：《学校高效管理六讲》，上海，华东师范大学出版社，2012。

3. 吴志宏：《学校管理理论与实践》，北京，北京师范大学出版社，2002。

4. 王铁军：《校长学》，南京，江苏教育出版社，1993。

5. 王晋堂：《做具有现代意识的校长》，载《人民教育》，2003(6)。

附 录 常用小学教育法规

20 世纪 80 年代末以来，我国相继由国家最高权力机关颁布了一系列教育方面的法律，例如，1980 年颁布的《中华人民共和国学位条例》，1986 年颁布的《中华人民共和国义务教育法》，1993 年颁布的《中华人民共和国教师法》，1995 年颁布的《中华人民共和国教育法》，1996 年颁布的《中华人民共和国职业教育法》，1998 年颁布的《中华人民共和国高等教育法》，2002 年颁布的《中华人民共和国民办教育促进法》等。我国的教育法体系也逐步构成纵向 4 个层次和横向 6 个部门。

教育法位于我国教育法体系的第一个层次。它是以宪法为依据制定的基本法律，主要规定我国教育的基本性质、地位、任务、基本法律原则和基本教育制度等。教育法是全部教育法规的"母法"，是协调教育部门内部以及教育部门与其他社会部门相互关系的基本准则，也是制定教育部门其他法律法规的依据。作为教育领域的基本法律，教育法由全国人民代表大会制定。

部门教育法位于我国教育法体系的第二个层次，主要调整各个教育部门的内外部关系。由义务教育法、职业教育法、高等教育法、成人教育法、教师法和教育经费法 6 个部门组成。每一部门由全国人民代表大会或其常务委员会制定单行法律。

教育行政法规位于教育法体系的第三个层次，主要是为实施教育法和各单行法而制定的规范性文件。属于这一层次的行政法规由国务院制定和发布，是我国教育法的主体。

最后，地方性法规、自治条例、单行条例和教育行政规章位于教育法体系的第四个层次，它不仅数量最多，而且规定得也最为具体、详细。

与小学教育关系密切的法规主要有：《儿童权利公约》《中华人民共和国未成年人保护法》《中华人民共和国义务教育法》《小学管理规程》《义务教育学校管理标准》《小学教师专业标准》。

(1)《儿童权利公约》提出了世界尊重儿童的四大基本原则，即①儿童利益最佳原则；②尊重儿童尊严原则；③尊重儿童观点与意见原则；④无歧视原则。

(2)《中华人民共和国未成年人保护法》提出我国青少年儿童的主要合法权利有：①优先生存权；②全面受教育权；③受尊重权；④安全权。《中华人民共和国未成年人保护法》的重要作用就是使全社会都明确保护实施未成年人顺利成长的重要意义，明确社会中各主体对未成年人保护的责任、义务和要求，统一各方面的教育思想，使社会各方面形成教育合力，使年青一代能够在一个较为健康的环境中成长。《中华人民共和国未成年人保护法》对家庭、学校、社会和司法等方面的保护责任都做了具体的法律规定。这些规定对未成年人保护工作的正确开展具有重大的意义。

(3)《中华人民共和国义务教育法》以法律的形式对政府、学校、家庭、父母、适龄儿童、少年以及其他社会组织和个人在义务教育实施中的权利、义务与责任做了明确的规定。明确了义务教育的公益性、统一性与强制性原则。规定我国义务教育实行国务院领导，省、自治区、直辖市人民政府统筹规划实施，县级人民政府为主管理的体制。

(4)《小学管理规程》是国家规范小学内部管理工作的一个基本行政规章。它依据与小学工作有关的国家法律、行政法规及规章、政策，对小学入学及学籍、教育教学、人事、行政、校舍、设备经费、卫生保健安全，以及学校、家庭与社会等方面的管理工作做了具体的规定，它是小学管理工作的纲。《小学管理规程》中的各项规定，是国家对小学工作的最基本的要求。《小学管理规程》要求小学实行校长负责制，校长全面负责学校行政工作。农村地区可视情况实行中心小学校长负责制。

(5)《义务教育学校管理标准》是教育部为全面贯彻党的教育方针，促进义务教育学校不断提升治理能力和治理水平，逐步形成“标准引领、管理规范、内涵发展、富有特色”的良好局面，全面提高义务教育质量，促进教育公平，加快教育现代化，着力解决人民日益增长的美好生活需要和学校发展不平衡、不充分问题，根据《中华人民共和国教育法》和《中华人民共和国义务教育法》等有关法律法规制定。

(6)《小学教师专业标准》是国家对合格小学教师专业素质的基本要求，是小学教师实施教育教学行为的基本规范，是引领小学教师专业发展的基本准则，是小学教师培养、准入、培训、考核等工作的重要依据。它明确了一名合格小学教师的道德坐标、知识坐标与能力坐标，它是我国教师专业化进程中的重要里程碑。1994 年颁布的《中华人民共和国教师法》在法律上第一次确认了教师的专业地位。当下，《小学教师专业标准》进一步对小学教师的基本素养和要求进行了细致、专业的梳理和规范，这将有力保证我国小学教师的专业地位，有效提升小学教师的专业素质。

附 1. 小学管理规程

（实施时间：1996 年 4 月 1 日）

第一章　总则

第一条　为加强小学内部的规范化管理，全面贯彻教育方针，全面提高教育质量，依据《中华人民共和国教育法》和其他有关教育法律、法规制定本规程。

第二条　本规程所指小学是由政府、企业事业组织、社会团体、其他社会组织及公民个人依法举办的对儿童实施普通初等教育的机构。

第三条　小学实施初等义务教育。

小学的修业年限为 6 年或 5 年。省、自治区、直辖市可根据实际情况确定本行政区域内的小学修业年限。

第四条　小学要贯彻教育必须为社会主义现代化建设服务，必须与生产劳动相结合，培养德、智、体等方面全面发展的社会主义建设者和接班人的方针。

第五条　小学教育要同学前教育和初中阶段教育相互衔接，应在学前教育的基础上，通过实施教育教学活动，使受教育者生动活泼、主动地发展，为初中阶段教育奠定基础。

第六条　小学的培养目标是：

初步具有爱祖国、爱人民、爱劳动、爱科学、爱社会主义的思想感情，遵守社会公德的意识、集体意识和文明行为习惯，良好的意志、品格和活泼开朗的性格。自我管理、分辨是非的能力。具有阅读、书写、表达、计算的基本知识和基本技能，了解一些生活、自然和社会常识，具有初步的观察、思维、动手操作和学习的能力，养成良好的学习习惯。学习合理锻炼、养护身体的方法，养成讲究卫生的习惯，具有健康的身体和初步的环境适应能力。具有较广泛的兴趣和健康的爱美情趣。

第七条　小学的基本教学语言文字为汉语言文字。学校应推广使用普通话和规范字。招收少数民族学生为主的学校，可使用本民族或当地民族通用的语言文字进行教学，并应根据实际情况，在适当年级开设汉语文课程。

第八条　小学实行校长负责制，校长全面负责学校行政工作。农村地区可视情况实行中心小学校长负责制。

第九条　小学按照“分级管理，分工负责”的原则，在当地人民政府领导下实施教育工作。

第二章　入学及学籍管理

第十条　小学招收年满6周岁的儿童入学，条件不具备的地区，可以推迟到7周岁。小学实行秋季始业。

小学应按照《中华人民共和国义务教育法》及其实施细则的规定，在当地政府领导下，组织服务区内的适龄儿童按时就近免试入学。小学的服务区由主管教育行政部门确定。

第十一条　小学采用班级授课制，班级的组织形式应为单式，不具备条件的也可以采用复式。教学班级学额以不超过45人为宜。学校规模应有利于教育教学，有利于学生身心健康，便于管理，提高办学效益。

第十二条　小学对因病无法继续学习的学生(须具备指定医疗单位的证明)在报经有关部门批准后，可准其休学。学生休学时间超过三个月，复学时学校可据其实际学力程度并征求其本人及父母或其他监护人意见后编入相应年级。小学对因户籍变更申请转学，并经有关教育行政部门核准符合条件者，应予及时妥善安置，不得无故拒收。小学对因故在非户籍所在地申请就学的学生，经有关部门审核符合条件的，可准其借读，并可按有关规定收取借读费。

第十三条　小学应从德、智、体等方面全面评价学生。要做好学习困难学生的辅导工作，积极创造条件逐步取消留级制度。现阶段仍实行留级制度的地方，要创造条件，逐步降低学生留级比例和减少留级次数。小学对修完规定课程且成绩合格者，发给毕业证书，不合格者发给结业证书，毕业年级不再留级。对虽未修完小学课程，但修业年限已满当地政府规定的义务教育年限者，发给肄业证书。

第十四条　小学对学业成绩优异，提前达到更高年级学力程度的学生，可准其提前升入相应年级学习，同时报教育主管部门备案。

第十五条　小学对品学兼优的学生应予表彰，对犯有错误的学生应予批评教育，对极少数错误较严重的学生可分别给予警告、严重警告和记过处分。小学不得开除学生。

第十六条　小学应防止未受完规定年限义务教育的学生辍学，发现学生辍学，应立即向主管部门报告，配合有关部门，依法使其复学并做好有关工作。

第十七条　小学学籍管理的具体办法由省级教育行政部门制定。

第三章　教育教学工作

第十八条　小学的主要任务是教育教学工作。其他各项工作均应以有利于教育教学工作的开展为原则。

第十九条　小学应按照国家或省级教育行政部门发布的课程计划、教学大纲进行教育教学工作。小学在教育教学工作中，要充分发挥学科课和活动课的整体功能，对学生进行德育、智育、体育、美育和劳动教育，为学生全面发展奠定基础。

第二十条　小学要积极开展教育教学研究，运用教育理论指导教育教学活动，积极推广科研成果及成功经验。

第二十一条　小学要将德育工作摆在重要位置，校长负责，教职工参与，教书育人、管理育人、服务育人。学校教育要同家庭教育、社会教育相结合。

第二十二条　小学应在每个教学班设置班主任教师，负责管理、指导班级工作。班主任教师要同各科任课教师、学生家长密切联系，了解掌握学生思想、品德、行为、学业等方面的情况，协调配合对学生实施教育。班主任教师每学期要根据学生的操行表现写出评语。

第二十三条　小学对学生应以正面教育为主，肯定成绩和进步，指出缺点和不足，不得讽刺挖苦、粗暴压服，严禁体罚和变相体罚。

第二十四条　小学教学要面向全体学生，坚持因材施教的原则，充分发挥学生的主体作用，要重视基础知识教学和基本技能训练，激发学习兴趣，培养正确的学习方法、学习习惯。

第二十五条　小学应当按照教育行政部门颁布的校历安排学校工作。小学不得随意停课，若遇特殊情况必须停课的，一天以内的由校长决定，并报县教育行政部门备案，一天以上三天以内的，应经县级人民政府批准。小学不得组织学生参加商业性的庆典、演出等活动，参加其他社会活动亦不应影响教学秩序和学校正常工作。

第二十六条　小学要合理安排作息时间。学生每日在校用于教育教学活动的时间五、六年级至多不超过 6 小时，其他年级还应适当减少。课余、晚上和节假日不得安排学生集体补课或上新课。课后作业内容要精选，难易要适度，数量要适当，要严格执行有关规定，保证学生学业负担适量。

第二十七条　小学使用的教材，须经国家或国家授权的省级教材审定部门审定。实验教材、乡土教材须经有关的教育行政部门批准后方可使用。小学不得要求或统一组织学生购买各类学习辅导资料。对学生使用学具等要加强引导。

第二十八条　小学应按照课程计划和教学大纲的要求通过多种形式，评测教学质量。学期末的考试科目为语文和数学，其他学科通过平时考查评定成绩。小学毕业考试由学校命题(农村地区在县级教育行政部门指导下由乡中心小学命题)，考试科目为语文和数学。学校要建立德、智、体全面评估教育质量的科学标准，不得以考试成绩排列班级、学生的名次，和作为衡量教学质量、评定教师教学工作的唯一标准。

第二十九条　小学应重视体育和美育工作。学校应严格执行国家颁布的有关学校体育工作的法规，通过体育课及其他形式的体育活动增强学生体质。学校应保证学生每天有一小时的体育活动时间。小学应上好音乐、美术课，其他学科也要从本学科特点出发，发挥美育功能。美育要结合学生日常生活，提出服饰、仪表、语言、行为等审美要求，培养健康的审美情趣。

第三十条　小学应加强对学生的劳动教育，培养学生爱劳动、爱劳动人民、珍惜劳动成果的思想，培养从事自我服务、家务劳动、公益劳动和简单生产劳动的能力，养成劳动习惯。

第三十一条　小学应加强学生课外、校外活动指导，注意与学生家庭、少年宫(家、站)和青少年科技馆(站)等校外活动机构联系，开展有益的活动，安排好学生的课余生活。学校组织学生参加竞赛、评奖活动，要遵照教育行政部门的有关规定执行。

第四章　人事工作

第三十二条　小学可按编制设置校长、副校长、主任、教师和其他人员。

第三十三条　小学校长是学校行政负责人。校长应具备国家规定的任职资格，由学校设置者或设置者的上级主管部门任命或聘任，副校长及教导(总务)主任等人员由校长提名，按有关规定权限和程序任命或聘任。非政府设置的小学校长，应报主管教育行政部门备案。校长要加强教育政策法规、教育理论的学习，加强自身修养，提高管理水平，依法对学校实施管理。其主要职责是：

(一)贯彻执行国家的教育方针，执行教育法令法规和教育行政部门的指示、规定，遵循教育规律，提高教育质量；

(二)制定学校的发展规划和学年学期工作计划，并认真组织实施；

(三)遵循国家有关法律和政策，注重教职工队伍建设。依靠教职工办好学校，并维护其合法权益；

(四)发挥学校教育的主导作用，努力促进学校教育、家庭教育、社会教育的协调一致，互相配合，形成良好的育人环境。

第三十四条　小学校长应充分尊重教职工的民主权利，听取他们对于学校工作的意见、建议，教职工应服从校长的领导，认真完成本职工作。教职工对学校工作的意见、建议，必要时可直接向主管部门反映，任何组织和个人不得阻挠。

第三十五条　小学教师应具备国家规定的任职资格，享受和履行法律规定的权利和义务，遵守职业道德，完成教育教学工作。

第三十六条　小学要加强教师队伍管理，按国家有关规定实行教师资格、职务、聘任制度，建立、健全业务考核档案。要加强教师思想政治教育、职业道德教育，树立敬业精神。对认真履行职责的优秀教师应予奖励。

第三十七条　小学应重视教师的继续教育，制订教师进修计划，积极为教师进修创造条件。教师进修应根据学校工作的需要，以在职为主，自学为主，所教学科为主。

第五十八条　小学其他人员应具备相应的政治、业务素质，其具体任职资格及职责由教育行政部门或学校按照国家有关规定制定。

第五章　行政工作

第三十九条　小学可依规模内设分管教务、总务等工作的机构或人员，协助校长做好有关工作(规模较大的学校还可设年级组)，其具体职责由学校制定。

第四十条　小学若规模较大，可成立由校长召集，各部门负责人参加的校务委员会，研究决定学校重大事项。

第四十一条　小学应建立教职工(代表)大会制度，加强民主管理和民主监督。大会可定期召开，不设常设机构。

第四十二条　中国共产党在小学的组织发挥政治核心作用。校长要依靠党的学校(地方)基层组织，充分发挥工会、共青团、少先队及其他组织在学校工作中的作用。

第四十三条　小学应建立、健全教育研究、业务档案、财务管理、安全工作、学习、会议等制度。学校应建立工作人员名册、学生名册和其他统计表册，定期向主管教育行政部门上报。

第四十四条　小学应接受教育行政部门或上级主管部门的检查、监督和指导，要如实报告工作，反映情况。学年末，学校应向教育行政部门或上级主管部门报告工作，重大问题应随时报告。

第六章　校舍、设备及经费

第四十五条　小学的办学条件及经费由学校举办者负责提供。其标准由省级人民政府制定。小学应具备符合规定标准的校舍、场地，设施、教学仪器、图书资料。

第四十六条　小学应遵照有关规定管理使用校舍、场地等，未经主管部门批准，不得改变其用途。要定期对校舍进行维修和维护，发现危房立即停止使用，并报上级主管部门。对侵占校舍、场地的行为，学校可依法向侵权行为者的上级主管部门反映，直至向人民法院提起诉讼。小学要搞好校园建设规划，净化、绿化、美化校园，搞好校园文化建设，形成良好的育人环境。

第四十七条　小学应加强对教学仪器、设备、图书资料、文娱体育器材和卫生设施的管理，建立、健全制度，提高使用效率。

第四十八条　公办小学免收学费，可适当收取杂费。小学收费应严格按照省级人民政府制定的收费项目和县级以上人民政府制定的标准和办法执行。

第四十九条　小学可按有关规定举办校办产业，从学校实际出发组织师生勤工俭学。严禁采取向学生摊派钱、物的做法代替勤工俭学。小学可按国家有关规定接受社会捐助。

第五十条　小学应科学管理、合理使用学校经费，提高使用效益。要建立健全经费管理制度，经费预算和决算应提交校务委员会或教职工代表大会审议，并接受上级财务和审计部门的监督。

第七章　卫生保健及安全

第五十一条　小学应认真执行国家有关学校卫生工作的法规、政策，建立、健全学校卫生工作制度。应有专人负责此项工作(有条件的学校应设校医室)，要建立学生健康卡片，根据条件定期或不定期体检。

第五十二条　小学的环境、校舍、设施、图书、设备等应有利于学生身体健康，教育、教学活动安排要符合学生的生理、心理特点。要不断改善学校环境卫生和教学卫生条件，开展健康教育，培养学生良好的卫生习惯，预防传染病、常见病及食物中毒。

第五十三条　小学应加强学校安全工作，因地制宜地开展安全教育，培养师生自救自护能力。凡组织学生参加的文体活动、社会实践、郊游、劳动等均应采取妥善预防措施，保障师生安全。

第八章　学校、家庭与社会

第五十四条　小学应同街道、村民委员会及附近的机关、团体、部队、企业事业单位建立社区教育组织，动员社会各界支持学校工作，优化育人环境。小学亦应发挥自身优势，为社区的精神文明建设服务。

第五十五条　小学应主动与学生家庭建立联系，运用家长学校等形式指导、帮助学生家长创设良好的家庭教育环境。小学可成立家长委员会，使其了解学校工作，帮助学校解决办学中遇到的困难，集中反映学生家长的意见、建议。家长委员会在校长指导下工作。

第九章　其他

第五十六条　农村乡中心小学应在县教育部门指导下，起到办学示范、教研中心、进修基地的作用，带动当地小学教育质量的整体提高。

第五十七条　承担教育教学改革任务的小学，可在报经有关部门批准后，根据实际需要，调整本规程中的某些要求。

第十章　附则

第五十八条　小学应根据《中华人民共和国教育法》和本规程的规定，结合本校实际情况制定本校章程。

第五十九条　本规程适用于城市小学、农村完全小学以上小学，其他各类小学及实施初等教育的机构可参照执行。各省、自治区、直辖市教育行政部门可根据本规程制定实施办法。

第六十条　本规程自颁布之日起施行。

附 2.《义务教育学校管理标准》

为全面贯彻党的教育方针，促进义务教育学校(以下简称学校)不断提升治理能力和治理水平，逐步形成“标准引领、管理规范、内涵发展、富有特色”的良好局面，全面提高义务教育质量，促进教育公平，加快教育现代化，着力解决人民日益增长的美好生活需要和学校发展不平衡不充分问题，根据《中华人民共和国教育法》《中华人民共和国义务教育法》等有关法律法规，制定本标准。由中华人民共和国教育部于2017年12月4日印发并实施。

一、基本理念

(一)育人为本 全面发展

全面贯彻党的教育方针，坚持教育为人民服务、为中国共产党治国理政服务、为巩固和发展新时代中国特色社会主义制度服务、为改革开放和社会主义现代化建设服务，落实立德树人根本任务，发展素质教育，培育和践行社会主义核心价值观，全面改进德育、智育、体育、美育，培养德智体美全面发展的社会主义建设者和接班人。

(二)促进公平 提高质量

树立公平的教育观和正确的质量观，提高办学水平，强化学生认知、合作、创新等关键能力和职业意识培养，面向每一名学生，教好每一名学生，切实保障学生平等的受教育权利。建设适合学生发展的课程，实施以学生发展为本的教学；加强教师队伍建设，提高教师整体素质；建立科学合理的评价体系，提高教育教学质量。

(三)和谐美丽 充满活力

建设安全卫生的学校基础设施，完善切实可行的安全、健康管理制度，开展以生活技能和自护、自救技能为基础的安全与健康教育。加强校园文化建设，创建平安校园、文明校园、和谐校园、美丽校园，为师生创造安定有序、和谐融洽、充满活力的工作、学习和生活环境。

(四)依法办学 科学治理

建设依法办学、自主管理、民主监督、社会参与的现代学校制度。落实学校办学自主权，提升校长依法科学治理能力，发挥中小学校党组织的政治核心和战斗堡垒作用，拓宽师生、家长和社会参与学校治理的渠道，建立健全学校民主管理制度，构建和谐的学校、家庭、社区合作关系，推动学校可持续发展。

二、基本内容

（包括：保障学生平等权益、促进学生全面发展、引领教师专业进步、提升教育教学水平、营造和谐美丽环境、建设现代学校制度等6大管理职责、22项管理任务、88条具体内容，详见列表。）

管理职责	管理任务	管理内容
一、保障学生平等权益	1.1 维护学生平等入学权利	1. 根据国家法律法规和教育行政部门相关规定，落实招生入学方案，公开范围、程序、时间、结果，保障适龄儿童少年平等接受义务教育的权利。按照教育行政部门统一安排，做好进城务工人员随迁子女就学工作。 2. 坚持免试就近入学原则，不举办任何形式的入学或升学考试，不以各类竞赛、考级、奖励证书作为学生入学或升学的依据。不得提前招生、提前录取。 3. 实行均衡编班，不分重点班与非重点班。编班过程邀请相关人员参加，接受各方监督。 4. 实行收费公示制度，严格执行国家关于义务教育免费的规定。
	1.2 建立控辍保学工作机制	5. 执行国家学籍管理相关规定，利用中小学生学籍信息管理系统做好辍学学生标注登记工作，并确保学籍系统信息与实际一致。防止空挂学籍和中途辍学。 6. 严格执行学生考勤制度，建立和完善辍学学生劝返复学、登记与书面报告制度，加强家校联系，配合政府部门做好辍学学生劝返复学工作。 7. 把对学习困难学生的帮扶作为控辍保学的重点任务，建立健全学习帮扶制度。
	1.3 满足需要关注学生需求	8. 制定保障教育公平的制度，通过各种途径广泛宣传，不让一名学生受到歧视或欺凌。 9. 坚持合理便利原则满足适龄残疾儿童随班就读需要，并为其学习、生活提供帮助。创造条件为有特殊学习需要的学生建立资源教室，配备专兼职教师。 10. 为需要帮助的儿童提供情感关怀，优先满足留守儿童寄宿、乘坐校车、营养改善需求，寄宿制学校应按政府购买服务的有关规定配备服务人员。
二、促进学生全面发展	2.1 提升学生道德品质	11. 推动习近平新时代中国特色社会主义思想进校园、进课堂、进头脑，落实《中小学德育工作指南》《中小学生守则》，坚持立德树人，引导学生养成良好思想素质、道德品质和行为习惯，形成积极健康的人格和良好的心理品质，促进学生核心素养提升和全面发展。 12. 教育学生爱党爱国爱人民，让学生熟记并践行社会主义核心价值观，积极开展理想信念教育、社会主义核心价值观教育、中华优秀传统文化教育、生态文明教育和心理健康教育。 13. 统筹德育资源，创新德育形式，探索课程育人、文化育人、活动育人、实践育人、管理育人、协同育人等多种途径，努力形成全员育人、全程育人、全方位育人的德育工作格局。 14. 把学生思想品德发展状况纳入综合素质评价体系，认真组织开展评价工作。 15. 建立党组织主导、校长负责、群团组织参与、家庭社会联动的德育工作机制。将德育工作经费纳入经费年度预算，优化德育队伍结构，提供德育工作必需的场所、设施。 16. 根据《青少年法治教育大纲》，依据相关学科课程标准，落实多学科协同开展法治教育，培养法治精神，树立法治信仰。

续表

管理职责	管理任务	管理内容
二、促进学生全面发展	2.2 帮助学生学会学习	17. 营造良好的学习环境与氛围，激发和保护学生的学习兴趣，培养学生的学习自信心。 18. 遵循教育规律和学生身心发展规律，帮助学生掌握科学的学习方法，养成良好的学习习惯。 19. 落实学生主体地位，引导学生独立思考和主动探究，培养学生良好思维品质。 20. 尊重学生个体差异，采用灵活多样的教学方法，因材施教，培养学生自主学习和终身学习能力。
	2.3 增进学生身心健康	21. 落实《中小学心理健康教育指导纲要》，将心理健康教育贯穿于教育教学全过程。按照建设指南建立心理辅导室，配备专兼职心理健康教育教师，科学开展心理辅导。 22. 确保学生每天锻炼 1 小时，开足并上好体育课，开展大课间体育活动，使每个学生掌握至少两项体育运动技能，养成体育锻炼习惯。配齐体育教师，加强科学锻炼指导和体育安全管理。保障并有效利用体育场地和设施器材，满足学生体育锻炼需要。 23. 建立常态化的校园体育竞赛机制，经常开展班级、年级体育比赛，每年举办全员参与的运动会。 24. 落实《国家学生体质健康标准》，定期开展学生体检和体质健康监测，重点监测学生的视力、营养状况和体质健康达标状况，及时向家长反馈。建立学生健康档案，将学生参加体育活动及体质体能健康状况等纳入学生综合素质评价。 25. 科学合理安排学校作息时间，确保学生课间和必要的课后自由活动时间，整体规划并控制各学科课后作业量。家校配合保证每天小学生 10 小时、初中生 9 小时睡眠时间。 26. 保障室内采光、照明、通风、课桌椅、黑板等设施达到规定标准，端正学生坐姿，做好眼保健操，降低学生近视新发率。
	2.4 提高学生艺术素养	27. 按照国家要求开齐开足音乐、美术课，开设书法课。利用当地教育资源，开发具有民族、地域特色的艺术教育选修课程，培养学生艺术爱好，让每个学生至少学习掌握一项艺术特长。 28. 按照国家课程方案规定的课时数和学校班级数配备艺术教师，设置艺术教室和艺术活动室，并按照国家标准配备艺术课程教学和艺术活动器材，满足艺术教育基本需求。 29. 面向全体学生组织开展艺术活动，因地制宜建立学生艺术社团或兴趣小组。 30. 充分利用社会艺术教育资源，利用当地文化艺术场地资源开展艺术教学和实践活动，有条件的学校可与社会艺术团体及社区建立合作关系。
	2.5 培养学生生活本领	31. 贯彻《关于加强中小学劳动教育的意见》，为学生提供劳动机会，家校合作使学生养成家务劳动习惯，掌握基本生活技能，培养学生吃苦耐劳精神。 32. 开齐开足综合实践活动课程，充分利用各类综合实践基地，多渠道、多种形式开展综合实践活动。寒暑假布置与劳动或社会实践相关的作业。 33. 指导学生利用学校资源、社区和地方资源完成个性化作业和实践性作业。

续表

管理职责	管理任务	管理内容
三、引领教师专业进步	3.1 加强教师管理和职业道德建设	34. 坚持用习近平新时代中国特色社会主义思想武装教师头脑，加强教师思想政治教育和师德建设，建立健全师德建设长效机制，促进教师牢固树立和自觉践行社会主义核心价值观，严格遵守《中小学教师职业道德规范》，增强教师立德树人的荣誉感和责任感，做有理想信念、道德情操、扎实学识、仁爱之心的好老师和学生锤炼品格、学习知识、创新思维、奉献祖国的引路人。 35. 教师语言规范健康，举止文明礼貌，衣着整洁得体。 36. 严格要求教师尊重学生人格，不讽刺、挖苦、歧视学生，不体罚或变相体罚学生，不收受学生或家长礼品，不从事有偿补课。 37. 健全教师管理制度，完善教师岗位设置、职称评聘、考核评价和待遇保障机制。落实班主任工作量计算、津贴等待遇。保障教师合法权益，激发教师的积极性和创造性。 38. 关心教师生活状况和身心健康，做好教师后勤服务，丰富教师精神文化生活，减缓教师工作压力，定期安排教师体检。
	3.2 提高教师教育教学能力	39. 组织教师认真学习课程标准，熟练掌握学科教学的基本要求。 40. 针对教学过程中的实际问题开展校本教研，定期开展集体备课、听课、说课、评课等活动，提高教师专业水平和教学能力。 41. 落实《中小学班主任工作规定》，制订班主任队伍培训计划，定期组织班主任学习、交流、培训和基本功比赛，提高班主任组织管理和教育能力。 42. 推动教师阅读工作，引导教师学习经典，加强教师教育技能和教学基本功训练，提升教师普通话水平，规范汉字书写，增强学科教学能力。 43. 提高教师信息技术和现代教育装备应用能力，强化实验教学，促进现代科技与教育教学的深度融合。
	3.3 建立教师专业发展支持体系	44. 完善教师培训制度，制订教师培训规划，指导教师制订专业发展计划，建立教师专业发展档案。 45. 按规定将培训经费列入学校预算，支持教师参加必要的培训，落实每位教师五年不少于360学时的培训要求。 46. 引进优质培训资源，定期开展专题培训，促进教研、科研与培训有机结合，发挥校本研修基础作用。 47. 鼓励教师利用网络学习平台开展教研活动，建设教师学习共同体。
四、提升教育教学水平	4.1 建设适合学生发展的课程	48. 落实国家义务教育课程方案和课程标准，严格遵守国家关于教材、教辅管理的相关规定，确保国家课程全面实施。不拔高教学要求，不加快教学进度。 49. 根据学生发展需要和地方、学校、社区资源条件，科学规范开设地方课程和校本课程，编制课程纲要，加强课程实施和管理。 50. 落实综合实践活动课程要求，通过考察探究、社会服务、设计制作、职业体验等方式培养学生创新精神和实践能力。每学期组织一次综合实践交流活动。 51. 创新各学科课程实施方式，强化实践育人环节，引导学生动手解决实际问题。 52. 定期开展学生学习心理研究，研究学生的学习兴趣、动机和个别化学习需要，采取有针对性的措施，改进课程实施和教学效果。

续表

管理职责	管理任务	管理内容
四、提升教育教学水平	4.2 实施以学生发展为本的教学	53. 定期开展教学质量分析，建立基于过程的学校教学质量保障机制，统筹课程、教材、教学、评价等环节，主动收集学生反馈意见，及时改进教学。 54. 采取启发式、讨论式、合作式、探究式等多种教学方式，提高学生参与课堂学习的主动性和积极性。 55. 创新作业方式，避免布置重复机械的练习，多布置科学探究式作业。可根据学生掌握情况布置分层作业。不得布置超越学生能力的作业，不得以增加作业量的方式惩罚学生。
	4.3 建立促进学生发展的评价体系	56. 对照中小学教育质量综合评价改革指标体系，进行监测，改进教育教学。 57. 实施综合素质评价，重点考查学生的思想品德、学业水平、身心健康、艺术素养、社会实践等方面的发展情况。建立学生综合素质档案，做好学生成长记录，真实反映学生发展状况。 58. 控制考试次数，探索实施等级加评语的评价方式。依据课程标准的规定和要求确定考试内容，对相关科目的实验操作考试提出要求。命题应紧密联系社会实际和学生生活经验，注重加强对能力的考察。考试成绩不进行公开排名，不以分数作为评价学生的唯一标准。
	4.4 提供便利实用的教学资源	59. 按照规定配置教学资源和设施设备，指定专人负责，建立资产台账，定期维护保养。 60. 落实《中小学图书馆（室）规程》，加强图书馆建设与应用，提升服务教育教学能力。建立实验室、功能教室等的使用管理制度，面向学生充分开放，提高使用效益。
五、营造和谐美丽环境	5.1 建立切实可行的安全与健康管理制度	61. 积极借助政府部门、社会力量、专业组织，构建学校安全风险管理体系，形成以校方责任险为核心的校园保险体系。组织教职工学习有关安全工作的法律法规，落实《中小学校岗位安全工作指南》。 62. 落实《国务院办公厅关于加强中小学幼儿园安全风险防控体系建设的意见》《中小学幼儿园安全管理办法》，建立健全学校安全卫生管理制度和工作机制，采取切实措施，确保学校师生人身安全、食品饮水安全、设施安全和活动安全。使用校车的学校严格执行国家校车安全管理制度。 63. 制订突发事件应急预案，预防和应对不法分子入侵、自然灾害和公共卫生事件，落实防治校园欺凌和暴力的有关要求。
	5.2 建设安全卫生的学校基础设施	64. 配备保障学生安全与健康的基本设施和设备，落实人防、物防和技防等相关要求。学校教育、教学及生活所用的设施、设备、场所要经权威部门检测、符合国家环保、安全等标准后方可使用。 65. 定期开展校舍及其他基础设施安全隐患排查和整治工作。校舍安全隐患要及时向主管部门书面报告。 66. 设立卫生室或保健室，按要求配备专兼职卫生技术人员，落实日常卫生保健制度。 67. 设置安全警示标识和安全、卫生教育宣传橱窗，定期更换宣传内容。

续表

管理职责	管理任务	管理内容
五、营造和谐美丽环境	5.3 开展以生活技能为基础的安全健康教育	68. 落实《中小学公共安全教育指导纲要》，突出强化预防溺水和交通安全教育，有计划地开展国家安全、社会安全、公共卫生、意外伤害、网络、信息安全、自然灾害以及影响学生安全的其他事故或事件教育，了解保障安全的方法并掌握一定技能。 69. 落实《中小学健康教育指导纲要》，普及疾病预防、营养与食品安全以及生长发育、青春期保健知识和技能，提升师生健康素养。 70. 落实《中小学幼儿园应急疏散演练指南》，定期开展应急演练，提高师生应对突发事件和自救自护能力。
	5.4 营造健康向上的学校文化	71. 立足学校实际和文化积淀，结合区域特点，建设体现学校办学理念和思想的学校文化，发展办学特色，引领学校内涵发展。 72. 做好校园净化、绿化、美化工作，合理设计和布置校园，有效利用空间和墙面，建设生态校园、文化校园、书香校园，发挥环境育人功能。 73. 每年通过科技节、艺术节、体育节、读书节等形式，因地制宜组织丰富多彩的学校活动。
六、建设现代学校制度	6.1 提升依法科学管理能力	74. 每年组织教职员工学习《宪法》《教育法》《义务教育法》《教师法》和《未成年人保护法》等法律，增强法治观念，提升依法治教、依法治校能力。 75. 依法制定和修订学校章程，健全完善章程执行和监督机制，规范学校办学行为，提升学校治理水平。 76. 制定学校发展规划，确定年度实施方案，客观评估办学绩效。 77. 健全管理制度，建立便捷规范的办事程序，完善内部机构组织规则、议事规则等。 78. 认真落实《中小学校财务制度》，做好财务管理和内审工作。 79. 指定专人负责学校法制事务，建立学校法律顾问制度，充分运用法律手段维护学校合法权益。
	6.2 建立健全民主管理制度	80. 贯彻《关于加强中小学校党的建设工作的意见》，以提升组织力为重点，突出政治功能，把学校党组织建设成领导改革发展的坚强战斗堡垒，充分发挥党员教师的先锋模范作用。 81. 坚持民主集中制，定期召开校务会议，健全学校教职工(代表)大会制度，将涉及教职工切身利益及学校发展的重要事项，提交教职工(代表)大会讨论通过。 82. 设置信息公告栏，公开校务信息，公示收费项目、标准、依据等，保证教职工、学生、相关社会公众对学校重大事项、重要制度的知情权。 83. 建立问题协商机制，听取学生、教职工和家长的意见和建议，有效化解相关矛盾。 84. 发挥少先队、共青团、学生会、学生社团的作用，引导学生自我管理或参与学校治理。
	6.3 构建和谐的家庭、学校、社区合作关系	85. 健全和完善家长委员会制度，建立家长学校，设立学校开放日，提高家长在学校治理中的参与度，形成育人合力。 86. 引入社会和利益相关者的监督，密切学校与社区联系，促进社区代表参与学校治理。 87. 主动争取社会资源和社会力量支持学校改革发展。 88. 有条件的学校可将体育文化设施在课后和节假日对本校师生和所在社区居民有序开放。

三、实施要求

（一）本标准是对学校管理的基本要求，适用于全国所有义务教育学校。鉴于全国各地区的差异，各省、自治区、直辖市教育行政部门可以依据本标准和本地实际提出具体实施意见，细化标准要求。在实施过程中要因地制宜、分类指导，分步实施、逐步完善，促进当地学校提升治理水平。

（二）本标准是义务教育学校工作的重要依据。各级教育行政部门和教师培训机构要将本标准作为校长和教师培训的重要内容，结合当地情况，开展有针对性的培训，使广大校长和教师充分了解基本要求，掌握精神实质，指导具体工作。

（三）义务教育学校要将本标准作为学校治理的基本依据，强化对标研判，整改提高，树立先进的治理理念，建立健全各项管理制度，完善工作机制。校长和教师要按照本标准规范管理和教育教学行为，把标准的各项要求落到实处。

（四）教育督导部门应按照本标准修订完善义务教育学校督导评估指标体系和标准，一校一案，对标研判、依标整改，开展督导评估工作，促进学校规范办学、科学管理，提高教育质量和办学水平。

附 3.《小学教师专业标准(试行)》

为促进小学教师专业发展，建设高素质小学教师队伍，根据《中华人民共和国教师法》和《中华人民共和国义务教育法》，特制定《小学教师专业标准（试行）》（以下简称《专业标准》）。

小学教师是履行小学教育工作职责的专业人员，需要经过严格的培养与培训，具有良好的职业道德，掌握系统的专业知识和专业技能。《专业标准》是国家对合格小学教师专业素质的基本要求，是小学教师开展教育教学活动的基本规范，是引领小学教师专业发展的基本准则，是小学教师培养、准入、培训、考核等工作的重要依据。

一、基本理念

（一）学生为本

尊重小学生权益，以小学生为主体，充分调动和发挥小学生的主动性；遵循小学生身心发展特点和教育教学规律，提供适合的教育，促进小学生生动活泼学习、健康快乐成长。

（二）师德为先

热爱小学教育事业，具有职业理想，践行社会主义核心价值体系，履行教师职业道德规范。关爱小学生，尊重小学生人格，富有爱心、责任心、耐心和细心；为人师表，教书育人，自尊自律，做小学生健康成长的指导者和引路人。

（三）能力为重

把学科知识、教育理论与教育实践结合，突出教书育人实践能力；研究小学生，遵循小学生成长规律，提升教育教学专业化水平；坚持实践、反思、再实践、再反思，不断提高专业能力。

（四）终身学习

学习先进小学教育理论，了解国内外小学教育改革与发展的经验和做法；优化知识结构，提高文化素养；具有终身学习与持续发展的意识和能力，做终身学习的典范。

二、基本内容

维度	领域	基本要求
专业理念与师德	（一）职业理解与认识	1. 贯彻党和国家教育方针政策，遵守教育法律法规。 2. 理解小学教育工作的意义，热爱小学教育事业，具有职业理想和敬业精神。 3. 认同小学教师的专业性和独特性，注重自身专业发展。 4. 具有良好职业道德修养，为人师表。 5. 具有团队合作精神，积极开展协作与交流。
	（二）对小学生的态度与行为	6. 关爱小学生，重视小学生身心健康，将保护小学生生命安全放在首位。 7. 尊重小学生独立人格，维护小学生合法权益，平等对待每一个小学生。不讽刺、挖苦、歧视小学生，不体罚或变相体罚小学生。 8. 信任小学生，尊重个体差异，主动了解和满足有益于小学生身心发展的不同需求。 9. 积极创造条件，让小学生拥有快乐的学校生活。
	（三）教育教学的态度与行为	10. 树立育人为本、德育为先的理念，将小学生的知识学习、能力发展与品德养成相结合，重视小学生全面发展。 11. 尊重教育规律和小学生身心发展规律，为每一个小学生提供适合的教育。 12. 引导小学生体验学习乐趣，保护小学生的求知欲和好奇心，培养小学生的广泛兴趣、动手能力和探究精神。 13. 引导小学生学会学习，养成良好学习习惯。
	（四）个人修养与行为	14. 富有爱心、责任心、耐心和细心。 15. 乐观向上、热情开朗、有亲和力。 16. 善于自我调节情绪，保持平和心态。 17. 勤于学习，不断进取。 18. 衣着整洁得体，语言规范健康，举止文明礼貌。

续表

维度	领域	基本要求
专业知识	(五)小学生发展知识	19. 了解关于小学生生存、发展和保护的有关法律法规及政策规定。 20. 了解不同年龄及有特殊需要的小学生身心发展特点和规律，掌握保护和促进小学生健康发展的策略与方法。 21. 了解不同年龄小学生学习的特点，掌握小学生良好行为习惯养成的知识。 22. 了解幼小和小初衔接阶段小学生的心理特点，掌握帮助小学生顺利过渡的方法。 23. 了解对小学生进行青春期和性健康教育的知识和方法。 24. 了解小学生安全防护的知识，掌握针对小学生可能出现的各种侵犯与伤害行为的预防与应对方法。
	(六)学科知识	25. 适应小学综合性教学的要求，了解多学科知识。 26. 掌握所教学科知识体系、基本思想与方法。 27. 了解所教学科与社会实践的联系，了解与其他学科的联系。
	(七)教育教学知识	28. 掌握小学教育教学基本理论。 29. 掌握小学生品行养成的特点和规律。 30. 掌握不同年龄小学生的认知规律。 31. 掌握所教学科的课程标准和教学知识。
	(八)通识性知识	32. 具有相应的自然科学和人文社会科学知识。 33. 了解中国教育基本情况。 34. 具有相应的艺术欣赏与表现知识。 35. 具有适应教育内容、教学手段和方法现代化的信息技术知识。
	(九)教育教学设计	36. 合理制定小学生个体与集体的教育教学计划。 37. 合理利用教学资源，科学编写教学方案。 38. 合理设计丰富多彩的班队活动。
专业能力	(十)组织与实施	39. 建立良好的师生关系，帮助小学生建立良好的同伴关系。 40. 创设适宜的教学情境，根据小学生的反应及时调整教学活动。 41. 调动小学生学习积极性，结合小学生已有的知识和经验激发学习兴趣。 42. 发挥小学生主体性，灵活运用启发式、探究式、讨论式、参与式等教学方法。 43. 将现代教育技术手段渗透运用到教学中。 44. 较好使用口头语言、肢体语言与书面语言，使用普通话教学，规范书写钢笔字、粉笔字、毛笔字。 45. 妥善应对突发事件。 46. 鉴别小学生行为和思想动向，用科学的方法防止和有效矫正不良行为。

续表

维度	领域	基本要求
专业能力	(十一)激励与评价	47. 对小学生日常表现进行观察与判断，发现和常识每一个小学生的点滴进步。 48. 灵活使用多元评价方式，给予小学生恰当的评价和指导。 49. 引导小学生进行积极的自我评价。 50. 利用评价结果不断改进教育教学工作。
	(十二)沟通与合作	51. 使用符合小学生特点的语言进行教育教学工作。 52. 善于倾听、和蔼可亲，与小学生进行有效沟通。 53. 与同事合作交流，分享经验和资源，共同发展。 54. 与家长进行有效沟通合作，共同促进小学生发展。 55. 协助小学与社区建立合作互助的良好关系。
	(十三)反思与发展	56. 主动收集分析相关信息，不断进行反思，改进教育教学工作。 57. 针对教育教学工作中的现实需要与问题，进行探索和研究。 58. 制定专业发展规划，不断提高自身专业素质。

三、实施建议

(一)各级教育行政部门要将《专业标准》作为小学教师队伍建设的基本依据。根据小学教育改革发展的需要，充分发挥《专业标准》引领和导向作用，深化教师教育改革，建立教师教育质量保障体系，不断提高小学教师培养培训质量。制定小学教师准入标准，严把小学教师入口关；制定小学教师聘任(聘用)、考核、退出等管理制度，保障教师合法权益，形成科学有效的小学教师队伍管理和督导机制。

(二)开展小学教师教育的院校要将《专业标准》作为小学教师培养培训的主要依据。重视小学教师职业特点，加强小学教育学科和专业建设。完善小学教师培养培训方案，科学设置教师教育课程，改革教育教学方式；重视小学教师职业道德教育，重视社会实践和教育实习；加强从事小学教师教育的师资队伍建设，建立科学的质量评价制度。

(三)小学要将《专业标准》作为教师管理的重要依据。制定小学教师专业发展规划，注重教师职业理想与职业道德教育，增强教师育人的责任感与使命感；开展校本研修，促进教师专业发展；完善教师岗位职责和考核评价制度，健全小学绩效管理机制。

(四)小学教师要将《专业标准》作为自身专业发展的基本依据。制定自我专业发展规划，爱岗敬业，增强专业发展自觉性；大胆开展教育教学实践，不断创新；积极进行自我评价，主动参加教师培训和自主研修，逐步提升专业发展水平。

复习与思考

1.《儿童权利公约》为儿童提出了哪些基本权利？

2.《中华人民共和国未成年人保护法》提出我国青少年儿童的主要合法权利有哪些？

3.《中华人民共和国义务教育法》对政府、学校、家庭、父母、适龄儿童以及其他社会组织和个人义务教育实施中的权利、义务与责任做了哪些明确的规定？

4.《小学管理规程》对小学入学及学籍、教育教学、人事、行政、校舍、设备经费、卫生保健、安全，以及学校、家庭与社会等方面的管理工作做了哪些具体的规定？

5.《义务教育学校管理标准》为促进义务教育学校逐步形成“标准引领、管理规范、内涵发展、富有特色”的良好局面，提出了哪些要求？

6.《小学教师专业标准》对小学教师专业素质的基本要求，小学教师实施教育教学行为的基本规范，小学教师专业发展的基本准则，小学教师培养、准入、培训、考核等工作进行了哪些梳理和规范？

参考文献

1. 蔡元培．蔡元培谈教育[M]. 沈阳：辽宁人民出版社，2015.
2. 常早清，潘海燕．小学教学研究与实验[M]. 武汉：华中理工大学出版社，1999.
3. 陈旭远．课程与教学论[M]. 长春：东北师范大学出版社，2002.
4. [德]席勒．美育书简[M]. 北京：中国文联出版公司，1984.
5. 邓运林．成人教学与自我导向学习[M]. 台北：五南图书出版公司，1995.
6. 窦桂梅．清华附小的德育细节[M]. 上海：华东师范大学出版社，2013.
7. 高德胜．生活德育论[M]. 北京：人民出版社，2005.
8. 顾明远．教育大辞典[M]. 上海：上海教育出版社，1990.
9. 国家教育委员会师范教育司组．小学教育改革与发展简介[M]. 北京：首都师范大学出版社，1997.
10. 胡东芳．学校管理新思维——成为智慧的学校管理者[M]. 天津：天津教育出版社，2006.
11. 黄甫全．小学教育学[M]. 北京：高等教育出版社，2007.
12. 黄济，劳凯声，檀传宝．小学教育学[M]. 北京：人民教育出版社，2007.
13. 季苹．教什么知识——对教学的知识论基础的认识[M]. 北京：教育科学出版社，2009.
14. 刘济良．德育原理[M]. 北京：高等教育出版社，2010.
15. 刘金玉．学校高效管理六讲[M]. 上海：华东师范大学出版社，2012.
16. 马万成．只为播下一颗幸福的种子——一个小学校长的教育手记[M]. 北京：首都师范大学出版社，2015.
17. 麦志强，潘海燕．新课程背景下的班主任工作创新[M]. 北京：中国传媒大学出版社，2006.
18. [美]丹尼斯·博伊德，海伦·比．儿童发展心理学[M]. 北京：电子工业出版社，2016.
19. [美]泰勒．课程与教学的基本原理[M]. 北京：人民教育出版社，1994.
20. [美]威廉·格拉瑟．了解你的学生：选择理论下的师生双赢[M]. 北京：首都师范大学出版社，2011.
21. 潘海燕．教师不可不知的36类新新学生[M]. 天津：天津教育出版社，2012.
22. 潘仲茗．当代中小学教育改革实验概说[M]. 成都：四川教育出版社，1998.
23. 皮连生．学与教的心理学[M]. 上海：华东师范大学出版社，1997.
24. [苏]瓦·亚·苏霍姆林斯基．苏霍姆林斯基选集5卷本 第4卷[M]. 北京：教育科学出版社，2001。
25. 檀传宝．德育原理[M]. 北京：北京师范大学出版社，2017.

26. 檀传宝．学校德育诊断案例研究[M]. 北京：教育科学出版社，2012.
27. 王本陆．课程与教学论(第 2 版)[M]. 北京：高等教育出版社，2009.
28. 王铁军．校长学[M]. 南京：江苏教育出版社，1993.
29. 吴洪成．中国小学教育史[M]. 太原：山西教育出版社，2006
30. 吴志宏．学校管理理论与实践[M]. 北京：北京师范大学出版社，2002.
31. 伍德勤，贾艳红，袁强．中外教育简史[M]. 合肥：安徽大学出版社，2002.
32. 项家庆，潘海燕．小学课堂教学问题诊断[M]. 长春：东北师范大学出版社，2011.
33. 肖东发，方士华．瑰丽楚地荆楚文化特色与形态[M]. 北京：现代出版社，2015.
34. 熊子容．课程编制原理[M]. 北京：商务印书馆，1934.
35. [意]亚米契斯．爱的教育[M]. 成都：四川科学技术出版社，2018.
36. 曾文婕，黄甫全．小学教育学(第 3 版)[M]. 北京：高等教育出版社，2017.
37. 张大均．教育心理学[M]. 北京：人民教育出版社，2015.
38. 钟启泉．课程论[M]. 北京：教育科学出版社，2007.
39. 钟启泉．现代课程论[M]. 上海：上海教育出版社，1989.
40. 钟启泉．学科教学论基础[M]. 上海：华东师范大学出版社，2001.
41. 白益民．自我更新——教师专业发展的新取向[D\. 华东师范大学，2000.
42. 陈桂生．“教育目的”的逻辑[J]. 当代教育科学，2006(2).
43. 陈晓新．论自我导向学习与教师专业发展[J]，中小学教师培训，2011(1).
44. 程斯辉．试论基础教育的本质[J]. 中小学教育，2004(4).
45. 德忠．理想教师的十二种素质[J]. 当代教育科学，1987(2).
46. 扈中平．“人的全面发展”内涵新析[J]. 教育研究，2005(5).
47. 惠中．高等教育体系中小学教育专业建设的思考[J]，高等师范教育研究，2003(2).
48. 经柏龙．美国教师专业发展发展学校 ABC[J]. 教育科学，2008(5).
49. 李培湘，李佳孝，彭华生．素质教育目标导学体系研究[J]. 教育研究，2000(9).
50. 李志厚．关于师范大学小学教育专业本科课程设置的几点思考[J]，高等师范教育研究，2001(6).
51. 厉以贤．关于“教育起源于劳动”问题[J]. 北京师范大学学报(人文社会科学版)，1981(4).
52. 刘慧．初等教育学学科：高师小学教育专业的学科基础[J]，课程・教材・教法，2011(5).
53. 刘立德，阮成武．高师小学教育专业的学科建设及其发展趋势——中国教育学会教育学分会初等教育学专业委员会第七届学术年会综述[J]，课程・教材・教法，2008(12).
54. 刘燕敏．一桩奇特的诉讼案[J]. 政府法制，2003(10).
55. 刘源俊．教育的要旨众说[J]. 书屋，2010(12).
56. 罗裕详．从考古发掘试探中国教育的起源[J]. 社会科学(兰州)，1987 (3).
57. 聂运伟．试论原始社会中的教育问题[J]. 湖北大学学报(哲学社会科学版)，1995(3).
58. 潘海燕．以教师专业发展学校为载体 提升实践课实效[J]，中国高等教育，2013(20).
59. 邱东升，袁迅青．关于现阶段教育目的观的质疑[J]. 江西教育科研，2006(12).
60. 上海师范大学中国教育史话编写组．我国教育的起源[J]. 人民教育，1979(10).
61. 申仁洪，黄甫全．小学教育专业(本科)培养目标体系的建构[J]. 高等师范教育研究，2003(1).
62. 邰霞．小组合作学习在小学语文教学中的尝试[J]. 教育探索，2002(2).

63. 王晋堂．做具有现代意识的校长[J]．人民教育，2003(6).64. 王牧华，靳玉乐．生态主义课程研究范式刍议[J]．山东教育科研，2002(4).

65. 王维审．我们最终要教给学生什么[J]．青年教师，2011(10).

66. 王艳玲，刘军，苟顺明．美国专业发展学校：教师教育制度创新的范例[J]，教师教育研究，2009(5).

67. 王艳玲．培养文化敏感型教师：多元文化教师教育的议题与挑战：美国哥伦比亚大学师范学院 A. Lin. Goodwin 教授访谈[J]．全球教育展望，2012(2).

68. 肖川．教师的“六个学会”[J]．青年教师，2007(11).

69. 肖川．教育的精神元素[J]．新课程研究(教育研究与实验)，2004(7).

70. 肖川．生命教育：为幸福人生奠基[J]．青年教师，2007(2).

71. 徐铭．小学语文教学目标细分研究：基于布卢姆认知目标新分类学视角[J]．课程教学研究，2013(12).

72. 徐勋．教学理论与教学改革[J]．辽宁教育研究，1987(C1).

73. 杨小微．从“终身”看“基础”——对基础教育之“基础性”价值的再认识[J]．人民教育，2009(9).

74. 俞红珍．课程内容、教材内容、教学内容的术语之辨——以英语学科为例[J]．课程·教材·教法，2005(8).

75. 郑金洲．教师需要从事什么样的教育科研[J]．青年教师，2008(3).

76. 中国驻美国芝加哥总领馆教育组．对美国初等教育的观察与思考[J]，中小学语文教学论坛，2002(1).

77. 朱小蔓．认识小学儿童，认识小学教育[J]．中国教育学刊，2003(8).

78. 左岸．大道至简：通向诺贝尔奖之路[J]．管理与财富，2006(7).

后记

小学教育本科专业是我国现行高等师范院校教育体系中的一个起步较晚、相对还不成熟的新设专业，相比而言，学科意识与专业特性还不鲜明，课程的分化与组合还不到位，因此，专业教材的开发也必然在探索中前进。从 20 世纪 90 年代初开始，由教育部师范司、教育部课程教材研究所与人民教育出版社组织，陆续出版了“大学本科小学教育专业课教材”“高等院校小学教育专业课教材”“高师小学教育数学类教材”等，但任何一个专业建设的任务都是长期的，尤其是专业课程设置与教材开发因时因地而异，是需要多角度、多层次长期研究的问题。本教材试图体现教育部《关于大力推进教师教育课程改革的意见》(教师[2011]6 号)的精神，突出小学教育的学科意识与专业特性，提升小学教育的科学性与独特性，将初等教育学的学科意识、框架与思路统一起来。强调方向性、实用性、简明性，在使用中产生了积极反响。为了吸纳最新研究成果，现再次修订。

修订工作分工如下：全书由潘海燕策划、撰写修订方案与统稿。参加本教材修订的是：潘海燕修订导论、第一章、第二章、第四章；李恒修订第三章；王皓修订第五章；陈朝晖修订第六章；王成营修订第七章；欧阳澜修订第八章；沈爱贞、姚远修订第九章；夏循藻修订第十章。由于时间紧，资料有限，不满意之处还不少，还望读者批评指正。

编者

2019 年 8 月